Die Katholischen Gemeinden
von Nürnberg und Fürth

Karl Ulrich

Die katholischen Gemeinden von Nürnberg und Fürth im 19. und 20. Jahrhundert

Unter Mitarbeit von Wolfgang Handrik
und mit Beiträgen von
Brun Appel
Theo Kellerer
Renate Sendlbeck
Josef Urban

St. Otto-Verlag Bamberg

CIP-Titelaufnahme der Deutschen Bibliothek

Ulrich, Karl:
Die katholischen Gemeinden von Nürnberg und Fürth
im 19. und 20. Jahrhundert / Karl Ulrich.
Unter Mitarb. von Wolfgang Handrik u. mit Beitr. von Brun Appel ... –
Bamberg : St.-Otto-Verl., 1989
ISBN 3-87693-130-4

© 1989, St. Otto-Verlag, Bamberg
Umschlag: Klaus Borowietz
Gesamtherstellung: SOV Graphische Betriebe, Bamberg
Printed in Germany
ISBN 3-87693-130-4

Inhaltsverzeichnis

Teil II

Querschnitt durch das Gemeindeleben Nürnbergs

Vorwort

Von der Kirchengeschichte des 19. Jh. besteht weitverbreitet eine nur unzureichende Kenntnis und sogar falsche Vorstellung. Das mag u. a. darin begründet sein, daß von der kirchlichen Kunst auf das religiöse Leben geschlossen wird (auch ich gehörte ursprünglich zum Kreis der in dieser Weise Urteilenden). Die neuromanischen und neugotischen Kirchen, die neugotischen Schreinaltäre, die Bilder im Nazarenerstil, die Statuen, denen meist die Ausdruckskraft fehlt – sie alle legen den Schluß nahe, daß das 19. Jh. auf religiösem Sektor keine Eigenständigkeit entfaltete und sich lediglich mit dem Rückgriff auf die Vergangenheit beschied.

Doch nicht immer ist die Kunst Ausdruck ihrer Zeit. Das 19. Jh. bedeutet gerade für die Kirche in Deutschland eine Zeit des Umbruchs und des Neubeginns. Durch die Säkularisation am Ausgang des 18. und Beginn des 19. Jhs. wurde die Reichskirche zertrümmert und die Klöster erfuhren ihre Auflösung. Die gesamte kirchliche Organisation mußte daher während des 19. Jhs. von Grund auf neu geschaffen werden. Beispielsweise hatten im voraufgegangenen Jahrhundert das Sagen in der Kirche nicht etwa Papst und Bischöfe besessen, sondern die jeweiligen Landesfürsten – dazu drohte die Aufklärung mit ihren Ideen die christliche Substanz gedanklich auszuhöhlen. Es ist keineswegs eine pessimistische Überinterpretation, zu sagen, die Kirche befand sich am Beginn der von mir behandelten Periode in ihrer tiefsten Erniedrigung.

Als aber das 19. Jh. zu Ende ging, war das Papsttum neu gefestigt, die staatliche Kirchenhoheit auf ein erträgliches Maß beschränkt und die Ideen der Aufklärung zu einem guten Teil überwunden. Die Laien hatten in dieser Zeit ihre Verantwortung für die Kirche erkannt und auch wahrgenommen. Freilich ist die Kirche nicht mit allen anstehenden Problemen fertig geworden. Sie hat in diesem Zusammenhang schwere Einbußen hinnehmen müssen – und das nicht nur bei der Arbeiterbevölkerung (Papst Pius XI. sprach vom „Skandal des 19. Jh."), sondern auch beim liberalen Bürgertum. Aber insgesamt war aus einer „Volkskirche" eine „Gemeindekirche" geworden. Darüber hinaus hatte sich die Kirche im 18. Jh. ins Getto zurückgezogen und aus falscher Ängstlichkeit heraus sich wenig aufgeschlossen für die geistigen Strömungen der Zeit gezeigt. Diese Haltung war nunmehr überwunden.

In meiner Arbeit wird die Geschichte der katholischen Gemeinden in Nürnberg, Fürth und Umgebung aufgezeigt. „Die Wahrheit ist konkret" – d. h. sie dokumentiert sich in vielen einzelnen Tatsachen. Daher wird – soweit es die Quellen zulassen – eine detaillierte Darstellung gegeben, um zu zeigen, „wie es damals gewesen ist". Andererseits ist die Entwicklung der katholischen Gemeinde eingebunden in die großen geschichtlichen Zusammenhänge, daher müssen diese zwangsläufig miteinbezogen werden, um zu einem richtigen Geschichtsverständnis zu kommen.

Zunächst beabsichtigte ich, die Arbeit mit der Wende zum 20. Jh. abzuschließen, da mit der Gründung der zweiten Pfarrei in Nürnberg sowie der Planung und dem Bau von Filialkirchen in den Vorstädten ein gewisser Abschluß gegeben war. Schließlich hielt ich aber doch die Weiterführung meiner Chronik bis zum Ende des II. Weltkrieges für angebrachter. Gleichwohl bedeutet das Jahr 1900 eine v. a. methodische Zäsur: Von da ab standen mir nur gedruckte Quellen zur Verfügung, und das kirchliche Leben in Nürnberg verlagerte sich deutlich in die Vorstädte.

Außerdem vermochte ich vom zweiten Jahrzehnt des gegenwärtigen Jahrhunderts an meine persönlichen Erinnerungen und Erfahrungen miteinzubeziehen.

Wenn auch die Nachkriegsentwicklung aus meiner Darstellung ausgeklammert wurde – d. h. die Zeit nach 1945 –, so soll doch die Arbeit bis zur Gegenwart heranführen. Aus diesem Grunde wird am Schluß des II. Teiles die *Stammtafel* der Nürnberger und Fürther Pfarreien angefügt, erstellt von Brun Appel, Renate Sendlbeck und Dr. Josef Urban. Eine zusammenfassende Darstellung der letzten Jahrzehnte, die primär durch das II. Vatikanische Konzil (1962–1965) und die gemeinsame Synode der Bistümer in der Bundesrepublik Deutschland (1970–1974) geprägt wurde, hat dankenswerterweise Herr Dekan Kellerer übernommen.

Eine Geschichte der katholischen Gemeinde Nürnbergs hat Archivdirektor a. D. Dr. Georg Schrötter (1870–1949) ausführlich verfaßt. Das Manuskript umfaßt 590 Seiten und ist betitelt: „Die Frauenkirche in Nürnberg (zugleich eine Geschichte der kath. Pfarrgemeinde Nürnberg im 19. Jahrhundert)". Es befindet sich im Bayerischen Staatsarchiv Nürnberg (Repertorium 499, Manuskript Nr. 252). Eine stark gekürzte Darstellung desselben Verfassers liegt im Archiv des Pfarramtes Unserer Lieben Frau Nürnberg vor.

Für den Katholikentag Nürnberg 1921 (Festbericht nebst einer Geschichte der kath. Gemeinden Nürnberg und Fürth) schrieb Michael Karch – zuletzt Oberstudienrat an der Oberrealschule in Nürnberg – die Geschichte der katholischen Kirche in Nürnberg, Heinrich Wetz – damals Kaplan an der Pfarrei Unserer Lieben Frau, Fürth – die der katholischen Kirche in Fürth. Karch hat vermutlich die Schrift Schrötters gekannt, außerdem hat er persönliche Erlebnisse (er war seit 1898 als Kaplan und später als Religionslehrer in Nürnberg tätig) und Erinnerungen aus dem Munde von Personen, die schon vor ihm in der Pegnitzstadt lebten, in seine Darstellung einfließen lassen. Ein verhältnismäßig breiter Raum ist in Karchs Arbeit dem katholischen Vereinsleben gewidmet.

Ferner bleibt noch Wilhelm Haas mit seiner Dissertation „Geschichte und Entstehung der katholischen Kirchengemeinde in der ehemaligen freien Reichsstadt Nürnberg" (Würzburg 1934) zu nennen. Er schenkte darin besondere Beachtung dem Stiftungsvermögen des früheren St. Elisabethhospitals und der katholischen Schule.

Die Ordinariate Bamberg und Eichstätt sowie die Stadtkirche Nürnberg haben die finanziellen Mittel zur Drucklegung meines Manuskriptes bereitgestellt. Herr Dr. Wolfgang Handrick hat die redaktionelle und inhaltliche Fertigstellung des Manuskriptes übernommen. Ihnen gilt mein besonderer Dank.

Für die Beratungen, die sich über einige Jahre erstreckten, stehe ich in der Schuld bei Herrn Archivdirektor Dr. Bruno Neundorfer und bei Herrn Archivrat i. K. Dr. Josef Urban im Archiv des Erzbistums Bamberg. Letzterer besorgte auch die Bebilderung des Buches.

Ferner sei mein Dank all denen ausgesprochen, die mich bei meiner Arbeit unterstützt haben: Den Direktoren der nachgenannten Archive und Bibliotheken sowie ihren Mitarbeiterinnen und Mitarbeitern – meinen Mitbrüdern, die als Pfarrer, Religionslehrer oder Sonderseelsorger im Raume Nürnberg-Fürth tätig sind – den Patres und Ordensfrauen, die für das Archiv ihres Hauses bzw. ihrer Provinz zeichnen. Besonders verpflichtet bin ich Herrn Archivdirektor Dr. Franz Machilek, Bamberg, der als Oberarchivrat in Nürnberg mich zu dieser meiner Arbeit ermutigt und auf die reichen Bestände zu diesem Thema aufmerksam gemacht hat.

Nürnberg, im Herbst 1989   Dr. Karl Ulrich

Teil I

Die Entwicklung der katholischen Gemeinden Nürnbergs von 1800 bis 1945

Die Anfänge der katholischen Gemeinde in Nürnberg

Die allgemeine kirchliche Lage um 1800

Der inneren Krise der römisch-katholischen Kirche im 18. Jh. – der belgische Kirchenhistoriker Roger Aubert bezeichnet sie als „Dekadenzerscheinungen"[1] – folgte die äußere, d. h. politische, mit beginnendem 19. Jh. Parallel zu der tiefen politischen Erniedrigung der deutschen Lande in den ersten anderthalb Jahrzehnten des neuen Jahrhunderts erfolgte eine ebensolche Demütigung der katholischen Kirche, die angefangen vom Heiligen Stuhl über den Episkopat Deutschlands bis zur Ortskirche in Nürnberg reichte.

Gerade in bezug auf Nürnberg ist quasi eine Parallelität zum Schicksal der Kurie in jener Epoche zu erkennen: Wie sich die Päpste Pius VI. und Pius VII. zusammen mit ihren Kurienkardinälen der Willkür Kaiser Napoleons I. ausgesetzt sahen, der das Urteil der Verbannung über sie verhängte und auch rücksichtslos ausführen ließ[2], so erfuhr gerade ein Bürger der Pegnitzstadt die *brutale Härte* französischer Hegemonialpolitik. Im Jahre 1806 gab hier der Buchhändler Johann Philipp Palm eine Flugschrift heraus „Deutschland in seiner tiefen Erniedrigung". Auf Befehl Napoleons wurde er vor Gericht gestellt und zum Tode verurteilt[3].

Die Serie militärischer Erfolge, die das Heilige Römische Reich in politischer Hinsicht dem Willen des Franzosenkaisers unterwarf, lieferte ihm damit zwangsläufig auch die Kirche in Deutschland aus. Das wirkte sich vorrangig auf ihren materiellen bzw. territorialen Besitz aus. So wurde im Frieden zu Luneville (9. Februar 1801) das Reichsgebiet auf dem linken Rheinufer an Frankreich abgetreten – die erblichen deutschen Fürsten sollten für diese Verluste durch Kirchengut im verbliebenen Reiche entschädigt werden. Dem Reichsdeputationshauptschluß vom 25. Februar 1803 fiel dabei die Aufgabe zu, die Zuweisungen der Besitzungen der Stifte, Abteien und Klöster an die weltlichen Fürsten zu bestimmen[4].

Durch diesen gewaltsamen Eingriff wurden der Kirche neben ihrer staatspolitischen Funktion (d. h. ihren Kurämtern und Fürstbistümern) weithin die materiellen Grundlagen entzogen. Was bewirkte, daß sie in die Abhängigkeit des Staates geriet[5]. Die eben genannten *Zwangsmaßnahmen* betrafen einmal alle Klöster, die aufgehoben wurden[6], sodann die Bischöfe, die auf die Ausübung ihrer weltlichen Macht verzichten mußten. Nach ihrem Ableben besetzte man ihre Stühle wegen der (aus politischen Gründen) ungeklärten Rechtslage interimistisch nicht. Als Folge davon waren im Jahre 1817 in Deutschland alle Bischofssitze bis auf drei vakant. Im Königreich Bayern[7], das nach der Neuordnung während der napoleonischen Ära acht Bistümer zählte[8], war nur noch *ein* regierender Bischof am Leben, Josef Freiherr v. Stubenberg, (Fürst-)Bischof von Eichstätt[9].

13

Als Beispiel für die Verhältnisse in den anderen Bistümern soll hier das Schicksal des Bambergs gelten. In der Bischofsstadt hatte am 28. November 1802 der Generalkommissär Wilhelm v. Hompesch im Auftrag des Kurfürsten Maximilian IV. Josef von Bayern an den Toren die bayerischen Wappen anschlagen lassen[10]. Am Folgetage legte Bischof Franz v. Buseck[11] die weltliche Regierung nieder und entband gleichzeitig seine Beamten und Untertanen von dem ihm geleisteten Treueid. Der Bischof verstarb am 28. September 1805.

Ihm folgte auf dem Bischofsstuhl sein Neffe Georg Karl Freiherr v. Fechenbach[12], der seit 1800 als Weihbischof und Coadjutor mit dem Rechte der Nachfolge amtierte; aber schon am 9. April 1808 starb auch er. Der Stuhl des heiligen Otto stand anschließend zehn Jahre hindurch verwaist, eine provisorische Regierung wurde von einem Generalvikariat ausgeübt, das aus einem Präsidenten und acht Räten bestand.

Der Pfarrer von Burgkunstadt machte Ende November 1802 in diesem Zusammenhang in den Sterbematrikeln folgenden Eintrag:

„Halt ein, Wanderer! Weinend und klagend betrauert ganz Deutschland den Abschluß des Friedens. Am 23. November 1802 starb nach einjährigem Todeskampf, vom Schlagfluß gerührt, das Fürstbistum unter seinem Fürstbischof Christoph Franz von Buseck. Totengräber war der bayerische Gesandte von Asbeck. Das gleiche Los erlitten alle deutschen Mitrenträger, der von Mainz ausgenommen, den man noch weiter dahinsiechen läßt. Sic transit gloria mundi!"[13]

Die katholische Gemeinde Nürnbergs

Besonders schwierig wurde die Situation der katholischen Gemeinde in Nürnberg. Sie fand sich infolge der desolaten Verhältnisse in Bamberg ohne Bischof – und ab 1809 auch ohne Schutzherrn und ohne eigenes Gotteshaus. Die Stadt hatte sich bereits 1525 der Reformation angeschlossen, 1532 wurde in ihr der 1. Religionsfriede geschlossen.

Als Schutzherr der katholischen Gemeinde Nürnbergs fungierte im ausgehenden 18. Jh. der Deutsche Orden, der seit dem Jahre 1209 in Nürnberg eine Kommende besaß[14]. Als die Reichsstadt im 16. Jh. die Reformation einführte, bestand der Deutsche Orden – der selbst den Status der Reichsunmittelbarkeit besaß und somit dem Rat der Stadt nicht unterstand – auf dem Recht, auf seinem Territorium weiterhin katholische Gottesdienste feiern zu dürfen[15]. Diese wurden dann in der Kapelle des Elisabethspitals von Ordenspriestern gehalten[16], die auch die kleine Gemeinde von (um 1800) ungefähr 2500 Katholiken betreuten[17]. Im Jahre 1784 wurde allerdings die Kapelle als inzwischen zu klein und baufällig abgebrochen[18].

Die Grundsteinlegung einer neuen katholischen Kirche feierte man am 19. Mai 1785. Während der Bauzeit wurde den Katholiken Nürnbergs die Kapelle des ehemaligen Kartäuserklosters zur Meßfeier überlassen[19]. 1806 war die neue, auf dem Boden der Kommende errichtete Kirche im Rohbau fertiggestellt[20]. Ihre Innenausstattung hätte in etwa einem Jahr abgeschlossen sein können, allein der bayerische Staat nahm gerade zu diesem Zeitpunkt die Deutschordenskommende in Besitz, obgleich der Deutsche Orden offiziell erst drei Jahre später, d. h. 1809, der Säkularisation zum Opfer fiel. Das bedeutete im Falle Nürnbergs, die katholische Gemeinde verlor ihren Patron und Geldgeber, da dem neuen Landesvater, dem König von Bayern, in jener politisch völlig instabilen Zeit andere, schwerwiegendere Sorgen plagten, als die der kleinen katholischen Gemeinde. Denn was die Frage der Baukosten anbelangte, so schwollen für München die Kriegskosten immer höher an –

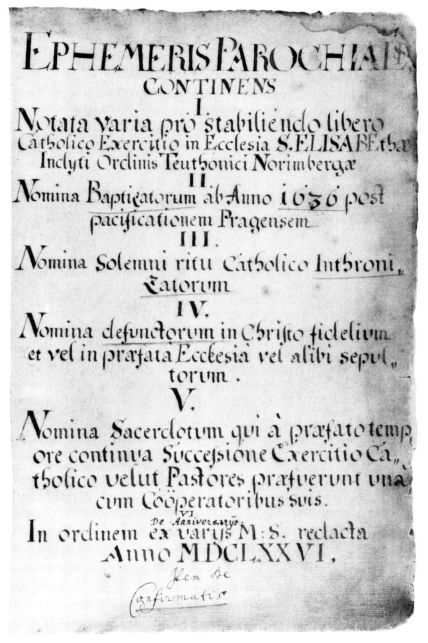

EPHEMERIS PAROCHIALIS
CONTINENS
I
Notata varia pro stabiliendo libero
Catholico Exercitio in Ecclesia S. ELISABEtha
Inclyti Ordinis Teuthonici Norimbergæ
II
Nomina Baptizatorum ab Anno 1636 post
pacificationem Pragensem
III.
Nomina Solemni ritu Catholico Inthroni,
zatorum
IV.
Nomina defunctorum in Christo fidelium
et vel in præfata Ecclesia vel alibi sepul,
torum.
V.
Nomina Sacerdotum qui à præfato temp,
ore continua Successione Exercitio Ca,,
tholico velut Pastores præfuerunt una
cum Cooperatoribus suis.
VI. De Anniversarijs.
In ordinem ex varijs M: S. redacta
Anno MDCLXXVI,
Item de Confirmatis

Titelblatt des ältesten, von 1636–1810 geführten Matrikelbandes mit Eintragungen der
Taufen, Eheschließungen, Sterbefälle. Ferner sind in dem Band geschichtliche Notizen
zu St. Elisabeth, eine Pfarrerliste, Jahrtags- und Firmlisten zu finden

15

Bayern sah sich als Mitglied des Rheinbundes in die Kriege Napoleons verstrickt – bis sie sich im Jahre 1809 auf die horrende Summe von ca. 18 Millionen Gulden beliefen. Unter diesen Umständen war natürlich in finanzieller Hinsicht vom Staate kaum Unterstützung zu erwarten[21].

Trotz der wenig positiven Gesamtsituation konnten die Katholiken Nürnbergs in den ersten Jahren des 19. Jhs. Anzeichen einer besseren Zeit erkennen. Es ist hierzu anzumerken, daß man in der Zeit der Aufklärung lebte. Eine ihrer essentiellen geistigen Auswirkungen war aber, daß die konfessionellen Trennmauern vorhergegangener Jahrhunderte abgebaut und die Toleranz gefördert wurde (was man in einzelnen Ländern sogar gesetzlich verankerte[22]). Nürnberg, eine fast rein evangelische Stadt, hatte ihre staatliche Selbständigkeit als freie Reichsstadt 1806 verloren, indem sie wie andere Städte und Territorien Süddeutschlands dem neuen Königreich Bayern einverleibt wurde[23]. Der neugeschaffene Staat Bayern – dessen Stammlande sich zur katholischen Konfession bekannten – umfaßte durch diese Politik der Arrondierung zwangsläufig auch weite Gebiete, deren Bevölkerung protestantisch war. Das aber bedeutete, Bayern war kein konfessionell gebundener, sondern ein paritätischer Staat, in welchem den drei christlichen Konfessionen die gleichen Rechte zugestanden werden mußten[24]. Diese Entwicklung kam in Altbayern wie in den ehemaligen geistlichen Fürstentümern den evangelischen Christen zugute, in den vormaligen Reichsstädten und in den von Preußen übernommenen Markgrafschaften Ansbach und Bayreuth hingegen den Katholiken. Der einzelne Staatsbürger konnte sich folglich mit beginnendem 19. Jh. – wenigstens verfassungsmäßig – in Bayern religiöser Freiheit erfreuen.

Diese tolerante Regelung galt allerdings nicht für die Kirche selbst, denn die Zeit des sog. „Staatskirchentums" war um 1800 durchaus nicht vorüber[25] – ja, gerade der leitende Staatsmann Bayerns, Graf Montgelas, war einer ihrer konsequentesten Verfechter, da dieses System ihm erlaubte, bis in die kleinsten Angelegenheiten des kirchlichen Lebens *hineinzudirigieren*[26].

Die Katholiken Nürnbergs strebten nach ihrer Angliederung an Bayern nach der politischen wie religiösen Gleichstellung mit ihren protestantischen Mitbürgern und damit auch um die Zuweisung eines würdigen Gotteshauses. Die Vertreter der Krone Bayerns in Nürnberg, Landesdirektionsrat Friedrich v. Lochner und Polizeidirektor Christian Wurm[27], standen den Forderungen der Katholiken positiv gegenüber. In der Folge erhielt Charles Frouard de Riolle, genannt Orelli, aus Pont à Mousson stammend, als erster katholischer Mitbürger Nürnbergs am 19. März 1807 das Bürgerrecht zuerkannt[28].

Die Zuweisung der Frauenkirche

Einer vordringlichen Regelung bedurfte die Frage nach einem geeigneten Gotteshaus für die katholische Gemeinde. In der Kartäuserkirche konnten und wollten die Katholiken auf die Dauer nicht bleiben, da diese profaniert werden sollte – d. h. sie sollte künftig als Heumagazin dienen! Im dazu gehörenden Kloster waren jetzt berittene Truppen – bayerische Chevauxlegers – einquartiert. Zudem lag die Kirche am südlichen Ende der damaligen Stadtgrenze *lokal ungünstig*, mußte doch dadurch eine große Zahl der katholischen Gläubigen zur Meßfeier einen weiten Weg zurücklegen. Außerdem fühlten sich die Kirchenbesucher in ihr keineswegs wohl, wie eine

16

Äußerung Kaplan Forsters belegt, der sie als „Winkelkirche" bezeichnete, die man möglichst bald mit einer besseren vertauschen müsse[29].

Landesdirektionsrat v. Lochner, der sich über die seelsorglichen Verhältnisse der Katholiken in Nürnberg und Umgebung von Präses Ulrich Kugel hatte informieren lassen, wandte sich am 12. März 1807 an das General-Landeskommissariat für Franken (mit dem Sitz in Ansbach) mit dem Vorschlag, die 1349–1358 erbaute Marienkirche auf dem Markt[30] der katholischen Gemeinde Nürnbergs zu überlassen.

„Ihre Lage mitten in der Stadt auf dem Markte, die innere Form derselben, wo noch die gewöhnliche Einrichtung der katholischen Kirche beibehalten ist, der bedeutende Raum derselben, und da sie bis jetzt zu keiner protestantischen Pfarrkirche bestimmt war, möchte für diesen untertänigsten Vorschlag das Wort reden[31]."

Dieses Gesuch wurde von der Ansbacher Behörde nach München an das Ministerium des Innern weitergeleitet. Gleichzeitig blieben die Nürnberger Katholiken selbst nicht untätig: Eine Gruppe von etwa 20 Personen wandte sich an den einflußreichen Freiherrn v. Eckart in München mit der Bitte, sich beim König dafür zu verwenden, daß die Frauenkirche den Katholiken zugesprochen und ihre Gemeinde zur Pfarrei erhoben werde. Dies – betonten sie – entspräche dem Religionsedikt und sei nur recht und billig, da auch die reformierte Gemeinde (die übrigens keine 100 Mitglieder zähle) den Status einer Pfarrei erhalten habe[32]. V. Eckart gab am 8. Februar 1809 die Petition an den König weiter.

Mit den Reskripten vom 1. Oktober 1809 zu München und vom 25. Februar 1810 zu Paris wurde tatsächlich die Kirche zu Unserer Lieben Frau am Hauptmarkt den Katholiken Nürnbergs zugewiesen[33]. Von einer Erhebung zur Pfarrei war allerdings in diesem Zusammenhang keine Rede. Der Schätzwert der Kirche – der laut Weisung jedoch nicht hoch sein sollte – war an den Protestantischen Kultusfonds zu überweisen.

Die Kosten für die Innenausstattung wurden auf ca. 6000 Gulden veranschlagt. Es hieß aber, diese Summe dürfte sich verringern, da man diejenige Einrichtung, die sich ehedem in der Elisabethkapelle befunden hatte, sowie die Gerätschaften des früheren Dompropsteiamtes Fürth (sie wurden auf 119 Gulden geschätzt) jetzt wiederverwenden könne[34]. Präses Kugel richtete daraufhin am 26. März 1810 an das Generalkommissariat des Pegnitzkreises ein Gesuch, die Frauenkirche für den katholischen Kultus *anständig* einzurichten[35].

Trotz aller Aktivität sollten noch Jahre vergehen, bis in der Frauenkirche der erste Gottesdienst gefeiert werden konnte. Zunächst nahmen die Protestanten (die eventuell nur ungern die Kirche abtraten) alle Gegenstände der Inneneinrichtung heraus und verkauften sie: die Altäre, Kirchenstühle, Schränke, die Orgel – ja selbst die Steinplatten des Fußbodens[36]! Bei dieser Gelegenheit wurde auch das berühmte Uhrwerk mit dem „Männleinlaufen" veräußert. Als Folge dieses Vorgehens befand sich die Kirche, als sie der katholischen Gemeinde übergeben wurde, nach dem Zeugnis Kaplan Forsters „in einem armseligen Zustand"[37].

Unter diesen Umständen wird verständlich, daß Präses Kugel die nunmehr anfallenden Kosten für die Ausstattung des Kirchenraumes nicht geringe Sorgen bereiteten. Diese schätzte der Nürnberger Bauinspektor Schwarze auf 8049 Gulden[38]. Da laut Regierungsanweisung sich die Katholiken selbst an der Finanzierung beteiligen sollten, wurde eine Subskriptionsliste aufgelegt! Über das Ergebnis dieser Aktion berichtete Kugel freilich:

„Kein Gemeindemitglied konnte bewegt werden, sich zu einem Vorschuß oder zu einem kleinen Beitrag zu entschließen[39]."

Späterhin kamen aber dann doch insgesamt 417 Gulden zusammen, die von 21 Gemeindemitgliedern – die zwischen 3 und 100 Gulden spendeten – aufgebracht wurden[40]. Leider war das nur der sprichwörtliche Tropfen auf den heißen Stein, und man überlegte angesichts der desolaten Finanzlage, ob nicht eine andere Kirche Nürnbergs mit weniger Kostenaufwand instandgesetzt werden könnte.

Zudem gab es gegen die Frauenkirche verschiedene Bedenken: z. B. sei sie räumlich zu klein – durch die Säulen sei die Sicht auf den Altar für viele Besucher versperrt – vor allem aber werde durch die Lage auf dem geräuschvollen Markte der Gottesdienst (zumal an den katholischen Wochenfeiertagen) gestört werden. Als geeigneter bezeichnete man sowohl die Jakobskirche als auch die Heilig-Geist-Kirche, deren Instandsetzung man mit geringerem finanziellem Aufwand für möglich erachtete. Wohl waren eben diese beiden Kirchen als evangelische Pfarrkirchen vorgesehen, doch das Generalkommissariat des Pegnitzkreises, das zugleich die Aufgaben des Generaldekanats versah, vertrat die Ansicht, die Heilig-Geist-Kirche werde von der protestantischen Gemeinde nicht unbedingt benötigt. Da diese Auffassung den katholischen Kreisen zur Kenntnis gelangte, glaubten sie, für eben diese Kirche plädieren zu sollen, ohne die protestantischen Christen Nürnbergs durch ihren Wunsch zu benachteiligen[41].

Bereits vor dieser Diskussion hatte der Stadtkommissar in einem Schreiben an den König darauf hingewiesen, daß die katholische Gemeinde eigentlich im Besitze eines Kirchenbaues sei, die – wenn auch noch nicht ausgebaut – doch als Eigentum des katholischen Kultes angesehen werden müsse[42]. Gemeint war damit die bereits 1785 begonnene, im Rohbau fertige Kirche auf dem ehemaligen Gelände des Deutschen Ordens. Aus einem Schreiben Kugels ist weiter überliefert, daß man sich in dieser Zeit mit dem Plan beschäftigte, das erwähnte Baufragment (dessen Kuppel noch nicht vollständig mit Kupfer gedeckt war) abzubrechen, um Baumaterial für eine Kaserne (die spätere „Deutschhauskaserne") zu gewinnen. „Das wäre . . . jammerschade", heißt es in dem oben genannten Bericht weiter – zumal das Gebäude der Stadt zur Zierde gereiche. Es läge nahe, diese Kirche den Katholiken zu überlassen – allein der hohe Kostenaufwand für den Innenausbau (er werde auf ca. 50 000 Gulden geschätzt) und die geringe Kapazität (es seien nur 600–800 Plätze vorhanden) geböten, davon Abstand zu nehmen. Die Kirche sei allerdings auch für eine evangelische Gemeinde zu klein.

Ein unter dem Datum des 20. Dezember 1811 von regierungsamtlicher Seite erlassenes Reskript bestimmte jedoch, daß es bei dem königlichen Erlasse vom 1. Oktober 1810 zu bleiben habe[43] – d. h. bei der Zuweisung der Frauenkirche am Markt. Die in ihr anfallenden Instandsetzungsarbeiten wurden dem Bauherrn Franz Xaver Keim und dem Bildhauer Gottfried Rotermund übertragen (die sie dann um den Betrag von 12 000 Gulden ausführten). Der bayerische Staat gewährte einen Zuschuß von 6000 Gulden[44], die Nürnberger Katholiken brachten trotz herrschender Teuerung schließlich 2494 Gulden auf[45].

Freilich ging dieses Geld nur langsam ein, und so konnte Präses Kugel erst am 4. Juli 1816 (seinem Namenstage) das Allerheiligste aus der Kartäuserkirche in die Kirche zu Unserer Lieben Frau übertragen[46]. Drei Tage später, am Sonntag den 7. Juli, benedizierte Kugel die Kirche und hielt in ihr den ersten feierlichen Gottesdienst, der mit dem Te Deum schloß[47]. Damit nannte die katholische Gemeinde endlich ein Gotteshaus ihr Eigen. Sie sandte deshalb am 31. Oktober 1816 eine Dankadresse an König Maximilian I.[48].

Die Innenausstattung der Frauenkirche

In kürzerer Form sei an dieser Stelle auf das Wesentliche der damaligen Ausstattung der Frauenkirche hingewiesen – wobei leider die Frage offenbleibt, ob sich diese schon im Jahre 1816 so gezeigt hat oder erst nach der in den zwanziger Jahren ausgeführten Restaurierung von Heideloff. In dem 1842 erschienenen Nürnbergführer von Friedrich Mayer[49] ist die Rede von einer

„schreienden Farbenpracht und Vergoldung . . . alles ist angestrichen, gelb, grün, rot, blau, gold, Farben über Farben, bis auf ein einziges Relief, von dem Adam Kraft (1498), zum Gedächtnis der Pergensdorfer errichtet . . .".

Außer der als Relief bezeichneten Schutzmantelmadonna an der Nordwand befand sich vom selben Künstler beim Choreingang noch ein weiteres kleines Relief, darstellend die Krönung Mariens. Im Chor stand der Tucheraltar, der heute als linker Seitenaltar dient. Den linken Seitenaltar schmückte ein Bild von der Messe des heiligen Papstes Gregor, während auf dem rechten eine Muttergottesstatue stand. Die Altarflügel zeigten Bilder auf Goldgrund. An der Längswand hing ein Bilderzyklus aus dem Leben Christi – angefangen von Mariä Verkündigung bis zur Sendung des Heiligen Geistes[50].

Die Erhebung der katholischen Gemeinde zur Pfarrei

Problematisch gestaltete sich die Aufbringung der fixierten Kaufsumme. Lange Jahre sah sich die katholische Gemeinde Nürnberg dazu nicht in der Lage. Erst 1839 konnte sie den Schätzwert von 5580 Gulden samt den bis dahin aufgelaufenen Zinsen aus der Elisabethenhospitalstiftung der protestantischen Gemeinde überweisen[51].

Ein weiteres Problem in der 1. Hälfte des 19. Jhs. erwuchs den Nürnberger Katholiken aus ihrem Bestreben, zur eigenständigen Pfarrei erhoben zu werden. Dieser Wunsch fand zwar Unterstützung in München, doch scheint längere Zeit eine offizielle Erhebung weder von kirchlicher noch von staatlicher Seite erfolgt zu sein. (Genauer wird im zweiten Teil der vorliegenden Arbeit auf das Recht der Kirche wie das des Staates bei der Pfarrerhebung eingegangen werden.) Als Fürsprecher trat jedenfalls am Münchener Hofe der bereits vorseitig genannte Freiherr v. Eckart auf. Er wandte sich schon am 8. Februar 1809 wegen der angestrebten Erhebung an den König.

Die Errichtung einer Pfarrei bedingte allerdings, daß eine Pfründe vorhanden sei – sei es Grundbesitz oder Kapital. Daher wandte sich das Ministerium des Innern an die Sektion der Stiftung mit dem Hinweis,

„die Mittel zur Dotation der definitiv zu organisierenden katholischen Pfarrei zu Nürnberg können nach vorausgeschickter Einleitung nirgends anderswo als aus dem Staatsvermögen geschöpft werden"[52].

Eine Antwort der Sektion darauf habe ich leider nicht gefunden. Eine offizielle Erhebung dürfte daher tatsächlich nicht erfolgt sein. Ulrich Kugel selbst führte den

Titel „Vorstand des katholischen Religionsexerzitiums p.t. Präses"[53]. Der königliche Kommissar bezeichnete ihn in seinem Schreiben als „Vorsteher des katholischen Gottesdienstes, Pfarrer Ulrich Kugel". Erst am 16. Juli 1811 nannte Kugel sich selbst in den Taufmatrikeln „Stadtpfarrer". Kaplan Forster schrieb dazu:

Bei Aufhebung des Deutschen Hauses sah man von seiten der Regierung die Notwendigkeit der Errichtung einer Pfarrei mit zwei Hilfspriestern ein; allein förmlich ist noch nichts geschehen[54]."

In den Folgejahren ist demnach die katholische Gemeinde zu Nürnberg – ohne daß ein bischöflicher oder königlicher Stiftungsbrief vorlag – de facto als „Pfarrgemeinde" angesehen worden, wobei man dem mit der Leitung betrauten Geistlichen (auch ohne offizielle Investitur und Installation) pfarrherrliche Rechte zugestand. Der deswegen von der protestantischen Geistlichkeit vorgebrachte Protest war in einem paritätischen Staat nicht mehr gerechtfertigt und wurde stillschweigend ad acta gelegt[55].

Das Konkordat von 1817 zwischen dem Heiligen Stuhl und dem Königreiche Bayern brachte für Bamberg die Erhebung zum Erzbistum[56]. Durch die „Zirkumskriptionsbulle" des folgenden Jahres erhielt die Erzdiözese einen bedeutenden Gebietszuwachs im Südwesten – freilich primär Diasporagebiet, was auf kirchlicher Ebene in den nächsten Jahrzehnten erhebliche Probleme erzeugte[57].

Zum Erzbischof von Bamberg wurde der bisherige Bischof von Eichstätt, Josef Graf Stubenberg[58], ernannt. Er behielt sein bisheriges Bistum als Administrator bei. Der Oberhirte stand allerdings schon im 77. Lebensjahre und war sicherlich mit der Führung *zweier so hoher Ämter* überfordert. 1823 erhielt er deshalb für die Bamberger Erzdiözese einen Weihbischof in der Person des Domkapitulars Johann Friedrich Oesterreicher[59]. Graf Stubenberg starb am 29. Januar 1824 zu Eichstätt und wurde im dortigen Dom beigesetzt.

Erwähnt sei hierzu noch, daß die Pfarrei Nürnberg zunächst keinem Dekanat zugeteilt, sondern dem Ordinariat in Bamberg direkt unterstellt war[60]. Unter dem zweiten Erzbischof von Bamberg, Josef Maria v. Fraunberg[61], erfuhr die Dekanatseinteilung eine Neuregelung, bei der Nürnberg dem Dekanat Neunkirchen am Sand unterstellt wurde[62].

Die katholischen Geistlichen Nürnbergs

Im Jahre 1806, bei der Eingliederung der Reichsstadt Nürnberg in das Königreich Bayern, zählte die Stadt 25 176 Einwohner[63]. Im Stadtgebiet selbst wohnten nach der Angabe Kugels 728 Katholiken, im benachbarten Fürth 232 und im Umland 557 – insgesamt also 1517 Angehörige der katholischen Konfession[64]. Da Pfarrgrenzen nicht existierten, war das Einzugsgebiet in räumlicher Hinsicht sehr weitgedehnt. So wurden z. B. bei Versehgängen oder Beerdigungen die Geistlichen aus Nürnberg bis nach Schwabach gerufen[65]. Im Sommer besuchten zusätzlich Saisonarbeiter (-innen) aus der Oberpfalz bzw. aus der Bamberger Gegend den Gottesdienst, was die Zahl der zu Betreuenden noch erhöhte.

Präses Kugel kommt in seinem Bericht u. a. auch auf die soziale Schichtung des katholischen Bevölkerungsanteils zu sprechen. Einen großen Teil derselben – heißt es darin – machen die Militärs und die königlichen Staatsdiener aus; ein nicht unbedeutender Teil bestehe aus Künstlern (es sind damit wahrscheinlich Handwerker gemeint) und Fabrikarbeitern in der Stadt wie auswärts – dazu kämen noch einzelne katholische Kreise vom Handelsstand[66].

Die Matrikelbücher des Pfarramtes Unserer Lieben Frau geben – was den Personenkreis anbelangt – zusätzlich wertvolle Aufschlüsse. Demnach hatten gerade die höheren Positionen in Nürnberg Beamte wie Offiziere inne, die der katholischen Kirche angehörten! Unter ihnen finden wir Namen wie Carl Ludwig Freiherr v. Leonrod – Direktor des Handels-Appellationsgerichtes und Vater des späteren Eichstätter Bischofs Franz Leopold v. Leonrod[67]. Philipp Ernst v. Gemming wird am 17. Oktober 1832 als Brautvater genannt: In der Endphase der Reichsstadtzeit war er von 1797 bis 1806 Leiter der kaiserlichen Subdelegationskommission. Der evangelische Polizeidirektor Christian Wurm, mit der Katholikin Maria Regina Freifrau v. Buckingham verheiratet, ließ seine Töchter katholisch taufen und stand selbst der katholischen Gemeinde wohlwollend gegenüber. An höheren Offizieren sind in diesem Zusammenhang zu nennen: Generalleutnant v. Kinkel und Generalmajor Anton Freiherr v. Vieregg, die Obersten Benedikt Leopold v. Hauer, Max Friedrich v. Zandt und Carl Theodor Graf Geldern und schließlich Major v. Lodron, dessen Gemahlin eine Fürstin von Hohenzollern-Hechingen war.

Bedingt durch die Kriegsläufe finden sich in den Matrikeln auch Namen französischen Ursprungs. So wird die Ehematrikel am 10. Mai 1810 mit Johann Baptist Jourdain, Fouragier aus Rouon, eröffnet – seine Braut war Ludowika Maas aus Ansbach. Einige Male begegnet der Name Toussaint, so einem Johann Josef Ludwig, der als Sprachlehrer bezeichnet wird und eine Anna Johanna Zeltner heiratete. Der Name erinnert an das phonetische System der Methode Toussaint-Langenscheidt.

Wir wissen freilich nicht, inwieweit die oben aufgeführten Personen das katholische Leben in Nürnberg mitgetragen haben. Von besonderer Gebefreudigkeit scheinen sie jedenfalls nach dem Zeugnis Pfarrer Kugels nicht gewesen zu sein – vermutlich v. a. deshalb, weil die Mehrzahl von ihnen nicht lange in der Pegnitzstadt bleiben wollte[68].

Eine Kirchenverwaltung nach heutigem Verständnis gab es damals in Nürnberg nicht. Die erste wurde am 28. März 1835 gewählt. Wohl existierte eine Repräsentation der Kirchengemeinde. Ihr gehörten außer dem Pfarrer Ulrich Kugel selbst noch an: Johann Albrecht Matti, Franz Franzisco, Michael Gessert, Johann Baptist Baader und Gallus Ignatius Widhalm[69].

Ein besonderer Abschnitt sei denjenigen Geistlichen gewidmet, die im frühen 19. Jh. – zur Zeit des Umbruchs – unter extrem schwierigen Verhältnissen in Nürnberg die Seelsorge ausübten. An ihrer Spitze stehen drei Namen, die noch Deutschordenspriester waren: Ulrich Kugel, Franz Reitmayer und Michael Seitz. Ihnen sollten die Geistlichen Forster, Regn und v. Münster folgen. Die relativ enge Begrenzung des zur Verfügung stehenden Raumes dafür innerhalb meiner Arbeit bedingt, daß die einzelnen Lebensläufe jeweils in lexikalischer Knappheit wiedergegeben werden.

Johann Ulrich Matthäus Kugel wurde als ältester von sechs Geschwistern am 21. September 1769 in der Deutschordensresidenz Ellingen geboren[70]. Sein Vater Ulrich Kugel versah das Amt des Mesners an der dortigen Pfarrkirche, seine Mutter hieß Maria Anna, geb. Enderlein.

Wahrscheinlich haben die Deutschherren den Jungen in seiner Ausbildung gefördert – jedenfalls studierte er Philosophie und Theologie und trat in das Priesterseminar des Deutschen Ordens zu Mergentheim ein[71]. Am 22. September 1792 erhielt er in Würzburg die Priesterweihe.

Erst Kooperator in Halsbach und dann Kaplan in Mergentheim, wurde Kugel am 1. Mai 1805 als Präses (etwa gleichbedeutend mit Pfarrvikar) nach Nürnberg berufen. Bereits ein Jahr später wurde hier – wie bereits oben erwähnt – die Deutschordens-

Kommende säkularisiert, wobei die dem Orden angehörenden Priester aus dem Ordensverband entlassen wurden (– ob förmlich oder de facto, sei dahingestellt). Sie blieben als Weltgeistliche weiterhin in ihren bisher innegehabten Stellen tätig.

Präses Kugel mußte in der Folgezeit – wie bereits im Abschnitt d) ausführlich dargelegt – die Frauenkirche restaurieren lassen und hierfür die Geldmittel flüssig machen. Eine Erleichterung in seinem kräftezehrenden Amte erfuhr er dann dadurch, daß sein Wirkungskreis räumlich enger eingegrenzt wurde. Am 28. Oktober 1828 erhielten nämlich die Katholiken der Stadt Fürth einen eigenen Geistlichen (auf Fürth und seine katholische Gemeinde wird in einem späteren Kapitel separat eingegangen werden). Außerdem übernahm den kirchlichen Dienst in Schwabach – das bisher von Nürnberg aus betreut worden war – in den zwanziger Jahren des 19. Jhs. der Pfarrer bzw. Kaplan von Abenberg, die ein- bis zweimal im Monat im Korrektionshaus den Gottesdienst hielten[72]. Durch diese Regulierungen wurde die Gemeinde Nürnberg gleichzeitig überschaubarer, die Seelsorge solidiert und – wie oben gesagt – die Geistlichen entlastet.

Präses Kugel bekleidete zusätzlich das Amt des Distrikts-Schulinspektors und – seit dem 28. Dezember 1826 – auch das des Definitors (= Kämmerer) des Dekanates Neunkirchen am Sand. Mit der Aufzeichnung der oberhirtlichen Erlasse seiner Amtsperiode in einem Buch schuf Kugel den Grundstock für das Pfarrarchiv Unserer Lieben Frau[73].

In Kugels Amtszeit fällt das „Heilige Jahr", das Papst Leo XII. für 1825 verkündigen ließ[74]. Im Jahre darauf konnte der Ablaß auch außerhalb Roms gewonnen werden. Unter den Nürnberger Katholiken fand diese religiöse Übung ein so reges Interesse, daß Kugel seinem Oberhirten darüber berichten konnte, die Teilnahme seiner Pfarrkinder habe alle seine Erwartungen übertroffen. Erzbischof Josef Maria v. Fraunberg sprach ihm dafür in einem persönlich gehaltenen Schreiben seinen Dank aus:

„Der stets erwiesene ebenso kluge als tatkräftige Eifer des Herrn Stadtpfarrers in Verwaltung seines Amtes bürgt mir, daß er trachten wird, den reger gewordenen religiösen Sinn seiner Pfarrkinder zu erhalten und zu kräftigen".[75].

Kugels Gesundheitszustand ließ allerdings schon seit einigen Jahren zunehmend nach, was ihn schließlich dazu veranlaßte, sich für eine Domkapitularstelle zu interessieren bzw. um eine leichtere Pfarrei einzugeben. In seinem Gesuch schreibt er:

„An Jahren schon ziemlich vorgerückt und bei einem Körper mit chronischer Krankheit behaftet, muß der Unterzeichnete die hiesige Stelle zu beschwerlich finden."[76]

Die angestrebte Beförderung bzw. Versetzung blieb leider aus, obwohl die Regierung von Mittelfranken Kugel das rühmende Zeugnis ausstellte, er habe bei der Prüfung durch das Erzbischöfliche Generalvikariat die erste Note in der ersten Klasse erhalten – darüber hinaus sei er wegen seiner eifrigen und pünktlichen Pflichterfüllung im Seelsorgeamt und im Jugendunterricht sowie wegen seines würdigen Wandels und Rednertalentes beliebt[77]. Ebenso geizte der staatliche Kommissar in Nürnberg nicht mit seinem Lobe:

Pfarrer Kugel „ist ein in jeder Beziehung sehr würdiger Geistlicher, der wegen seines moralischen Betragens, klugen Benehmens, Eifers für seinen Beruf die höchste Achtung in Nürnberg genießt, und zwar in höherem Grade als die große Zahl der protestantischen Geistlichen daselbst."[78]

In seinen letzten Lebensjahren war Pfarrer Kugel schwer leidend. Am 4. September 1831 empfing er die Sterbesakramente und verstarb am 12. November d. J. an Lungenlähmung[79]. Seine sterblichen Überreste wurden am 16. November auf dem Johannisfriedhof beigesetzt. Dem verstorbenen Pfarrer wurde ein feierliches Begräbnis zuteil. Der Sarg wurde auf einem vierspännigen Peuntwagen der Stadt zum Friedhof gefahren, katholische und evangelische Geistliche sowie mehrere Stadthonoratioren gaben ihm zusammen mit der katholischen Schuljugend das letzte Geleit[80].

Ulrich Kugel hat mehr als fünfundzwanzig Jahre segensreich in Nürnberg gewirkt. Die Zahl der Katholiken hatte sich innerhalb dieses Zeitraumes mehr als verdoppelt (obgleich Fürth ausgepfarrt worden war!) – d. h. sie betrug nun 3343 Gläubige[81]. Kugel hatte sich durch seine Amtsführung die Achtung weiter Kreise der Bevölkerung in und um Nürnberg erworben, und diese Wertschätzung ist sicherlich der katholischen Gemeinde allgemein zugute gekommen.

Eine ganze Reihe von Jahren war Franz Reitmayer als Kaplan in Nürnberg tätig. Geboren wurde er am 9. September 1769 zu Mergentheim. Sein Vater hieß Johann Kaspar Michael und übte den Beruf eines Bademeisters aus, seine Mutter trug die Namen Maria Helene, geb. Lachner[82].

Im Jahre 1792 immatrikulierte sich Reitmayer an der Universität Würzburg, 1795 trat er in den klerikalen Stand ein und wurde am 21. Mai 1796 ordiniert. Zunächst als Kuratpriester in Neuses bei Mergentheim tätig, dann als Frühmesser in Zipplingen, wurde er im Mai 1801 als „Missionarius Apostolicus" nach Nürnberg berufen (vorher legte er in Bamberg noch die vorgeschriebenen Prüfungen ab). Am 29. April 1812 wurde er zum Lokalschulkommissar ernannt; seit 1814 fungierte er als Religionslehrer sowohl an der königlichen Unterrichtsanstalt in Nürnberg als auch am dortigen Lehrerseminar[83]. (Erwähnenswert ist noch, daß Reitmayer dem sog. „Pegnesischen Blumenorden" angehörte, einem literarischen Verein mit langer Tradition.)[84]

Zusammen mit seinem Mitkaplan Michael Seitz war Reitmayer von 1806 bis 1816 Seelsorger in den Militärspitälern. Für diese seine aufopfernde Tätigkeit erhielt er am 11. Juni 1815 den „Zivildienst-Orden der Bayerischen Krone".

Der Nürnberger Polizeidirektor Wurm stellte ihm unter dem 28. Juli 1817 ein hervorragendes Zeugnis aus, worin er bestätigte, daß Reitmayer in Ausübung seiner Tätigkeit die Achtung nicht allein der katholischen Gemeinde, sondern auch der protestantischen Glaubensverwandten erworben habe. In seinen öffentlich gehaltenen religiösen Vorträgen habe er es verstanden, sich dem Zeitgeiste und den Lokalverhältnissen anzupassen. Ausdrücklich wird dabei auch ausgesagt, daß er nie zu Konflikten mit der evangelischen Geistlichkeit Anlaß gegeben habe, und daß er in seiner pastoralen Tätigkeit sich stets vom Geiste der Friedfertigkeit und Toleranz leiten lasse[85].

Auch der Lokalschulrat und Rektor des Gymnasiums, der später berühmte „idealistische Philosoph" Friedrich Wilhelm Hegel, schätzte Reitmayers Qualifikationen hoch ein:

„Derselbe versieht seit dreizehn Jahren zur Zufriedenheit seiner Gemeinde seine geistlichen Amtsgeschäfte und ist als ein Mann von zeitgemäßen, aufgeklärten Begriffen bekannt, deswegen derselbe auch zum katholischen Mitglied der Lokalschulkommission angenommen worden ist."[86]

Harte Auseinandersetzungen erfolgten allerdings wegen des staatlichen Pfarrexamens, das die Regierung von ihm noch zusätzlich verlangte[87]. Reitmayer war dazu unter keinen Umständen bereit – selbst dann nicht, als sich der Staat mit einer

Einzelprüfung begnügen wollte, die ein Vertreter der Regierung gemeinsam mit dem Pfarrer von Ansbach abnehmen sollte. Reitmayer machte geltend, daß er bereits eine Prüfung abgelegt habe und daß er in der allgemeinen Achtung verliere, wenn er dies nochmals tun müsse, während Pfarrer Kugel ohne Prüfung sein Amt ausübe. Das Bamberger Generalvikariat wie Polizeidirektor Wurm unterstützten Reitmayer gegenüber der Kreisregierung mit dem Erfolg, daß schließlich die in dieser Angelegenheit oberste Instanz, das Innenministerium, im Sinne Reitmayers entschied.

Sowohl um selbständig zu werden als auch um seine finanzielle Lage zu verbessern, gab Kaplan Reitmayer zwischen 1817 und 1820 nicht weniger als zehnmal (!) um eine Pfarrstelle ein, bis er endlich am 1. Dezember 1820 zum Pfarrer von Hollenbach bei Neuburg an der Donau (Diözese Augsburg) ernannt wurde[88]. In späteren Jahren amtierte er als Pfarrer in Wolframs-Eschenbach und – seit 1828 – als Pfarrer in Staffelstein. Nach seiner Emeritierung im Jahre 1834 siedelte er nach Nürnberg über, wo er am 12. April 1835 starb[89].

Nicht übergangen werden soll hier der jung verstorbene Priester Johann Michael Seitz, der am 18. Januar 1775 zu Ellingen geboren wurde. Sein Vater Balthasar gehörte als Sattlermeister zum Handwerkerstande[90].

Im Jahre 1801 zum Priester geweiht, war Seitz zunächst Kaplan in Zipplingen. Am 22. Juni 1803 wurde er dann nach Nürnberg berufen. Hier wirkte er als 2. Kaplan und als Religionslehrer an den königlichen Lehranstalten. Rektor Hegel – das sei in diesem Zusammenhang anerkennend erwähnt – setzte sich mit Nachdruck dafür ein, daß die Schüler der Gymnasien Religionsunterricht erhielten und auch dafür, daß dieser entsprechend honoriert wurde[91].

Daneben versah Kaplan Seitz das Amt des Seelsorgers im Nürnberger Militärspital (wie ja bereits bei Reitmayer darauf verwiesen worden ist). Wegen seiner angegriffenen Gesundheit verzichtete er auf eine Pfarrstelle. Erst 39 Jahre alt, starb Seitz am 28. Mai 1814.

Nach dem Tode Kaplan Seitz' wurde Josef Forster am 1. Juni 1814 als Aushilfskaplan nach Nürnberg versetzt. Sein Lebensweg begann am 5. März 1790 in Auerbach in der Oberpfalz – beruflich war sein Vater Friedrich als Leineweber und Magistratsdiener tätig, seine Mutter führte den Namen Margarethe, geb. Götz[92].

Das Gymnasium hatte Forster in Amberg besucht, bevor er Philosophie und Theologie im Lyzeum zu Bamberg studierte. Dort wurde er auch am 14. März 1813 zum Priester geweiht.

Nürnberg dürfte Forsters erste Seelsorgestelle gewesen sein, und hier war er der erste Geistliche, der nicht ursprünglich dem Deutschen Orden angehört hatte. Er kam aus katholischer Umgebung, deshalb scheint er sich in der Diasporastadt Nürnberg nicht besonders wohl gefühlt zu haben – jedenfalls vermitteln seine „Rhapsodien" diesen Eindruck[93]. So kritisierte er z. B., bei den Gottesdiensten fehle die Abwechslung wie die Feierlichkeit, die Geistlichen wohnten nicht beisammen und besäßen auch wenig Kontakt untereinander.

Bereits nach einem knappen Jahr wurde Forster nach St. Martin in Bamberg versetzt. In späteren Jahren machte er als Pfarrer von Hüttenheim durch seine Krankenheilungen von sich reden[94]. Eine Berufung ins Domkapital lehnte Forster ab. Am 23. November 1874 verstarb er.

Der Nachfolger Forsters im Amt eines Kaplans in Nürnberg wurde Anton Georg Regn – wie sein Vorgänger ebenfalls kein Mitglied des Deutschen Ordens. Er wurde am 3. Juli 1787 zu Ranna (Pfarrei Auerbach) geboren. Sein Vater war Konrad Regn, Schankwirt, seine Mutter Kunigunde, geb. Krieger[95].

Als „primus philosophus" trat Regn ins Priesterseminar zu Bamberg ein und empfing am 3. Dezember 1811 die Priesterweihe. Jeweils nur kurze Zeit in Bühl, Forchheim und Bamberg (St. Martin) tätig, wurde er am 1. Januar 1816 nach Nürnberg versetzt. Finanziell sah er sich besonders benachteiligt, da er als 2. Kaplan die auswärtigen Versehgänge zu übernehmen hatte. Diese mußte er dann aus der eigenen Tasche bestreiten, da die von ihm betreuten Katholiken – meist Fabrikarbeiter, Tagelöhner oder Dienstboten – gewöhnlich keine finanzielle Vergütung aufbringen konnten[96]. Aus diesem triftigen Grunde bat Regn um eine Erhöhung seiner Bezüge:

„In der jetzigen Zeit dürfen wir nicht nur die Wohltätigkeit predigen, sondern müssen sie in der armen Menge unserer Gemeinde üben, die eine der allerärmsten im ganzen Königreich ist."[97]

Dem Gesuch wurde stattgegeben. Dagegen hatte Regn keinen Erfolg, als er bat, ihm möge der staatliche Pfarrkonkurs erlassen werden. Gezwungenermaßen unterzog er sich in Bayreuth diesem Examen, wobei er die Note II in der Ersten Klasse erhielt (wie übrigens schon vorher in der kirchlichen Prüfung in Bamberg)[98].

Im Dezember 1818 berief man Regn nach München als Hofprediger in St. Michael, am 31. Oktober 1821 erhielt er eine Professur für Kirchengeschichte und Kirchenrecht am Lyzeum zu Bamberg. 1827 wurde Regn die Würde eines Domkapitulars verliehen. Er verstarb am 19. März 1828 in Bamberg.

Abschließend bleibt noch Franz Karl Freiherr v. Münster[99] zu nennen, dem es – da er nach seiner Herkunft noch dem „Ancien régime" angehörte – wohl nicht leicht gefallen ist, sich in die neuen Verhältnisse zu fügen[100]. Am 21. Mai 1775 zu Niederwerrn in Unterfranken geboren, wurde er bereits am 2. März 1790 (also im Alter von fünfzehn Jahren) Domherr zu Bamberg – d. h. er erhielt eine der Dompfründen. Zehn Jahre später stieg er dann, ohne eine höhere Weihe empfangen und wahrscheinlich auch ohne Theologie studiert zu haben, zum Domkapitular auf. Im Jahre 1803 kam es allerdings im Zusammenhang mit der Säkularisation zum Entzug seiner Dompfründe.

Verhältnismäßig spät, erst achtzehn Jahre später, dachte v. Münster daran, sich ordinieren zu lassen. Am 14. Februar 1822 bat er um die Diakonats- und Priesterweihe. Er legte Zeugnisse vor, die Domkapitular Alexander v. Hohenlohe-Schillingsfürst ausgestellt hatte, und versicherte gleichzeitig, er habe sich in Bamberg wie in Nürnberg bei Kaplan Griebel die notwendigen theologischen Kenntnisse angeeignet.

Von Münsters theologisches Wissen dürfte recht dürftig gewesen sein, da Generalvikar Oesterreicher erklärte, es genüge nicht, die Meßgebete auswendig zu beherrschen. (Er warf v. Münster darüber hinaus vor, Schulden gemacht zu haben, so daß er aus diesem Grunde sequestriert worden sei; außerdem habe er seine Zeit mit weiten Fußreisen durch die deutschen Lande vertan – er hätte besser seine Muße dem Studium der Theologie gewidmet als der Lektüre historisch-geographischer Werke und der Herausgabe mehrerer selbst- oder nichtselbstgefertigter Aufsätze und Reisebeschreibungen[101].

Trotz dieser massiven Beanstandungen wurde v. Münster am 24. November 1822 zum Priester geweiht. Er half anschließend in der Seelsorge aus, zunächst in Coburg, später in Nürnberg. Hier verstarb er am 27. April 1847.

Die finanzielle Lage der katholischen Geistlichkeit

In kürzerer Form sei in der vorliegenden Untersuchung noch auf die finanzielle Lage der katholischen Geistlichen im Nürnberg des 19. Jh. hingewiesen. Solange diese vom Deutschen Orden unterhalten wurden, war für sie in materieller Hinsicht gut gesorgt. Nach Reitmayers Zeugnis verfügten sie damals über einen „prächtigen" Mittags- und Abendtisch, täglich zwei Maß Bier, neun Eimer Wein, 26 Pfund Lichter, eine möblierte Wohnung, Wäsche, Bedienung, Schreibutensilien und dazu über 100 Gulden in bar[102]. Forster, der jene Zeit nur noch vom Hörensagen her kannte, meinte dazu:

„Im Deutschen Haus war weislich und reichlich gesorgt."[103]

Eine gravierende Verschlechterung trat in den Jahren unmittelbar nach der Säkularisation des Deutschen Ordens ein[104]. Um die Jahreswende 1808/09 mußten die Nürnberger Priester ihre bisherige Wohnung in der Ordenskommende aufgeben und jeder eine separate Wohnung beziehen. Wohnungen waren jedoch im damaligen Nürnberg rar und teuer[105]. Zusätzlich wurde ihnen ihr Gehalt durchaus nicht regelmäßig ausgezahlt, deshalb wandte sich Pfarrer Kugel mit seinen beiden Kaplänen am 4. Mai 1810 an die Finanzdirektion ihrer Stadt mit der Bitte um die Auszahlung ihres Salärs. Sie begründeten diesen Schritt damit, daß sie wohl Abschlagszahlungen erhalten hätten – diese jedoch nicht weit reichten:

„Wir befinden uns gegenwärtig wirklich in großer Not, Hilfe erwarten wir durch die Errichtung der katholischen Pfarrei."[106]

Am 14. September 1810 bestimmte das Ministerium des Innern (Sektion der Generaladministration des Stiftungsvermögens), daß die Besoldung eines Pfarrers nicht geringer als 900 Gulden sein dürfe – für die Hilfspriester wurden 300 Gulden nebst freier Wohnung und einem entsprechenden Anteil an den Stolgebühren veranschlagt[107]. Fraglich bleibt allerdings, ob die Bezüge regelmäßig bzw. rechtzeitig ausgezahlt wurden. Auszahlungsstellen waren übrigens teils die Administration des Stiftungsvermögens, teils das Rentamt[108].

Im Laufe der folgenden Jahre erhöhten sich dann die Bezüge der Geistlichkeit etwas – freilich teilweise nur durch die Geldentwertung bedingt. Im Jahre 1829 bezog der Pfarrer 1203 Gulden und 30 Kreuzer, der Erste Kaplan 750 Gulden, der Zweite 675[109].

Die Kirchenstiftungen[110] sahen sich im 19. Jh. schweren Belastungen ausgesetzt[111]. Um als Beispiel nur einige Härtefälle dazu zu nennen: Die Stiftungen hatten an die königlichen Kreiskassen die Existenzgelder für die Siechenheime und andere mildtätige Einrichtungen zu zahlen – und das auch in dem Falle, daß sie ihren eigenen Verpflichtungen kaum nachkommen konnten. Ferner waren Begünstigungen, die ihnen bis zur Säkularisation zugebilligt worden waren, jetzt aufgehoben, wie z. B. die „Ungeld-" und die „Accis-Befreiung" (Befreiung von der Umsatzsteuer) sowie der unentgeltliche Holzbezug[112]. Außerdem mußte bei Stiftungen, die neu gemacht wurden, die „Quarta pars pauperum et scholae" abgezogen werden, was bewirkte, daß – betrug beispielsweise eine Zuwendung 100 Gulden – nur die Hälfte (d. h. 50 Gulden) dem eigentlichen Stiftungszwecke verblieben.

Erzbischof v. Fraunberg trug zwar, ohne die Ständekammer dabei einzuschalten, König Maximilian I. seine Vorschläge über eine Herabsetzung dieser Belastungen vor[113], aber schon wegen des bald darauf erfolgten Todes des Monarchen (1825) blieb ihm ein Erfolg versagt. Denjenigen Geistlichen, die diese Eingabe vorbereitet hatten, sprach der Oberhirte seinen Dank aus (– zu ihnen zählte übrigens auch der Pfarrer von Nürnberg).

Da es den schlechtbesoldeten Geistlichen erklärlicherweise schwer fiel, Bücher zu kaufen, schuf der Erzbischof hierzu Abhilfe. Er ließ kurzerhand viele seiner theologischen Werke lithographieren und dazu ein ebenso erstelltes Bücherverzeichnis anlegen. Jedes Dekanat erhielt dann davon zwei Exemplare, so daß die Priester in die Lage versetzt wurden, sich Bücher zu ihrer Weiterbildung ausleihen zu können[114].

Anmerkungen

1 Aubert, Roger: Die katholische Kirche und die Revolution. In: HKG VI/1, S. 3; – Als zeitgenössische Beurteilung siehe die Äußerung Friedrichs II. von Preußen. – Friedrich II.: Mein Leben und meine Zeit. Berlin 1937, S. 79.
2 Pius VI. protestierte 1798 gegen die Besetzung des Kirchenstaates durch die französische Armee; der 81jährige Papst wurde deshalb 1799 nach Frankreich deportiert, wo er am 29. August d. J. zu Valence starb. Sein Nachfolger Pius VII. erließ gegen Napoleon, der 1809 die „Vereinigung" des gesamten Kirchenstaates mit dem französischen Kaiserreich „auf ewige Zeiten" verfügt hatte, die Bannbulle gegen die „Räuber des Patrimoniums Petri"; am 6. Juli 1809 wurde daraufhin Pius VII. auf Befehl des Kaisers verhaftet und bis 1812 nach Savona gebracht. – Aubert: Kath. Kirche. In: HKG VI/1, S. 58 f. und S. 88 ff.
3 Pfeiffer, Gerhard: Nürnberg – Geschichte einer europäischen Stadt. München 1971, S. 315.
4 Raab, Heribert: Der Untergang der Reichskirche in der großen Säkularisation. In: HKG V, S. 546–554; – Weis, Eberhard: Die Begründung des modernen bayerischen Staates unter König Max I. In: BG Bd. I, S. 12 f.
5 Lill, Rudolf: Die katholische Kirche und die Restauration. In: HKG VI/1, S. 162.
6 Ausführlich: Bauerreiß, Romuald: Kirchengeschichte Bayerns. Bd. VII. Augsburg 1970, S. 445–452; – In Bayern wurde die Aufhebung der Klöster schon seit 1799 (!) durch die Regierung vorbereitet. – Weis, Begründung, (wie Anm. 4), S. 40.
7 Weis. In: BG Bd. I, S. 19.
8 Unter Montgelas' Einfluß wurde politisch eine Übereinstimmung zwischen Staatsgebiet und Diözesaneinteilung angestrebt. – Ebenda, S. 46 und S. 72 f.
9 Gatz, Erwin: Die Bischöfe der deutschsprachigen Länder 1785/1803 bis 1945. Ein biographisches Lexikon. Berlin 1983.
10 Hompeschs Maßnahmen auch bei: Weis, Begründung, (wie Anm. 4), S. 15.
11 Gatz, Bischöfe, (wie Anm. 9), S. 89 f.
12 Ebenda, S. 181 f.
13 Zitiert nach: Bauerreiß, Kirchengeschichte, S. 443; – Der Mainzer Erzbischof Karl Theodor v. Dalberg wurde Erzbischof von Regensburg, das zum Erzbistum erhoben wurde; doch fand er schon 1810 sein Ende. – Gatz, Bischöfe, S. 110–113; Weis, Begründung, (wie Anm. 4), S. 30.
14 Ausführlich: Ulrich, Karl: Die Nürnberger Deutschordenskommende in ihrer Bedeutung für den Katholizismus seit der Glaubensspaltung. (Diss.) Nürnberg 1935.
15 Ebenda, S. 3.
16 1248 gewährte Papst Innozenz IV. dem Deutschordens-Spital das „Privileg der geschlossenen Meßfeier". – Pfeiffer: Nürnberg, S. 27.
17 Ulrich, S. 91; – auch: Geyer, Chr.: Das kirchliche Leben in Nürnberg vor und nach dem Übergang der Reichsstadt an Bayern. BbKG XII. Erlangen 1906, S. 4 ff.
18 Das Spital der hl. Elisabeth lag gegenüber der Jakobskirche. – Pfeiffer: Nürnberg, S. 140; – auch: Priem, Paul: Geschichte der Stadt Nürnberg von dem ersten urkundlichen Nachweis ihres Bestehens bis auf die neueste Zeit. Nürnberg 1875, S. 44.

19 Das Kartäuserkloster wurde 1380 von Marquard Mendel gestiftet und lag auf dem Gelände des jetzigen Germanischen Nationalmuseums. – Pfeiffer: Nürnberg, S. 90; Priem, Nürnberg, (wie Anm. 18), S. 77.

20 Über die Baugschichte der Kirche St. Elisabeth ausführlich: Heßlein, Hans: Die Baugeschichte der Deutschordenskirche St. Elisabeth in Nürnberg. (Diss.) Würzburg 1925; – auch: Schrötter, Georg: Die Kirche der hl. Elisabeth in Nürnberg. Zur Erinnerung an ihren Ausbau und ihre Wiedereröffnung am 6. Dezember 1903, Nürnberg 1903: Die katholischen Kirchen in Nürnberg. Ihre Entstehung und Baugeschichte. Nürnberg o. J., S. 10–15.

21 Napoleon rechnete den Rheinbundstaaten (zu denen auch Bayern gehörte) den Zuwachs an Gebiet als Entschädigung für die Kriegskosten an. – Weis, Begründung, (wie Anm. 4), S. 30.

22 In Bayern war es das Toleranzreskript von 1801 und das Toleranzedikt von 1803. – Hirschmann, Gerhard: Die evangelische Kirche seit 1800. In: BG Bd. II, S. 884; – auch: Die Zeit der Aufklärung in Nürnberg 1780/1810. (Ausstellungskatalog mit Dokumenten) Nürnberg 1966.

23 Die Vorgänge in Nürnberg detailliert bei: Pfeiffer: Nürnberg, S. 312–315; – auch: Aubert: Kath. Kirche. In: HKG VI/1, S. 22.

24 Bauerreiß, Kirchengeschichte, Bd. VII, S. 460.

25 „Staatskirchentum" (ungenau „Cäsaropapismus"): kirchenpolitisches System der Verbindung von Kirche und Staat. Der Staat übt dabei die Kirchenhoheit aus. – LThK IX ²1964, Sp. 998.

26 Weis, Begründung, (wie Anm. 4), S. 7 f.

27 Wurm gehörte der ev. Konfession an, war aber mit einer Katholikin verheiratet; er wird in seinem Amte als „tüchtig" bezeichnet. – Priem, Nürnberg, (wie Anm. 18), S. 317.

28 Schrötter, Georg: Die Emanzipation der Katholiken in Nürnberg. In: Historisch-politische Blätter für das katholische Deutschland. Bd. 136. München 1838 ff., S. 637–656.

29 „Rhapsodien" Forsters – AEB, Rep 4/1, Pfarrakten ULF Nürnberg, 19. Jh.

30 Kaiser Karl IV. ließ die Kirche Zu Unserer Lieben Frau 1349 an der Stelle einer jüdischen Synagoge errichten (gleichzeitig wurden die umliegenden, von Juden bewohnten Häuser abgerissen und der Haupt- wie Obstmarkt angelegt). Die Chorweihe fand 1355 statt, die Gesamtweihe 1358. Der Kaiser war beide Male persönlich anwesend. Von 1524 bis 1810 fanden in der Frauenkirche ev. Gottesdienste statt. – Pfeiffer: Nürnberg, S. 89 und S. 107; Priem, Nürnberg, (wie Anm. 18), S. 60 und S. 68.

31 Schrötter, Georg: Die Frauenkirche in Nürnberg (zugleich eine Geschichte der katholischen Gemeinde Nürnberg im 19. Jahrhundert), S. 281 f. – BStA Nürnberg, N. 252.

32 BHStA München, MK 26837.

33 Eine Abschrift liegt vor im: BHStA München, MK 26837 – sie ist unterzeichnet mit: Niethammer, 1. 10. 1809 (Abdruck im „Intelligenzblatt" vom 23. 7. 1810, Nr. LXXXV).

34 Schrötter, Frauenkirche, (wie Anm. 31), S. 312.

35 Ebenda, S. 282.

36 Priem, Nürnberg, (wie Anm. 18), S. 355.

37 „Rhapsodien" Forsters – AEB, Rep 4/1, Pfarrakten ULF Nürnberg, 19. Jh.

38 Schrötter, Frauenkirche, (wie Anm. 31), S. 284 ff.

39 Schreiben ohne Datum – BHStA München, MK 20003.

40 BHStA München, MK 20003.

41 Schreiben Kugels vom 18. 4. 1811 und 8. 7. 1812 an den Stadtkommissar (der sie am 11. 8. 1812 an die Regierung weiterleitete). – BHStA München, MK 20003.

42 Schreiben vom 30. 5. 1812 – BHStA München, MK 20003.

43 AEB, Rep 4,1, Pfarrakten ULF Nürnberg, 19. Jh.; Schrötter, Frauenkirche, (wie Anm. 31), S. 286 ff.

44 AEB, Rep 4,1, AEB, Pfarrakten ULF Nürnberg, 19. Jh.

45 Die Summe wurde durch Sammlungen im Mai u. November 1815 und im Juni 1816 aufgebracht. – Schrötter, S. 297 f.; – ausführlich über die Teuerung bei: Priem, S. 355 ff.

46 Der Höhepunkt der Hungersnot fiel (auch in Nürnberg) in den Winter 1816/17. – Pfeiffer: Nürnberg, S. 365.
47 Schrötter, Frauenkirche, (wie Anm. 31), S. 297; Nürnberger Stadtchronik, begonnen 1623 von Johannes Müllner und bis zur Gegenwart fortgesetzt. – StadtA Nürnberg. Rep. F Nr. 2.
48 BHStA München, MK 26837.
49 Mayer, Friedrich: Nürnberg im 19. Jahrhundert mit stetem Rückblick auf seine Vorzeit. Nürnberg 1842, S. 162–169.
50 Ebenda, S. 162–169.
51 Nach Schrötter wurden 1837 einige Bilder von der kath. Kirchenstiftung an die prot. Kirche verkauft, darunter das Hauptaltargemälde in 5 Abteilungen aus der Sakristei (evtl. ist damit der Bilderzyklus gemeint). – Schrötter, Frauenkirche, (wie Anm. 31), S. 399 f.
52 BHStA München, MK 20003.
53 BHStA München, MK 20003.
54 „Rhapsodien" Forsters – AEB, Rep 4/1, Pfarrakten ULF Nürnberg, 19. Jh.
55 Schrötter: Emanzipation, (wie Anm. 28).
56 Bayern wurde durch das Konkordat von 1817 in 2 Kirchenprovinzen eingeteilt (Erzbistümer): München-Freising (mit den Bistümern Augsburg, Regensburg, Passau) und Bamberg (mit Würzburg, Eichstätt, Speyer). – Lill: Kath. Kirche. In: HKG VI/1, S. 164 f. – auch: Urban, Josef: Die Bamberger Kirche in Auseinandersetzung mit dem ersten Vatikanischen Konzil. (Diss.) Bamberg 1982, S. 445, Anm. 23.
57 „Für die protestantisch regierten Staaten ergingen Zirkumskriptionsbullen . . ., der Form nach päpstliche Erlasse, die aber inhaltlich echte Verträge waren." – Lill, Kath. Kirche. In: HKG VI/I, S. 164.
58 Gatz, Bischöfe, (wie Anm. 9), S. 747 ff.
59 Ebenda, S. 541 f.; Wachter, Nr. 7242.
60 SchemB 1811; – Außer Nürnberg waren auch Erlangen, Forchheim und Bayreuth keinem Dekanat unterstellt.
61 Fraunberg, Joseph Maria Frhr. v. (1768–1842), Erzbf. von Bamberg – Wachter, Nr. 2688; – auch: Urban, Bamberger Kirche, S. 824; Gatz, Bischöfe, (wie Anm. 9), S. 206–208.
62 Gatz, Bischöfe (wie Anm. 9), S. 208.
63 Pfeiffer: Nürnberg, S. 360.
64 Bericht an den Pegnitzkreis vom 20. 7. 1809 – BHStA München, MK 26837 (die Katholiken Fürths werden darin namentlich aufgeführt).
65 „Rhapsodien" Forsters, – AEB, Rep 4/1, Pfarrakten ULF Nürnberg, 19 Jh.
66 Schrötter, Frauenkirche, (wie Anm. 31), S. 328.
67 Leonrod, Franz Leopold Frhr. v. (1827–1905), Bischof von Eichstätt – Gatz, Bischöfe, (wie Anm. 9), S. 445 ff.
68 Schreiben Kugels vom 18. 4. 1811 an das kgl. Kommissariat – BHStA München, MK 20003.
69 Schrötter, Frauenkirche, (wie Anm. 31), S. 328; – Pfarrbeschreibung vom 28. 6. 1829 im: AEB, Pfarrakten ULF Nürnberg, 19. Jh.
70 In den Taufmatrikeln wird der Name als „Gugel" geschrieben. (Die Angaben über die Eltern sind den Taufmatrikeln der jeweiligen Pfarrei entnommen.)
71 Demel, Bernhard: Das Priesterseminar des Deutschen Ordens zu Mergentheim. Bonn 1972.
72 Schrötter, Frauenkirche, (wie Anm. 31), S. 332.
73 Kugel: Sammlung Oberhirtlich-Bamberg'scher Verordnungen. Bd. I, XIII 2 b.
74 Das „Heilige Jahr" sollte Gelegenheit bieten, den Kontakt zwischen Papst und kath. Volk wieder herzustellen. Es war das erste seit 50 Jahren und zog tatsächlich Scharen von Pilgern nach Rom. – Aubert, Kath. Kirche. In: HKG VI/1, S. 120 und S. 129.
75 Schreiben vom 8. 3. 1827 – Verordnungen, S. 129.
76 Kugel gab am 27. 7. 1824 um die Pfarrei St. Peter in Neuburg a. d. Donau ein, am 27. 11. 1828 um die Pfarrei Rohrenfels bei Neuburg a. d. Donau. – BStA Nürnberg, Abg. 1932 XIV Nr. 142/I.
77 Ebenda.
78 Schreiben vom 17. 5. 1825 – BHStA München, MK 26838.

79 Schreiben Kaplan Hoeltzers vom 13. 11. 1831 an die Regierung – BStA Nürnberg, Abg. 1932 XIV Nr. 142/I.
80 Als Erber setzte Kugel seine 3 Schwestern und seinen Bruder (Magistratsrat in Ellingen) ein. – Ebenda.
81 BStA Nürnberg, Abg. 1932 XIV Nr. 142/II.
82 Wachter, Nr. 7959.
83 1824 wurde das Lehrerseminar nach Altdorf verlegt. – Barthel, Otto: Die Schulen in Nürnberg, 1905–1960. Nürnberg o. J.
84 „Pegnesischer Blumenorden", 1644 von Harsdörfer und Klai in Nürnberg gegründete Gesellschaft zur Veredelung der deutschen Sprache. Im 19. Jh. widmete er sich erfolgreich der Pflege von Wissenschaft und Literatur. – Pfeiffer: Nürnberg, S. 221; S. 340 f.; S. 415; S. 440; – Friem, Nürnberg, (wie Anm. 18), S. 232 f.; S. 309; S. 373 f. und S. 527 f.
85 BStA Nürnberg, Abg. 1932 XIV Nr. 142/II.
86 Schreiben an das Innenministerium vom 9. 6. 1814. – Ebenda.
87 Ebenda. – Auch: Stadt-Archiv Nürnberg, Pol. Dir.-Akten Nr. 40 c; – „Montgelas führte den obligatorischen Pfarrkonkurs in Bayern ein." – Weis, Begründung, (wie Anm. 4), S. 43.
88 1812 beliefen sich Reitmayers Bezüge auf 922 Gulden und 40 Kreuzer. – Seine Gesuche: BStA Nürnberg, Abg. 1932 XIV Nr. 142/I.
89 Reitmayer vermachte 4000 Gulden dem Bürgerspital seiner Heimatstadt Mergentheim; 150 Gulden den Armen in Staffelstein und 100 Gulden der kath. Gemeinde Fürth. – - Wachter, Nr. 7959.
90 Wachter, Nr. 9482.
91 Schreiben vom 9. 6. 1814 – BStA Nürnberg, Abg. 1932 XIV Nr. 142/I.
92 Wachter, Nr. 2618. G. I. B. (Bartheleme): Josef Forster, kath. Pfarrer zu Hüttenheim, Regensburg 1886.
93 „Rhapsodien" Forsters – AEB, Rep 4/1, Pfarrakten ULF Nürnberg, 19. Jh.
94 Sebastian, Ludwig: Alexander Fürst v. Hohenlohe-Schillingsfürst 1794–1849 und seine Gebetsleitungen (Diss.). Kempten-München 1918 (bes. Kapitel 3: Ein Helfer und Nachfolger).
95 Wachter, Nr 7969.
96 Nach seinem Bericht war er in einer Woche zweimal nach Schwabach gerufen worden, einmal, um einen Schwerkranken zu versehen, das zweite Mal, um diesen zu bestatten. Der Fuhrlohn und die Zehrung in Höhe von 9 Gulden und 24 Kreuzern ging auf seine Rechnung! – BStA Nürnberg, Abg. 1932 XIV Nr. 142/I.
97 Gesuch vom 13. 6. 1817. – Daraufhin wurde der Instentationsbeitrag um 100 Gulden auf insges. 500 Gulden erhöht (Weisung des Innenministeriums vom 22. 6. 1817). – BStA Nürnberg, Abg. 1932 XIV Nr. 142/I.
98 Ebenda.
99 Wachter, Nr. 6936.
100 AEB, Rep 3, 3103/200. Personalakte.
101 Münster, Franz Karl Frhr. v.: Frankenthal oder Vierzehnheiligen. Ein Taschen- und Andachtsbuch für dahin Reisende mit Karte und Ansichten. Nürnberg 1819.
102 Schreiben vom 30. 5. 1812 – BHStA München, MK 20003.
103 „Rhapsodien" Forsters – AEB, Rep 4/1, Pfarrakten ULF Nürnberg, 19. Jh.
104 Ausführlich dazu: Bauerreiß, S. 452 f.: Im Gegensatz dazu wurde der „beträchtliche Besitz der Pfarrkirchen" nicht angetastet. – Weis. In: BG Bd. I, S. 43.
105 In nahezu allen Kriegen jener Epoche (bis 1815) wurde Nürnberg in Mitleidenschaft gezogen. – Zeugnisse darüber in der gesamten einschlägigen Literatur.
106 BHStA München, MK 20003.
107 Ebenda.
108 „Rhapsodien" Forsters – AEB, Rep 4/1, Pfarrakten ULF Nürnberg, 19. Jh.
109 Schrötter, S. 333.

110 „Kirchenstiftungen" („fabrica ecclesiae"): die „mit Errichtung einer Kirche als Träger ihres
Vermögens ins Dasein tretende juristische Person . . . Nach staatlichem Recht ist sie meist
als Stiftung des öffentlichen Rechts anerkannt, z. T. neben der Kirchengemeinde." –
Ausführlich in: LThK IV [2]1961, Sp. 268 f.
111 Schreiben vom 22. 3. 1823 und 14. 9. 1825 – Verordnungen, S. 65 f. und S. 94 ff.
112 Gerade der Wald bzw. die Holzwirtschaft stellte für den bayer. Staat bei der Säkularisation
den „materiellen Hauptgewinn" dar. – Weis, Begründung, (wie Anm. 4), S. 44.
113 Verordnungen, S. 94.
114 Schreiben vom 4. 3. 1830 – Verordnungen, S. 169 f.

Die katholische Gemeinde Nürnbergs im zweiten und dritten Trimester des 19. Jahrhunderts

Nominationsrecht und Pfarrer Friedrich Grohe

Der Wiener Kongreß (1814/15) sicherte nach einer Phase permanenter Kriegswirren – 1792 bis 1815 – auf außenpolitischem Sektor weitgehend den Frieden in Europa. Seine Bestimmungen bestätigten gleichzeitig dem unter Napoleon I. geschaffenen Königreich Bayern in etwa seine territorialen Neuerwerbungen[1], wodurch für Nürnberg die 1806 getroffene politische Regelung international akzeptiert wurde[2]. Die Stadt hatte damit zwar ihre politische Eigenständigkeit als Reichsstadt eingebüßt, sie fand sich aber dafür jetzt in ein größeres Staatsgebilde integriert, dessen beginnender ökonomischer Aufschwung ab 1818 auf Nürnbergs Wirtschaftswesen rückwirkte[3].

Für die Geschichte der katholischen Kirche allgemein war es von überragender Bedeutung, daß unter dem Pontifikat Papst Pius VII. – nach dessen Rückkehr aus der französischen Gefangenschaft im Jahre 1814 – eine „religiöse Wiedergeburt" (primär auf geistlicher Ebene) einsetzte und von seinen beiden Nachfolgern Leo XII. und Pius VIII. fortgeführt wurde[4]. Während auf dem Wiener Kongreß der Kirchenstaat territorial restauriert wurde, behielt die Säkularisation der geistlichen Territorien und Güter (v. a. in den Landen des ehemaligen Hl. Römischen Reiches) weiterhin ihre Gültigkeit[5]. Das bedeutete hinwiederum, daß die ihrer materiellen Basis weitgehend benommene Kirche von nun an die Unterstützung des Staates bzw. der Kommunen zu beanspruchen gezwungen war (was von seiten der Dynastien und ihrer Regierungen meist zur Abwehr jener Ideen, die die Französische Revolution geistig vorbereitet hatten, positiv beantwortet wurde[6]). Diese Situation nutzend, boten sich dem Staat des frühen 19. Jh. nicht unbedeutende Einflußmöglichkeiten auf die Kirchenorganisation, die ihre vertragliche Fixierung in Konkordaten erfuhren. Für Bayern war das bereits im vorigen Kapitel erwähnte Konkordat von 1817 bestimmend, das u. a. in bezug auf die Besetzung von Pfarrstellen festlegte: Dem König stand das „Präsentationsrecht" für die „bisher schon landesherrlichen Pfarreien und für diejenigen Pfarreien, für die eines der aufgehobenen geistlichen Institute das Präsentationsrecht besessen hatte" zu, sowie das „Bestätigungsrecht für die übrigen Pfarreien"[7].

Vor diesem Hintergrunde werden die Differenzen und Komplikationen verständlich, die sich in Nürnberg 1831/32 bei der Neubesetzung der durch Pfarrer Kugels Tod vakanten Stelle eines Pfarrers der katholischen Gemeinde ergaben. Der Nürnberger Magistrat suchte nämlich jetzt beim König um das „Nominationsrecht" für die Pfarr- und Kaplanstellen in seinem Kommunalbereich nach. Er habe dabei – heißt es in dem Antrag – die Absicht

„der katholischen Kirche ein solches Haupt zuzuführen, das in friedlicher Eintracht mit seinen protestantischen Amtsgenossen den Frieden und die Eintracht, ja in der Tat die Einheit der Einwohnerschaft zu erhalten vermag"[8].

Der Magistrat strebte damit zwar offiziell lediglich jenes Recht an, über das sein Vorgänger, der Rat der Reichsstadt, bereits seit dem ausgehenden Mittelalter verfügt hatte[9]. Ein wesentlicher Unterschied bestand allerdings tatsächlich darin, daß jetzt – d. h. im frühen 19. Jh. – ein rein protestantisches Gremium über alle katholischen Seelsorgestellen hätte verfügen können. Das Gesuch wurde jedoch mit der Begründung abgelehnt, weder die Krone Bayerns noch der Erzbischof von Bamberg könnten auf die ihnen gemäß dem Konkordat zustehenden Rechte verzichten. Bei der Berufung – so lautet die Erläuterung – sei das Augenmerk

„auf solche Individuen zu richten, die in jeder Beziehung der Anweisung in eine der ersten Städte des Königreiches würdig sind, und die der Krone sowohl als der Pfarrgemeinde Bürgschaften eines segensreichen Wirkens im Gebiete der Seelsorge als des öffentlichen Unterrichtes bieten"[10].

Um die ausgeschriebene Pfarrstelle bewarben sich dann insgesamt acht geistliche Herren. Aus der Reihe dieser Kandidaten wählte König Ludwig I. am 29. August 1832 den quieszierten Präfekten des Lehrerseminars zu Straubing, Friedrich Grohe[11]. Dieser war vom Generalvikariat wegen seiner vorzüglichen wissenschaftlichen Bildung, seiner ausgezeichneten Qualifikation als Prediger und seines Eifers in der Seelsorge empfohlen und bereits als Pfarrverweser eingesetzt worden[12].

Friedrich Grohe wurde am 15. März 1799 als Sohn des Feldwebels Jakob Grohe und seiner Ehefrau Anna, geb. Pflaum, in Bamberg (in der Pfarrei St. Martin) geboren[13]. Das Gymnasium absolvierte er mit der Note „vorzüglich" und studierte anschließend am Lyzeum zu Bamberg Philosophie und Theologie. Den Abschluß bildete eine öffentliche Disputation, die ihm – nach seiner Ansicht – an einer Universität die Promotion erbracht hätte.

Nach seiner Priesterweihe am 30. September 1822 war Grohe zunächst als Kaplan in Bamberg (in St. Martin) und Bayreuth tätig. 1824 erhielt er die Ernennung zum 2. Inspektor am Lehrerseminar zu Straubing. Bereits 1831 wurde er aus diesem Amte in den Ruhestand versetzt (seine Akten verzeichnen keinen exakten Grund dafür) und für eine Pfarrstelle in der Erzdiözese prädestiniert.

Bei Grohes Installation in Nürnberg wurde der Erzbischof durch Domkapitular Dr. Dörfler, die Krone durch Stadtkommissar Dr. Faber vertreten. Seine Amtstätigkeit in der Pegnitzstadt war jedoch nur von relativ kurzer Dauer, denn wenige Jahre später scheint sich ein heute nicht mehr bekannter Grund ergeben zu haben, der sein weiteres Verbleiben in Nürnberg nicht geraten erscheinen ließ[14]. Bereits 1839 übernahm Grohe die Pfarrei Marienweiher. Nur sechs Jahre später, am 21. Mai 1845, verstarb er und wurde in seinem Pfarrort beigesetzt.

Über Grohes Wirken als Seelsorger sind keine Aufzeichnungen vorhanden, doch sei hier kurz auf zwei Ereignisse hingewiesen, die in die Zeit seiner Amtstätigkeit in Nürnberg fielen (ohne allerdings darauf unmittelbar eingewirkt zu haben). 1835 fanden die Wahlen zur Kirchenverwaltung statt – dadurch erlangte die Gemeinde eine größere Eigenständigkeit[15]. Im selben Jahre wurde die erste Eisenbahnlinie von Nürnberg nach Fürth eröffnet und damit eine Entwicklung eingeleitet, die sich in der Folgezeit auch für die katholische Gemeinde auswirkte[16].

Pfarrer Dr. Jakob Marian Goeschel

Nach der Versetzung Grohes verlieh König Ludwig I. am 1. September 1839 die erneut vakante Nürnberger Pfarrei Dr. Jakob Marian Goeschel, bislang Professor in Aschaffenburg[17].

Goeschel war am 13. September 1798 zu Auerbach/Opf. geboren worden. Sein Vater, Josef Zacharias Goeschel, war Syndikus und Advokat, seine Mutter trug den Namen Margarethe, geb. Neumüller[18]. Nach dem Studium in Bamberg empfing er am 19. November 1821 die Priesterweihe, anschließend studierte er an der Universität zu

Landshut Theologie und Jurisprudenz. Hier promovierte er im Fach Theologie mit dem Prädikat „cum eminentia". In den folgenden drei Jahren war er in der Seelsorge tätig, u. a. auch in Nürnberg.

1824 erhielt Goeschel ein Stipendium zuerkannt, welches ihm eine sog. Gelehrtenreise nach Wien und Göttingen ermöglichte, wo damals auch eine Fakultät der katholischen Theologie existierte. Ab 1826 wirkte Goeschel als Nachfolger Dr. Ignaz Döllingers, der dafür den Lehrstuhl in München übernahm, als Professor für Kirchengeschichte und Kirchenrecht an der Dalberg-Universität zu Aschaffenburg[19].

In seiner Aschaffenburger Zeit veröffentlichte Goeschel Schriften kirchengeschichtlichen und kirchenrechtlichen Inhalts nebst Predigten, die er gehalten hatte[20]. Als die theologische Fakultät in Aschaffenburg aufgelöst wurde[21], bewarb sich Goeschel um die Nürnberger Pfarrei – die er dann auch auf Grund seiner Qualifikation erhielt. Am 10. November 1839 wurde er vom Dekan und Pfarrer von Bühl, Karl Kinle[22], in der Frauenkirche installiert[23].

Die Nürnberger Gemeinde war inzwischen auf 6000 Mitglieder angewachsen, dennoch standen nach wie vor dem Pfarrer nur zwei Kapläne zur Seite. Unter diesen Umständen hatte dieser ein „gerütteltes Maß" an Aufgaben zu bewältigen: Zum Gottesdienst und zur Seelsorge gesellte sich der Unterricht am Gymnasium – außerdem fungierte der Pfarrer noch als Bezirksschuldirektor und Referent der Lokalschulkommission. Für die Gemeinde wie für die geistlichen Herren bildete es einen bedeutenden Gewinn, daß am 9. Januar 1846 das Pfarrhaus Winklerstraße 31 erworben und im Herbst d. J. bezogen werden konnte[24]. Bis dahin bewohnte der jeweilige Pfarrer lediglich eine Mietwohnung im Hause L 118 „Unter den Hutern", während die Kapläne anderswo ebenfalls privat wohnen mußten.

Die Tätigkeit Goeschels als Pfarrer fällt in eine in innenpolitischer Hinsicht unruhige Zeit. 1848 war das Revolutionsjahr, das die Abdankung König Ludwigs I. bewirkte und mit der Wahl zum Frankfurter Parlament die Katholiken unmittelbar tangierte. Schon vordem hatten die sog. „Kniebeuge-Ordre" vom 14. August 1838 und der Eintritt des Nürnberger Arztes Dominikus Rungaldier in die Gesellschaft Jesu Unruhe unter der protestantischen Bevölkerung der Pegnitzstadt ausgelöst. Zusätzlich nahm gerade in dieser Zeitphase die „Ronge-Bewegung" ihren Anfang – allerdings wird über die eben genannten Fakten an anderer Stelle noch ausführlich berichtet werden[25]. Hier sei nur näher erläutert, daß die Nationalversammlung in der Frankfurter Paulskirche (1848/49) für die vorliegende Untersuchung dadurch relevant ist, daß bei der oben genannten Wahl zum Parlament (übrigens dem ersten gewählten in Deutschland) auch die Angehörigen der katholischen Konfession nicht abseits stehen sollten. Das „Bamberger Diözesanblatt" erinnerte sie deshalb an ihre Pflicht:

„Wir werden jetzt alle mitwählen müssen, wir haben überhaupt innigsten, tätigen Anteil an des Vaterlandes Wohl und Glück zu nehmen. Über das, was zunächst geschehen muß, ist das Gediegenste, Klarste und Redlichste der Bericht des Dr. Eisenmann an seine Wähler in Nürnberg und Bayreuth über unsere Zustände und Aufgaben."[26]

Zum Kandidaten für das Frankfurter Parlament wurde der vorseitig erwähnte Würzburger Arzt Dr. Gottfried Eisenmann vorgeschlagen[27]. (Bekanntermaßen setzte sich die Nationalversammlung dann engagiert für die Einheit Deutschlands wie für die Demokratie ein – im Endergebnis ohne nennenswerten Erfolg.)

Für die Katholiken ganz Deutschlands bedeutete das Jahr 1848 gleichzeitig einen Schritt hin zur Einheit und zu einer gewissen Demokratisierung, oder – besser ausgedrückt – zur „Aufwertung der Laien"[28]: Anfang Oktober wurde der 1. Katholikentag zu Mainz abgehalten[29]. Wenige Wochen später, vom 22. Oktober bis zum 16. November, fand die 1. Deutsche Bischofskonferenz statt[30] (die bayerischen Bischöfe trafen sich erstmals zwei Jahre später, 1850, zu Freising[31]).

Katholikentag wie Bischofskonferenz sind inzwischen zu ständigen Einrichtungen geworden. Auf der erstgenannten Versammlung führt bis auf den heutigen Tag ein Laie den Vorsitz. Das „Revolutionsjahr" bedeutete schließlich noch – das sei hier vorausgreifend eingefügt – den Beginn einer regen Vereinstätigkeit – nicht zuletzt auf kirchlichem Sektor.

Die Umstellung von der Tätigkeit eines Professors zu der eines Diasporaseelsorgers dürfte Goeschel nicht leicht gefallen sein. Wiederholt gab er aus diesem Grunde um ein freiwerdendes Kanonikat ein[32], doch die Regierung qualifizierte ihn nicht dafür. Sie anerkannte wohl seine bereits genannten wissenschaftlichen Leistungen – seinen untadeligen Lebenswandel und seine Toleranz gegenüber Andersgläubigen, doch rügte sie, daß er als Bezirksschuldirektor und als Referent der Lokalschulkommission wiederholt habe an seine Pflicht erinnert werden müssen[33].

Dr. Goeschel blieb bis zu seinem Tode am 27. März 1852 Pfarrer in Nürnberg. Auf dem Rochusfriedhof (unmittelbar neben der Kapelle) fand er dann seine Ruhestätte. Seine äußerst reichhaltige Bibliothek mit rund 1000 Titeln (hauptsächlich theologische und juristische Werke) vermachte er seiner Pfarrei „als Lesebibliothek für leselustige Gemeindemitglieder"[34].

Pfarrer Christoph Burger

Die durch den Todesfall freigewordene Pfarrstelle wurde – wie im 19. Jh. allgemein üblich – im „Kreis- und Intelligenzblatt von Mittelfranken" ausgeschrieben. Dabei wurde erweiternd bemerkt, der zukünftige Pfarrer müsse unbeschadet seines Einkommens – aber ohne das Recht des Einspruchs – mit einer Modifikation seiner pfarrlichen Obliegenheiten rechnen – sei es, daß ein neuer Hilfspriester angestellt, eine neue eigene Seelsorgstelle errichtet oder eine zweite Kirche erworben werde[35].

Unter den sechs Bewerbern, die sich daraufhin meldeten, befand sich Christoph Burger, der bereits seit 1836 als Kaplan in Nürnberg tätig war. In seinem Gesuch weist er darauf hin, daß er bisher von einer Bewerbung um eine andere Pfarrei abgesehen habe: Dazu habe ihn nämlich

„die Liebe zu einer Gemeinde, der er bis zum letzten Atemzuge Seelsorger sein wollte",

bewogen[36]. Zur Förderung seines Gesuches legte Burger einige Zeugnisse bei. Der Magistrat bescheinigte ihm darin, daß er sich

„die volle und ungeteilte Achtung der Einwohner aller Konfessionen im ausgezeichneten Grade erworben habe"

wie das Stadtkommissariat ihm bezeugte, daß er

„in den bewegten Jahren von 1848 und 1849 den regierungsfeindlichen demokratischen Bestrebungen offen und entschieden bei jeder Gelegenheit entgegengetreten"

sei. Schließlich unterschrieben nicht weniger als 204 Personen ein Gesuch um die Übertragung der Pfarrstelle an Burger mit der Begründung, er besitze

„alle jene Eigenschaften . . ., welche ihn befähigen und würdig machen, Kirchenvorstand dahier zu werden. Ein makelloser Lebenswandel, gediegener, leidenschaftsloser Charakter, vorzügliche Rednergabe, gründliche, vielseitige wissenschaftliche Bildung, unermüdliche Tätigkeit, warme, ungeschwächte Anteilnahme für seinen Beruf und ein ebenso mildes als würdevolles Benehmen gegen jedermann sind die an ihm allgemein geschätzten charakteristischen Züge und durch diese ist schon vielseitig der Friede und die Eintracht der Gemeindemitglieder unter sich und gegen Andersdenkende, namentlich bei gemischten Ehen, erhalten worden"[37].

Weiter wurde noch darauf hingewiesen, daß Burger sich das Vertrauen vieler Gläubiger als Beichtvater in hohem Grade und so ausschließlich erworben habe, daß diese nur schwer ihr Vertrauen auf einen anderen Geistlichen übertragen würden.

König Maximilian II. ernannte dann auch tatsächlich den bisherigen Kaplan Burger zum Pfarrer der katholischen Gemeinde Nürnbergs (am 14. April 1853). Die Installation fand am 5. Juni d. J. durch Dekan Karl Kinle in der Frauenkirche statt[38].

Der neue Pfarrer war am 6. Februar 1809 als Sohn des Kaufmannes Michael Burger und seiner Gattin Margarethe, geb. Leist, in Bamberg (Pfarrei St. Martin) geboren worden[39]. Am 23. August 1835 zum Priester geweiht, wurde er bereits am 3. Mai 1836 zum Kaplan in Nürnberg ernannt. Generalvikar Michael Deinlein (der spätere Erzbischof von Bamberg) hatte Burgers wissenschaftliche Bildung mit Note 2 (= vorzüglich), seinen Amtseifer und sein sittliches Betragen mit 1 (= ausgezeichnet) qualifiziert[40].

Burger sollte insgesamt 22 Jahre der katholischen Gemeinde Nürnbergs vorstehen. Während dieser beachtlichen Zeitspanne wuchs die Zahl seiner Gemeindemitglieder von rund 7000 auf etwa 27 000 an[41], wurden zwei weitere Kaplaneien bewilligt und ein eigener Seelsorger für das Militär und ein weiterer für die Gefangenenanstalten ernannt. 1854 eröffneten die Englischen Fräulein ihre Schule in der Pegnitzstadt, 1857 wurde die Klarakirche, zwei Jahre später die Burgkapelle St. Walburgis geweiht. 1861 hob man den „Katholischen Gesellenverein" aus der Taufe, 1864 wurde der „Paramentenverein" gegründet[42].

Allerdings blieben auch die Gegner der katholischen Gemeinde nicht untätig. Aus der sog. „Freien christlichen Gemeinde", die der abgefallene Priester Ronge gegründet hatte, entwickelte sich die „Freireiligiöse Gemeinde", und die „Altkatholiken", die das Unfehlbarkeitsdogma des I. Vatikanischen Konzils ablehnten, gewannen in Franken nicht wenige Anhänger[43].

Am 6. September 1868 fand im Nürnberger Rathaussaal der „5. Vereinstag der Deutschen Arbeitervereine" statt, an dem auch August Bebel teilnahm[44]. Hier wurden die Weichen für die Gründung der „Sozialdemokratischen Arbeiterpartei" gestellt, die dann im folgenden Jahre in Eisenach realisiert wurde. Gerade dieses Ereignis übte in der Folgezeit starke Rückwirkung auf die Nürnberger Katholiken aus, da sie größtenteils dem Arbeiterstande angehörten.

Für Burger selbst blieben persönliche Auszeichnungen nicht aus. 1858 wurde er zum Schulreferenten ernannt, später zum Dekan des Kapitels Neunkirchen am Sand, dem die Nürnberger Gemeinde angehörte. Der König verlieh Burger den Titel eines Geistlichen Rates und erhob ihn zum Ritter des „Verdienstordens zum hl. Erzengel Michael I. Klasse". Als 1858 der Augsburger Bischofsstuhl verwaist stand, wurde Burger sogar als Kandidat in Vorschlag gebracht (– er lehnte jedoch eine Kandidatur ab und verwies statt dessen auf Pfarrer Pankraz Dinkel aus Erlangen, der dann auch tatsächlich zum Bischof nominiert wurde)[45].

In Nürnberg erfreute sich Pfarrer Burger allgemeiner Wertschätzung. Nach dem Stadtchronisten Lützelberger gehörte er noch zur „vor-jesuitischen duldsamen Schule" und galt als ein „heiterer Gesellschafter"[46]. Weniger günstig stand es um seine Gesundheit: Seit Jahren litt er an einem Steinleiden, weshalb er jährlich

Linderung in Karlsbad suchte. Sein Leiden verschlimmerte sich jedoch weiter, so daß Burger schließlich Kaplan Franz Köstler zum Pfarrvikar ernennen ließ (die dadurch entstehenden Kosten mußte er selbst tragen). Am 11. Januar 1875 starb er an der „Brightschen Krankheit" (Nierenzersetzung). Am 13. Januar wurden seine sterblichen Überreste unter zahlreicher Beteiligung zum Bahnhof gebracht. In Bamberg fand er im Familiengrabe seine letzte Ruhestätte.

Nach seinem eigenen Bekenntnis schöpfte Burger die Kräfte für sein Amt aus der „Nachfolge Christi" und aus den Werken des hl. Augustinus[47].

Pfarrer Franz Xaver Kreppel

Nach dem Heimgang Pfarrer Burgers wurde die katholische Kirchenverwaltung in Nürnberg von der Regierung aufgefordert, zum Plan einer Teilung ihrer Pfarrei Stellung zu nehmen. Die Administration sprach sich daraufhin für das Teilungsprojekt aus und legte dem Antwortschreiben ein dahingehendes Gesuch bei, das von mehr als 1000 Personen unterschrieben war[48].

Um die Pfarrstelle selbst hatten sich vier Geistliche beworben. Das Ordinariat leitete die Gesuche an die Regierung weiter, wobei sie Pfarrer Franz Xaver Kreppel an die 1. Stelle auf der Kandidatenliste setzte. Seine schulische Tätigkeit wird dabei mit „1" benotet und gleichzeitig auf sein „freundliches, versöhnliches und wahrhaft tolerantes Wesen" hingewiesen mit dem Zusatz, er sei „bemüht, sowohl in politischer als in religiöser Beziehung zur Erhaltung des Friedens beizutragen"[49].

Kreppel wurde am 8. Mai 1875 von König Ludwig II. zum Pfarrer ernannt und am 20. Mai d. J. von Adam Oltenburger, Pfarrer in Schnaittach, installiert.

Franz Xaver Kreppel war am 26. September 1831 als Sohn des herzoglichen Kammerhusaren Georg Kreppel und seiner Ehefrau Barbara, geb. Murk, in Bamberg (in der Dompfarrei) geboren worden[50]. Wie schon sein älterer Bruder Johannes studierte er am Lyzeum zu Bamberg und wurde am 15. Dezember 1855 zum Priester geweiht. Erst als Kaplan in Lichtenfels und dann als Schloßgeistlicher bei Baron v. Schönborn in Weißenstein (Pommersfelden) tätig, wurde er 1862 Pfarrer von Banz.

Als neuernannter Pfarrer von Nürnberg mußte Kreppel zur Frage der geplanten Teilung seiner Gemeinde ebenfalls Stellung nehmen. Er lehnte allerdings für seine Person dieses Projekt ab[51]. Diese seine Haltung erscheint zunächst wenig verständlich, als er eine kleine Pfarrei von nur 886 Katholiken mit der größten Pfarrgemeinde der Erzdiözese vertauscht hatte, die 15 237 Mitglieder umfaßte[52]. Kreppel verfolgte jedoch ein anderes Konzept. Er wollte die Seelsorge in Nürnberg dezentralisieren – d. h. die Innenstadt sollte weiterhin in *einer* Pfarrei zusammengefaßt bleiben, während in 3 Landgemeinden – nämlich in Gleißhammer, Schoppershof und Schweinau – neue Kirchen gebaut werden sollten. Kreppels Plan war freilich in den Tagen seiner Entstehung nicht realisierbar, da die dazu notwendigen finanziellen Mittel fehlten – er konnte erst in den zwanziger Jahren unseres Jahrhunderts wieder aufgenommen und dann verwirklicht werden[53].

Das Wachstum des katholischen Bevölkerungsanteils Nürnbergs setzte sich in dem halben Menschenalter, in dem Kreppel hier tätig war, weiter fort. 1881 wurde Nürnberg offiziell Großstadt[54]. Am südlichen Rande der Altstadt, in der Tafelhofstraße, entstanden zwei Bauten, die für die katholische Gemeinde von beachtlicher Bedeutung waren, nämlich das Institut der Englischen Fräulein und das Gesellenhospiz (1886)[55]. Durch das Hospiz erhielten die Katholiken ein Haus, in dem sie sich auch außerhalb des Gottesdienstes trafen (vergleichbar etwa unserem heutigen Pfarrzentrum). 1890 kamen die Niederbronner Schwestern nach Nürnberg, um in der ambulanten Krankenpflege und in der Betreuung der Hausangestellten tätig zu sein – für eine Arbeiterstadt wie Nürnberg im 19. Jh. zweifellos ein großer Gewinn! (Im II. Teil dieser Untersuchung wird noch ausführlicher darauf eingegangen werden.)

In bezug auf die Nürnberger Gotteshäuser ist für jenen Zeitabschnitt eine positive Entwicklung zu verzeichnen. Pfarrer Kreppel ließ die Frauenkirche, der als Pfarrkirche seine besondere Sorgfalt galt, innen wie außen gründlich renovieren[56]. Die Gemeinde mußte innerhalb dieser Zeit in die Katharinenkirche des ehemaligen Klosters der Dominikanerinnen (an der heutigen Katharinengasse) ausweichen. Am 18. Oktober 1881 weihte Erzbischof Friedrich v. Schreiber dann die renovierte Frauenkirche ein. Als Ausdruck des Dankes für die glücklich vollendete Renovierung ließ Kreppel an jedem Samstagabend eine Marienandacht halten – eine Gepflogenheit, die bis zur Zerstörung der Kirche im II. Weltkrieg fortgeführt wurde.

Die bereits im vorigen Kapitel aufgeführte Deutschordenskirche St. Elisabeth wurde jetzt der katholischen Gemeinde zurückgegeben und wenigstens notdürftig fertig gestellt, so daß sie am 1. November 1885 eingeweiht werden konnte. Schon ein Jahr zuvor – 1884 – war der „Kirchenbauverein" gegründet worden mit dem Ziel, die finanziellen Mittel für die Wiederinstandsetzung der Kirchen aufzubringen[57].

An erwähnenswerten kirchlichen Festen fehlte es in dem hier behandelten Zeitraum nicht. Im Jahre 1877 wurde das „Goldene Bischofsjubiläum" Papst Pius' IX. feierlich begangen (allerdings nur innerhalb der Kirche)[58]. Am 29. Dezember 1887 feierte man dann im Saale des „Gesellenhospizes" das „Goldene Priesterjubiläum" Papst Leos XIII. Der Saal war bei dieser Gelegenheit mit den Büsten des Papstes wie des Prinzregenten Luitpold von Bayern geschmückt: ein Symbol für die enge Verbundenheit von Thron und Altar[59]!

Pfarrer Kreppel selbst konnte bereits vordem, am 15. Dezember 1880, sein eigenes „Silbernes Priesterjubiläum" begehen. Auf eine weltliche Feier mußte man dabei verzichten – das Hospiz stand ja erst sechs Jahre später zur Verfügung. Jedoch brachte der Gesellenverein am Vorabend dem Jubilar ein Ständchen, am Festtage selbst fand in der Katharinenkirche ein feierlicher Gottesdienst statt[60].

Kreppel wurde am 3. Oktober 1891 vom Prinzregenten zum Domdekan des Bamberger Kapitels ernannt. Seine Abschiedspredigt, der u. a. eine beachtliche Zahl an Protestanten beiwohnten, hielt er am 29. Dezember d. J. Als Domdekan war ihm noch ein Jahrzehnt segensreiches Wirken beschieden. Am 6. Januar 1901 starb er an den Folgen einer Erkältung, die er sich beim Neujahrsgottesdienst im Dom zugezogen hatte. Sein Grab befindet sich auf dem Friedhof der Domstadt.

Die Kapläne Franz Seraph Köstler und Andreas Feulner

Nach mehreren Nürnberger Pfarrern seien jetzt zwei Kapläne genannt, die an der Pegnitz wirkten, aber leider im besten Mannesalter heimgerufen wurden: die Kapläne Köstler und Feulner.

Franz Seraph Köstler wurde am 31. Januar 1843 in Auerbach geboren und am 9. August 1865 zum Priester geweiht[61]. Er war an verschiedenen Seelsorgestellen tätig, bis er am 13. Juni 1873 seine Versetzung nach Nürnberg erhielt. Als hier Pfarrer Burger schwer erkrankte, wurde Köstler – wie ja bereits vorseitig aufgeführt – mit dem Amte des Pfarrverwesers betraut. Er hoffte daraufhin, nach dem Tode Burgers

Pfarrer Johann Starklauf (1851–1903)   Kaplan Andreas Feulner (1853–1889)

1875 selbst Pfarrer der Nürnberger Gemeinde zu werden – allein das Ordinariat gab
dem älteren Kreppel den Vorzug. Es stellte aber Köstler das Zeugnis aus, daß er sich
infolge seines vorteilhaften Wirkens in Kirche und Schule während seines eineinhalb-
jährigen Aufenthaltes in Nürnberg der allgemeinen Achtung und Liebe erfreue[62].
Nur zwei Jahre später, am 5. Dezember 1877, ist er an einer Darmentzündung
gestorben und wurde – wie der Chronist überliefert – „allgemein beliebt und
betrauert" auf dem Johannisfriedhof beigesetzt.

1882 war Andreas Feulner nach Nürnberg versetzt worden[63]. Am 1. August 1853 in
Altenkunstadt geboren und am 14. August 1878 ordiniert, hatte er anfänglich vier
Jahre als Kaplan in Erlangen gewirkt. Während seiner Nürnberger Amtszeit gehörte
seine besondere Liebe dem „Katholischen Gesellenverein". Wie „ein guter Vater" –
beschreibt Karch sein Wirken – habe er sich seiner Gesellen angenommen und dafür
gesorgt, daß jeder Zugereiste „einen warmen Löffel in den Leib" bekam[64]. Die
Errichtung des Gesellenhospizes überhaupt ist nicht zuletzt seiner Initiative und
Tatkraft zuzuschreiben.

Seit längerer Zeit an einem Nierenleiden erkrankt, starb Feulner gleichwohl ganz
unerwartet am 24. März 1889 im Alter von nur 36 Jahren[65]. Unter stärkster Beteiligung der Gesamtbevölkerung wurde er auf dem Johannisfriedhof beigesetzt (Grab-
Nr. 571). Die Kolpingsfamilie pflegt bis zum heutigen Tage sein Grab, und die
Kommunalverwaltung benannte eine Straße im Stadtteil Langwasser nach ihm.

Pfarrer Johann Starklauf

Um die durch Pfarrer Kreppels Ernennung vakant gewordene Nürnberger Pfarrstelle
gaben vier geistliche Herren ihre Bewerbung ein. Drei von ihnen schlug das Ordinariat
der Regierung vor, wobei es an die erste Stelle den Militärkuraten von Ansbach, Johann Starklauf, setzte[66]. Diesem stellte auch die Regierung ein sehr gutes Zeugnis aus:

„Starklauf hat während seiner langjährigen Tätigkeit in Ansbach nicht nur mit der protestantischen Bevölkerung der Stadt in Frieden gelebt, sondern auch mit den Mitgliedern des protestantischen Konsistoriums und der übrigen protestantischen Geistlichkeit im freundschaftlichen
Verkehr gestanden. Seine Tätigkeit als Militärseelsorger wurde von den militärischen Stellen
stets als eine sehr ersprießliche anerkannt . . . und ihm der Titel eines „Königlichen Pfarrers"
verliehen"[67].

Am 10. Februar 1892 wurde Starklauf dann tatsächlich vom Prinzregenten zum
Pfarrer in Nürnberg ernannt. Seine Installation fand am 24. Juni d. J. statt – den
zivilen Teil nahm Rechtsrat Dr. Friedrich Schuh vor (der nachmalige Oberbürger-
meister), den kirchlichen vollzog Dekan Johann Beer, Pfarrer von Neunkirchen am
Sand. Dieser deutete in seiner Predigt den Namen Starklauf („nomen est omen").
Der neuernannte Pfarrer selbst stellte sein künftiges Wirken unter das Apostelwort:
„So sind wir nun Botschafter an Christi statt" (II. Cor. 5, 20)[68].
Johann Starklauf wurde am 28. November 1851 zu Effeltrich als Sohn des Lehrers
Michael Starklauf und seiner Ehefrau Kunigunde, geb. Brendel, geboren[69]. Nach
seiner Priesterweihe am 21. Juni 1875 war er als Kaplan in Lichtenfels und in
Nürnberg tätig, bis er am 1. Oktober 1879 zum Militärkuraten in Ansbach ernannt
wurde[70]. Aus eben dieser Position erhielt er seine Berufung nach Nürnberg. Nach
Karchs Worten kam mit Starklauf

„ein frischer und erquickender Hauch in die katholische Bewegung Nürnbergs. Scheidung und
Klärung zugleich trat ein. Viele arbeiteten sich jetzt zu entschiedenen katholischen Grundsätzen
durch, noch mehr aber fielen dem Unglauben zum Opfer"[71].

Während Starklaufs Amtszeit konnten die Niederbronner Schwestern das Anwesen
an der Harmoniestraße beziehen und damit ihre Tätigkeit intensivieren. Seit 1897
waren sie auch in Neuschniegling (hier in der Amalienstraße) in einer sog. „Wärmestube" tätig[72]. Im selben Jahr wurde der erste Arbeiterverein gegründet[73].
Der Kirchenbau machte in jenen Jahren erfreuliche Fortschritte. Am 11. September 1898 konnte Pfarrer Starklauf die Josefskirche einweihen, und am 23. April 1899
nahm Erzbischof Josef v. Schork die Grundsteinlegung der Herz-Jesu-Kirche vor, die
namentlich für die Katholiken in der südlichen Vorstadt geplant war. Das wichtigste
Geschehen jener Periode war zweifellos die Gliederung der katholischen Gemeinde
Nürnberg in zwei Pfarreien. Am 25. Oktober 1895 nahm Prinzregent Luitpold diesen
Akt vor und ernannte am 30. Dezember 1898 Jakob Hauck zum Pfarrer der neuge-
schaffenen zweiten Pfarrei[74].
Starklauf selbst war nierenleidend. Trotzdem hat er „eine Arbeits- und Schaffens-
freude" bewiesen, die das Bayerische Innenministerium veranlaßte, ihn für das
freigewordene Kanonikat in Eichstätt vorzuschlagen[75]. Seine Ernennung erfolgte am
22. Dezember 1899. Starklauf waren aber nur wenige Jahre in seinem neuen Amte
beschieden, da sich sein Leiden permanent verschlimmerte. Während eines Besuches
bei seinen Verwandten in Pfakofen bei Regensburg setzte am 23. Mai 1903 ein
Herzschlag seinem Leben ein Ende. Während der Beisetzungsfeierlichkeiten in
Eichstätt rühmte Dompfarrer Reindl vor allem

„seine Herzensgüte und Menschenfreundlichkeit, seine innige Teilnahme für Anderer Wohl und
Wehe, ganz besonders für die ihm anvertrauten Seelen."[76]

Prinz Max von Sachsen

Ich möchte bei der Aufzählung der bedeutendsten geistlichen Herren Nürnbergs im 19. Jh. einen Kaplan nicht übergehen, den Prinzen Max von Sachsen, Sohn des nachmaligen Königs Georg von Sachsen[77]. Er wurde am 17. November 1870 zu Dresden geboren, studierte am bischöflichen Lyzeum zu Eichstätt (wodurch er auf eine aussichtsreiche militärische Karriere verzichtete) und empfing am 26. Juli 1896 die Priesterweihe.

1896/97 war Prinz Max als Seelsorger der deutschen Mission an der Bonifatiuskirche zu London tätig, 1897/98 fungierte er als Kooperator in St. Walburg zu Eichstätt. 1898 promovierte er in Würzburg zum Doktor der Theologie mit der Dissertation „Der hl. Apollonius von Rom, dessen Apologie und Märtyrerakten".

Vom Dezember 1898 bis zum Sommer 1900 versah Prinz Max das Amt eines Kaplans in der Pfarrei zu Unserer Lieben Frau in Nürnberg – und zwar wirkte er im Filialbezirk St. Josef sowie als Religionslehrer am Englischen Institut. In dieser Zeitspanne lebte Prinz Max mitten im Arbeitermilieu. Ein Menschenalter später wurde ich selbst als Kaplan demselben Bezirke zugeteilt; dort hörte ich von älteren Gemeindemitgliedern, wie bescheiden und bedürfnislos der sächsische Prinz gelebt hatte, und wie er den größten Teil der Zuwendungen, die er von seinem Vater erhielt, den Armen hatte zukommen lassen. Er war zweifellos „Volksseelsorger" im besten Sinne des Wortes gewesen – trotzdem wurde er von der „Fränkischen Tagespost", dem *radikalen* Organ der SPD[78], wiederholt attackiert[79]. In den damaligen konfessionellen Auseinandersetzungen verteidigte Prinz Max den Kirchenlehrer Alfons von Liguori[80] gegen die Schmähschrift eines Graßmann aus Stettin[81].

Im Jahre 1900 wurde er als Professor nach Freiburg/Schweiz berufen. Als 1899 übrigens der Bischofsstuhl von Limburg vakant war, hatte man Prinz Max als möglichen Kandidaten vorgesehen. 1902 rechnete man sogar zeitweilig mit seiner Kreierung zum Kardinal. Prinz Max blieb jedoch ein schlichter Seelsorger und Gelehrter bis an sein Lebensende am 12. Januar 1951[82].

Pfarrer Johann Baptist Höfner

Für den in das Eichstätter Domkapitel berufenen Pfarrer Starklauf wurde am 19. April 1900 Johann Baptist Höfner vom Prinzregenten zum Pfarrer von Unserer Lieben Frau ernannt. Seine Installation erfolgte durch Dekan Georg Wagner[83] im selben Jahr[84].

Höfner war am 7. Juli 1859 in Bamberg geboren und am 7. August 1882 zum Priester geweiht worden[85]. Zunächst als Kaplan an verschiedenen Orten tätig, wurde er am 15. Dezember 1890 zum Religionslehrer am Bamberger Lehrerseminar und an der dortigen Präparandenschule ernannt.

Während seiner Nürnberger Amtszeit hat er sich – ähnlich wie seine Vorgänger – zusammen mit dem Pfarrer von St. Elisabeth für den Ausbau der Seelsorge in der Stadt eingesetzt. Am 2. Februar 1913 erhielt er durch den Prinzregenten die Berufung ins Bamberger Domkapitel.

Da Höfners Tätigkeit als Pfarrer in Nürnberg weitgehend ins 20. Jahrhundert fällt, wird sie an späterer Stelle noch näher gewürdigt werden.

Bamberger Geistliche. Sitzend (v. l.); Prälat Johann Baptist Höfner, Geistlicher Rat, Geistlicher Rat Johann Mönninger. Stehend (v. l.): Prälat Johann Leicht, Pfarrer Johann Galster (Strullendorf); Pfarrer Johann Mäusbacher (Pettstadt); Dompfarrer Georg Sponsel (Bamberg) (Aufgenommen im Langheimer Hof 1929)

Die Gemeinde zu Nürnberg und die Kirchenverwaltung

Im Laufe des 19. Jahrhunderts entwickelte sich Nürnberg zur größten Industriestadt im bayerischen Raum[86]. (Weitgehend trug gerade der Umstand, daß Nürnberg zum bedeutendsten Eisenbahnknotenpunkt Nordbayerns wurde, zu dem enormen industriellen Wachstum in der Pegnitzstadt bei.) Seine Bevölkerung wuchs im Laufe dieses Prozesses äußerst rasch an, wobei der katholische Einwohneranteil überproportional anstieg: von 4,4% im Jahre 1812 auf 28,2% im Jahre 1900[87]! Die meisten „Einwanderer" jener Zeit dürften wahrscheinlich der Oberpfalz entstammt haben, die neben einem wenig ertragreichen Boden damals fast keine Industrie aufwies.

Einige Zahlen sollen die Stärke der katholischen Gemeinde Nürnbergs an der letzten Jahrhundertwende belegen:

1885 verzeichnete man 450 Erstkommunikanten
1891 verzeichnete man 611 Erstkommunikanten

> (= 301 Knaben und 310 Mädchen – unter ihnen waren 27 Schülerinnen des Englischen Instituts, die separat in der Klarakirche kommunizierten)

Im selben Jahre wurden 600 Kinder gefirmt.

Im Jahre 1895 (d. h. im letzten Jahre, in dem die Nürnberger Gemeinde in einer einzigen Pfarrei zusammengefaßt war) zählte man:

1570 Taufen
1041 Bestattungen
403 Trauungen[88]

Zu einem weit früheren Zeitpunkt, am 28. März 1835, wurde die „Kirchenverwaltung" in Nürnberg gewählt. Als Vorstand des Wahlausschusses fungierte Stadtkommissar Faber. Das Wahlrecht selbst richtete sich nach der Höhe des jeweiligen Einkommens mit der Folge, daß von etwa 4000 männlichen Katholiken (nur Männer waren wahlberechtigt!) lediglich 195 (!) ihre Stimmberechtigung erlangten. Von diesen haben dann wiederum nur 152 an der Wahl teilgenommen – also 75%[89].

Durch die Schaffung dieses Gremiums erlangte die Gemeinde eine größere Selbständigkeit als bisher – d. h., den Laien wurde damit mehr Verantwortung innerhalb kirchlicher Angelegenheiten übertragen. Die Mitglieder der ersten Nürnberger Kirchenverwaltung sind uns namentlich erhalten geblieben:

Nikolaus Paraviso, Kaufmann
Johann Baptist Schmidt, Kaufmann
Georg Ferdinand Schmidt, Gastwirt
Josef Bauer, Kaufmann
Johann Baptist Baader, Kaufmann
Michael August Stöttner, Weinhändler

dazu kamen die Ersatzleute:

Max Josef Zimmermann, Kaufmann
Georg Konrad Kempf, Schneider.

Als Beisitzer fungierten die Vertreter des Magistrates, v. Grundmann und v. Haller – die allerdings beide der evangelischen (!) Kirche angehörten[90].

Die Kirchenverwaltung war vor allem für die finanziellen Belange zuständig, also für die Einnahmen und Ausgaben der Pfarrgemeinde – außerdem hatte sie deren Stiftungsvermögen zu verwalten, für das bisher der Magistrat zuständig gewesen war. Gerade hieran entzündete sich ein Konflikt, da dieser anfänglich das Stiftungsvermögen weiter zurückhielt, obwohl ihn die Kirchenverwaltung wiederholt monierte. Am 26. April 1836 endlich, nach nicht weniger als acht Monaten, wandte sich die Verwaltung in einem energisch formulierten Schreiben an die Regierung mit dem Ersuchen, den Magistrat zur Extradierung des Vermögens zu veranlassen. Es sei

„ihre Ehre und Pflicht, auch sei sie es dem Vertrauen ihrer Gemeinde schuldig, die Sache nicht länger mehr stillschweigend beruhen zu lassen."

Daraufhin scheint – soweit heute einsichtig – der Kirchenverwaltung das umstrittene Kapital ausgehändigt worden zu sein.

Ohne einzelne Namen zu nennen, sei hier auch jener Katholiken gedacht, die entweder ehrenamtlich oder mit nur mäßiger Entlohnung der Gemeinde gedient haben: der Mesner, Organisten, Kirchenchorleiter und Lehrer an konfessionsgebundenen Schulen. Und nicht vergessen sollen in diesem Zusammenhang auch diejenigen sein, die durch ihre Gebefreudigkeit die Pfarrei unterstützten – und auch die anderen, die in oft mühevoller Kleinarbeit die Beiträge einsammelten.

Einzelne Gemeindemitglieder

Einige Mitglieder der Gemeinde erlangten jedoch über Nürnbergs Grenzen hinaus Bekanntheit, wie z. B. die Geigenbauerfamilie Widhalm, die hier im 18. und 19. Jahrhundert ansässig war. Der letzte Vertreter dieses Geschlechtes starb am 11. Februar 1855[91]. Weiter ist zu nennen Dr. August Essenwein, Direktor des Germanischen Nationalmuseums, Restaurator der Frauenkirche und – was nicht verschwiegen werden soll – Wohltäter der katholischen Gemeinde (er verstarb am 13. Oktober 1892)[92]. (Sowohl nach Widhalm wie nach Essenwein sind in der Stadt zwei Straßen benannt.)

Erwähnenswert ist ferner die Orgelbauerfamilie Bittner[93] neben den Bildhauern Josef und Hermann Stärk, die in den achtziger Jahren des 19. Jh. von Saulgau aus an die Pegnitz kamen und für die Kirchen in Nürnberg selbst als auch im übrigen Franken nicht wenige Bildwerke im neugotischen Stile schufen[94].

Zu den aktiven Katholiken jener Zeit zählte auch Rechtsanwalt Dr. Magnus Michael Stapf (gestorben am 31. Januar 1905). Er machte sich besonders um die Niederbronner Schwestern verdient – bei seinem Tode hinterließ er sein Haus wie sein Vermögen im Werte von ca. 305 000 Mark der Kirche zur Errichtung eines Kinderheimes. Das „Jugendhaus Stapf" (allerdings erst nach dem II. Weltkrieg gebaut) trägt seinen Namen[95].

Schließlich bleiben noch zwei Männer aufzuführen, die als sog. „Malermönche" Berühmtheit erlangten. Es sind dies Peter Lenz und Jakob Würger. Lenz wirkte unter Direktor August Friedrich Kreling von 1858 bis 1862 als Professor an der Nürnberger Kunstgewerbeschule – sein Freund Würger war von 1860 bis 1862 ebenfalls dort tätig[96]. Würger entwarf z. B. die Fahne des „Katholischen Gesellenvereins".

1863 trat er von der Reformierten Kirche zum Katholizismus über. 1870 wurde er Mönch im Benediktinerkloster Beuron (wo er den Ordensnamen Gabriel erhielt). 1880 empfing Würger die Priesterweihe.

Lenz wählte ebenfalls den Ordensstand und wurde als Frater Desiderius Chormönch und Subdiakon im Kloster Beuron. (Auf die beiden Genannten und P. Lukas Steiner geht die „Beuroner Kunst" zurück.)[97]

P. Desiderius Lenz starb 1926 im Alter von 96 Jahren im Kloster Beuron. P. Gabriel Würger wurde nach Monte Cassino berufen mit dem Auftrag, die Martinskapelle auszumalen. Mitten in der Arbeit ereilte ihn am 31. Mai 1892 der Tod. Er war 63 Jahre alt geworden, seine letzte Ruhestätte fand er in Monte Cassino[98].

„Lebendige Gemeinde"

Seit dem II. Vatikanischen Konzil spricht man oft von „versorgten" und „lebendigen Gemeinden" – und das in einem Sinne, als schlösse das eine das andere aus. Eine „lebendige Gemeinde" muß freilich auch – um den nach meinem Empfinden nicht besonders schönen Ausdruck zu gebrauchen – „versorgt" werden. Sie benötigt unbedingt den Priester zur Feier der hl. Eucharistie – aber auch als Spender der hl. Sakramente und als Verkünder des Wortes Gottes. Erst wenn diese Voraussetzungen gegeben sind, kann eine Gemeinde auch „lebendig" sein.

Im 19. Jh. hat sich das – im Gegensatz zur Gegenwart – kaum in der Feier der hl. Liturgie geäußert, wohl aber im Gemeindeleben. Auf die hohe Beteiligung bei der Wahl zur Kirchenverwaltung wurde schon hingewiesen. Eine Beteiligung übrigens, die wir heutzutage bei ähnlichen Anlässen in den Großstädten nicht annähernd erreichen. Als es 1852 um die Berufung Burgers zum Pfarrer und 1875 um die Teilung der Nürnberger Pfarrei ging, haben an die 200 bzw. 1000 Gemeindemitglieder die betreffenden Eingaben unterschrieben. Von Gemeindemitgliedern ging wahrscheinlich auch die erste Anregung zur Gründung sowohl des „Paramentenvereins" als auch der „Sterbebruderschaft" aus. Sicherlich wäre es ohne die Initiative einiger gläubiger Gesellen (und ohne ihr „Durchstehvermögen" gegenüber den Geistlichen) kaum zur Gründung des „Gesellenvereins" gekommen. Ob schließlich die Bildung des „Arbeitervereins" mehr von der Aktivität der Priester oder mehr von der der Arbeiter selbst ausging, mag dahingestellt bleiben. Sicher ist jedenfalls, daß die Letztgenannten sich dann tatkräftig dafür einsetzten, Zweigvereine ins Leben zu rufen.

Ein sichtbares Zeichen für die Lebendigkeit der Nürnberger Gemeinde im 19. Jh. – und gewiß nicht das geringste – stellt die beachtliche Zahl an Priestern- wie Ordensberufen dar, die aus ihr hervorgegangen sind.

Anmerkungen

1 Für Bayern gingen bilaterale Verträge mit Österreich 1813 und 1814 voraus. Gemäß dem Wiener Kongreß mußte es auf Mainz, Frankfurt u. dessen Umgebung verzichten und tauschte Salzburg, das Innviertel und Tirol mit Österreich gegen Würzburg, Aschaffenburg, den Rheinkreis und hessisches Territorium. – Weis, Begründung. In: BG Bd. I, S. 60 f.
2 Die wörtliche Wiedergabe der Übernahmedokumente von 1806 bei: Priem, Nürnberg, S. 294–298.
3 Pfeiffer, Nürnberg, S. 366.
4 Aubert, Kath. Kirche. In: HKG VI/1, S. 103–122.
5 Dadurch wurde die „unheilvolle Vermischung rein kirchlicher und aristokratischer Strukturen" des Ancien régime beseitigt. – Ebenda, S. 111.
6 Man vertrat die Ansicht, daß „der Altar den sichersten Schutz des Thrones gewährleiste". – Ebenda, S. 111.
7 Weis Begründung. In: BG Bd. I, S. 73.
8 Pfeiffer, Gerhard: Nürnbergs christliche Gemeinde. Beobachtungen zum Verhältnis von kirchlicher und politischer Gemeinde. In: Evangelium und Geist der Zeit. 450 Jahre Reformation in Nürnberg. Festschrift zum 450jährigen Reformationsjubiläum Nürnberg 1975.
9 Ausführlicher dazu: Engelhardt, Adolf: Die Reformation in Nürnberg. Bd. I. Nürnberg 1936, S. 13–18.
10 Schreiben des Staatsministeriums des Inneren vom 2. 3. 1832 – BStA Nürnberg, Abg. 1932 XIV Nr. 142/I; – Über das Konkordat: Weis, Begründung. In: BG Bd. I, S. 71 ff.
11 Ernennungsurkunde, ausgestellt in Aschaffenburg – BStA Nürnberg, Abg. 1932 XIV Nr. 142/I.
12 Bericht des Generalvikariats vom 19. 11. 1831 an die Regierung in Ansbach – BStA Nürnberg, Abg. 1932 XIV Nr. 142/I.
13 So Grohe in seinem Bewerbungsschreiben vom 24. 11. 1831 – BStA Nürnberg, Abg. 1932 XIV Nr. 142/I.
14 Fellner, Josef Gabriel – Wachter, Nr. 2396, – der sich am 24. 11. 1831 selbst um die Nürnberger Pfarrei bewarb, spricht von einem „Unstern", der ihn – Grohe – zwang, nach Marienweiher zu gehen. – BStA Nürnberg, Abg. 1932 XIV Nr. 142/I.
15 Siehe ausführlicher Anmerkungen 89 und 90.
16 Als erster kath. Eisenbahner ist am 12. 7. 1840 ein „Eisenbahnwart" in den Trauungsmatrikeln von Unserer Lieben Frau eingetragen.
17 Urkunde, in Berchtesgaden ausgestellt – BStA Nürnberg, Abg. 1932 XIV Nr. 142/I.

18 Die folgenden Angaben sind dem Gesuch Dr. Goeschels um eine Domherrnstelle vom 19. 9. 1847 an den bayer. König entnommen. – BStA Nürnberg, Abg. 1932 XIV Nr. 142/I; – Wachter, Nr. 3177 u. der Taufmatrikel der Pfarrei Auerbach.

19 Wachter irrt, wenn er Passau statt Aschaffenburg angibt. – Zur „Dalberg-Universität" siehe: Scherg, Josef: Dalbergs Hochschulstadt Aschaffenburg. Bd. I und II Aschaffenburg 1954 (besonders: S. 850).

20 Die Schriften Goeschels (entnommen dem Bücherverzeichnis in: AEB, Rep 4/1, Pfarrakten ULF Nürnberg, 19. Jh.):
 1. „Sind die höheren geistigen Wesen der Schrift wirklich existierende Wesen?"; Landshut 1821.
 2. „Festtagspredigten für gebildete Katholiken"; Würzburg 1823.
 3. „Versuch einer historischen Darstellung der kirchl.-christl. Ehegesetze von Christus auf die neuesten Zeiten"; Aschaffenburg 1832.
 4. „Über den Ursprung des kirchlichen Zehnts"; Aschaffenburg 1837.
 5. „Geschichtliche Darstellung des großen allgemeinen Concils von Trient" (2 Teile); Regensburg 1840,
 „Katholische Kirchenzeitung"; Offenbach 1830, 1835, 1836/37, redig. von Goeschel.

21 Über Reformbewegungen an bayer. Hochschulen: Boehm, Laetitia: Das akademische Bildungswesen in seiner organisatorischen Entwicklung (1800–1920). In: BG Bd. II, S. 1016 f.

22 Wachter, Nr 5194.

23 BStA Nürnberg, Abg. 1932 XIV Nr. 142/I.

24 Das Pfarrhaus wurde um 14 375 Gulden erworben. – Schrötter, Frauenkirche, (wie Anm. 31, S. 28), S. 404–407; – Auch: Hotzelt, Wilhelm: Das Pfarrhaus zu „Unserer Lieben Frau" zu Nürnberg (1519–1919). In: MVGN 23 (1919), S. 100–114.

25 Ausführlich darüber: s. S. 204 f.

26 Leo, Günther: Johann Gottfried Eisenmann. In: Lebensläufe Bd. IV, S. 116.

27 Dr. Eisenmann hatte bereits 1832 am „Hambacher Fest" teilgenommen, wofür er mit Festungshaft bestraft wurde. – Spindler, Max: Die Regierungszeit Ludwigs I. (1825–1848). In: BG Bd. I S. 186.

28 Lill, Rudolf: Die Auswirkungen der Revolution von 1848 in den Ländern des Deutschen Bundes und den Niederlanden. In: HKG VI/1, S. 493–501.

29 Schuchert, August: Kirchengeschichte. Bd. 2: Vom Hochmittelalter bis zur Gegenwart. Bonn 1956, S 783 f.; LThK VI ²1961, Sp. 69 ff.

30 Hier spielte der Theologe Ignaz Döllinger eine vielbeachtete Rolle, u. a. wegen seiner Idee von einer „romtreuen Nationalkirche". – Witetschek, Helmut: Die katholische Kirche seit 1800. In: BG Bd. II, S. 926.

31 Den Vorsitz führte Erzbischof Graf Reisach von München und Freising. – Ebenda, S. 926.

32 Gesuch vom 19. 9. 1847 – BStA Nürnberg, Abg. 1932 XIV Nr. 142/II.

33 Schreiben der Regierung an das Innenministerium vom 19. 10. 1847. – BStA Nürnberg, Abg. 1932 XIV Nr. 142/II.

34 Viele Leser dürfte die überwiegend wissenschaftl. Bibliothek nicht gefunden haben. Nach dem II. Weltkrieg wurden die davon noch vorhandenen Bücher als „Makulatur" verkauft.

35 Ausschreibung der Pfarrei vom 5. 1. 1853 – BStA Nürnberg, Abg. 1932 XIV Nr. 142/II.

36 Gesuche Burgers vom 6. 4. 1852 an das Generalvikariat u. vom 1. 5. 1852 an die Regierung – BStA Nürnberg, Abg. 1932 XIV Nr. 142/II.

37 Zeugnisse vom 19. und 20. 4. 1852 – dazu die der Landwirtschaftl. Schule u. der Gewerbeschule vom 21 4., der Polytechn. Schule vom 21. 4. u. der Lokalschulkommission vom 23. 4. 1852 – BStA Nürnberg, Abg. 1932 XIV Nr. 142/II.

38 Dekan Kinle erkrankte während der Feier u. starb am Folgetage. – Wachter, Nr. 5194.

39 Ebenda, S. 69 (1283).

40 Zeugnis vom 22. 4. 1852 – BStA Nürnberg, Abg. 1932 XIV Nr. 142/II.

41 Kreppel gibt für 1885 die Zahl der Katholiken exakt mit 27 182 an (= 24 213 in der Stadt; 2969 in den Landbezirken) – BStA Nürnberg, Abg. 1968 XIV Nr. 683.

42 Ausführlich dazu siehe S. 184.
43 Ausführlich dazu siehe S. 207–210.
44 StadtA Nürnberg, Stadtchronik 1868.
45 Bigelmeier, Andreas: Dinkel, Pankraz v., Bischof von Augsburg (1811–1894). In: Lebensläufe. Bd. VI, S. 109–127; – Wachter, Nr. 1283; StadtA Nürnberg, Stadtchronik 1858: In den Akten MK des BHStA München habe ich allerdings keinen Beleg für die Kandidatur Burgers gefunden.
46 Lützelberger war Archivar u. Bibliothekar in Nürnberg. – Dazu: Imhoff, Christoph v. (Hg.): Berühmte Nürnberger aus neun Jahrhunderten. Nürnberg 1984, S. 268.
47 Schrötter, Frauenkirche, (wie Anm. 31, S. 28).
48 BStA Nürnberg, Abg. 1932 XIV Nr. 142/II.
49 BStA Nürnberg, Abg. 1932 XIV Nr. 142/II und Nr. 6266.
50 Wachter, Nr. 5688.
51 Schreiben Kreppels an die Regierung – BStA Nürnberg, Abg. 1932 XIV Nr. 142/II.
52 SchemB, 1875.
53 Ausführlich dazu siehe S. 115.
54 Die Erweiterung des Stadtgebietes begann 1858 mit dem Ausbau der Marienvorstadt, dem 1865 die Industrieorte Steinbühl u. Rennweg folgten. 1869 beschloß der Magistrat weitere Erweiterungspläne. – Pfeiffer, Nürnberg, S. 389.
55 Karch, Michael: Geschichte der katholischen Gemeinde Nürnberg. In: Katholikentag. S. 42 f. – siehe auch S. 171–175, 186 f.
56 Ausführlich dazu: Essenwein, August: Der Bildschmuck der Frauenkirche zu Nürnberg. Nürnberg 1881, S. III–VIII (Vorwort).
57 Ausführlich dazu siehe S. 55 f.
58 StadtA Nürnberg, Stadtchronik 1877 (gilt auch für die folgenden Feste).
59 Die beiden Festredner waren Dr. Philipp Hergenröther, der Bruder des bekannten Würzburger Kirchenhistorikers und (seit 1878) Kardinals Josef Hergenröther. Professor an der Theolog. Hochschule zu Eichstätt, und der Reichstags- und Landtagsabgeordnete F. B. Freiherr v. Gagern. Ersterer sprach über das Leben des Jubilars, letzterer über dessen Tätigkeit auf politischem u. sozialem Gebiet. – Ebenda.
60 Der Chronist bemerkt, daß Kreppels Ehrentag auf allgemeines Interesse gestoßen sei, da sich durch sein freundliches Benehmen bei allen Konfessionen beliebt gemacht habe. – Ebenda.
61 Wachter, Nr. 5435.
62 Schreiben des Ordinariates an die Regierung vom 11. 3. 1875 – BStA Nürnberg, Abg. 1932 XIV Nr. 142/III.
63 Wachter, Nr. 2431.
64 „In diesem Vereinshaus drängte sich alles um die Person des geist- und gemütvollen Präses Feulner, der sprudelnd vor Humor für jedermann gute und liebeswürdige Worte fand und lebhaften Anteil am Geschicke des Einzelnen nahm. Er war Volksmann und Führer des katholischen Volkes in des Wortes edelster Bedeutung." – Karch, S. 43.
65 Als am folgenden Tage Kaplan Dresse in der Klarakirche seinen Tod vermeldete, „erhob sich Schluchzen und lautes Weinen in der Kirche wie beim Tode eines geliebten Vaters". – Ebenda, S. 43 f.
66 Schreiben des Ordinariates an die Regierung vom – BStA Nürnberg, Abg. 1968 XIV Nr. 683.
67 BHStA München, MK 26838.
68 BStA Nürnberg, Abg. 1968 XIV Nr. 683; – auch: StadtA Nürnberg, Stadtchronik 1892.
69 BStA Nürnberg, Abg. 1952 XIV Nr. 6268; – auch: Taufmatrikel der Pfarrei Kersbach bei Forchheim.
70 Für die von ihm betreuten Soldaten gab Starklauf das Gebetbüchlein „Für Gott, König und Vaterland" heraus.
71 Karch, Kath. Gemeinde, S. 47.
72 Ausführlich dazu siehe: Kap. 11.

73 Ausführlich dazu siehe: Kap. 12.
74 Pfeiffer: Nürnberg, S. 418.
75 BHStA München, MK 39033/3.
76 Pastoralblatt des Bistums Eichstätt, 1903, Nr. 16 (30. 6.).
77 Wachter, Generalpersonalschematismus Nr. 8445.
78 Sie erschien zuerst unter dem Namen „Fürther Democratisches Wochenblatt". – Pfeiffer: Nürnberg, S. 371.
79 Karch, Kath. Gemeinde, (wie Anm. 55), S. 52.
80 Über A. v. Liguori und die innerkirchliche Auseinandersetzung um sein System siehe: Aubert, Kath. Kirche. In: HKG VI/1, S. 445 ff.
81 Karch, Kath. Gemeinde, (wie Anm. 55), S. 53.
82 Für die Mitteilungen über Pfarrer Starklauf und Kaplan Prinz Max von Sachsen danke ich Herrn B. Appel, Diözesanarchivar in Eichstätt. – Zu der Tätigkeit des Prinzen Max als Kaplan in Nürnberg siehe: Karch, Kath. Gemeinde, (wie Anm. 55), S. 52 f.; – Hans Cichon, Friedrichshafen, bereitet eine Biographie Prinz Max' vor.
83 Wachter, Nr. 10605.
84 BStA Nürnberg, Abg. 1968 XIV Nr. 684; StadtA Nürnberg, Stadtchronik 1900.
85 Wachter, Nr. 4400.
86 Die Entwicklung der Industrie in Nürnberg u. ihre Voraussetzungen ausführlich bei: Pfeiffer, Nürnberg – S. 400 ff.; – auch: Fried, Pankraz: Die Sozialentwicklung im Bauerntum und Landvolk. In: BG Bd. II, S. 778.
87 Pfeiffer: Nürnberg, S. 419.
88 Die Angaben sind teils der Stadtchronik entnommen, teils den Pfarrmatrikeln.
89 Schrötter, Frauenkirche, (wie Anm. 31, S. 28), S. 359.
90 Schrötter, Frauenkirche, (wie Anm. 31, S. 28), S. 359.
91 Stadt-A. Nürnberg, Personenkartei.
92 Hampe, Theodor: Essenwein, August Ottmar von, Architekt, Direktor des Germanischen Museums zu Nürnberg. 1831–1892. In: Lebensläufe. Bd. 3, S. 146–163.
93 Fischer, Hermann und Theodor Wohnhaas: Der Nürnberger Orgelbau im 19. Jahrhundert. In: MVGN; Bd. 59 (1972), S. 227–236.
94 Josef Stärk (1853–1935) Bildhauer – verschiedene Arbeiten in der Frauenkirche Nürnberg, im Dom zu Eichstätt u. zu Bamberg u. a. m.
95 Ausführlich dazu S. 179 f.(nach freundl. Auskunft seines Sohnes, Herrn W. Stärk, Heroldsberg).
96 Über die Kunstgewerbeschule siehe: Pfeiffer, Nürnberg, S. 335 ff.
97 Beuroner Bibliographie: Beuron 1963, S. 164 ff.
98 Ebenda, S. 166.

Katholische Kirchen in der Altstadt Nürnbergs

St. Elisabeth[1]

Ihre verschiedenen Verwendungen

Da die katholische Gemeinde Nürnbergs im 19. Jh. zahlenmäßig kontinuierlich zunahm, sah man sich veranlaßt, den Erwerb einer zweiten Kirche zu erwägen.

Im reichsstädtischen Nürnberg war an kirchlichen Bauwerken bis etwa 1800 kein Mangel gewesen. Aber dann waren die im 14. Jh. errichteten ehemaligen Ordenskirchen (so die der Augustiner-Eremiten, der Dominikaner und der Karmeliter[2]) in den ersten Jahrzehnten des 19. Jh. abgebrochen worden[3], während die Elisabeth-, die Klara-, die Katharinen- und die Kartäuserkirche profaniert wurden[4].

Für einen Erwerb durch die Katholiken kam in erster Linie die Elisabethkirche (auch Deutschordenskirche genannt) in Betracht. Wie bereits oben erwähnt, war sie vom Deutschen Orden 1785 an Stelle der baufälligen Spitalkapelle in klassizistischem Stile begonnen worden und stand seit 1806 (bzw. 1809) im Rohbau fertig. Zum letztgenannten Datum war sie dann im Zusammenhang mit der Säkularisation des Ordensbesitzes vom bayerischen Staate annektiert worden. Dieser dachte jedoch nicht daran, das Bauwerk seiner ursprünglichen Bestimmung gemäß fertigzustellen, sondern verfolgte zunächst die Absicht, es abreißen zu lassen. Doch unterblieb dann, Gottlob, dieser radikale Prozeß – allerdings wurde das Baufragment zu weltlichen Zwecken verwendet. So diente es ab 1840 als Heustadel, ab 1851 als Lager für die staatliche Baubehörde. 1860 wurde das Gebäude dem Kriegsministerium unterstellt, da die neugebaute Deutschhauskaserne in unmittelbarer Nähe lag[5]. Da ab 1884 auch das Militär keine weitere Verwendung für den Bau fand, gelangte er unter die Zuständigkeit des Finanzministeriums. Damit kam endlich der Zeitpunkt, an dem die katholische Gemeinde begründete Aussicht gewann, in den Besitz des Baufragmentes zu gelangen.

Das Mauerwerk war im Laufe der Jahre durch physikalische Einflüsse (und natürlich auch durch die verschiedenartige Verwendung) schadhaft geworden, obwohl man schon während jenes Zeitabschnittes, in dem das Gebäude rein weltlichen Zwecken diente, verschiedene Reparaturen durchgeführt hatte – doch irgendwelche namhafte Finanzmittel standen für eine Restaurierung nur spärlich zur Verfügung. So wurde z. B. 1829/30 die Bedachung der Seitenteile mit Eisenblech genehmigt – weitere Reparaturen, bei denen man äußerst sparsam vorging, erfolgten 1842/43. Schon vorher, im September 1836, ließ sich das Ministerium von der Regierung berichten, wie hoch die Instandsetzung des Bauwerkes samt Inneneinrichtung käme und wofür es verwendet werden könnte, wenn es nicht für sakrale Zwecke bestimmt würde[6].

Die Verwendung des Bauwerkes als Kirche

Ingenieur Erdmann, der Vorstand des staatlichen Bauamtes in Nürnberg, schätzte 1836 die Restaurierungskosten an dem Fragment der Elisabethkirche auf 54 972 Gulden und 10 Kreuzer. Seine Meinung von der Beschaffenheit des künftigen Gotteshauses war durchaus positiv, schlug er doch in seinem Gutachten das Gebäude als zweite katholische Pfarrkirche vor:

„Es dürfte wirklich der Zeitpunkt nicht mehr so fern sein, daß eine 2. katholische Stadtpfarrkirche in Nürnberg absolutes Bedürfnis wird. In diesem Falle wäre die Deutschordenskirche um so mehr geeignet, weil sicherlich der Ludwigs-Kanalhafen am Westende Nürnbergs sich zum Mittelpunkt erhebt, wo zunächst die Erweiterung Nürnbergs beginnt und jedenfalls ein bedeutender Zufluß von Fremden stattfindet und hierfür dann die Deutschordenskirche ja sehr nahe und gut situiert wäre[7].“

Dem Vorschlag Erdmanns schloß sich indessen Pfarrer Grohe nur unter Vorbehalt an. Nach seinem Bericht an den Magistrat vom 18. Juni 1837 zählte seine Pfarrei 4829 Katholiken – einschließlich des Umlandes (647) und der Garnison (1187)[8]. Die Frauenkirche fasse – schreibt er – in gedrängtem Zustande höchstens 880 Personen –

„woraus von selbst resultiert, daß eine größere Kirche oder die Gründung einer zweiten Pfarrei nicht nur erwünscht, sondern wahres Bedürfnis ist“.

Doch dann weist er auf die prekären finanziellen Verhältnisse der Pfarrei hin und zieht das Fazit: Vor dem Erwerb einer neuen Kirche „ist die solide Begründung der bestehenden Pfarrei nötig“.

Der Magistrat nahm am 21. 3. 1837 seinerseits ebenfalls zu diesem Projekt Stellung: Die für eine Restaurierung veranschlagte Summe – die obendrein wahrscheinlich nicht ausreichen dürfte – könne weder die Stadt noch die St.-Elisabeth-Spital-Stiftung, die die Stadt verwalte, aufbringen. Die Kommune habe gegenwärtig v. a. den Bau eines Krankenhauses zu finanzieren, wozu die Erträge der genannten Stiftung herangezogen würden[9].

Die Überlegungen über die Weiterverwendung des Kirchenfragmentes gingen dennoch weiter. Im Auftrage des Königs wandte sich das Ministerium am 15. März 1837 an die Regierung mit der Frage, ob die Katholiken Nürnbergs eine zweite Kirche benötigten, und wie sie gegebenenfalls deren Ausbau finanzieren könnten[10]. Sei das nicht der Fall, könnte dann die Stadt den Bau eventuell selbst vollenden, um ihn als Börse zu benutzen.

Beide Projekte dürften jedoch damals verneint worden sein. Sechs Jahre später, 1843, ließ sich die Regierung einen weiteren Kostenvoranschlag für den Ausbau des Bauwerkes zum Gotteshaus von der Bauinspektion erstellen. Dieser sah anfänglich 98 629 Gulden und 18 Kreuzer vor, die aber anschließend vom Kreisbaubüro auf 72 325 Gulden und 41 Kreuzer zusammengestrichen wurden[11]. Doch auch diese Summe konnte oder wollte der Staat zu diesem Zeitpunkt nicht aufbringen, und so frug er (mit der derzeitigen Verwendung des Baues als Heustadel offensichtlich unzufrieden) bei der Regierung in Ansbach an, ob es für das Objekt keine Verwendung von kirchlicher Seite gäbe[12].

Bamberg ließ sich daraufhin von Pfarrer Dr. Goeschel Bericht erstatten. Nach den Plänen von Heideloff komme der Ausbau auf ca. 100 000 Gulden – heißt es in dessen Antwort – eine Summe, die die Kirchenstiftung unmöglich aufbringen könne. Doch erwarte er – Goeschel –, daß die Bürger (auch die evangelischen!) namhafte Beträge zeichnen würden, wie sie sich ja bereits für den Kölner Dombau spendenfreudig gezeigt haben. Voraussetzung sei, der König genehmige eine Kollekte für die Kirche und lasse eine Sammlung durchführen[13].

Das Ordinariat sah jedoch den Ausbau mehr vom künstlerischen als vom seelsorglichen Standpunkt an – möglicherweise, um dadurch eher eine staatliche Unterstützung zu erlangen. Die Diözese selbst habe

„keine Mittel zum sehr erwünschten Ausbau dieser schönen Kirche, die eine hohe Zierde der Stadt und der Umgebung von Nürnberg ist, und deren Ausbau und Zuteilung zum katholischen

Die St.-Elisabeth-Kirche um 1920

Gottesdienst teilweise auch im Bedürfnis der großen und anwachsenden Seelenzahl der katholischen Pfarrgemeinde liegt".

Gleichzeitig wiederholte man die Bitte um eine Kollekte: Man hoffe auf einen Beitrag des „kunstsinnigen Königs" und rechne damit, daß mit dem Rechnungsjahr 1846/47 die anfallenden Rentenüberschüsse der vermögenden katholischen Kultusstiftungen dem Kirchenbau zugute kämen[14].

Staatlicherseits wurden nun jährliche Sammlungen bei den Pfarrangehörigen angeordnet – ohne daß allerdings dabei konkrete Vorstellungen über den Ausbau der Kirche existierten. Diese Aktion brachte jedoch so minimale Erträge ein, daß der Nürnberger Magistrat am 8. März 1848 bei der Regierung anfrug, ob die Sammlung unter diesen Umständen nicht besser eingestellt werden solle[15]. Durch die inzwischen erfolgte Zuweisung der Klarakirche verfügte die katholische Gemeinde über ein zweites Gotteshaus und vermochte – wenigstens für die nächsten beiden Jahrzehnte – das Baufragment der Elisabethkirche zu entbehren – (die Übertragung der Klarakirche wird noch ausführlich behandelt werden).

Der katholische Einwohneranteil in der Pegnitzstadt wuchs in den sechziger und siebziger Jahren des 19. Jhs. infolge der rapide steigenden Einwohnerzahl weiterhin an. Die entscheidende Wende in bezug auf das offene Problem der Weiterverwendung des Bauwerkes brachte das Jahr 1884 durch 3 Fakten: Das Kriegsministerium übergab den Kirchenbau der königlichen Finanzverwaltung – der „katholische Kirchenbauverein' wurde gegründet[17] – und Kirchenverwaltung wie Ordinariat ersuchten den Staat um unentgeltliche Überlassung des Gebäudes[18]. (Der Nürnberger Magistrat setzte sich übrigens hierbei nachdrücklich für das Anliegen der katholischen Gemeinde ein.)

Das Ordinariat wies seinerseits darauf hin, daß für keine andere Pfarrei im Königreiche ein solcher Notstand bestehe wie für die in Nürnberg. Diese Gemeinde zähle 24 000 Katholiken – in ihren beiden Kirchen, zu Unserer Lieben Frau und St. Klara, fände aber nur der sechste Teil der Gläubigen Platz. Als Folge sei es vielen Gemeindemitgliedern nicht möglich, ihrer Sonntagspflicht nachzukommen. Aus treuen Katholiken würde auf diese Weise aber bald schlechte Untertanen!

„Der oberhirtlichen Stelle ist es daher schon lange eine wahre Herzensangelegenheit, diesem Notstand sowohl im Interesse des Seelenheils der Gläubigen als auch im Interesse des Staates abzuhelfen, da sie sich nicht verhehlen kann, daß beim Fortdauern der bisherigen Zustände nicht bloß eine religiöse und sittliche, sondern auch eine soziale Verwilderung in erschreckender Weise in nicht mehr langer Zeit eintreten wird. Leider fehlen der oberhirtlichen Stelle die Mittel zur Abhilfe dieses Zustandes."

Wohl habe der Landtag für die Finanzperiode zur Beschaffung eines Gotteshauses jährlich 10 000 Mark vorgesehen, doch wäre dem Notstand schon jetzt abgeholfen, wenn die bisher vom Militärdepot benutzte Kirche der katholischen Gemeinde zu gottesdienstlichen Zwecken überlassen würde. Außerdem könnten die Militärgottesdienste in diesem Gotteshause, das praktisch an die Kaserne anstoße, abgehalten werden[19].

Die angestrebte unentgeltliche Überlassung des Bauwerkes lehnte das Innenministerium jedoch mit der Begründung ab: Ein solcher Vorgang müßte die Zustimmung des Landtages haben und wäre nur dann zulässig, wenn der Staat die Verpflichtung hätte, für die Bereitstellung einer neuen Kirche Sorge zu tragen – das sei aber nicht der Fall. Doch könnte man die Kirche unter Vorbehalt des unbeschränkten Staatseigentums der katholischen Gemeinde zur Abhaltung ihrer Gottesdienste übergeben.

Inneres der St.-Elisabeth-Kirche im Jahre 1958

Sie müßte dabei nur die Verpflichtung übernehmen, für die anfallenden Baulasten aufzukommen – allerdings behalte sich der Staat den Widerruf dieses Zugeständnisses vor[20].

Der Magistrat der Stadt Nürnberg setzte sich, als er um seine Stellungnahme zu dieser Regelung befragt wurde, anerkennenswerterweise für die Belange der katholischen Miteinwohner ein. Von der Raumnot in der katholischen Kirche könne sich jeder Vorübergehende durch die beim Gottesdienst vor den Kirchentüren stehenden und vergeblich auf Einlaß wartenden Menschen überzeugen.

„Die unabweisbare Erfüllung des dringenden Bedürfnisses einer weiteren katholischen Kirche in hiesiger Stadt läßt es als Pflicht erscheinen, die ihrem ursprünglichen Zweck entfremdete frühere Deutschordenskirche der Bestimmung zurückzugeben, für welchen sie erbaut worden ist, zumal auf andere Weise Abhilfe nicht beschafft werden kann."

Für die Instandsetzung müßten ohnedies namhafte Summen aufgebracht werden, darum sei es nicht angebracht, die Kirche den Katholiken unter dem Vorbehalt des Staatseigentums zu überlassen[21].

Völlig überraschend wurde aber gerade zu diesem Zeitpunkt auch von protestantischer Seite Anspruch auf das Kirchenbauwerk erhoben. Der evangelische Militärgeistliche Johann Ruck beantragte über die in Nürnberg tagende Konsistorialsynode, die Deutschordenskirche für den protestantischen Gottesdienst mitbenutzen zu dürfen, bis eine eigene Garnisonskirche erbaut sei[22]. Dieses Gesuch wurde jedoch vom Ministerium ablehnend beschieden[23].

Die Kirche im Besitz der Erzdiözese

Im Folgejahr – 1885 – kam es dann zu einer annehmbaren Lösung in dem langandauernden Prozeß. König Ludwig II. überließ am 27. Januar d. J. das Bauwerk Erzbischof Friedrich v. Schreiber für den symbolischen Kaufpreis von 5000 Mark. Der Erzbischof wiederum schenkte das Kirchenfragment der Kirchenstiftung und stellte dazu weitere 3000 Mark für den Ausbau zur Verfügung. Die mit der Übergabe verbundene Auflage, durch den Kasernenbetrieb bedingte Störungen der Meßfeier hinzunehmen, akzeptierte die katholische Gemeinde gern[24].

Die Zuweisung des Kirchenfragmentes stellte die Kirchenstiftung vor das schwierige Problem, die Finanzmittel für dessen Ausbau zum Gotteshaus sicherstellen zu müssen. Für eine Pfarrei, die mit 10 199,77 Mark Schulden belastet war und deren Mitglieder zu einem großen Teil aus Fabrikarbeitern bestanden – die keinerlei nennenswerte finanzielle Leistungen aufbringen konnten –, eine äußerst diffizile Aufgabe[25]!

Wie schon vordem für die Frauenkirche, so arbeitete jetzt für die Deutschordenskirche auch wieder Dr. August Essenwein die Pläne aus. Er berechnete die Restaurierungsarbeiten mit einer Summe von ca. 250 000 Mark:

„Wenn bei aller Einfachheit in stilgerechter und würdiger Weise dieses Gotteshaus wiederhergestellt werden soll[26] "

Das Ordinariat glaubte jedoch, bei einer Beschränkung auf das Notwendigste mit nur 100 000 Mark auskommen zu können. 20 000 Mark seien schon vom Landtage genehmigt – heißt es in seiner Kalkulation – die restlichen 80 000 Mark mögen für die nächste Finanzperiode vorgesehen werden. Die Kirchenstiftung beantragte im Gegensatz dazu für jedes Jahr 30 000 Mark[27].

Lotterieschein für den Ausbau der St.-Elisabeth-Kirche

Diese Gesuche wurden leider abschlägig beschieden, weshalb man notgedrungen eine andere Geldquelle ins Auge faßte: die vom Staat durchgeführten Prämienlotterien. Außerdem hoffte man, für die Statuen in der Kuppel Zuweisungen aus dem Kunstfonds zu erhalten[28]. Allein das Innenministerium lehnte die Unterstützung mit der Begründung ab, es seien bereits andere beachtenswerte Projekte vorgesehen[29].

Was die Lotterie anbelangt, so sah man zwei Verlosungen mit 180 000 Losen à 2 Mark vor (ein Drittel des dabei erzielten Reinerlöses sollten dem Lotteriezweck zugeführt werden). Von der Kirchenstiftung erwartete München die Einsendung eines Lotterieplanes – doch ließ dann die Genehmigung des Vorhabens mehrere Jahre auf sich warten, so daß es erst 1896 und 1899 durchgeführt werden konnte[30].

Ausbau und Einweihung der Elisabethkirche

Da – wie oben dargelegt – eine stilgerechte und dadurch kostspielige Lösung bei der Renovierung vorläufig nicht realisierbar war, beschränkte man sich unter der Leitung Essenweins tatsächlich vorläufig auf die allernotwendigsten Arbeiten. Allerdings wollte man jetzt auf den zusätzlichen Bau eines Turmes nicht verzichten. Ein Turm wurde dann auch wirklich von der Regierung zusammen mit den übrigen vorgelegten Bauplänen genehmigt – obwohl ihn die oberste Baubehörde in München als „notwendiges Übel" bezeichnete[31]. Allerdings ließ man schließlich die Idee eines Turmbaues wieder fallen.

Die im Innern des Bauwerks bereits vorhandene Holzdecke wurde belassen – was freilich zur Folge hatte, daß der Kirchenraum viel von seiner ursprünglich geplanten Höhe verlor, außerdem ließ man eine schlichte, niedrig gelegte Eingangstür in die Südwestseite einbauen. Das Hauptportal selbst wurde mit wertvollen Schnitzereien verziert. Der Altar wie die Orgel stammten aus dem Dom zu Eichstätt.

Zur Einweihungsfeier schmückte man den nur provisorisch instandgesetzten Innenraum des Gotteshauses mit Tannen, so daß ein frischer und freundlicher Eindruck hervorgerufen wurde. Am Sonntag, dem 1. November 1885, benedizierte Pfarrer Kreppel die Kirche und hielt in ihr den ersten feierlichen Gottesdienst, den musikalisch ein Chor aus Mitgliedern des Singvereins mitgestaltete. Besonders beeindruckt zeigten sich die Gläubigen von folgendem Bild: Als während der Feier die Sonne aus dem Gewölk hervortrat und ihre Strahlen den Hochaltar – vor dem Weihrauchwolken emporstiegen – beleuchteten. Am Ende seines Berichtes weist der Reporter noch auf das reichverzierte Tor hin und schreibt:

„Möchten aus demselben fortan unsere christlichen Mitbrüder katholischen Bekenntnisses stets wahrhaft erbauten Herzens hervorgehen wie am gestrigen ersten Tage!"[32]

In einem nur langsamen Prozeß wurden anschließend die notwendigen Gelder für den eigentlichen Innenausbau der Kirche erbracht (durch Lotterieeinnahmen 1896 und 1899). Aus diesem Grunde begannen erst am 2. Januar 1902 die Instandsetzungsarbeiten an der Kirche, die knapp zwei Jahre später abgeschlossen wurden, so daß die Einweihung am 6. Dezember 1903 erfolgen konnte. Freilich handelte es sich hierbei um keine Konsekration: Diese behielt sich Erzbischof Josef v. Schork, der gerade zu dieser Zeit schwer erkrankt war, persönlich vor. Er beauftragte deshalb seinen Generalvikar, Domkapitular Johann Maurer[33], das Gotteshaus zu benedizieren. Die evangelische Geistlichkeit war bei der Feier durch die Kirchenräte Michahelles und Heller vertreten. Erst der Nachfolger v. Schorks[34], Erzbischof Friedrich Philipp v. Abert, war es vergönnt, die Elisabethkirche am 25. Juni 1905 zu konsekrieren. An der Feier nahm u. a. der protestantische Dekan Heller teil sowie eine Abordnung der israelitischen Kultusgemeinde Nürnbergs[35].

Im II. Weltkrieg wurde die St.-Elisabeth-Kirche am 2. Januar 1945 durch eine in ihrem Innern explodierende Sprengbombe und am 16. März d. J. durch Brandbomben schwer getroffen. Eine Tragsäule stürzte ein, die Kuppel wurde aufgerissen und der gesamte Innenraum verwüstet.

Ihr Wiederaufbau wurde unter der Leitung Professor Josef Schmuderers, Abteilungsdirektor des Amtes für Denkmalpflege, und vom Architekten und Bildhauer Rudo Göschel durchgeführt[36]. Im Jahre 1950 waren die Wiederaufbauarbeiten in der Hauptsache abgeschlossen[37].

Klarakirche

Das Gesuch um Zuweisung

Noch bevor das Baufragment der Deutschordenskirche der katholischen Pfarrgemeinde übereignet wurde, erhielt sie – wie bereits kurz erwähnt – die Klarakirche als zweites katholisches Gotteshaus in Nürnberg zugesprochen. Im Jahre 1852 wurde Pfarrer Burger bei der Übernahme der Gemeinde ein dritter Kaplan zugeteilt. Die Kirchenverwaltung beriet daraufhin auf ihrer Sitzung am 25. Mai d. J., wie die Gemeinde angesichts der verbesserten Zahl an Geistlichen eine zweite Kirche erhalten könnte. Die 1274 geweihte Klarakirche[38] schien dafür geeignet: Sie gehörte zu diesem Zeitpunkt der Zollinspektion, die aber für das Bauwerk keine rechte Verwendung fand. Die Kirche befand sich in baulicher Hinsicht in einem ordentlichen Zustand[39], und da sie zudem südlich der Pegnitz lag, wären die Nürnberger Katholiken auf der sog. Lorenzer Seite sowie in den südlichen Vororten durch sie besser erfaßt worden[40].

Das Ordinariat schloß sich diesen Überlegungen an und wurde in diesem Sinne am 8. Juli 1852 bei der Regierung vorstellig: In Nürnberg hätten die Rongeaner die meisten Anhänger in Bayern. Schon deshalb müßte alles aufgeboten werden, um das religiöse Leben zu heben, was auch für das allgemeine Staatswohl von unendlicher Wichtigkeit sei – darum erfolge die Bitte um Überlassung der Klarakirche. Diese könnte als Garnisonskirche dienen. Vielleicht könnte durch sie eine Expositur und später sogar eine Pfarrei errichtet werden[41].

Am 29. August 1854 überließ König Maximilian II. die Kirche – vorbehaltlich des staatlichen Eigentums – der katholischen Gemeinde Nürnbergs. Die Extradition von seiten des Hauptzollamtes erfolgte am 4. November 1854.

Die Instandsetzung der Klarakirche

Sorge bereitete auch im vorliegenden Falle die Finanzierungsfrage, da die Kirchenstiftung noch die Schulden für das im Jahr 1846 gekaufte Pfarrhaus abzuzahlen hatte. Demgegenüber verzeichnete sie allerdings auch einen jährlichen Einnahmenüberschuß von 300–400 Gulden[42]. Dieser Überschuß könnte sogar noch erhöht werden – lautete eine Kalkulation – wenn der Tilgungsplan geändert würde. Ferner erwog man, die für die Dauer eines Jahres bewilligte Gratifikation der Kapläne zu streichen, um so weitere Mittel zu bekommen. Am 3. Februar 1855 beschloß die Kirchenverwaltung dann, eine Hypothek in Höhe von 12 000 Gulden auf das Pfarrhaus aufzunehmen (der Schätzwert des Hauses betrug 21 000 Gulden)[43].

Die Wiederinstandsetzungsarbeiten an der Klarakirche wurden nach Plänen des Ingenieurs Herzing durchgeführt. Von der ehemaligen reichen Einrichtung der Kirche hatte sich nur die Kreuzigungsgruppe über dem Choreingang (jetzt an der Südwand) erhalten. Der großartige Flügelaltar aus der Mitte des 15. Jhs. war nach 1806 spurlos verschwunden[44]. Aus diesem Grunde mußte nach der Übernahme die Inneneinrichtung neu beschafft werden. Die königliche Administratur der geistlichen Stiftungen überwies den Passionsaltar aus der abgebrochenen Kreuzkirche[45], der zuvor einige Jahre in der Hofkirche zu Neumarkt/Opf. stand. Die Reliefs sind Holzschnitten Albrecht Dürers nachgebildet[46]. In Schreineraltären im neugotischen Stile wurden eine Madonna aus der Schule Veit Stoß' und eine neue Statue der hl. Klara aufgestellt.

Am 13. Mai 1857 weihte Dekan Andreas Heinz, Pfarrer in Bühl[47] – assistiert von Geistlichen aus Nürnberg und Umgebung – die Klarakirche ein. Die Predigt hielt Pfarrer Pankraz Dinkel von Erlangen[48]. Ein aus evangelischen und katholischen Sängern zusammengesetzter Chor trug unter der Stabführung Kantor Grobes die Messe in B-Dur von Wolfgang Amadeus Mozart vor.

In den folgenden Jahren stifteten die Patrizier v. Ebner-Eschenbach und v. Löffelholz neben noch anderen Familien Glasgemälde, die zum Teil nach Entwürfen Professor Georg Eberleins von der Glasmalerei-Anstalt der Gebrüder Kellner angefertigt wurden. Sie stellten die Heiligen Franziskus, Ludwig und Georg, Maria Magdalena und Klara sowie die Bistumspatrone Heinrich, Kunigunde und Otto dar. Dazu kam noch eine Anzahl von Wappenfenstern. Es ist anzunehmen, daß sich an diesen Stiftungen Katholiken *und* Protestanten beteiligten[49]. Diese Glasgemälde hat man später leider wieder entfernt – wann und warum das geschah, vermochte ich nicht zu ermitteln.

Im Jahre 1905 wurde die Kirche zur Studienkirche erklärt. Die Schüler der beiden humanistischen Gymnasien, des Realgymnasiums der Kreisrealschule am Bauhof sowie die Schülerinnen des Institutes der Englischen Fräulein hatten hier bis in die dreißiger Jahre unseres Jahrhunderts ihren Gottesdienst. Ferner wurde in ihr jeden Sonntagnachmittag um 16 Uhr der Rosenkranz gebetet (erstmals am 2. Februar 1875).

Im II. Weltkrieg wurde die Klarakirche von Bomben schwer getroffen, die das Chorgewölbe durchschlugen. Das Tonnengewölbe über dem Schiff stürzte ein und das Langhaus brannte bis auf die Umfassungsmauern nieder. In den Jahren 1948–1953 baute man die Kirche wieder auf, doch bereits seit dem 30. 6. 1951 konnte Gottesdienst ihr ihr gehalten werden[50].

Seit dem Jahre 1960 feiern hier allsonntäglich die italienische und die spanische Gemeinde in Nürnberg Eucharistie. Die Klarakirche, statusmäßig heute Nebenkirche der Pfarrei Unserer Lieben Frau, wird seit 1. Dezember 1979 von Mitgliedern des Jesuiten-Ordens betreut. Diese haben es sich zur Aufgabe gemacht, das Andenken Caritas Pirckheimers, der großen Äbtissin in der Zeit der Reformation, wachzuhalten.

Die St.-Klara-Kirche um 1935

Die Burgkapelle St. Walburgis

Nur vier Jahre nach der Übertragung der Klarakirche erhielt die katholische Gemeinde (zunächst eingeschränkt) ein drittes Gotteshaus: die Kapelle St. Walburgis auf dem Burggelände (gegenüber dem fünfeckigen Turm)[51]. Die Anregung, in der Burgkapelle katholischen Militärgottesdienst abzuhalten, ging von Generalleutnant Adam v. Harold aus. In seinem Gesuch vom 5. Juni 1858 an das Bamberger Ordinariat wies er darauf hin, daß die Kirchen zu Unserer Lieben Frau wie St. Klara die Soldaten nicht mehr fassen könnten[52].

Das Ordinariat gab daraufhin die Erlaubnis der Bination[53], und König Maximilian II. genehmigte am 11. Dezember desselben Jahres, die Kapelle für den katholischen Gottesdienst einzurichten. Die Militärverwaltung beschaffte eine bescheidene Inneneinrichtung. Für den Altar schuf später Hermann Stärk eine kleine Kreuzigungsgruppe, während die Gemäldegalerie zu Schleißheim einige Ölgemälde zur Verfügung stellte. Zwei Glasgemälde – St. Walburgis und St. Margarethe darstellend – fertigte der Glasmaler Eisgruber nach Entwürfen Professor Wanderers an. Außerdem leisteten verschiedene Offiziere einen Beitrag zur Ausgestaltung[54].

Am 23. November 1859 war die Arbeit so weit abgeschlossen, daß Pfarrer Burger die Kapelle einweihen konnte. Von da ab fanden in ihr an allen Sonn- und Feiertagen

Die St.-Walburgis-Kapelle nach einem Holzschnitt von 1861

Militärgottesdienste statt, an denen wahrscheinlich auch Zivilisten teilnahmen. Am 21. Januar 1864 wurde Dr. Franz Seraph Keller[55] zum Militärkuraten ernannt[56].

Noch im selben Jahr zog das Militär aus den Kaiserstallungen in die neuerbaute Deutschhauskaserne um. Das hatte zur Folge, daß die Militärgottesdienste wieder in der näher gelegenen Frauenkirche stattfanden. In der Burgkapelle aber wurde von da an allsonntäglich eine Frühmesse gelesen. Diese Praxis wurde bis zur Einweihung der Elisabethkirche 1885 beibehalten. Dann glaubte man (wohl gleichzeitig bedingt durch Priestermangel), auf diesen Gottesdienst verzichten zu können.

Bereits zwei Jahre später jedoch, als die Zahl der nördlich der Burg wohnenden Katholiken permanent zunahm – und man außerdem mit der Errichtung einer weiteren Kaplanei rechnen konnte – richtete das Pfarramt am 17. März 1887 ein Gesuch an das Rentamt, die Walburgiskapelle der katholischen Gemeinde zu überlassen (das kleine Gotteshaus war am 1. November 1885 vom Militär- an das Finanzärar übergegangen). Das geschah dann tatsächlich am 5. Juli d. J. unter der Bedingung, daß die Kirchenstiftung für kleinere Baufälle, Reinigung und Reinhaltung des Weges aufkomme[57].

Im II. Weltkrieg wurde die Burgkapelle im Jahre 1945 bis auf die Grundmauern zerstört, aber in den folgenden Jahren wieder aufgebaut und der Kirchenstiftung der Frauenkirche zur Benutzung übergeben. Am 2. Januar 1970 wurde sie konsekriert und die erste Messe in ihr zelebriert. Bemerkenswert hinsichtlich der Innenausstattung ist, daß die Kapelle als Schmuck ein Kruzifix und eine Madonna aus der Spätgotik besitzt – dazu einen modernen Wandteppich aus der Paramentenstickerei der Schwestern zu Zell bei Roth. Auf dem Teppich ist Christus dargestellt sowie die Symbole der Evangelisten.

60

Blick auf St.-Walburgis-Kapelle und Stadt

Die Restaurierung der Frauenkirche[58]

Trotz aller bisher geschilderten Bauvorhaben konnte natürlich die Mutterkirche selbst nicht vergessen werden. Wie oben beschrieben, war sie bei der Übernahme in den frühen zwanziger Jahren des 19. Jh. unter Heideloffs künstlerischer Leitung wegen Geldmangel nur notdürftig restauriert worden. Verschiedenartige Schäden waren in der Folgezeit so weit fortgeschritten, daß definitiv nur noch der Kern des Mauerwerkes brauchbar war, während z. B. fast alle Statuen an der Fassade neu hergestellt werden mußten.

Die Restaurierungsarbeiten übertrug Pfarrer Kreppel im Namen der Kirchenverwaltung dem Direktor des Germanischen Nationalmuseums, dem bereits mehrfach genannten Professor Essenwein. Die Kosten wurden zunächst auf 250 000 Mark geschätzt, die sich aber dann real auf 370 515 Mark erhöhten[59] – nach meinem Dafürhalten eine außergewöhnlich hohe Summe, für die man damals leicht eine neue

Blick in Chor und Langhaus der Frauenkirche (Aufnahme von 1935)

Kirche mit Pfarrhaus hätte errichten können. Bei aller Gebefreudigkeit hätten die Nürnberger Gläubigen allein diesen enormen Betrag nicht aufgebracht, doch genehmigte zum Glück der Staat zwei Lotterien, die insgesamt 313 683 Mark einbrachten.

Die Finanzierungsfrage stellte aber nicht das einzige Problem dar: Für die Zeit der Innenrestaurierung benötigte man dringend eine Ausweichkirche. Die Lösung sah dann so aus: Der Gemeinde wurde für ihre Gottesdienste die Katharinenkirche des ehemaligen Dominikanerinnen-Klosters überlassen. In ihr fand danach während

62

Blick vom Chor in das Langhaus der Frauenkirche nach der Zerstörung (Aufnahme von 1945)

dreiundeinviertel Jahre die Eucharistiefeier statt (am 6. Juli 1878 war in der Frauenkirche der letzte Gottesdienst gehalten worden).

Als Bauführer bei den Renovierungsarbeiten fungierte Johann Göschel, der zeitweise ungefähr 100 Arbeiter unter sich hatte. Am 8. Juli 1878 stellte man das Gerüst zur Untersuchung der Schäden auf, am 28. April des Folgejahres wurde mit den Außenarbeiten – nach dem 6. Juli mit den Innenarbeiten begonnen. Diese waren nach Verlauf von dreiundeinviertel Jahren zwar noch nicht völlig abgeschlossen, aber doch so weit gediehen, daß am Dienstag, dem 18. Oktober 1881, Erzbischof Dr. Friedrich v. Schreiber das Gotteshaus konsekrieren konnte. Zweifellos bedeutete das einen Freudentag für die ganze Gemeinde – vor allem aber wohl für ihren Pfarrherren, der sich an diesem besonderen Tage für seine Sorgen und Mühen reich entschädigt sah!

Vorher, bei der Planung zur Restauration, war die Idee diskutiert worden, das achteckige Eicheltürmchen mit einem gotischen Spitzhelm zu krönen – doch beließ man es schließlich in seinem alten Zustand. Das Innere der Kirche war dunkel, da fast alle Fenster bemalt und mit einem engmaschigen Drahtnetz überzogen waren. Die ältesten Fenster stammten sogar noch aus der Zeit Kaiser Karls IV. Zu diesen Scheiben aus der Frauen- wie Kartäuserkirche (etwa um 1500) kamen die Glasgemälde im neugotischen Stil – u. a. im Chor die Fenster mit der Darstellung der sieben hl. Sakramente und der sieben Worte der Barmherzigkeit, im Schiff ein Kreuzweg nach Entwürfen Professor Kleins aus Wien, im Michaelschor die Glasgemälde von Schraudolph, die sich vordem im Kirchenschiff befunden hatten.

Über dem Triumphbogen war eine Kreuzigungsgruppe von Paul Ziegler angebracht. Der bereits erwähnte Tucheraltar wurde jetzt an der nördlichen Ostwand aufgestellt. Den Hauptaltar bildete nun ein neugotischer Flügelaltar mit Gemälden und Plastiken von Lengenfelder und Stärk. Die vier Säulen bekrönten je zwölf Engel, die Musikinstrumente führten. Wenn auch die ursprünglichen gotischen Reliefs und Statuen geblieben waren, so prägte nunmehr die Ausstattung des Kirchenraumes doch primär der neugotische Stil. Zu erwähnen bleibt noch, daß im Zuge der Arbeiten die Maschinenfabrik J. Haag, Augsburg, eine Dampfheizung montierte (diese dürfte die erste Heizung in einer Nürnberger Kirche überhaupt gewesen sein). Sie hat sich leider nicht bewährt und wurde deshalb 1901 wieder demontiert[60].

Durch schwere Bombenangriffe und Artilleriebeschuß gegen Ende des II. Weltkrieges wurde die Frauenkirche bis auf die Grundmauern zerstört[61]. Doch schon am 29. Juli 1945 begann man mit den Aufräumungsarbeiten. Durch den Einsatz Pfarrer Georg Gewinners und die Sachkenntnis des Architekten Josef Fritz konnte das Langhaus am 19. November 1950 und der Chor am Feste Christi Himmelfahrt (14. Mai) 1953 von Erzbischof Dr. Josef Otto Kolb konsekriert werden. Die architektonischen Fehler, die bei der Restaurierung 1878–1881 begangen wurden, waren jetzt, beim Wiederaufbau, korrigiert worden. Die Kirche zu Unserer Lieben Frau bietet dadurch heutzutage einen schöneren Anblick als je zuvor[62]. Derzeit findet erneut eine Restaurierung statt. Besondere Sorgfalt wird dabei auf die Neugestaltung des Altarbezirkes gelegt. Die Leitung hat Architekt Peter Leonhardt.

Anmerkungen

1 Zur Baugeschichte von St. Elisabeth ausführlich: Heßlein, Hans: Die Baugeschichte der Deutschordenskirche St. Elisabeth in Nürnberg. (Diss.), Würzburg 1925; – Schrötter, Georg u. Jakob Hauck: Die Kirche der hl. Elisabeth in Nürnberg. Nürnberg 1903.

2 In die Regierungszeit des Stauferkaisers Friedrichs II. (1212–1250) fällt die Errichtung mehrerer Klöster in Nürnberg – darunter 1218 das Augustinerkloster und 1248 das Dominikanerkloster (dessen Kirche wurde erst 1272 vollendet). Das Karmelitenkloster mit der Salvatorkirche entstand etwas später, 1255–1340. Eine neue Augustinerkirche erbaute man 1479–1488. – Priem, Nürnberg, (wie Anm. 18, S. 27), S. 27 f. und S. 122 f. – Die Abbruchsdaten bei: Pfeiffer: Nürnberg, S. 67 f. und S. 235.

3 Über die Nürnberger Klöster in der Reformationszeit ausführlich: Engelhardt, Die Reformation in Nürnberg. Bd. I. Nürnberg 1936, S. 213–229.

4 Mit dem Bau des Katharinenklosters wurde 1292 begonnen (mit dem der Katharinenkirche 1297), mit dem Bau des Kartäuserklosters erst 1380 (mit dem der Kirche jedoch gleichzeitig). – Priem, Nürnberg, (wie Anm. 18, S. 27), S. 32 und S. 77; Pfeiffer, Nürnberg, S. 67 und S. 110.

5 1862–1865 wurde die sog. Deutschhauskaserne erbaut und im September 1865 von Militäreinheiten bezogen. – Priem, Nürnberg, (wie Anm. 18, S. 27), S. 658.

6 BStA Nürnberg, Abg. 1952 XIV Nr. 6285.

7 Schreiben vom 9. 9. 1836 im BStA Nürnberg, Abg. 1952 XIV Nr. 6285.

8 BStA Nürnberg, Abg. 1952 XIV Nr. 6285.

9 Schreiben vom 21. 8. 1837 an die Regierung – BStA Nürnberg, Abg. 1952 XIV Nr. 6285 (das Krankenhaus wurde südlich der Frauentormauer – an der Stelle des heutigen Opernhauses – 1843–1845 erbaut).

10 BStA Nürnberg, Abg. 1952 XIV Nr. 6285.

11 Kostenvoranschlag – BStA Nürnberg, Abg. 1952 XIV Nr. 6285.

12 Anfragen vom 20. 10. 1843 und 16. 2. 1844 – BStA Nürnberg, Abg. 1952 XIV Nr. 6285.

13 Bericht Pfarrer Dr. Goeschels vom 18. 3. 1844 – BStA Nürnberg, Abg. 1952 XIV Nr. 6285.

14 Schreiben des Ordinariates an die Regierung vom 2. 4. 1844 – BStA Nürnberg, Abg. 1952 XIV Nr. 6285.

15 Die Sammlung erbrachte:
   1845: 219 Gulden, 54 Kreuzer
   1846: 65 Gulden, 52 Kreuzer
   1847: 35 Gulden, 6 Kreuzer
   insges. 320 Gulden, 12 Kreuzer
   BStA Nürnberg, Abg. 1952 XIV Nr. 6285.

17 Die Generalversammlung fand am 23. 5. 1884 statt; die Satzungen wurden am 27. 6. d. J. vom Landgericht Nürnberg genehmigt. – 1. Vorsitzender war Georg Strobel, 2. Johann Gmelling und Schriftführer Ed. Schnug. – BStA Nürnberg, Abg. 1952 XIV Nr. 6285.

18 Schreiben des Kirchenbauvereins vom 1. 7. 1884 – BStA Nürnberg, Abg. 1952 XIV Nr. 6285.

19 Schreiben des Ordinariates vom 17. 7. 1884 an das Staatsministerium – BStA Nürnberg, Abg. 1952 XIV Nr. 6285.

20 Schreiben des Ministeriums vom 2. 9. 1884 an die Regierung – BStA Nürnberg, Abg. 1952 XIV Nr. 6285.

21 Schreiben der Regierung vom 13. 9. 1884 – BStA Nürnberg, Abg. 1952 XIV Nr. 6285.

22 Schreiben des Pfarrers Ruck vom 14. 9. 1884 und des Konsistoriums vom 10. 10. d. J. an die Regierung – BStA Nürnberg, Abg. 1952 XIV Nr. 6285.

23 Schreiben vom 20. 11. 1884 – BStA Nürnberg, Abg. 1952 XIV Nr. 6285.

24 Schreiben des Finanzministeriums (gez. Lutz) vom 5. 2. 1885; notarielle Beglaubigung vom 1. 6. 1885 – BStA Nürnberg, Abg. 1952 XIV Nr. 6285; – auch: Schrötter, Emanzipation, S. 501–523.

25 Schrötter, Emanzipation, S. 490 ff.; BStA Nürnberg, Abg. 1952 XIV Nr. 6285.
26 Schreiben der Kirchenstiftung an das Innenministerium vom 18. 8. 1885 (die veranschlagte Summe erhöhte sich allerdings auf 260 000 Mark) – BStA Nürnberg, Abg. 1952 XIV Nr. 6285.
27 In dieser Zeit war Bayern selbst durch die großen Ausgaben Ludwigs II. mit enormen Schulden belastet. – Ausführlicher: Albrecht, Dieter: Von der Reichsgründung bis zum Ende des Ersten Weltkrieges (1871–1918). In: BG Bd. I, S. 337–340.
28 Schreiben der Kirchenverwaltung an die Regierung vom 8. 1.; 15. 6. 1886 – BStA Nürnberg, Abg. 1952 XIV Nr. 6285.
29 Schreiben vom 26. 9. 1886 – BStA Nürnberg, Abg. 1952 XIV Nr. 6285.
30 Inzwischen waren vom Erzbischof und von den Pfarrangehörigen je 4500 Mark und vom Kirchenbauverein 2000 Mark eingegangen. – Schreiben der Kirchenverwaltung vom 18. 11. 1885 an die Regierung – BStA Nürnberg, Abg. 1952 XIV Nr. 6285.
31 Gutachten vom 17. 3. 1886: „Es sei gegen den projektierten Glockenturm an und für sich in ästhetischer Beziehung zwar nichts zu erinnern, jedoch muß er als notwendiges Übel bezeichnet werden, da weder dieser noch ein anderer Turm zu dem römischen Kuppelbau paßt." – BS A Nürnberg, Abg. 1952 XIV Nr. 6285.
32 „Korrespondent von und für Deutschland"; Nr. 560 vom 2. 11. 1885.
33 Wachter, Nr. 6505.
34 Erzb. v. Schork starb am 25. Jan. 1905 nach langer Krankheit. – Wachter, Nr. 9125.
35 StadtA Nürnberg, Stadtchronik 1905.
36 1947 wurde die zerstörte Kuppel erneuert. – Pfeiffer: Nürnberg, S. 498.
37 Ritz, Joseph Max: Wiederaufbau der St.-Elisabeth-Kirche in Nürnberg. Sonderdruck aus der Zeitschrift „Deutsche Kunst und Denkmalspflege" 1952, Heft 1; Deutscher Kunstverlag München-Berlin.
38 Pfeiffer: Nürnberg, S. 67.
39 Die Klarakirche wurde im ersten Drittel des 15. Jh. architektonisch umgestaltet: das Schiff wurde im got. Stile erhöht u. eine gewölbte Holzdecke eingezogen. Nach 1550 diente sie zu Theateraufführungen. – Pfeiffer: Nürnberg, S. 110; S. 210 und S. 235.
40 Schrötter, Emanzipation, S. 450 ff.
41 Schreiben des Ordinariates vom 8. 7. 1852 an die Regierung – BStA Nürnberg, Abg. 1932 XIV Nr. 142/I; – Schrötter, Emanzipation, S. 453 ff. Auch Schwester M. Anna Hartmann, Oberin der Englischen Fräulein zu Bamberg, bat am 8. 3. 1854 um Überlassung der Kirche: Diese sei für das in Nürnberg zu errichtende Institut unentbehrlich. – AEB, Rep. 4/1 Akt Nürnberg, und BHStA München, MK 26838 (hier sind auch weitere Unterlagen über die Rückgabe der Kirche vorhanden).
42 Schrötter, Emanzipation, S. 453 ff.
43 Schrötter, Emanzipation, S. 453 ff.
44 Stich von Delsenbach im Germanischen Nationalmuseum, Nürnberg.
45 Berthold Haller stiftete 1370 das Pilgerspital mit der Kirche zum hl. Kreuz. – Priem, Nürnberg, (wie Anm. 18, S. 27), S. 301.
46 Er diente erst als Hochaltar, jetzt als nördlicher Seitenaltar.
47 Wachter, Nr. 4036.
48 Dinkel, Pankraz: Predigt bei der Einsegnung der St.-Clara-Kirche zu Nürnberg, 13. Mai 1857. Erlangen 1857 – Amb. 155.8 – StadtB Nürnberg.
49 Schrötter, Emanzipation, S. 458 f. (Als Stifter werden genannt: Justine v. Weyckmann-Frauenberg; Franz v. Soden und seine Gattin Caroline, geb. v. Scheuerl; v. Löffelholz; Emil Spreng, Direktor des Gaswerkes und später dessen Witwe Ludovika; Karl v. Ebner-Eschenbach und seine Gattin Thekla, geb. v. Soden). –
50 Schreiben des Innenmin. vom 16. 3. 1865: Ein Fonds von 506 fl. 26 Kr. soll der Kirchenstiftung für kirchl. Zwecke überlassen werden. – BStA Nürnberg, Abg. 1952 XIV Nr. 6285. Pfeiffer: Nürnberg, S. 498.
51 Nach Priem entstand die Kapelle evtl. bereits unter Konrad I. im frühen 10. Jh. Nach Schrötter wurde sie erstmals urkundlich 1267 erwähnt, als sie vom Burggrafen Friedrich dem

Egidienkloster übergeben wurde. Sie war ursprüngl. St. Othmar geweiht. Als 1419 die Burggrafenburg niederbrannte, wurde auch die in roman. Stile erbaute Kapelle stark beschädigt. Sie wurde noch im 15. Jh. als „Chorturmkirche" wieder aufgebaut und St. Walburgis geweiht. Nach der Reformation diente sie als evangel. Predigerkirche; ab 1618 war sie profaniert. – Schrötter, Emanzipation, S. 463–468; Priem, Nürnberg, (wie Anm. 18, S. 27), S. 4 und S. 92; Pfeiffer: Nürnberg, S. 62; – auch: Kirchen in Nürnberg, S. 22–26.

52 Schrötter, Emanzipation, S. 464 f.

53 „Bination": die Erlaubnis für einen Priester, an einem Tage zwei hl. Messen zu feiern.

54 Generalleutnant v. Harold stiftete einen silbernen, gut vergoldeten Kelch – Major v. Strunz ein Meßbuch. – Schrötter, S. 465.

55 Wachter, Nr. 5093.

56 Ausführlicher zur Militärseelsorge: BStA Nürnberg, Abg. 1952 XIV Nr. 230; – auch: Schrötter, Emanzipation, S. 440.

57 Schrötter, Emanzipation, S. 474.

58 Essenwein, August: Der Bildschmuck der Liebfrauenkirche zu Nürnberg. Nürnberg 1881.

59 Schrötter, Emanzipation, S. 522.

60 1896 erfolgte der Anschluß an das elektrische Stromnetz – zunächst nur für die Sakristei u. für die Orgel, 1905/06 für die ganze Kirche. – Schrötter, S. 578 f.

61 „Die Frauenkirche . . . hatte 1945 nur noch die Umfassungsmauern und die Westfassade gerettet." – Pfeiffer: Nürnberg, S. 498.

62 Schnell u. Steiner (Hg.): Kunstführer. Nr. 618 E. Eichhorn: Frauenkirche Nürnberg. München 1955.

Die Errichtung einer zweiten Pfarrei in Nürnberg und das Problem von Kirchen in den Vorstädten

Die Aufteilung der Nürnberger Gemeinde

Mit der Einweihung der St. Elisabethkirche war ein Ziel der Nürnberger Katholiken erreicht. Ihr nächstes war jetzt, die neuerworbene Kirche zur Pfarrkirche erheben zu lassen – womit ja im Grunde nur ein alter Plan wieder aufgenommen wurde, war doch – wie schon geschildert – dieses Projekt im Jahre 1836 erstmals vorgeschlagen worden. Als 1852 die Pfarrei durch den Tod Pfarrer Dr. Goeschels verwaist war, suchte das Ordinariat auch wirklich „Einleitungen" zur Errichtung einer zweiten Pfarrei in Nürnberg zu treffen. Zu diesem Zeitpunkt waren jedoch die dazu benötigten Fundationsmittel nicht aufzubringen, und so begnügte man sich, statt dessen eine dritte Kaplanei zu beantragen[1]. Da diese tatsächlich genehmigt wurde, hoffte man, in absehbarer Zeit ihre Erhebung zur Expositur (d. h. selbständigen Filialgemeinde) oder gar zur Pfarrei erwirken zu können[2]. Aber dann vergingen die Jahre, und es geschah nichts, was diese Hoffnungen realisiert hätte.

Erst nach dem Ableben Pfarrer Burgers am 11. Januar 1875 gingen Ordinariat und Kirchenverwaltung das Projekt mit neuer Energie an. Die bischöfliche Behörde schlug bereits am 28. Januar d. J. der Regierung die Aufteilung des Nürnberger Pfarrbezirkes vor,

„da die Ausübung der Seelsorge für eine solche Zahl (von Pfarrangehörigen) unmöglich in gediegener Weise bewirkt werden kann".

Die Kirchenverwaltung wurde ebenfalls im selben Anliegen mehrfach bei der Regierung vorstellig und legte Petitionsschriften vor, die die Unterschriften von mehr als 1000 bzw. mehr als 1200 Gemeindemitgliedern aufwiesen. In dem undatierten Schreiben heißt es:

„Nunmehr aber ist die Errichtung dieser 2. Pfarrei ein unabweisbares Bedürfnis geworden und zwar besteht der Hauptgrund darin, daß die 18 000 Seelen zählende Gemeinde durch eine einzige Pfarrei nicht mehr im Sinne der katholischen Seelsorge bevorstandet werden kann."[3]

Die Dotierung der zweiten Pfarrei

Das Hauptproblem bildete hierbei nach wie vor die Dotierung[4]. Die Kirchenstiftung erklärte sich anfänglich bereit, jährlich 400 Gulden beizutragen – mehr könne sie leider nicht leisten, da sie bis 1885 pro Jahr 680 Gulden aufbringen müsse, um das zur Restaurierung der Klarakirche aufgenommene Kapital in Höhe von 12 000 Gulden zu amortisieren. Am 29. März 1877 mußte die Kirchenverwaltung ihre Zusage jedoch als unerfüllbar wieder zurücknehmen – d. h. ohne finanzielle Unterstützung durch den Staat war die Dotierung nicht möglich[5].

Die königliche Regierung war selbst von der Notwendigkeit einer zweiten Pfarrei überzeugt und frug daher am 4. März 1876 beim zuständigen Ministerium an, ob die Gewährung eines Zuschusses möglich sei. Das Ministerium verneinte allerdings in seinem Antwortschreiben vom 3. März 1877, daß der Staat zur Errichtung einer Pfarrei einen finanziellen Beitrag leisten müsse. Zahlreiche Landgemeinden – heißt es darin zur Begründung – hätten in den letzten Jahren die hierfür erforderlichen Mittel selbst aufgebracht[6].

Unterdessen wandelte sich die Situation in Nürnberg deutlich. Hier hatte am 22. Mai 1876 Pfarrer Kreppel sein Amt angetreten. Er mußte dann – wie bereits gesagt – kompetenterweise zum Teilungsvorhaben der Pfarrei Stellung nehmen. Wie bereits oben dargelegt, lehnte er das Projekt ab. In diesem Zusammenhang schrieb er verärgert am 1. Dezember 1876 an die Regierung, es sei von Mitgliedern der Bruderschaft ein Gesuch um Errichtung einer zweiten Pfarrei kolportiert worden – schon ein Blick auf die Unterschriften lasse aber erkennen, was man davon zu halten habe. (Ich gewann durch diese Worte den Eindruck, daß Kreppel von Initiativen, die von Laien ausgingen, nicht viel gehalten zu haben scheint.) Dann konstatierte Kreppel, daß sich der Kuratklerus überall gegen eine zweite Pfarrei ausgesprochen habe, und daß außerdem das katholische Pfarramt – als natürlicher Vertreter katholischer Interessen – nicht gehört worden sei. Schließlich führte er noch die Gottesdienste auf, die in der Frauen- und Klarakirche gehalten würden, und meint, daß dadurch die Nürnberger Gemeinde genügend pastorisiert sei[7]. (Kreppels vollkommen anders gearteter Plan wurde ja bereits oben erläutert – er wird unten noch genauer dargelegt werden.) In der Folgezeit mußten allerdings Kreppels weitgesteckte Ziele als nicht finanzierbar fallengelassen werden. Notgedrungen kam man dadurch wieder auf das ursprüngliche Vorhaben zurück, d. h. St. Elisabeth als Zentralpunkt einer eigenständigen zweiten Pfarrei in Nürnberg zu nutzen.

Pfarrgrenzen und Kirchenverwaltung

Den ersten Schritt zur Verwirklichung stellte die Festlegung der Grenzen der neuzubildenden Pfarrei innerhalb des Stadtgebietes wie in den damaligen Vororten dar. Laut anfänglicher Vorstellungen sollte der neue Pfarrbezirk den westlichen Teil der Lorenzer Seite umfassen, dazu Gostenhof und folgende Orte im Landbezirk Nürnberg: Sündersbühl, Schweinau, St. Leonhard, Gibitzenhof, Steinbühl und Stein.

In diesem Zusammenhang mußte man sich natürlich vergewissern, ob die Katholiken dieser Orte bereits ausgepfarrt seien und ferner, ob die Zustimmung zur Dismembration von den Magistraten Nürnbergs wie der Landgemeinden erteilt werde. Am 9. November 1894 wurden die Parrochianen der geplanten Pfarrei zu einer Pfarrversammlung einberufen[8]. Enttäuschenderweise kamen aber nur 25 Stimmberechtigte. (Ausgehend von dieser geringen Beteiligtenzahl könnte man geneigt sein zu schließen, daß das Interesse an der geplanten Sprengeleinteilung in jenen Tagen bei den Nürnberger Katholiken nicht besonders groß gewesen sei.)

Am 29. November d. J. fand dann die entscheidende Sitzung der Kirchenverwaltung statt, auf der man sich einstimmig *für* die Errichtung einer zweiten Pfarrei in Nürnberg aussprach[9]. Den nächsten Schritt bildete die Vorbereitung der Wahl einer neuen Kirchenverwaltung – was freilich sehr zeitraubend war, da erst Angestellte der Stadt von Haus zu Haus die Wahlberechtigten feststellen mußten. Am 14. April 1896 fand dann endlich die Wahl der Kirchenverwaltung statt, deren Ergebnis vier Wochen später vom Prinzregenten Luitpold bestätigt wurde[10]. Dem neugewählten Gremium gehörten an:

Ott, Gebhard – Pfeifenfabrikant	Dietz, Ferdinand – Fabrikdirektor
Bierling, Baptist – Advokat (Justizrat)	Stegmann, Michael – Kaufmann (Kirchenpfleger)
Gmelling, Johann sen. – Privatier	Feulner, Josef – Werkführer

Am 30. August erfolgte auch die landesherrliche Genehmigung zu einer Kirchenstiftung. Diese Stiftung verfügte dann über folgende Fundation:

ein Fundationskapital von 30 000 Mark
ein Baufonds von 52 000 Mark[11].

Als Problem erwies es sich allerdings, ein geeignetes Pfarrhaus zu finden. Da sich der Plan, einen Teil der Deutschhauskaserne zu diesem Zweck zu mieten, nicht realisieren ließ[12], sah man sich gezwungenermaßen nach einer Mietwohnung um. Sie fand sich schließlich im Hause Kaiserstraße 38, nicht allzuweit von der St.-Elisabeth-Kirche entfernt[13]. Sie bot ausreichend Platz für das neue Pfarramt, die Wohnung des Pfarrers und die Zimmer der Kapläne.

Erhebung zur Pfarrei und Pfarrverweser Friedrich Sprecher

Meine oben gemachten Darstellungen sind allerdings den Ereignissen aus Gründen der besseren Übersicht vorausgeeilt. Am 25. Oktober 1895 hatte Prinzregent Luitpold zu Berchtesgaden die Errichtung der zweiten katholischen Pfarrei in Nürnberg genehmigt, und Erzbischof v. Schork hatte sie am 7. November d. J. konsekriert[14]. Die neue Pfarrei zählte 19 625 Katholiken und besaß vier katholische Schulen. Den Pfarrer sollten vier Kapläne in der Seelsorge sowie bei der Erteilung des Religionsunterrichtes unterstützen. Die Besetzung dieser Pfarrstelle behielt sich der Prinzregent gemäß dem Konkordat vor – verzichtete aber später dafür zu Gunsten des Erzbischofes auf das Nominiationsrecht bei der Pfarrei Unserer Lieben Frau (Nürnberg).

Da die Pfarrstelle nicht unmittelbar ausgeschrieben werden konnte (es blieben noch verschiedene offene Fragen vorher zu klären) ernannte das Ordinariat am 7. November 1895 Friedrich Sprecher, bisher Pfarrer von Fürth, zum Pfarrverweser von St. Elisabeth. Er hatte damit die neue Pfarrei zunächst nur „excurrendo" (d. h. von Fürth aus) zu versehen – ab 15. Juli 1896 nahm er jedoch seinen Wohnsitz in Nürnberg.

Erst am 27. Mai 1898 wurde auf Drängen des Ordinariates – das übrigens Unterstützung durch den Nürnberger Magistrat erhielt[15] – die Pfarrei ausgeschrieben. Es gingen dann nur zwei Bewerbungen ein, die das Ordinariat, um die übliche Praxis des Dreiervorschlages beizubehalten, um eine weitere vermehrte. An erster Stelle unter den Kanditaten stand der bisherige Pfarrverweser Friedrich Sprecher: Er verfügte durch seine Tätigkeit als Kaplan in Fürth und Nürnberg sowie als Pfarrer in Kulmbach und Fürth über qualifizierte Erfahrungen als Diasporaseelsorger. Er hatte seine Pfarrei in Fürth aufgegeben (an seiner Stelle war ein Pfarrverweser ernannt worden), um von 1895 bis 1898 die Pfarrei St. Elisabeth als Administrator zu führen. (Pfarrer Sprecher wird weiter unten im Zusammenhang mit der Geistlichkeit der Pfarrei Unserer Lieben Frau, Fürth, noch näher gewürdigt werden[16].) Da Ordinariat, Magistrat und Lokalschulkommission ihm gute Zeugnisse ausstellten, hatte er anfänglich die besten Aussichten, tatsächlich die angestrebte Pfarrei zu erhalten[17].

Die Entscheidung fiel allerdings völlig anders aus. Unglücklicherweise ließ sich Sprechers Bruder, Sekretär im Polizeidienst, eine schwere Verfehlung zuschulden kommen. Friedrich Sprecher selbst verhielt sich in diesem heiklen Falle nach Meinung des Ordinariates unklug. Bamberg unterbreitete deshalb der Regierung den Vorschlag, die Pfarrei St. Elisabeth erneut auszuschreiben. Doch der Regierungsreferent setzt sich nachdrücklich für die Ernennung Sprechers ein, da nach seiner

Ansicht von der Affäre bisher nichts an die Öffentlichkeit gedrungen sei – was aber für den Fall zu befürchten sei, wenn eine zweite Ausschreibung erfolge. Das Ordinariat pflichtete dieser Argumentation bei[18].

Pfarrer Jakob Hauck

Für Sprecher muß es angesichts seiner ursprünglichen Chancen eine deprimierende Überraschung gewesen sein, als er erfuhr, daß Prinzregent Luitpold am 19. Dezember 1898 den Professor und Religionslehrer am Alten Gymnasium zu Bamberg, Jakob Hauck, zum Pfarrer von St. Elisabeth ernannt habe. Der erzbischöfliche Investiturbrief wurde am 30. Dezember d. J. ausgestellt. Das Innenministerium ließ die Regierung wissen, daß man nach reiflicher Überlegung der Sachlage und im Einvernehmen mit dem Erzbischof von Bamberg ein ersprießliches Wirken des bisherigen Pfarrverwesers in der neuen Nürnberger Pfarrei als für wenig aussichtsreich erachte[19]. Am 12. Februar 1899 wurde Jakob Hauck durch den Definitor des Dekanates Neunkirchen am Sand, Pfarrer Georg Wagner[20], installiert. Seine Vereidigung wie die Übergabe der Matrikel und Kassenbücher fand in Gegenwart von Vertretern von Staat und Stadt im Pfarramt, Kaiserstraße 38, statt.

Jakob Hauck wurde am 22. Dezember 1861 zu Miltenberg als Sohn des Stadtkämmerers Karl Hauck und seiner Ehefrau Johanna, geb. Lang, geboren[21]. Das Gymnasium besuchte er in seiner Heimatstadt und in Würzburg, wo er anschließend Philosophie und Theologie studierte. Am 3. August 1884 empfing er die Priesterweihe. Nachdem er als Kaplan in Obertheres und in Mellrichstadt tätig gewesen war, wurde er im Oktober 1886 als Präfekt an das Studienseminar in Aschaffenburg berufen. Sieben Jahre später, 1893, erhielt er die Ernennung zum Professor am Alten Gymnasium in Bamberg. Da Erzbischof v. Schork aus den oben genannten Gründen Bedenken trug, Pfarrverweser Sprecher zum Pfarrer von St. Elisabeth vorzuschlagen, forderte er Hauck auf, um diese Pfarreistelle einzugeben. Nach zwei Tagen Bedenkzeit folgte Hauck dieser Aufforderung und wurde dann – wie vorseitig dargelegt – am 19. Dezember 1898 Pfarrherr von St. Elisabeth.

Seine anschließende Tätigkeit als Pfarrer in Nürnberg in der Zeit von 1899 bis 1912 machte ihn über die Grenzen der Stadt hinaus bekannt. Als der erzbischöfliche Stuhl in Bamberg vakant wurde, ernannte Prinzregent Luitpold daher am 4. Mai 1912 Pfarrer Hauck zum Erzbischof von Bamberg.

Die Kapläne Johannes Tremel und Karl Walterbach

Von denjenigen Kaplänen, die schon vor der letzten Jahrhundertwende in der Pfarrei St. Elisabeth tätig waren, verdienen zwei, besonders erwähnt zu werden: Johannes Tremel und Karl Walterbach. Johannes Tremel wurde am 1. Februar 1869 zu Vorra geboren[22]. Am 26. Juli 1891 erhielt er die Priesterweihe und wurde am 21. März 1895 zum Kaplan in St. Elisabeth in Nürnberg ernannt.

Tremels Name wurde der breiten Öffentlichkeit durch folgendes Ereignis bekannt. Als der Exjesuit v. Hoensbroech bei seinem Auftreten in der Pegnitzstadt die katholische Kirche heftig angriff, hielten die Katholiken einige Tage später eine Gegenkundgebung ab, auf der Tremel mit gründlichem theologischem Wissen bei einer rhetorischen Glanzleistung v. Hoensbroechs Attacken widerlegte. (Auf v. Hoensbroech wird später noch ausführlicher eingegangen werden.)

1898 wurde Tremel Pfarrer von Volsbach. Er wandte sich allerdings in den folgenden Jahren intensiv der Politik zu, wobei er sich als Anhänger der liberalen Richtung verstand[23]. Gelegentlich betätigte sich Tremel in diesem Zusammenhang als Mitarbeiter der liberalen „Augsburger Abendzeitung"[24], außerdem trat er in jungliberalen Versammlungen als Redner auf, dabei bezog er gegen den Bamberger Erzbischof v. Abert Stellung[25].

Als Folge dieser seiner politischen Tätigkeit wurde Tremel von seinem Kirchenamte suspendiert. Am 26. März 1909 unterwarf er sich jedoch mit dem Ausdruck aufrichtigen Bedauerns, dem Erzbischof durch sein Verhalten tiefe Kränkung zugefügt zu haben. Die Suspension wurde daraufhin zurückgenommen und noch im selben Jahre erhielt Tremel die Pfarrei Raisting (Diözese Augsburg). 1934 trat er in den Ruhestand und starb als Kommorant am 3. April 1935 in St. Georgen-Dießen[27].

Karl Walterbach wurde am 6. November 1870 in Oberwesel (Diözese Trier) geboren[28]. Am 6. April 1896 zum Priester geweiht, erhielt er zunächst seine Anstellung als Kaplan in Ludwigschorgast, dann in Schnaittach, von wo er am 1. September 1898 nach St. Elisabeth versetzt wurde.

Walterbach hat sich während seiner Nürnberger Tätigkeit v. a. als Präses des Arbeitervereins Nürnberg-Zentral verdient gemacht. Als solcher kam er mit dem Münchener Präses Huber in Verbindung, der ihn animierte, sich ganz dem Aufbau der katholischen Arbeitervereine zu widmen. Walterbach wurde daraufhin 1903 wunschgemäß beurlaubt. Er ließ sich jetzt in München nieder, wo er die Position des Vorsitzenden des „Verbandes süddeutscher katholischer Arbeitervereine" übernahm. Hierbei entfaltete er eine reiche organisatorische und schriftstellerische Tätigkeit. 1933/34 nahm ihn die neue NS-Regierung eben wegen seines Engagementes für 16 Monate in sog. „Schutzhaft". Am 4. Mai 1951 verstarb Karl Walterbach in München[29].

Kirchenbaupläne für das Nürnberger Umland[30]

Nicht nur in der Stadt selbst, sondern auch in den Landgemeinden um Nürnberg herum nahm die katholische Bevölkerung im 19. Jh. zu (Ursache dieser Entwicklung waren nicht zuletzt die dort niedrigeren Mieten)[31]. Angesichts einer solchen Entwicklung stellte sich der Kirchenleitung die Frage, wie die außerhalb des Stadtgebietes wohnenden Katholiken am effektivsten in religiöser Hinsicht betreut werden könnten. Pfarrer Kreppel hatte diesbezüglich einen Plan ausgearbeitet, auf den in der vorliegenden Untersuchung ja bereits mehrfach hingewiesen wurde, und der an dieser Stelle ausführlicher dargelegt werden soll.

Bei den Überlegungen Kreppels spielte das Schulproblem eine dominierende Rolle[32]. Die katholischen Kinder der Landbezirke besuchten nämlich bislang die katholischen Schulen in der Nürnberger Altstadt – d. h. die Schüler, etwa 450 an der Zahl, mußten an Werktagen den weiten Weg in die Stadt zurücklegen. Nun aber faßte der Magistrat den Beschluß, daß mit Beginn des Schuljahres 1882/83 alle Kinder, die in den Landbezirken wohnten, die in den jeweiligen Ortsgemeinden vorhandenen Schulen besuchen sollten (deren Zahl hatte sich in der Zeit von 1875 bis 1882 von 14 auf 45 erhöht)[33]. Die weiten Schulwege wären den Schülern nach der Neuregelung natürlich erspart geblieben, allein Pfarrer Kreppel erklärte sich jetzt für außerstande, in den 45 Schulen der Landbezirke Religionsunterricht erteilen zu können (zu beachten ist dabei, daß in den achtziger Jahren des vorigen Jh. das Fahrzeug als Hilfsmittel einer raschen Fortbewegung noch fehlte). Er schlug deshalb vor, in drei Nürnberger Vororten zentrale Pfarreien zu errichten und in ihnen Kirchen, Pfarrhäuser und Schulen zu erbauen.

Die bisherige katholische Pfarrgemeinde in Nürnberg zählte 1875 15 237 Mitglieder – zehn Jahre später schon 27 182, von denen 2969 in den Landbezirken wohnten, und zwar in 62 Ortschaften (verteilt auf 19 politische Gemeinden)[34]. Als Standorte der geplanten Kirchen und Seelsorgestellen sah Kreppels Projekt Gleißhammer (1901 Katholiken), Schweinau (890 Katholiken) und Schoppershof (698 Katholiken) vor. Später sollte im Westen der Stadt eine vierte Kirche gebaut werden. Hätte man diese Pläne tatsächlich realisieren können, so wären Gemeinden entstanden, die gebietsmäßig zwar ausgedehnt, aber zahlenmäßig – und damit administrativ – überschaubar gewesen wären. Mit anderen Worten: Anstatt den Gläubigen weite Kirchenwege zuzumuten, hätte man dadurch „die Kirche ins Dorf gestellt". Unter dem Aspekt der Pastoral gesehen, hätte das zweifellos eine gute Lösung dargestellt.

Doch die entscheidende Frage hierbei war, wie sollten diese Vorhaben finanziert werden? Pfarrer Kreppels Idee dazu lautete: Die anfallenden Kosten sollten durch vier Prämienlotterien aufgebracht werden. Nach dem Urteil eines Experten, des Generalagenten Albert Risler in München, würden die Lotterien einen Gewinn von ca. 500 000 Mark einbringen. Mit einer Summe in dieser Höhe könne man die Bauplätze erwerben – heißt es in der Befürwortung –, Kirchengebäude und Pfarrwohnungen bauen und sogar die Dotationen sichern[35].

Die Regierung, bzw. in erster Linie das Ordinariat, hießen die Vorschläge gut und empfahlen sie dem Ministerium zur Genehmigung. So schrieb z. B. das Ordinariat:

„Der Plan ist kühn, aber entschuldigt durch die große Notlage und die ganz außerordentlichen Verhältnisse. Es handelt sich bei der Durchführung des Auftrages um ideale Güter, deren Einhaltung, Belebung und Förderung überhaupt, namentlich aber in den Arbeiterkreisen die besondere Aufgabe der Kirche ist, aber auch der Staatsordnung sein und bleiben muß. Ihre Früchte im bürgerlichen Leben genießt nicht die Kirche allein, sondern vorzugsweise der monarchische Staat Bayern."

Nachdrücklich weißt die kirchliche Oberbehörde dann darauf hin, daß alles, was das kirchliche Leben fördere, auch dem Staatswohl diene, und auch, daß die Betreuung der Arbeiter eine unerläßliche Aufgabe der Seelsorge sei.

„Wie notwendig ist es aber, sich gerade in unserern Tagen der Arbeiter und ihrer Familien mit der aufopfernden Tätigkeit anzunehmen. Hier begegnet sich das Interesse der Kirche und des geordneten Staates in den sozialen Gebieten. Welchen Reichtum von Wegen und Mitteln bietet gerade die katholische Kirche dem gewissenhaften, berufseifrigen und beständigen Seelsorger, dem Arbeiter zu nahen, auf Herz und Gewissen einzuwirken und so göttliche und menschliche Autorität zu wahren und zu festigen! Quid leges sine moribus?"

Der Bau von Schulhäusern sei geboten, um den Religionsunterricht sicherzustellen: Eine Schule ohne Religionsunterricht müsse verheerende Folgen haben!

„Nicht katholisch, nicht protestantisch müssen sie dem religiösen Indifferentismus und damit dem Unglauben verfallen, dem Sumpfboden der sittlichen Verwilderung und der Sozialdemokratie."[36]

Beim Ministerium stieß jedoch das Projekt Kreppels auf keinerlei Sympathie. Am 6. März 1882 wurde der Plan einer Prämienlotterie abgelehnt. Schon vorher hatte sich der einflußreiche Kultusminister im bayerischen Kabinett, Johann Freiherr v. Lutz, gegen das Vorhaben ausgesprochen[37]. Er bezog dabei grundsätzlich Stellung gegen die „Einbeziehung der Schulfrage in die Kirchenfrage". Die Notwendigkeit, ein oder zwei Landpfarreien zu errichten, solle nicht bestritten werden – äußerte er weiter – obwohl als Verkehrszentrum der umliegenden Gemeinden immer Nürnberg selbst gelten werde, weshalb man auch das Ansuchen als nicht so dringlich erachten könne. In seinem Urteil über die einzelnen Punkte des Planes Kreppels hielt Lutz in bezug auf Schoppershof eine Kirche für überflüssig, da der Ort zu nahe bei der Stadt gelegen sei. Die Planung für Gleishammer sei unglücklich ausgearbeitet, da die einzupfarrenden Orte durch die Bahnlinie voneinander abgeschnitten wären. Schweinau erfährt in dem Gutachten keine Erwähnung. Der Minister schlug allerdings als Gegenprojekt vor: Wenn rechts der Pegnitz (d. h. im Norden der Stadt) eine Kirche erbaut werden sollte, dann solle das in Thon oder Kleinreuth vorgenommen werden[38].

Als Folge mußte man auf die Pläne, die ihrer Zeit bedeutend voraus waren, verzichten. Sie konnten erst Jahrzehnte später – wie noch gezeigt werden wird – verwirklicht werden.

Zu Minister v. Lutz bleibt an dieser Stelle noch kurz anzumerken, daß er im Zusammenhang mit dem I. Vatikanischen Konzil von 1870 und dem „Unfehlbarkeitsdogma" mit Unterstützung König Ludwigs II. und Reichskanzlers Bismarck den sog. „Kulturkampf" gegen die Anerkennung dieses Dogmas führte. Der Minister wird geschildert als „schlagfertig, kenntnisreich, rationalistisch . . . ein ins Beamtenmäßige übersetzten, verkleinerter bürgerlicher Montgelas"[39].

Die St.-Josefs-Kirche

Trotz der ministeriellen Entscheidung konnte man in den Vororten Nürnbergs angesichts der wachsenden Gläubigenzahl nicht auf neue Gotteshäuser verzichten[40]. Konkrete Planung – aber auch purer Zufall haben dann zur Gründung mehrerer Kirchen geführt. Nicht in Schoppershof selbst, sondern etwas westlich davon, in Richtung gegen die Stadt hin, sollte die erste Vorortskirche entstehen. Der „Krankenpflegeverein" hatte hier im Jahre 1897 das Anwesen der Gesellschaft „Harmonie" gekauft[41]. Der Konzertsaal wurde jetzt durch einen Chor und eine Sakristei erweitert, mit einem Türmchen gekrönt und so zur Kirche umgestaltet. Am 11. September 1898 wurde das neue Gotteshaus von Pfarrer Starklauf benediziert und dem hl. Josef geweiht[42].

Es wurde zwar keine Pfarrei gegründet, aber doch ein Seelsorgebezirk eingerichtet, in dem die Seelsorgepriester wohnten[43]. Den in den östlichen Vororten Schoppershof, Erlenstegen und Mögeldorf wohnenden Katholiken war dadurch der Weg zum Gottesdienst um eine knappe Viertelstunde verkürzt worden – außerdem waren jetzt die Geistlichen für die Gläubigen jener Bezirke leichter zu erreichen.

Die Herz-Jesu-Kirche

Dringend notwendig war indessen eine katholische Kirche im Süden der Stadt. Nach wie vor dachte man hierbei an Gleißhammer als Standort, und der Kirchenbauverein wandte sich in diesem Sinne am 12. Februar 1889 an das Ministerium mit der Bitte, die für den Bau notwendigen Mittel zu bewilligen.

Herz-Jesu-Kirche

Anfänglich hatte man erklärt, für die Kosten des Bauplatzes in Höhe von 8000 bis 10 000 Mark werde die Gemeinde – obwohl arm – selbst aufkommen. In seinem Schreiben vom 12. Februar 1891 erbat der Kirchenbauverein jedoch eine Summe von 125 000 Mark für die Errichtung von Kirche und Pfarrhaus und legte drei von Dr. Essenwein ausgearbeitete Entwürfe samt Kostenvoranschlägen bei. (Eine Antwort darauf scheint nicht erfolgt zu sein.)[44]

Schon im folgenden Jahre ließ Pfarrer Starklauf als Nachfolger Pfarrer Kreppels den Plan gänzlich fallen und faßte statt dessen das Gebiet südlich des Hauptbahnhofes für den Bau einer Kirche ins Auge. Hier entfaltete sich im letzten Quartal des 19. Jh. eine rege Bautätigkeit – vornehmlich Beamte und Angestellte der Bahn wie der Post erhielten dort ihre Wohnungen. „Die Ausdehnungsmöglichkeiten erlaubten es, die Vermengung von Fabriken und Wohnbauten zu lockern . . .“[45]. An bedeutenden Industrierniederlassungen für jene Zeitperiode ist nämlich zu erwähnen[46]: Die Firma Siemens-Schuckert hatte dort ihre neuen Fabriken etabliert, und die Übersiedlung der Maschinenfabrik Augsburg – Nürnberg in eben diesen Distrikt stand bevor (die Firma verschmolz 1898 f. mit der bereits vorher in Nürnberg ansässigen Maschinenfabrik Cramer-Klett zum Unternehmen M.A.N.)[47].

Aus den genannten Gründen war die Errichtung eines Gotteshauses für die Landgemeinden Steinbühl, Hummelstein, Lichtenhof und St. Peter sowie für die Neubaugebiete eine wahre Notwendigkeit. Der Kirchenbauverein wurde deshalb wiederbelebt, und 1893 konnte er tatsächlich einen Bauplatz von 74 000 Quadratfuß von einem Bankier Neu für 51 365 Mark erwerben[48]. Architekt Franz Ruepp fertigte die Pläne zum Bau der Kirche im neugotischen Stile an. Am 23. April 1899 fand dann die feierliche Grundsteinlegung durch Erzbischof v. Schork statt. Innerhalb der nächsten Jahre entfaltete der Kirchenbauverein unter der Leitung des Reallehrers und Gemeindebevollmächtigten Dr. Küffner eine bemerkenswert rege Tätigkeit. So erbrachte z. B. eine Lotterie die Summe von 4997,60 Mark, während vom „Hohenzollernklub“ 2500 Mark zur Verfügung gestellt wurden.

Die Kirche war bereits im Herbst 1903 soweit fertiggestellt, daß in ihr Gottesdienste gehalten werden konnten. Am 26. Juni 1905 wurde sie von Erzbischof Dr. v. Abert konsekriert[49].

Die Notkirche St. Antonius

Nach den östlichen und südlichen Randbezirken Nürnbergs sollte schließlich auch der westlich gelegene Stadtteil Gostenhof mit einem eigenen Gotteshaus versehen werden. Die Anregung dazu ging vom Pfarrer von St. Elisabeth, Jakob Hauck, aus. Bereits ein knappes halbes Jahr nach seiner Amtseinführung 1899 beschloß auf seine Anregung hin die Kirchenverwaltung, in Gostenhof eine Notkirche zu errichten[50]. Damit sollten zwei Probleme gelöst werden: Einmal nämlich sollte die dort wohnende katholische Bevölkerung einen sakralen Bau erhalten – zum anderen konnte dieser der Stammpfarrei St. Elisabeth als Ausweichkirche dienen für die Zeit, in der die Pfarrkirche stilgerecht ausgebaut würde.

Der Magistrat Nürnbergs unter seinem Oberbürgermeister Friedrich v. Schuh überließ der Kirchenstiftung einen Bauplatz pachtweise für eine jährliche Anerkennungsgebühr von 50 Mark. Die Baupläne für die geräumige Notkirche – sie sollte mehr als 2000 Personen aufnehmen können – stammten von Baumeister Saueressig. Im November 1899 erfolgte der erste Spatenstich, und bereits nach einem halben

Die im Jahre 1910 konsekrierte und dem hl. Antonius geweihte Kirche (Aufnahme von 1917)

Jahre, am 27. Mai 1900, benedizierte der Bamberger Dompropst Dr. Maximilian v. Lingg (der spätere Bischof von Augsburg)[51] die Kirche (sie besaß übrigens den hl. Antonius als Patron)[52].

Im Jahre 1908 wurde mit dem Bau der eigentlichen (d. h. festen) Kirche begonnen. Sie war zwei Jahre später fertiggestellt und erhielt am 10. Juli 1910 durch Erzbischof v. Abert ihre Konsekration[53]. Der vorher errichtete Notkirchenbau wurde jetzt abgebrochen, um in Gibitzenhof wieder aufgebaut zu werden. Am 9. Dezember 1910 empfing das Gotteshaus seine Weihe als St.-Anna-Kirche.

Zusammenfassung

Am Beginn des gegenwärtigen 20. Jh. ergab sich für Nürnberg die Situation, daß auf die vorseitig beschriebene Art und Weise die gravierende Kirchennot für den wachsenden katholischen Einwohneranteil der Pegnitzstadt überwunden worden war. Die Stadt zählte im Jahre 1900 73 711 Angehörige der katholischen Konfession (das sind 28,2% der Gesamteinwohnerzahl)[54], die seit der Regelung von 1899 auf zwei Pfarreien verteilt waren (wohl die größten Pfarrbezirke ganz Bayerns).

Was die Gotteshäuser anbelangt, so gab es außer den beiden Pfarrkirchen Unsere Liebe Frau und St. Elisabeth in der Altstadt noch die St.-Klara-Kirche und die St.-Walburgis-(Burg-)Kapelle (diese wurde v. a. von jenen Katholiken aufgesucht, die im nördlichen Stadtteil wohnten). Im Osten der Stadt stand jetzt die St.-Josefs-Kirche

77

– im Westen die St.-Antonius-Kirche, südlich des Bahngeländes befand sich die Herz-Jesu-Kirche in Bau.

Den Seelsorgedienst versahen zwei Pfarrer und elf Kapläne (sechs zu Unserer Lieben Frau gehörend, fünf zu St. Elisabeth). Darüber hinaus wirkten in Nürnberg noch: ein hauptamtlicher Religionslehrer für die Gymnasien, je ein eigener Geistlicher für das Militär, für die Strafanstalten und für das Krankenhaus. Damit hatte sich – dies kann mit berechtigtem Stolz gesagt werden – die katholische Kirche in Nürnberg im Laufe des 19. Jh. aus bescheidenen Anfängen zu beachtlicher Größe entwickelt.

Anmerkungen

1 SchemB 1854, S. 107 f., – Die Kirchenverwaltung wandte sich in diesem Sinne am 6. 4. 1852 an das Ordinariat – dieses wiederum wandte sich am 15. 4. 1852 an die Regierung. – BStA Nürnberg, Abg. 1932 XIV Nr. 142/II.
2 BStA Nürnberg, Abg. 1932 XIV Nr. 142/II.
3 BStA Nürnberg, Abg. 1932 XIV Nr. 142/II.
4 Dotation: Übergabe der Vermögensausstattung (dos) an eine Stiftung – LThK III ²1959, Sp. 529.
5 Schreiben der Kirchenverwaltung an das Ordinariat u. an die Regierung vom 29. 3. 1877 – BStA Nürnberg, Abg. 1932 XIV Nr. 142/III.
6 Beide Schreiben liegen vor im: BStA Nürnberg, Abg. 1932 XIV Nr. 142/III.
7 BStA Nürnberg, Abg. 1932 XIV Nr. 142/III.
8 Das wurde vorgenommen durch Kanzelvermeldung u. Zeitungsinserat. – BStA Nürnberg, Abg. 1952 XIV Nr. 6199.
9 BStA Nürnberg, Abg. 1952 XIV Nr. 6199.
10 BStA Nürnberg, Abg. 1952 XIV Nr. 6199.
11 Die Kapitalien wurden der Kirchenverwaltung am 8. 1. 1897 (im Pfarrhaus Winklerstr. 31) ausgehändigt. – BStA Nürnberg, Abg. 1968 XIV Nr. 683.
12 Schreiben des Innenministeriums vom 29. 1. 1895 – BStA Nürnberg, Abg. 1952 XIV Nr. 6199.
13 Besitzer war die Bankfirma Ludwig Müller & Co.; die Jahresmiete betrug 1500 Mark.
14 BStA Nürnberg, Abg. 1952 XIV Nr. 6199.
15 Schreiben des Magistrats an die Regierung vom 4. 3. 1898 – BStA Nürnberg, Abg. 1952 XIV Nr. 6199.
16 Ausführlicher dazu unten.
17 An 2. Stelle stand der Pfarrer von Hohenmirsberg, Ludwig Sebastian. Wie dieser im Gesuch schrieb, entstammte er einer Arbeiterfamilie in Frankenstein – deshalb erfülle ihn die Arbeiterfrage mit besonderem Interesse. Er wurde 1900 Pfarrer in Ansbach, dann Domkapitular in Bamberg u. 1917 Bischof von Speyer. – Das Bewerbungsschreiben liegt vor: BStA Nürnberg, Abg. 1952 XIV Nr. 6199; – Wachter, Nr. 9410.
18 Korrespondenz zw. Ordinariat u. Regierung vom 29. 8. und 6. 9. 1895 – BStA Nürnberg, Abg. 1952 XIV Nr. 6199.
19 Schreiben des Innenministeriums vom 19. 12. 1898 – BStA Nürnberg, Abg. 1952 XIV Nr. 6199.
20 Wachter, Nr. 10605.
21 Wachter, Nr. 3834; – Ulrich Karl: Jakobus v. Hauck. Erzbischof von Bamberg. In: Christoph v. Imhoff (Hg.): Berühmte Nürnberger aus neun Jahrhunderten. Nürnberg 1984, S. 340 ff.; Kist Johannes: Hauck, Johannes Jakobus v., Erzbischof von Bamberg. In: Lebensläufe. Bd. VI, 229–240.

22 Wachter, Nr. 10267.
23 Braun, Oskar: Abert, Friedrich Philipp v. In: Lebensläufe. Bd. II, S. 1–11 (hierzu S. 8).
24 Über die liberalnationale evangel. „Augsburger Abendzeitung" siehe: Kuppelmayr, Lothar: Die Tageszeitungen in Bayern (1849–1972). In: BG Bd. II, S. 1149 f. Bd. 2; S. 1149 f.
25 Braun, Abert, (wie Anm. 23), S. 9.
27 Nach einer freundl. Mitteilung des Bischöfl. Archivs Augsburg.
28 Wachter, Nr. 10689.
29 Nach einer freundl. Mitteilung des Erzbfl. Ordinariates München.
30 BStA Nürnberg, Abg. 1932 XIV Nr. 658.
31 BStA Nürnberg, Abg. 1932 XIV Nr. 658.
32 Durch die Eingliederung Nürnbergs in den bayer. Staat wurde die in Bayern schon vor 1800 gültige Schulpflicht auch für die Stadt verpflichtend. Die Schulaufsicht wurde dabei den Pfarrern als „Lokalschulinspektoren" übertragen, 1812 wurde eine „Lokalschulkommission" gebildet. – Pfeiffer: Nürnberg, S. 364.
33 BStA Nürnberg, Abg. 1932 XIV Nr. 658.
34 Die Angaben Kreppels von 1875 und 1885 liegen vor im: BStA Nürnberg, Abg. 1932 XIV Nr. 142/III und Abg. 1968 XIV Nr.685.
35 BStA Nürnberg, Abg. 1932 XIV Nr. 658.
36 BStA Nürnberg, Abg. 1932 XIV Nr. 658.
37 Lutz, Johann Freiherr v. (1826–1890), liberaler Politiker; er bekleidete seit 1867 das Amt des Justiz- und seit 1869 das des Kultusministers. Er war von 1871 bis 1890 der „starke Mann" im bayer. Kabinett und verfocht – da sich Ludwig II. als schwacher König erwies – eine Politik der Übereinstimmung mit der Bismarcks. – Albrecht, Dieter: Von der Reichsgründung bis zum Ende des Ersten Weltkrieges (1871–1918). In: BG I, S. 283–386, hier S. 291.
38 Schreiben des Innenministeriums vom 27. 2. 1882 – BStA Nürnberg, Abg. 1932 XIV Nr. 658.
39 Albrecht, Reichsgründung (wie Anm. 37), S. 322–325; – Über die Auseinandersetzungen um das „Unfehlbarkeitsdogma" siehe Urban, Josef: Die Bamberger Kirche in Auseinandersetzung mit dem Ersten Vatikanischen Konzil. (Bericht des Historischen Vereins Bamberg. Beiheft 15/I. II.) Bamberg 1982.
40 Pfeiffer, Nürnberg, S. 418.
41 Kirchen in Nürnberg, S. 26 f.; – auch: „A Prov N Neum" (Archiv der Provinz der Niederbronner Schwestern in Neumarkt/Opf. – Akt Nürnberg) „Statistik von der Gründung u. den ersten Jahren des Hauses zu Nürnberg" (handschriftlich).
42 StadtA Nürnberg, Stadtchronik 1898; Karch, S. 61 f. (Die Orgel wurde durch Theateraufführungen der Hausangestellten mitfinanziert.)
43 Pfeiffer, Nürnberg, S. 418.
44 BStA Nürnberg, Abg. 1932 XIV Nr. 658.
45 Pfeiffer, Nürnberg, S. 391.
46 „In der Friedenszeit zwischen Reichsgründung und Weltkrieg zog die Industrie . . . einen sehr beträchtlichen Teil der bayerischen Bevölkerung in ihren Dienst . . .". – Zorn, Wolfgang: Bayerns Gewerbe, Handel und Verkehr (1806–1970). In: BG Bd. II, S. 781–845, hier S. 816.
47 Pfeiffer, Nürnberg, S. 408 f.
48 BStA Nürnberg, Abg. 1968 XIV Nr. 491.
49 StadtA Nürnberg, Stadtchronik 1906; Karch, S. 59 f. – Zur Grundsteinlegung kam eine Broschüre heraus mit dem Titel: Zur Erinnerung an die Grundsteinlegungsfeier der Herz-Jesu-Kirche in Nürnberg am 23. April 1899. Nürnberg 1899.
50 Schon Pfarrverweser Sprecher hatte ein Grundstück an der Adam-Klein-Straße erworben. – Karch . . ., S. 60.
51 Wachter, Nr. 6195.
52 Kirchen in Nürnberg, S. 30; Karch, S. 60.
53 Pfarrakten St. Ludwig, Nürnberg, Pfarrchronik.
54 Pfeiffer, Nürnberg, S. 419.

Die katholische Gemeinde in Fürth[1]

Die Gemeinde vor 1806

Die verschiedenartigen Verbindungen und Verflechtungen der beiden Nachbarorte Nürnberg und Fürth setzen voraus, daß bei einer Untersuchung der historischen Entwicklung der katholischen Gemeinde im 19. und frühen 20. Jh. in der einen Stadt auch die parallel verlaufende in der anderen berücksichtigt wird. In der ehemaligen ansbachischen, dann ab 1792 preußischen und schließlich ab 1806 bayerischen Marktgemeinde Fürth[2], die 1818 zur Stadt erhoben wurde, lebten im 18. Jh. nur wenige Katholiken. Diese wurden in religiöser Hinsicht von den Priestern des Deutschen Ordens zu Nürnberg betreut, wobei vor allem der 2. Kaplan für sie zuständig war. Ihm stand für seine Wege im kirchlichen Dienste – das sei zur Verdeutlichung der damaligen Situation eingefügt – ein Pferd zur Verfügung. Eingepfarrt waren die Fürther Katholiken in das protestantische Pfarramt St. Michael, das damit für ihre Taufen, Trauungen und Beerdigungen zuständig war (soweit letztere nicht auswärts stattfanden). Das bedeutete natürlich auch, daß die katholischen Kinder die evangelische Schule und somit auch den evangelischen Religionsunterricht besuchen mußten.

Der Bamberger Dompropst besaß einige Liegenschaften in und um Fürth, die von dem am Grünen Markt gelegenen Domprobsteihaus verwaltet wurden. In diesem Hause befand sich eine Kapelle, und da zeitweise ein Priester in eben diesem Hause wohnte, ist anzunehmen, er habe in der Kapelle Gottesdienste gehalten. Überliefert ist, daß der Geistliche Johann Adam Baumeister[3] am 14. April 1749 das Frühmeßbenefizium in Fürth erhielt. Vier Jahre später, am 3. Juli 1753, wurde er dann allerdings „unter großem Zulauf der Leute" aus Fürth vertrieben und nach Herzogenaurach gebracht. Der Vorwurf, den man dabei gegen ihn erhob, lautete: Er habe unerlaubterweise im Propsteihause Gottesdienst gehalten. Um das für die Zukunft zu verhindern, wurde das Oratorium vom Janhagel zerstört[4]. Das Bamberger Generalvikariat protestierte gegen diesen Vandalismus – und zwar mit Erfolg: Bereits im folgenden Jahre vermochte Baumeister nach Fürth zurückzukehren. Er fand da Aufnahme im Hause des domkapitularischen Syndikus Förtsch. In der Folgezeit genoß er die Achtung und Verehrung vieler Fürther Einwohner. Am 26. Februar 1765 erlag er einem Schlaganfall.

Es ist anzunehmen, daß in den nächsten Jahrzehnten gelegentlich im Dompropsteihaus katholische Gottesdienste gefeiert wurden. Dokumentarisch steht fest, daß die Fürther Katholiken schließlich gegen Ende des 18. Jh. – nämlich 1783 – bei der Regierung in Ansbach um das „Exercitium religionis catholicae privatum" nachsuchten[5]. Das Gesuch wurde zunächst abgelehnt – später jedoch, am 28. Juli 1797, vom 2. Senat der kgl.-preußischen Regierung auf Widerruf genehmigt[6]. Die Durchführung selbst scheint allerdings auf Schwierigkeiten gestoßen zu sein. Wahrscheinlich war es für die wenigen Katholiken Fürths nicht leicht, infolge ihrer geringen Zahl einen Geistlichen und ein Bethaus zu bekommen und dann finanziell zu unterhalten.

v. Nordegg zu Rabenau: Die erste katholische Taufe in Fürth

Eine gewisse Wende in der Situation trat ein, als Fürth im Zusammenhang mit dem Reichsdeputationshauptschluß dem neugebildeten Königreich Bayern 1806 einverleibt wurde. Nicht, daß sich damit die religiöse Lage in Fürth grundlegend geändert hätte – die Katholiken blieben nach wie vor in das evangelische Pfarramt St. Michael eingepfarrt. Doch jetzt kamen bayerische Beamte in den Ort, die der katholischen Konfession angehörten. Einer von ihnen, der kgl. Kämmerer Friedrich v. Nordegg zu Rabenau, setzte sich mit allem Nachdruck für die katholischen Belange ein.

Erster Konfliktpunkt wurde die Taufe seiner Tochter Maria Anna. Der bereits bekannte Nürnberger Pfarrer Kugel zögerte lange, bevor er am 13. August 1812 das Sakrament in der Wohnung des Freiherrn spendete: Dieser Akt bedeutete juristisch einen Eingriff in die Gerechtsame des protestantischen Pfarramtes. Der daraufhin zu erwartende Protest des evangelischen Pastors Fronmüller blieb dann auch nicht aus. v. Nordegg wußte freilich seinen Schritt zu rechtfertigen[7].

Pfarrer Kugel hatte übrigens schon ein Jahr zuvor seitens der Regierung eine Verwarnung erhalten, da er im August 1811 die beiden Juden Isaias Neckersulmer und Gideon Koschmann getauft hatte[8].

Bemühungen um ein Gotteshaus

v. Nordegg verfolgt zwei Ziele: Die Erhebung der katholischen Gemeinde in Fürth, die insgesamt 546 Katholiken zählte (wovon 381 in Fürth selbst lebten)[9], zur Pfarrei, und weiter die Überlassung eines sakralen Raumes an die katholischen Gläubigen.

Zunächst dachte man dabei an die nördlich der Michaelskirche auf dem alten Friedhof gelegene Hl.-Grab-Kapelle. Die zuständigen Stellen in München waren anfänglich auch tatsächlich geneigt, das in gutem baulichem Zustand befindliche Kirchlein „einstweilen bis auf günstigere Zeiten" den Katholiken zu überlassen. Daraufhin wurde ein Plan und ein Kostenvoranschlag zur Erweiterung der Kapelle erstellt. Doch zu gleicher Zeit, in der der Beschluß des Ministeriums an das General-kommissariat unterwegs war, wurde die betreffende Kapelle abgerissen, um Material für den Bau einer Kapelle auf dem neuen Friedhof zu erhalten (die Regierung erteilte erst nachträglich ihre Genehmigung dazu)[11]. Gezwungenermaßen suchte man jetzt katholischerseits ein Gebäude zu mieten, das für die Einrichtung eines Betsaales geeignet wäre. Man dachte dabei an den sog. „Königssaal", einen Speisesaal, der seinen Namen durch Besuche des preußischen Königs erhalten hatte[12]. Allein, die Verhandlungen um dieses Projekt zerschlugen sich.

Erst im Jahre 1820 wurde in Fürth das Problem grundsätzlich gelöst. Wieder war es v. Nordegg, der die Initiative ergriff, als er mit anderen katholischen Beamten in einer Sitzung am 19. April d. J. dafür eintrat, daß ein Teil des großen, zur Maut gehörenden Gartens für den ins Auge gefaßten Kirchenbau abgetreten werde. Zur Begründung wies man von katholischer Seite anschließend sowohl auf die weite Entfernung zur Pfarrkirche in Nürnberg als auch darauf hin, daß in jeder Behörde Katholiken tätig seien. Das Gesuch wurde am 26. Februar 1822 vom Finanzministerium genehmigt und ein Grundstück von 22 525 Quadratfuß für den Bau von Kirche und Pfarrhaus zur Verfügung gestellt.

An die Finanzierung des Bauvorhabens hatte man schon vorausschauend gedacht: Im Jahre 1819 erhielt man die Genehmigung zu einer Kollekte in allen Kirchen Bayerns, die dann – wie die Urkunde der Grundsteinlegung aussagt – 34 000 Gulden erbrachte (das war für die damalige Zeit eine ansehnliche Summe)[13]! Ferner hatte der Geistliche Rat Franz Stapf in Bamberg, der die Renten des dompropsteilichen Frühmeßbenefiziums bezog, in seinem Testament 1000 Gulden eingesetzt, deren Zinsen zum Bau der Kirche sowie zum Unterhalt des Geistlichen dienen sollten[14].

Am 25. November 1821 wurde noch zusätzlich eine Haussammlung für den Kirchen-bau gestattet – allerdings nur bei den älteren Gemeindemitgliedern[15]. (Wieviel diese Kollekte erbrachte, ist nicht angegeben.) Auch die Vorsteher der protestantischen wie der israelitischen Gemeinde in Fürth riefen in einem gemeinsamen Rundschrei-ben vom 19. April 1820 zu Spenden auf:

„Die Erbauung einer katholischen Kirche ist im Werke. Nach dem Gefühl der Unterzeichneten (= Vorsteher der beiden Gemeinden) sollten wir Lutheraner gemeinschaftlich mit der hiesigen israelischen Gemeinde unsere brüderliche Gesinnung gegen unsere katholischen Glaubensge-nossen dadurch öffentlich bewähren, daß wir zur Förderung der guten Sache und zur Ausfüh-rung des Kirchenbaues freiwillige Beiträge unter uns bestimmen."

Auf den darauf bezogenen Bericht des Magistrates hin drückte das Generalvikariat seine Freude aus und hob gleichzeitig hervor,

„mit welchem Interesse die dortigen protestantischen Einwohner sowohl als die Judenschaft daselbst das löbliche Unterfangen, Katholiken zu unterstützen, gesonnen seien"[16].

Die jüdische Gemeinde überwies am 28. Dezember 1821 noch 300 Gulden zur Besoldung eines Geistlichen – eventuell war diese Summe ebenso als Ergänzung zu der vorseitig genannten Kollekte gedacht wie die von dem protestantischen Kauf-mann Johann Leonhard Büttner gestiftete ca. 16 Zentner schwere Glocke[17]. Die hier geschilderten Fälle dokumentieren eine Harmonie verschiedener Religionsgemein-schaften, die für die damalige Zeit – das frühe 19. Jh. – gewiß einmalig war.

Am 27. Mai 1824 wurde der Bauplan, den Bauinspektor Brüger aus Nürnberg ausgearbeitet hatte, aus einer Zahl von sechs konkurrierenden Vorschlägen ange-nommen und zu gleicher Zeit dem Baumeister Johann Georg Zink für sein Angebot von 22 300 Gulden der Zuschlag gegeben. Am 5. Juli d. J. fand der erste Erdaushub statt. Bereits am 25. August konnte Erzbischof v. Fraunberg, assistiert von acht Priestern, die feierliche Grundsteinlegung vornehmen. Das bedeutete übrigens ein Ereignis von historischem Rang, denn damit war nach Jahrhunderten erstmals wieder ein Bischof der katholischen Kirche nach Fürth gekommen, um daselbst eine Weihe-handlung zu vollziehen. Die protestantische Bevölkerung nahm ebenfalls daran Anteil, und Pfarrer Fronmüller ließ zur Begrüßung des Erzbischofs die Glocken von St. Michael läuten.

Am 16. Oktober 1828 wurde die Kirche – nach einer Bauzeit von vier Jahren – von Pfarrer Kugel benediziert. Man hatte Unsere Liebe Frau zu ihrer Patronin erkoren. Von nun an blieb den Fürther Katholiken der weite Weg zur Frauenkirche in Nürnberg erspart. Die feierliche Konsekration des Gotteshauses nahm Erzbischof v. Fraunberg am Dienstag, den 6. Oktober 1829, vor. Anschließend spendete er in der neuen Kirche das Sakrament der Firmung[18].

Der lokale Standort der Kirche erwies sich, wie die Zukunft bestätigen sollte, vorteilhaft gewählt. Damals am Rande der Stadt gelegen, steht sie heute im Herzen Fürths – nicht weit vom Rathaus entfernt und in unmittelbarer Nähe des Schliemann-Gymnasiums, des Gerichtsgebäudes und des Theaters. Sie ist architektonisch im klassizistischen Stil des 19. Jh. erbaut – also ein typisches Bauwerk ihrer Entstehungs-zeit. Dementsprechend war auch ihre Innenausstattung. Der Entwurf des Hochaltars stammte von Carl Alexander v. Heideloff. Die Seitenaltäre, die Kanzel und die Beichtstühle waren in neuromanischer Form gestaltet. Die Deckenfresken, die die Geburt Christi und die Krönung Mariens dastellten, verliehen dem sakralen Raum ein festliches Gepräge.

Blick auf den Hochaltar von Unsere Liebe Frau, Fürth, vor der Restaurierung im Jahre 1938

Im Laufe der folgenden Jahrzehnte erfuhr das Gotteshaus allerdings wiederholt Änderungen. Im Jahre 1853 erhielt die Kirche Geschenke aus der kgl. Bildergalerie, nämlich zwei neue Altarbilder für die Seitenaltäre, 15 neugemalte Kreuzwegstationen, zwei ältere Ölbilder für die Seitenwände und einen Altar für die hintere Kapelle[19].

Das Bemühen um einen Seelsorger

Erst 1828 wurde der Wunsch der Fürther Katholiken nach der Einsetzung eines Priesters erfüllt, obwohl das schon sechzehn Jahre früher – 1812 – dem Freiherrn v. Nordegg zugesagt worden war. Die späte Erfüllung erklärt sich v. a. dadurch, daß in der Erzdiözese Bamberg – der im Südwesten ihres Administrationsterritoriums weite Diasporagebiete zugeteilt worden waren – zu eben jener Zeit Priestermangel herrschte. Zusätzliche Schwierigkeiten resultierten aus den fehlenden finanziellen Mitteln. Nicht vergessen werden darf nämlich, daß ja nicht die Kirchenbehörde, sondern der Staat für die Errichtung und Dotierung der Seelsorgestellen zuständig war[20].

Ursprünglich bestand die Absicht, mit den Erträgen des Katharinen- und Thomasbenefiziums im Bamberger Dom die neue Stelle in Fürth zu finanzieren. Allein der Staat, der durch die Säkularisation das Verfügungsrecht über das Benefizialwesen ausübte, lehnte diesen Vorschlag ab. Infolgedessen konnten nur die Renten des ehemaligen dompropsteilichen Frühmeßbenefiziums herangezogen werden[21]. Dazu kam eine Stiftung von 100 Gulden des Pfarrers von Wolframs-Eschenbach, Franz Reitmayer[22], der vordem als Kaplan in Nürnberg tätig gewesen war und in diesem Amte wahrscheinlich die Fürther Katholiken betreut hatte[23].

Am 8. Juli 1828 wurde von allerhöchster Stelle die Errichtung einer Kuratie genehmigt und zugleich vom Staatsärar zu ihrer Finanzierung 200 Gulden auf Widerruf zur Verfügung gestellt. Ihre Besetzung wurde bis zur Erhebung zur Pfarrei dem Bamberger Ordinariat überlassen. Dieses ernannte dann am 22. Oktober d. J. Adam Friedrich Urban zum Kuraten[24]. (Die Matrikelbücher der Fürther Pfarrei beginnen im November des Jahres 1828.)

Die Erhebung der Fürther Kuratie zur Pfarrei

Die katholische Gemeinde in Fürth, die in den ersten Jahrzehnten des 19. Jh. infolge des Anwachsens der Einwohnerzahl selbst eine merkliche Vergrößerung erfuhr, strebte die Erhebung ihrer Kuratie zur Pfarrei an. Am 18. Januar 1837 richtete die Kirchenverwaltung – die 1835 in ihr Amt eingeführt worden war – ein diesbezügliches Gesuch an die Regierung[25]. Sie wies darin darauf hin, daß Fürth zu den Städten 1. Ordnung gehöre und gegenwärtig bereits 15 000 Einwohner zähle. Die Zahl der Katholiken in der Stadt selbst wie in ihrer Umgebung belaufe sich auf ca. 700 Seelen. Der katholische Kurat sei den protestantischen Pfarrern (die durchaus nicht alle eine Gemeinde leiteten) keineswegs gleichgestellt und besitze außerdem weder das aktive noch das passive Wahlrecht im Dekanat, beim Landrat oder bei den Landständen. Was den katholischen Gemeinden in Ansbach, Bayreuth und Erlangen – ja selbst in kleineren Städten wie Kulmbach und Nördlingen zugestanden worden sei, das dürfe man der Fürther Gemeinde nicht versagen. Zudem haben sich die Gesamtbezüge des Geistlichen von 580 auf 636 Gulden erhöht.

Noch bevor dieser Antrag genehmigt wurde, schaltete sich am 15. Februar d. J. das evangelische Dekanat ein. Die Erhebung der Kuratie zur Pfarrei hielten die protestantischen Geistlichen nicht für nötig – lautete die Argumentation – zudem sei der Kurat von ihnen immer als Pfarrer tituliert worden. Sie würden allerdings keine Einwände gegen die Pfarrerhebung erheben, wenn die katholische Gemeinde selbst die Kosten trage, der Vorrang der evangelischen Geistlichkeit gewahrt bleibe und keine öffentlichen Prozessionen veranstaltet würden[26].

Am 23. Mai 1837 entsprach König Ludwig I. dem Wunsche, indem er die Kuratie in Fürth zur Pfarrei erhob.

„Wir finden uns bewogen, den durch unsere Entschließung vom 8. Juli 1828 als unständig und widerruflich genehmigten Vertrag aus dem Staatsärar von 200 Gulden zum Unterhalt eines Pfarrkuraten in Fürth als ständig und dauernd zu bewilligen und infolgedessen die katholische Kuratie in Fürth zur Pfarrei zu erheben, auf welche wir uns als Fundator das Besetzungsrecht vorbehalten[27]."

Ein einzelner Priester war bei der Pastorisierung der Pfarrei natürlich überfordert, weshalb die Errichtung weiterer Seelsorgestellen ein unabdingbares Bedürfnis darstellte. 1862 wurde deshalb die erste Kaplaneistelle in Fürth errichtet, vier Jahre später die zweite – für die der Staat 1900 Mark bewilligte unter ausdrücklicher Verwahrung gegen die Annahme einer Rechtspflicht[28]. 1891 kam schließlich eine dritte Kaplanei dazu. Die wiederholt vorgebrachten Gesuche um Genehmigung einer vierten Kaplanstelle wurden vom Bayerischen Landtag wegen der schwierigen Finanzlage des Staates der Regierung zur Würdigung übergeben und endlich abgelehnt, obgleich sogar der Magistrat der Stadt Fürth das Gesuch befürwortete[29]. Erst mehrere Jahre danach, im September 1904, errichtete das Ordinariat die vierte Stelle provisorisch, wobei die Besoldungsfrage vorerst so gelöst wurde, daß das Jahreseinkommen der drei Kapläne zusammengelegt und dann auf vier verteilt wurde[30]. (Damit war eine Regelung getroffen, über die die Betroffenen höchstwahrscheinlich wenig erfreut gewesen sein dürften.)

Das Pfarrhaus

Am 24. September 1837 wurde Theobald Zahnleiter, der bisherige Kuratus, als erster Pfarrer zu Fürth in sein Amt investiert[31]. Eine sehr dringende Aufgabe stellte zu diesem Zeitpunkt die Erbauung eines Pfarrhauses dar. Die arme Gemeinde erwies sich jedoch dafür als zu weit überfordert, weshalb Pfarrer Zahnleiter im Frühjahr 1846 eine Petition an König Ludwig I. sandte. Ein für das geplante Pfarrhaus günstiger Bauplatz – das sog. „Stuttgart'sche Anwesen", das dem Israeliten Isaak David Heumann gehöre – würde 4000 Gulden kosten. Der König möge doch gnädig diese Summe bewilligen[32].

Ludwig I. stellte tatsächlich am 29. März 1847 aus seiner Kabinettkasse diesen Betrag zur Verfügung. Allein, jetzt wurde unerwarteterweise der Kaufpreis des betreffenden Grundstückes um 300 Gulden erhöht – außerdem hatte Zahnleiter Spenden wohlhabender Katholiken eingeplant, für die er leider keine definitive Zusage besaß.

Als im Sommer des Jahres 1847 König Ludwig in Bad Brückenau weilte, kam er mit dem Fürther Bürgermeister v. Bäumen auf das geplante Pfarrhaus zu sprechen. Der Monarch riet dabei, ein preiswerteres Grundstück als das teuere Projekt zu erwerben. Es blieb aber schließlich doch bei dem ursprünglich ausersehenen Grundstück. Zur Deckung der Kaufsumme erschloß man verschiedene Finanzquellen – so z. B. spendete die Kaufmannswitwe Tschinkel 500 Gulden, eine Kirchenkollekte im rechtsrheinischen Bayern erbrachte 3233 Gulden, und nach einer Ordre vom 10. Mai 1853 leisteten auch die Konkurrenzkassen der vermöglichen Stiftungen einen Zuschuß[33].

Im Jahre 1854 konnte dann das neuerbaute Pfarrhaus an der Königsstraße 113 bezogen werden. Als 1884 um die Errichtung einer zweiten Kaplanstelle nachgesucht wurde, war eine Erweiterung des Pfarrhauses notwendig. Die Baukosten dafür vermochte die Kirchenstiftung diesmal aus Eigenmitteln aufzubringen[34].

Die Gemeinde zu Fürth

Die katholische Gemeinde in Fürth erlebte eine ähnliche Entwicklung wie die in der Nachbarstadt Nürnberg. Von 1822 bis zur Jahrhundertwende stieg die Gesamteinwohnerzahl Fürths durch Zuwanderung und Geburtenüberschuß von 12 709 auf 54 144 – der Anteil der Katholiken nahm dabei von 355 auf 12 443 zu, das bedeutet folglich eine Zunahme von 2,7 auf 23%[35]!

Die Stadt selbst war zwar wesentlich kleiner als Nürnberg, das Umland jedoch, das von Unserer Lieben Frau aus pastorisiert werden mußte, besaß eine weitaus größere Ausdehnung als das zu Nürnberg gehörende. Es umfaßte zwei Marktflecken – nämlich Cadolzburg mit 150 und Zirndorf (seit 1912 zur Stadt erhoben) mit 300 katholischen Einwohnern. Dazu kamen noch 43 Ortschaften, die vom Pfarramt bis zu zweieinhalb Stunden entfernt lagen. 1899 zählte Pfarrverweser Stahl sie wie folgt auf: Großreuth, Gebersdorf, Atzenhof, Wetzendorf, Dambach, Unterfarrnbach, Oberfarrnbach, Stadeln, Höfles, Schnepfenreuth, Ronhof, Kleinreuth, Sack, Hiltmannsdorf, Seukendorf, Doos, Ober- und Unterfürberg, Bislohe, Leyh, Braunsbach, Weihershof, Bernbach, Steinach, Geißmannshof, Kronach, Eberhardshof, Bremmenstall und Stadelhof[36].

Eine effektive Seelsorge scheint bei dieser außergewöhnlichen Ausdehnung des Pfarrbezirkes nur in Fürth selbst möglich gewesen zu sein. In den entlegenen Dörfern konnten die Katholiken infolge der noch nicht entwickelten technischen Beförderungsmittel kaum exakt erfaßt werden, und wahrscheinlich nahmen nur wenige, besonders eifrige Gläubige regelmäßig am Gottesdienst teil. Die Kinder jener Dörfer besuchten ausnahmslos protestantische Schulen. Einen katholischen Religionsunterricht in den Dorfschulen zu halten, mußte sich unter den geschilderten Umständen als undurchführbar erweisen – ja, sie überhaupt zu erfassen, war außerordentlich kompliziert[37]. Es ist anzunehmen, daß durch eben diese schlimmen Diasporaverhältnisse mancher Katholik seiner Kirche verlorengegangen ist.

Expurgation

Zusätzlich zu all diesen Schwierigkeiten gab es noch eine weitere Komplikation, die endgültig erst in der zweiten Hälfte des vorigen Jahrhunderts beseitigt wurde. Die Pfarrämter hatten nämlich bis zum Jahre 1875 u. a. die Funktion der Standesämter wahrzunehmen. Deshalb waren die protestantischen Pfarrämter auch für die Katholiken in ihrem jeweiligen Amtsbereiche zuständig, wenn diese nicht ausdrücklich „expurgiert", d. h. aus dem Pfarrverband entlassen worden waren. Solange das nicht geschehen war, mußten die Katholiken für Taufen, Trauungen und Beerdigungen die sog. „Stolgebühren" dem evangelischen Pfarramt entrichten – während die religiösen Handlungen selbst ein katholischer Geistlicher vornehmen durfte, der allerdings in der Regel dafür entsprechend zu honorieren war. Das bedeutete natürlich für die Katholiken eine zusätzliche finanzielle Belastung. Um diese Misere zu beseitigen, forderte das Erzbischöfliche Ordinariat im Jahre 1853 die Expurgation aller Angehörigen der katholischen Konfession, soweit eine solche bisher noch nicht durchgeführt worden sei. Für das in der vorliegenden Untersuchung behandelte Gebiet kamen die protestantischen Pfarreien Vach, Großgründlach, Seukendorf, Cadolzburg, Kraftshof und Zirndorf in Betracht[38]. Bei dieser Regelung sollten die wenigen Katholiken in Kraftshof nach Nürnberg eingepfarrt werden, da Erlangen zu weit sei. Für die Katholiken der meisten anderen Orte kam Fürth in Betracht – allerdings wollte man die katholischen Einwohner Steins, die bisher zum Pfarrbereich Zirndorf gehörten, ebenfalls Nürnberg zuteilen, da sie hierhin tendierten und außerdem ihre Kinder in Nürnberg Religionsunterricht erhielten.

Am 23. Januar 1857 genehmigte das bayerisches Innenministerium die Ausgliederung, nachdem zuvor sowohl die politischen Gemeinden als auch die evangelischen Pfarrämter ihre Zustimmung gegeben hatten,

„vorbehaltlich, daß die etwaigen fundationsmäßigen Einkünfte wie bisher den genannten protestantischen Pfarreien auch fernerhin verbleiben"[39].

Seelsorgestationen

Seit 1884 bemühte man sich dann in Cadolzburg angelegentlich um die Möglichkeit, katholischen Gottesdienst in einem Saal der dortigen Burg zu feiern[40]. Die meisten in Cadolzburg wohnenden Beamten gehörten der katholischen Konfession an – insgesamt werden es im Ort etwa 150 Katholiken gewesen sein. Da damals die Seelsorgestelle in Wilhermsdorf nicht besetzt war, hoffte man, auf diese Weise auch die dortigen Katholiken nebst denen von Roßtal und Langenzenn zu erfassen. Freilich dauerte es bis 1892, bis in Cadolzburg tatsächlich regelmäßig die hl. Messe gefeiert werden konnte, und das auch nur jeden dritten Sonntag.

Pfarrverweser Stahl, dem wir eine ausführliche Pfarrbeschreibung verdanken[41], erachtete regelmäßige Gottesdienste auch für Zirndorf mit seinen ca. 300 Katholiken und für Vach wie Burgfarrnbach mit je 100 Katholiken als wünschenswert. Doch es sollten in diesen Fällen ebenfalls noch Jahrzehnte vergehen, bis Stahls Vorstellungen realisiert wurden.

Nach Stahls Bericht gingen im Jahre 1898:

100 Mädchen und 60 Knaben zur ersten hl. Kommunion
545 Taufen wurden gespendet
150 Trauungen vorgenommen
316 Beerdigungen gehalten

– d. h. die Pfarrei wies einen beträchtlichen Geburtenüberschuß auf.

Bemerkenswert ist, daß Stahl die sozialen Aufgaben des Geistlichen in seiner Gemeinde keineswegs übersah:

„Endlich hat der katholische Priester speziell in Städten wie Fürth mit seiner großen Industriearbeiterbevölkerung auch die wichtige Aufgabe, Zeit und Kraft zu gewinnen für soziale Zwecke, Wohltätigkeitsvereine etc."[42]

Weiterhin ist zu erwähnen, daß es an gebefreudigen Mitgliedern in der Pfarrgemeinde Fürth nicht fehlte, wenn auch die Zuwendungen in der Regel nur bescheiden ausfielen. So finden wir z. B. nicht wenige Stiftungen von Jahrestagsmessen. 1896 wurden dem Pfarramt 2000 Mark für bedürftige Erstkommunikanten in Fürth, 1913 weitere 1200 Mark für solche in den Landgemeinden übergeben[43]. Damals galt die Vorschrift, bei Stiftungen sei jeweils der vierte Teil für die Armen und die Schulen der Stadt abzuzweigen. Aus diesem Grunde finden wir wiederholt die Bemerkungen in den Arch valien, daß von der „quarta pars pauperum et scholarum" bei der Stiftung abgesehen werde.

Die soziale Schichtung der Bevölkerung Fürths entsprach der Nürnbergs. Am Ende des 19. Jh. waren die Industriearbeiter (damals „Fabrikler" genannt) in der Majorität. Daneben gab es allerdings relativ viele Beamte und Offiziere, die freilich in der Regel nicht lange ihren Wohnort beibehielten, da sie dienstmäßig in andere Städte versetzt wurden. Am 11. Dezember 1823, d. h. noch bevor die Gemeinde einen Geistlichen besaß, wurden fünf Gemeindevertreter ernannt. Es waren:

Wölker, Gastwirt	Franz, Drechslermeister
Welker, Rosalie-(Likör-)Fabrikant	Tschinkel, Kaufmann[44].
Scheuer, Kaufmann	

Einschränkend muß aber darauf hingewiesen werden, daß es sich dabei nicht etwa um eine Kirchenverwaltung in unserem Sinne handelte. Eine solche wurde erst – wie bereits erwähnt – dreizehn Jahre später, also 1835, gewählt.

Schule und Religionsunterricht

An dieser Stelle seien noch einige Bemerkungen über die schulischen Verhältnisse und die religiöse Unterweisung in Fürth während des vorigen Jahrhunderts angefügt. Seit 1828 bestand in der Stadt eine katholische Bekenntnisschule unter dem Lehrer Max Dammer[45]. Neben dem Schuldienst hatte er noch die Pflichten eines Organisten und Mesners wahrzunehmen. Er war also durch sein Amt voll ausgelastet – muß man sich doch vergegenwärtigen, daß zu dieser Zeit alle Schüler von sechs bis dreizehn Jahren in einer einzigen Klasse zusammengefaßt waren. Solange die Klassenstärke 50 Kinder nicht überstieg, kann man sich diesen Zustand evtl. als gerade noch erträglich vorstellen.

Im Jahre 1840 stieg die Schülerzahl jedoch auf nicht weniger als 105 Kinder an. Der jetzt tätige Lehrer Jakob Siegel hatte zwar das Amt des Mesners abgeben können, fungierte aber weiterhin als Kantor und Organist. (Es ist nicht unwahrscheinlich, daß in der Folgezeit ein zweiter Lehrer angestellt wurde.)

1869 beschlossen der Magistrat und die Gemeindeverwaltung Fürths die Aufhebung der Konfessionsschulen – an ihre Stelle sollte eine konfessionell gemischte Schule (auch „Simultan-" oder „Gemeinschaftsschule" genannt) treten. Über dieses Vorhaben kam es zu einer Volksabstimmung, bei der die meisten Katholiken für die Gemeinschaftsschule votierten. Von den stimmberechtigten Protestanten nahmen nur wenige ihr Recht wahr – diese wiederum sprachen sich in der Mehrzahl für den Vorschlag des Magistrates aus[46]. Der Einführung der konfessionell gemischten Schule hätte damit folglich nichts mehr im Wege gestanden, doch jetzt verwahrte sich der 1. evangelische Pfarrer Lehmus bei der Renovierung gegen die Aufhebung der Bekenntnisschule mit der Begründung, die geringe Wahlbeteiligung der Protestanten könne nicht als Votum *gegen* die konfessionell gebundene Schule gewertet werden. Die Regierung ließ tatsächlich Lehmus' Argument gelten: Die ursprüngliche Regelung blieb noch einige Jahre erhalten[47].

Fünf Jahre später, am 22. April 1875, schrieb das Staatsministerium – wohl auf erneute Eingaben des Fürther Magistrates hin – die Einführung der Gemeinschaftsschule vor[48]. Das bedeutete, daß nunmehr die katholischen Schüler auf mehrere Schulhäuser aufgeteilt wurden, was positive wie negative Folgen zeitigte. Einmal verkürzte sich für viele Kinder der Schulweg, außerdem konnte nun in der Regel jeder Jahrgang zu einer separaten Klassen zusammengefaßt werden – andererseits war es von jetzt an nicht mehr so einfach, den katholischen Kindern, die ja in den Simultanschulen eine Minderheit darstellten, Religionsunterricht zu erteilen. Ferner konnten die katholischen Lehrer an dieser Schule nicht mehr den Dienst als Organist und Mesner versehen, weshalb man die Organisten- und die Mesnerstelle wieder in *einer* Hand vereinen wollte. Die Regierung genehmigte das auch am 13. März 1876. Als Organist wie Mesner wird für Fürth Polykarp Käufl aufgeführt; außerdem wird in den Archivalien darauf hingewiesen, daß für diese Stellung der Geistliche Rat A. A. Schellenberger in Bamberg[49] 400 Gulden vermacht habe[50]. Eine „ideale" Lösung hatte man damit sicherlich nicht gefunden – sie dürfte sich auch kaum über die Jahrhundertwende hinweg erhalten haben.

Um die vorliegende Untersuchung zu ergänzen, sind an dieser Stelle noch einige Worte über die Erstkommunionfeier wie ihre Vorbereitung anzufügen[51]. In Fürth gingen die meisten katholischen Schüler beiderlei Geschlechts – wie ihre protestantischen Klassenkameraden – im 19. und frühen 20. Jh. erst im Alter von 13 Jahren (das heißt in der 7. Klasse) zur ersten hl. Kommunion. Sie hatten zu diesem Zeitpunkt ihre erste hl. Beichte bereits zwei Jahre vorher abgelegt. Der Erstkommunionunterricht, der eine Vertiefung des Beichtunterrichtes einschloß, begann alljährlich im Herbst und wurde 60 bis 80 Jungen und Mädchen, die übrigens alle Schulgattungen (also sowohl die Volksschule als auch die Real- bzw. Oberschule) besuchten, gemeinsam in einem Zimmer des „Wasserschulhauses" erteilt[52]. Es war entweder der Pfarrer selbst, der die Jugendlichen auf den Sakramentenempfang vorbereitete, oder sein Kaplan.

Ein Erstkommunikant des Jahres 1908, der spätere Professor Hermann Glockner, hat uns den Beicht- und Kommunionunterricht, den (der später noch näher aufgeführte) Pfarrer Edmund Stenger und Kaplan Josef Trautner[53] hielten, anschaulich geschildert. Noch im Alter – berichtete er – denke er gern an diese Zeit zurück: „Es waren unvergeßliche Stunden. Wir brauchten nichts zu lernen und wurden nichts gefragt. Dennoch erreichte der Herr Stadtpfarrer sein Ziel; er stimmte uns gottesfürchtig und bereitete uns auf ein Wunder vor"[54].

Die Feier selbst fand jeweils acht Tage nach Ostern statt, am Weißen Sonntag. Ein Brauch ist uns aus jener Zeit bekannt: Die Eltern gaben den Kindern ein Tütchen mit Pfefferminzen mit, damit diese sich – falls ihnen nach der nüchtern empfangenen Kommunion übel werden sollte – erfrischen könnten. Während der Kommunion selbst reichte ihnen der Geistliche, nachdem sie die hl. Hostie erhalten hatten, nach altem Brauch den Kelch. (Mit dem hl. Sakrament an sich hatte dieser Kelch allerdings nichts mehr zu tun.) Am Nachmittag um 3 Uhr fand dann regelmäßig die Dankandacht mit der Erneuerung des Taufgelübdes statt.

Zwei Fürther Laien: Freiherr v. Nordegg zu Rabenau und Bürgermeister v. Bäumen

Zwei Laien, die durch ihr Wirken quasi „an der Wiege" der katholischen Gemeinde in Fürth standen, sollen hier gesondert aufgeführt werden. Es sind dies der kgl. Kämmerer und Oberzollamtskontrolleur Wilhelm Friedrich Freiherr v. Nordegg zu Rabenau und der Bürgermeister Franz Josef v. Bäumen.

Freiherr v. Nordegg zu Rabenau wurde 1780 geboren, seine Familie war in den Fürstbistümern Würzburg und Bamberg ansässig[55]. Sein Vater war Oberjägermeister und besaß zudem den Rang eines Hauptmannes. v. Nordegg studierte Polizeiwissenschaft und ökonomische Baukunst (was etwa unserem Fach Volkswirtschaft entsprechen dürfte). Seine Studien schloß er am 19. Dezember 1799 in Leipzig ab, die Konkursprüfung bestand er bei der Kammeralpolizei in Erlangen. Anschließend unternahm er die damals für „Herren von Stand" obligatorischen ausgedehnten Chevaliersreisen, die ihn nach Polen, Rußland, Österreich, Illyrien und Italien führten – dazu lernte er noch einige Gebiete Frankreichs und der Niederlande kennen.

Zunächst ließ sich v. Nordegg in München als Kammeralist und Topograph nieder, 1810 jedoch finden wir ihn als Zolloberbeamten in Wunsiedel, ein halbes Jahr später in gleicher Position in Lichtenfels, und 1812 erfolgte dann seine Versetzung nach Fürth. Am 19. April 1816 nahm ihn die Kammeralistische-Ökonomistische Sozietät zu Erlangen als Ehrenmitglied auf[56]. Verheiratet war v. Nordegg zweimal, aus seiner ersten Ehe (mit Richilda Knittel zu Hohenwart) gingen neun Kinder hervor.

Freiherr v. Nordegg scheint sich in beruflicher Hinsicht als Zollbeamter keineswegs in seinem Element gefühlt zu haben – jedenfalls strebte er seine Versetzung in ein Rentamt an (allerdings ohne Erfolg). 1827 wurde er als Oberzollamtskontrolleur nach Markt Breit versetzt[57], eine Diasporastadt, was die religiöse Erziehung seiner Kinder erschwerte. In dieser Position stellte sich bei v. Nordegg ein Augenleiden ein. Um nicht völlig zu erblinden, mußte er sich einer ausgedehnten Kur unterziehen. Aus diesem Grunde beantragte die Oberzollbehörde seine Versetzung in den einstweiligen Ruhestand. v. Nordegg wählte danach – wahrscheinlich auch der besseren ärztlichen Behandlungsmöglichkeiten wegen – Nürnberg als Ruhesitz.

In Bamberg hatte man v. Nordeggs Pionierarbeit in Fürth keineswegs vergessen (die von ihm durchgesetzte erste katholische Taufe wurde ja bereits erwähnt). Erzbischof v. Urban ließ ihm für sein Engagement durch Pfarrer Dr. Goeschel ein Dankschreiben überreichen. v. Nordegg setzte sich indessen noch weiter für die Belange der katholischen Gemeinde ein, so stellte er z. B. 1820 zusammen mit Amtskollegen den Antrag, einen Teil des zum Zollamt gehörenden Gartens als Kirchenbauplatz auszuweisen. Am 23. August 1849 starb v. Nordegg zu Rabenau.

Der zweite besonders zu nennende Laie ist Bürgermeister Franz v. Bäumen[58]. Auch v. Bäumen leistete der katholischen Gemeinde in Fürth gute Dienste. Er wurde am 8. Februar 1784 zu Oppenheim geboren – die Stadt gehörte damals zur Kurpfalz und damit zum Besitz der seit 1777 in Bayern regierenden Linie Pfalz-Sulzbach des Hauses Wittelsbach.

Wahrscheinlich bedingt durch die Wirren der Französischen Revolution und der davon ausgelösten Koalitionskriege hat v. Bäumen seine linksrheinische Heimat verlassen. 1812 finden wir ihn jedenfalls als Kreis- und Stadtgerichtsrat in Fürth – am 17. November 1818 wurde er Bürgermeister dieser Stadt[59]. Franz v. Bäumen verehelichte sich mit Dorothea Jacobine Wilhelmine v. Scheuerl, die der evangelischen Kirche angehörte. Aus der Ehe gingen drei Söhne und drei Töchter hervor. Die Töchter wurden nach der Konfession der Mutter getauft, die Söhne nach der des Vaters.

Für die Diasporagemeinde Fürth war es sicherlich ein geradezu idealer Gewinn, daß der erste Mann der Stadt sich zur katholischen Kirche bekannte. Am 14. April 1857 trat v. Bäumen dann in den Ruhestand, am 21. Februar 1861 starb er ohne vorausgehende lange Krankheit. In der Sterbematrikel steht vermerkt:

Franz Josef von Bäumen (1784–1861), 1818–1857 Bürgermeister von Fürth

„Er war der eifrigste Beförderer des Baus der neuen katholischen Kirche dahier und der Gründung der hiesigen katholischen Pfarrei."

Wie für den Bau der Kirche, so setzte er sich auch für den des Pfarrhauses ein. In seinem Testament vermachte er übrigens der katholischen Gemeinde seiner Stadt eine Summe von 1000 Gulden[60].

Seine drei Söhne, die alle im besten Mannesalter starben, blieben ihrer katholischen Heimatgemeinde verbunden, Georg Heinrich v. Bäumen, der am 30. Juni 1866 als Privatier in Nürnberg verstarb, vermachte testamentarisch 500 Gulden der Pfarrkirche Unserer Lieben Frau (Fürth) und 1000 Gulden den Armen dieser Pfarrei[61].

Die katholischen Pfarrer der Gemeinde Fürth im 19. Jh.

Nach der Kirche in Fürth und ihrer Gemeinde bleibt jetzt noch die in ihr im 19. Jh. wirkende Geistlichkeit aufzuführen. An erster Stelle als hauptamtlicher Seelsorger steht Adam Friedrich Urban, der am 22. Oktober 1828 zum Kuraten für Fürth ernannt wurde. Geboren wurde er am 26. Januar 1795 zu Bamberg (in der Oberen Pfarre)[62]. Sein Vater, Josef Burkard Urban, übte den Beruf eines Hofgärtners aus, seine Mutter war Therese, geb. Baumgärtner (sein Pate Adam Geyer war als fürstlicher Kammerdiener tätig). Lassen wir den späteren Pfarrer Urban selbst – wenigstens stellenweise – über seine Werdegang zu Wort kommen:

„Blutjung habe ich 1813 beim Befreiungskrieg unter den Fahnen des Vaterlandes gedient . . . Ohne Vermögen vollendete ich auf dem kgl. Lyzeum zu Bamberg meine Studien durch eigene Tätigkeit auf nicht unrühmliche Weise."[63]

Am 16. Juni 1818 erhielt er die Priesterweihe, 1825 bestand er den Pfarrkonkurs.

Zunächst als Kaplan in Herzogenaurach tätig, wurde er 1824 für ein Jahr nach Nürnberg versetzt, anschließend versah er das Amt des Pfarrverwesers in Wachenroth. Am 4. Oktober 1826 erhielt er die Pfarrei Raitenbuch in der Diözese Eichstätt. Im September des Jahres 1828 gab er beim Erzbischof von Bamberg um die neuerrichtete Kuratie Fürth ein. Die Beweggründe für diesen seinen Schritt können wir seinen eigenen Aussagen entnehmen:

„Nur die rauhe Bergluft und der gänzliche Mangel jeglichen Quellwassers konnten mich, bei übrigens glänzenden Aussichten für meine Zukunft, bestimmen, zur Rettung meines Lebens und meiner Gesundheit mich um die Kuratie Fürth zu bewerben."[64]

Doch die neue Seelsorgestelle brachte viele Aufgaben bei nur geringen Einnahmen.

„Die zerstreute Gemeinde zu sammeln, den Gottesdienst nach Bedürfnis einzurichten, für die vernachlässigte Jugend eine Religionsschule zu eröffnen, den Frieden und die Eintracht mit anderen Religionsverwandten zu erhalten und zu befestigen, war mein stetes Bestreben."

Dann kommt er auf seine miserablen finanziellen Verhältnisse zu sprechen:

„Schmale 530 Gulden jährlich, wovon der Staatszuschuß von 200 Gulden widerruflich ist, dann der hohe Hauszins von 65 bis 70 Gulden und das in Fürth unverhältnismäßig teure Holz."

Die „blutarme Gemeinde" könne nichts tun – deshalb fragt er schließlich:

„Was bleibt mir, um auf dem Felde der Literatur nicht zurückzubleiben, für literarische Zwecke? Was mir um so empfindlicher ist, als es an sonstigen Quellen fortschreitender Ausbildung fehlt?"

– nicht einmal eine Literaturzeitung könne er sich unter den geschilderten Umständen leisten[65].

Das alles gab Grund genug ab, um sich um die Ende 1832 freigewordene Pfarrstelle in Nürnberg zu bewerben – leider ohne Erfolg.

Doch zwei Jahre später wurde er zum Pfarrer von Iphofen ernannt, 1846 erhielt er die Pfarrei Markt Bibart. Als Pfarrer der letztgenannten Gemeinde empfing er ein ausreichendes Einkommen, das ihm ermöglichte, seinen wissenschaftlichen Neigungen nachzugehen. Urban war selbst literarisch tätig. In den Zeitschriften „Athanasia" und „Religions- und Kirchenfreund" veröffentlichte er von ihm verfaßte Beiträge[66].

Gestorben ist Pfarrer Urban am 28. Dezember 1848 zu Markt Bibart. Dort hat er auch seine letzte Ruhestätte gefunden.

Nach dem Weggange Urbans war zuerst Peter Manger für vier Monate Kuratieverweser[67], bis Theobald Zahnleiter zum Kuratus ernannt wurde. Dieser wurde am 8. Dezember 1802 zu Burgebrach als Sohn des Maurers Michael Zahnleiter und seiner Ehefrau Dorothea, geb. Wolf, geboren[68]. Am 29. April 1829 zum Priester geweiht, war Zahnleiter anfänglich Kooperator in Eggolsheim und anschließend Kaplan in Ansbach, bevor er seine Ernennung zum Kuraten in Fürth erhielt.

Als die Kuratie am 23. Mai 1837 zur Pfarrei erhoben wurde, schlug die Kirchenverwaltung Zahnleiter zum Pfarrer vor. Sie stellte ihm unter dem Datum des 6. Januar 1837 ein hervorragendes Zeugnis aus:

„Derselbe hat mit größtem Eifer die ihm als Seelsorger und Schulinspektor obliegenden Pflichten bisher erfüllt und hat mit bestem Erfolg für die religiösen und sittlichen Gesinnungen im Laufe einer vierjährigen Amtsführung gewirkt."[69]

Zahnleiter erhielt dann auch wunschgemäß die Pfarrstelle, die Installation fand am 24. April d. J. statt.

Pfarrer Zahnleiter stand nicht weniger als 34 Jahre seiner Gemeinde in Fürth vor. Er hat dabei für die innere Vollendung und Ausschmückung des Gotteshauses Sorge getragen – daneben ließ er das Pfarrhaus erbauen, wodurch er der Gemeinde einen außerkirchlichen Mittelpunkt gab. Seinen Bemühungen war es vorrangig zu danken, daß 1860 eine Kaplaneistelle in Fürth errichtet wurde. In seine Amtszeit fallen außerdem noch zwei erwähnenswerte Ereignisse: 1858 erhielt die „Rosenkranzbruderschaft" in Fürth ihre Bestätigung von Rom, und 1865 rief man hier den katholischen Gesellenverein ins Leben.

Die Pfarrei Fürth wurde zweimal visitiert[70] – am 20. August 1833 durch Dekan Karl Kinle[71], also noch unter dem Kuraten Urban, und zum zweiten Male unter Zahnleiter am 20. Oktober 1857 durch Dekan Andreas Heinz[72].

Zahnleiter blieb es ebenfalls nicht erspart, sich – gleich anderen Amtsbrüdern – mit der Ronge-Bewegung auseinanderzusetzen (die Sektierer machten in Fürth eine eigene Gemeinde auf).

Pfarrer Zahnleiter fiel die Seelsorgearbeit in seiner Fürther Gemeinde durchaus nicht immer leicht. Wie es einem Priester in der Diaspora tatsächlich zumute sein kann, ist aus dem Gesuch zu erahnen, das Zahnleiter am 23. August 1841 an seinen Erzbischof richtete. Anlaß dazu war seine Eingabe an die Regierung um die Pfarrei Staffelstein – nun bat er, der Oberhirte möge dieses Gesuch befürworten. Der Gesuchsteller habe – heißt es –

„seit seiner ersten Anstellung im Dienste der Kirche stets im strengsten Protestantismus gewirkt".

Er sei Kaplan in Ansbach gewesen und habe

„die große Last des Predigtamtes und der Seelsorge in der so großen, zahlreichen und gebildeten Gemeinde ganz allein"

zu tragen gehabt, da Pfarrer Melchior Hotzelt[73], der zugleich Bezirksschulinspektor gewesen sei, oftmals auswärts geweilt habe. Nunmehr sei er bereits sieben Jahre in Fürth und wieder stehe er mit seiner kleinen Herde von 700 Seelen inmitten von 11 000 Protestanten und 300 Juden allein da. Dazu sei sein Gehalt recht bescheiden, lediglich 700 Gulden im Jahre, davon müsse er schon 200 Gulden für Miete und Holz aufwenden. Wohl habe der Staat eine Aufbesserung von 370 Gulden in Aussicht gestellt, doch geschehen sei bis heute nichts. Seine Mitbrüder, die zum Teil schlechter qualifiziert gewesen seien, seien bei leichterer Arbeit besser bezahlt. Seine jetzige Pfarrei möchte er aufgeben wegen der ewigen Kämpfe mit dem Protestantismus, die ihm schon viele trübe Stunden bereitet hätten, und die sich in letzter Zeit, veranlaßt durch die Eberhard'schen Predigten[74], noch verschärft hätten. – Zahnleiter beschließt sein Gesuch mit:

„Also in Eurer Exzellenz Hand liegt mein künftiges Schicksal, ob ich noch länger in Fürth, dem Ort des Ringens. Kämpfens und Entbehrens, bleiben oder Staffelstein, das längst ersehnte Ziel des Friedens und sorglosen Wirkens unter gleichgesinnten Christen, erreichen soll."[77]

Diese Bitte Zahnleiters ging zu seinem Leidwesen – aber zum Segen für die katholische Gemeinde in Fürth – nicht in Erfüllung[76]. Als Folge besaß die Gemeinde 34 Jahre lang einen ebenso rührigen wie frommen Seelsorger. Als ein Zeichen seiner tiefen Frömmigkeit ist wohl anzusehen, daß er täglich eine Besuchung vor dem Allerheiligsten machte. Am 15. Dezember 1868 erlag er unmittelbar nach einer Besuchung einem Schleimschlag.

Pfarrer Zahnleiter wurde auf dem neuen Friedhof neben der Auferstehungskirche bestattet. Während der Beisetzungsfeier wurde er durch drei Ansprachen geehrt: Es sprachen der katholische Pfarrer von Nürnberg, Christoph Burger, der protestantische Kirchenrat Friedrich Theodor Eduard Lehmus und der Rabbiner Dr. Isaak Löwi. Das war gewiß ein untrügliches Zeichen, daß der Verstorbene die Hochachtung der gesamten Bevölkerung genossen hat.

Fronmüller weist außerdem noch auf die Leutseligkeit des Heimgegangenen und auf seine Sorge für die Armen hin[77]. Als im Jahre 1908 der Friedhof aufgelassen wurde, transferierte man die Grabplatte mit den sterblichen Überresten Zahnleiters in die Pfarrkirche.

Nachfolger Pfarrer Zahnleiters wurde Franz Müller, bisher Militärkurat in Ansbach. Geboren wurde er am 20. Januar 1829 zu Kronach als Sohn des Schneidermeisters Friedrich Müller und seiner Ehefrau Kunigunde, geb. Keim[78]. Am 10. Dezember 1852 erhielt er die Priesterweihe, danach war er an verschiedenen Orten wie Ebermannstadt. Schlüsselfeld, Pretzfeld und Gößweinstein als Kaplan bzw. Kooperator tätig. 1864 erfolgte seine Berufung als Militärkurat nach Ansbach.

Fünf Jahre später, am 20. März 1869, ernannte König Ludwig II. Müller zum Pfarrer von Fürth, wo er dann 17 Jahre wirken sollte. Seine Installation fand am 2. Mai d. J. durch Christoph Burger, Dekan und Pfarrer von Nürnberg, statt. Die katholischen Lehrer mit ihren Schülern wohnten dem Festakt bei[79].

Die Einwohnerzahl der Stadt Fürth stieg in den Jahren von 1864 bis 1885 von 20 972 auf 35 454 – die Zahl der Katholiken wuchs gleichzeitig durch Zuwanderung und Geburtenüberschuß von 1813 auf 6091, womit sich ihr Anteil an der Gesamteinwohnerzahl von knapp 10 auf reichlich 16% erhöhte[80]. Anders als in der Stadt selbst dürfte im Umland der katholische Bevölkerungsanteil weniger zugenommen haben.

Franz Müller (1829–1907). Er war von
1869–1886 Pfarrer in Fürth U. L. Frau

Friedrich Sprecher (1847–1926). Von
1886–1895 Pfarrer in Fürth U. L. Frau

Edmund Stenger (1861–1915).
Von 1900–1914 Pfarrverweser und Pfarrer
in Fürth U. L. Frau

Konrad Stahl (1862–1943). Er war von
1893–1900 Kaplan und Pfarrvikar an
U. L. Frau, Fürth. Von 1910–1924 war er
Pfarrer von Herz Jesu in Nürnberg

Für den Pfarrer wie für seinen Kaplan bedeutete das ein erhebliches Mehr an seelsorgerischer und schulischer Arbeit. Aus diesem Grunde war die Genehmigung einer zweiten Kaplanstelle und in diesem Zusammenhang die Erweiterung des Pfarrhauses dringend notwendig. Im Jahre 1884 gewann die Frage an Aktualität. Für die Bauarbeiten, die auf ca. 9 000 Mark geschätzt wurden, wollte die Kirchenstiftung zunächst einen Kredit aufnehmen, war dann aber in der Lage, den Bau aus Eigenmitteln zu finanzieren. Die zweite Kaplanei hingegen mußte vom Staate dotiert werden. Das Ordinariat wies in seinem Schreiben vom 10. Juli 1884 die Regierung nachdrücklich darauf hin,

„daß die Kinder, die gleichgültig gegen die Religion und alles Heilige aufwachsen und später wohl aller Religion bar, nicht bloß schlechte Christen, sondern auch schlechte Untertanen werden"[81].

Im Anschluß daran wird die Zahl der Katholiken in der Stadt sowie in 43 eingepfarrten, von Fürth jedoch bis zu zweieinhalb Stunden entfernten Ortschaften mit 6000 angegeben.

Das Gesuch wurde zwar am 27. Juni vom Bezirksamt befürwortet, gleichwohl verging noch ein Jahr, bis das Staatsministerium am 11. Mai 1885 „unter nachdrücklicher Verwahrung gegen die Annahme einer Rechtspflicht" 1900 Mark bewilligte. Anschließend dauerte es noch einmal mehr als ein volles Jahr, bis der zweite Kaplan – es war Andreas Tittel[82] – seinen Dienst antreten konnte.

Pfarrer Müller befand sich zu dieser Zeit schon im Ruhestand. Über sein Wirken als Seelsorger sind wir so gut wie nicht unterrichtet. Der Chronist bemerkt von ihm lediglich:

„Anerkennung hat er sich durch die Verschönerung der Kirche erworben, einen Hochaltar, eine Kanzel und einige Fenster mit Glasmalereien hat er fast ganz aus eigenen Mitteln beschafft."[83]

Was im einzelnen erneuert wurde, ist im Bericht leider nicht detaillierter vermerkt.

Da Müller kränklich war, vermochte er verständlicherweise den Jahr für Jahr wachsenden Aufgaben und Pflichten nicht mehr gerecht zu werden. Er gab deshalb in Bamberg um seine Emeritierung ein, die genehmigt wurde – schließlich erteilte auch der König durch seine Unterschrift am 18. Januar 1886 seine Einwilligung[84].

Fronmüller stellt dem Geistlichen folgendes Zeugnis aus:

„Es gebührt ihm das Verdienst, stets bestrebt gewesen zu sein, das gute Verhältnis zwischen den Konfessionen zu erhalten."[85]

Pfarrer Müller lebte dann noch 21 Jahre als Kommorant in Bamberg – kurze Zeit, von 1893 bis 1894, fungierte er als Schloßgeistlicher in Pommersfelden. Gestorben ist er am 27. März 1907 in der Bischofsstadt. Für sich persönlich anspruchslos, hat er seine Einkünfte guten Zwecken zukommen lassen. So hat er für den Bonifatiusverein in seinem Testament 10 000 Mark und für die Unterstützung emeritierter Priester 4000 Mark eingesetzt[86].

Nach der Emeritierung Pfarrer Müllers reichte das Ordinariat der Regierung eine Vorschlagsliste mit drei Kandidaten für die vakante Pfarrherrenstelle ein. An erster Stelle unter den Kandidaten stand der Name Friedrich Sprecher, Pfarrer von Kulmbach, der ausdrücklich als besonders geeignet empfohlen wurde. Seine Ernennung zum Pfarrer von Fürth erfolgte auch tatsächlich am 22. April 1889 durch König Ludwig II.[87].

Friedrich Sprecher wurde am 3. Juni 1847 zu Nürnberg als Sohn des Hoboisten Beatus Sprecher und seiner Ehefrau Therese, geb. Eißler, geboren[88]. Am 6. Oktober

1869 zum Priester geweiht, war er als Kaplan zunächst in Hopfenohe und Fürth und anschließend zehn Jahre, von 1872 bis 1882, in Nürnberg tätig. Am 27. März 1882 erhielt er die Ernennung zum Pfarrer von Kulmbach, vier Jahre später, 1886, wurde Sprecher nach Fürth berufen. Seine feierliche Installation fand am 11. Juli 1886 durch den zuständigen Dekan Heinrich Leicht, Pfarrer von Bühl, statt[89]. Als weltlicher Kommissar war Bürgermeister Langhans erschienen, außerdem nahmen der evangelische Kirchenrat Lehmus und der Schulrat Höchstetter an der Feier teil.

Sprecher besaß sowohl durch seine Kindheit und Jugend in Nürnberg als auch durch seine bisherige seelsorgerische Tätigkeit in Fürth, Nürnberg und Kulmbach qualifizierte Kenntnisse der Diasporaverhältnisse. Er war deshalb zweifelsohne der rechte Mann für die Belange der Katholiken Fürths. Da am 12. August 1886 – wie bereits vorseitig erwähnt – der dringend benötigte zweite Kaplan Tittel seinen Dienst antrat, konnten damit endlich auch die katholischen Gläubigen im Fürther Umland in religiöser Hinsicht effektiver versorgt werden.

Pfarrer Sprecher dürfte den Anforderungen seiner weitgedehnten Diasporagemeinde in der Tat gerecht geworden sein. Das geht v. a. daraus hervor, daß er zum „Königlichen Geistlichen Rat" ernannt und zum Vorsteher des Dekanates Neunkirchen am Sand berufen wurde[90].

Neun Jahre nach seiner Ernennung zum Pfarrer von Fürth erhielt Sprecher am 7. November 1895 die Berufung zum Pfarrverweser von St. Elisabeth in seiner Geburtsstadt Nürnberg, wodurch er zum ersten Pfarrherren in dieser neugegründeten Gemeinde vorgesehen wurde. Die dadurch verwaiste Pfarrei Fürth erhielt in Kaplan Stahl (dessen Biographie noch behandelt werden wird) einen tüchtigen Administrator. Leider erstreckte sich dann die eigentlich nur provisorische Lösung über einen Zeitraum von vier Jahren – nicht zum Besten der Gemeinde. (Über die Tätigkeit Sprechers in Nürnberg ist bereits an voraufgegangener Stelle mehr berichtet worden.)

Sprechers Nürnberger Dienstzeit endete wider Erwarten mit einer für ihn großen Enttäuschung: Ihm wurde die Ernennung zum Pfarrer von St. Elisabeth in letzter Stunde verweigert. Als Folge erhob sich die Frage: Was sollte Sprecher in dieser fatalen Situation tun? Nach Fürth, wo er in juristischem Sinne noch immer den Status des Pfarrers innehatte, wollte und konnte er kaum zurückkehren. Er war allerdings, wie ihm die Regierung Mittelfrankens bestätigte, ein guter Kanzelredner[91]. Aus diesem Grunde bewarb er sich um die Stelle eines Dompredigers in München, ferner gab er um die Pfarreien St.-Johannes-Baptista in München-Giesing und St. Gangolph in Bamberg ein. Leider blieb ihm in allen drei Fällen der Erfolg versagt. Sprecher blieb schließlich nichts anderes übrig, als um seine Emeritierung nachzusuchen – sie wurde ihm am 1. Juli 1900 gewährt[92].

Sprecher war zu diesem Zeitpunkt erst 53 Jahre alt – d. h. er stand im besten Mannesalter und fand sich trotzdem nun (obwohl bei bester Gesundheit) zum Kommorantendasein verurteilt. Er zog zunächst nach München. Wie er dort die „Brachjahre" verbracht hat, ist nicht bekannt. Am 17. November 1926 jedenfalls ist er zu Dresden verstorben. Wo er seine letzte Ruhestätte gefunden hat, vermochte ich nicht zu eruieren.

Am 10. Oktober 1896 wurde – wie oben gesagt – Kaplan Konrad Stahl mit dem Amte des Pfarrverwesers von Fürth betraut. Stahl wurde am 13. Dezember 1862 zu Effeltrich als Sohn des Köhlers Georg Stahl und seiner Ehefrau Anna, geb. Schmittlein, geboren[93]. Am 16. Juli 1889 wurde er zum Priester geweiht und wirkte anfangs als Kaplan in Erlangen, danach – seit dem 5. Dezember 1893 – in eben dieser Funktion in Fürth.

Als Pfarrverweser setzte er sich mit Umsicht und Tatkraft für die Belange der katholischen Gemeinde ein. Er fungierte ferner als Präses des katholischen Gesellenvereins und betrieb in dieser Position den Bau des Gesellenhospizes in der Simonstraße. Am 20. Juni 1897 konnte auch tatsächlich das Hospiz eingeweiht werden. Während Stahls Amtszeit wurde 1899 der katholische Arbeiterverein in Fürth ins Leben gerufen und im selben Jahre – am 14. September – der katholische Kirchenbauverein gegründet, dessen Ziel der Bau einer zweiten katholischen Kirche in Fürth – der späteren St. Heinrichskirche – darstellte[94].

Stahl setzte sich in seinem Gesuch vom 27. Februar 1899 an die Regierung mit allem Nachdruck für die Genehmigung einer vierten Kaplanei in Fürth ein[95]. Dieses Gesuch dürfte übrigens den besten Pfarrbeschrieb enthalten, den wir aus denm 19. Jh. über Fürth besitzen. Stahl machte darin u. a. auf die sozialen Aufgaben eines Geistlichen in einer Industriestadt aufmerksam, indem er schrieb:

„Endlich hat der katholische Priester speziell in Städten wie Fürth mit seiner großen Industriearbeiterbevölkerung auch die wichtige Aufgabe, noch Zeit und Kraft zu gewinnen für soziale Zwecke, Wohltätigkeitsvereine etc."

Daneben wies er auf Aufgaben hin, die die Gemeinde in absehbarer Zeit zu lösen haben werde: regelmäßiger Gottesdienst in Cadolzburg, wo gegenwärtig nur jeden dritten Sonntag die hl. Messe gefeiert werde, was ebenfalls auf Vach, Zirndorf (mit 300 Katholiken) und Burgfarrnbach (mit 100 Gläubigen) zuträfe. (Das waren natürlich weitschauende Pläne, die erst in den folgenden Jahrzehnten verwirklicht werden konnten.)

Mit dem 1. Dezember 1900 lief die Verwesertätigkeit Stahls ab. Er wurde zunächst Pfarrer von Schnaittach – dann Pfarrer der Herz-Jesu-Gemeinde in Nürnberg. Am 19. Juni 1913 erhielt er sogar die Ernennung zum Erzbischöflichen Kommissar des Kommissariates Nürnberg. Am 1. Dezember 1924 wurde er ins Domkapitel berufen und später mit der Würde eines päpstlichen Hausprälaten ausgezeichnet. Stahl verstarb am 26. Februar 1943 zu Bamberg, wo er in der Gruft der Domkapitulare auf dem Bamberger Friedhof bestattet wurde.

Die vierjährige Periode der Pfarrverwesung – sie wurde von der Gemeinde allgemein als höchst unangenehm empfunden und deshalb als Mißstand bezeichnet[96] – fand ihr Ende mit der Ernennung Kaplan Edmund Stengers zum Pfarrer von Fürth[97]. Der Neuernannte wurde am 1. August 1861 zu Bamberg (Pfarrei St. Martin) als Sohn des Reallehrers an der Gewerbeschule Josef Stenger und seiner Ehefrau Maria Helene, geb. Prießmann, geboren. Am 2. September 1884 zum Priester geweiht, fungierte er als Kaplan in Fürth, Herzogenaurach und Nürnberg. In der letztgenannten Stadt bekleidete er ab 1. März 1900 das Amt des Pfarrverwesers[98]. Stenger konnte demzufolge auf eine reiche Erfahrung in Diasporagebieten zurückblicken, als er am 1. Dezember d. J. zum Pfarrherren von Fürth ernannt wurde.

In seiner Amtszeit als Pfarrer setzte sich Stenger v. a. für den Bau einer Kirche in Zirndorf ein. 1902 konnten diesbezügliche Pläne dem Ordinariat in Bamberg vorgelegt werden, zwei Jahre später wurde das Bauvorhaben von der Regierung genehmigt, und bereits 1906 weihte Pfarrer Stenger die neuerbaute Kirche. Daneben ließ er die Fürther Pfarrkirche Unserer Lieben Frau restaurieren und neu ausmalen. Eben diese Ausmalung scheint denn auf Kritik gestoßen zu sein: „sie lasse keine Raumwirkung aufkommen und unterdrücke die Architektur" – heißt es[99].

Stengers Gesundheitszustand verschlechterte sich im Laufe der Jahre. Als er im Januar mehrere Schlaganfälle erlitt, mußte er um seine Emeritierung eingeben. Diese sprach man dann am 1. März 1914 aus, wobei ihm das Ordinariat bescheinigte, die umfangreiche Pfarrei Fürth – die über 20 000 Katholiken zähle – unter schwierigen Verhältnissen sehr eifrig und mit vollster Hingabe pastorisiert zu haben[100]. Stenger zog in seine Heimatstadt Bamberg und starb im folgenden Jahr am 7. Juni (in Bamberg oder Coburg). Seine letzte Ruhestätte fand er auf dem Bamberger Friedhof.

Anmerkungen

1 Einen Überblick über die Geschichte der Katholiken in Fürth bei Wetz, Heinrich: Kurze Geschichte der katholischen Gemeinde Fürth. In: Katholikentag 1921, S. 115–124; Über die Anfänge der kath. Gemeinde: Neundorfer, Bruno: Die Anfänge der katholischen Seelsorge in Fürth. In: Festschrift 150 Jahre Unsere Liebe Frau in Fürth. Fürth 1979, S. 29–65. Über die Geschichte Fürths allgemein: Fronmüller, Georg Tobias Chr.: Chronik der Stadt Fürth. 2. Auflage. Fürth 1887.
2 Ihre erste urkundliche Erwähnung erfolgte im Jahre 1007. – Neundorfer, Anfänge (wie Anm. 1), S. 29.
3 Wachter, Nr. 490.
4 Brandmüller, Walter: Das Wiedererstehen katholischer Gemeinden in den Fürstentümern Ansbach und Bayreuth. In: Münchener Theologische Studien; Bd. 15 (1964), S. 106.
5 Das „exercitium religionis privatum" (private Religionsausübung) besagte, daß für sakrale Zwecke nur Kapellen oder Betsäle ohne Turm und Glockengeläut erlaubt waren. – Schreiben vom 10. 9. 1783 – StadtA Fürth; Fach 170, Nr. 1; – auch: Neundorfer, Anfänge (wie Anm. 1), S. 31.
6 Bürgermeister u. Gemeindevorsteher wurden am 18. 8. 1797 entsprechend informiert. – Neundorfer, Anfänge, S. 33.
7 AEB, Rep. 4/1, Pfarrakten Unsere Liebe Frau, Fürth; – auch: Neundorfer, Anfänge, S. 35.
8 AEB, Rep. 4/1, Pfarrakten Unsere Liebe Frau Nürnberg, – Schrötter, S. 307.
9 BHStA München, Mk 26837 (hier werden die kath. Gläubigen namentlich aufgeführt).
10 BHStA München, Mk 26837 – Ein Plan der Kapelle liegt bei; die Kosten werden auf 781 Gulden veranschlagt.
11 Man berief sich dabei auf die Verordnung vom 20. 1. 1812. Nach dem Polizeikommissariatsbericht vom 19. 3. 1812 gehörte die Kapelle zu den „entbehrlichen Nebenkirchen und Kapellen", die demoliert werden könnten, um ihr Material zu anderen kirchlichen Gebäuden zu verwenden. – BStA Nürnberg, Abg. 1932 XIV Nr. 102.
12 Der „Königssaal„ befand sich im „Markgrafenhaus", an dessen Stelle jetzt das Rathaus steht.
13 Die Urkunde wird wiedergegeben bei: Fronmüller, Chronik (wie Anm. 1), S. 235.
14 Wachter, S. 482 (9749); Neundorfer, Anfänge (wie Anm. 1), S. 41.
15 Laut Urkunde bei: Fronmüller, S. 235.
16 AEB, Rep. 4/1, Pfarrakten Unserer Lieben Frau, Fürth; Neundorfer, Anfänge (wie Anm. 1), S. 45 f.; – Andererseits spendeten die Katholiken für die „Auferstehungs-Kirche" die 1825/26 erbaut wurde. – Schwammberger, Adolf: Fürth von A bis Z. Geschichtslexikon. Fürth 1967, S. 200; StadtA Nürnberg, Stadtchronik 1820.
17 Fronmüller, Chronik (wie Anm. 1), S. 238 ff.; – Erzbischof v. Fraunberg erfuhr per Zeitung von der Spende u. ließ dem Spender durch Pfarrer Kugel seinen Dank übermitteln. – Pfarrakten Unserer Lieben Frau, Nürnberg; Verordnungen 24. 4. 1826.
18 StadtA Nürnberg, Stadtchronik 1829; StadtA Fürth, Fach 170, Nr. 4; – Der Erzbischof stiftete ein Meßgewand, der vormalige Domdechant Philipp Joh. Lothar v. Kerpen einen Kelch. – Pfarrakten Unserer Lieben Frau, Nürnberg – Verordnungen 12. 3. 1827.
19 Fronmüller, Chronik (wie Anm. 1), S. 296.

20 Über das Konkordat von 1817 siehe: Weis, Eberhard: Die Begründung des modernen bayerischen Staates unter König Max I. (1799–1825). In: BG, Bd. I, S. 3–86, hier S. 71 ff.
21 Neundorfer Anfänge (wie Anm. 1), S. 41.
22 Wachter, Nr. 5979.
23 BStA Nürnberg, Abg. 1968 XIV Nr. 492.
24 Wachter, Nr. 10433.
25 StadtA Fürth, Fach 170, Nr. 8.
26 StadtA Fürth, Fach 170, Nr. 8. (Um die Bedenken der protestant. Geistlichkeit richtig zu beurteilen, müßte man analoge Fälle vergleichweise heranziehen – d. h. wie verhielt sich die kath. Geistlchkeit, als in überwiegend kath. Gemeinden (Bamberg, Forchheim, Kronach) protestant. Pfarreien errichtet wurden.)
27 Neundorfer, Anfänge (wie Anm. 1), S. 41.
28 BStA Nürnberg, Abg. 1968 XIV Nr. 491.
29 Gesuche Pfarrer Stengers vom 28. 2. 1901 u. vom 25. 2. 1903 sowie des Pfarramtes vom 27. 2. 1899 u. Schreiben des Magistrates der Stadt Fürth vom 4. 4. 1889 an die Regierung – BStA Nürnberg, Abg. 1968 XIV Nr. 492.
30 Errichtung der 4. Kaplanei durch das Erzbischöfliche Ordinariat im Sept. 1904 – BStA Nürnberg, Abg. 1968 XIV Nr. 492.
31 StadtA Fürth, Fach 170, Nr. 9.
32 StadtA Fürth, Fach 170, Nr. 12.
33 Das Grundsück wurde für 2500 Gulden erworben, der Bau wurde auf 8504 Gulden veranschlagt – StadtA Fürth, Fach 170 Nr. 12.
34 BStA Nürnberg, Abg. 1968 XIV Nr. 491.
35 Die Zahlenangaben nach einer freundlichen Auskunft des Stadtarchivs Fürth.
36 Gesuch vom 27. 2. 1899 an das Ministerium um Genehmigung einer 4. Kaplanei. – BStA Nürnberg, Abg. 1968 XIV Nr. 492.
37 Das Bezirksamt Fürth meldete an die Regierung am 27. 6. 1884, die Schüler in Cadolzburg, Stadeln u. Vach seien ohne Religionsunterricht – während die in Poppenreuth, Unterfarrnbach u. Zirndorf ihn nur ungenügend erhielten. – BStA Nürnberg, Abg. 1968 XIV Nr. 491.
38 Eingaben Pfarrer Burgers vom 6. 3. 1855 u. Pfarrer Zahnleiters vom 9. 3. 1855 sowie der Ministerialeraß vom 23. 1. 1857. – BStA Nürnberg, Abg. 1952 XIV Nr. 6129; – Nach diesen Angaben lebten in Neumühle 15 Katholiken in 3 Familien, in Zirndorf 7, in Mannhof 2, in Vach 4 u. in Dambach 1 kath. Familie. In Kraftshof (mit Neuhof u. Lohe) lebten 4 kath. Familien.
39 BStA Nürnberg, Abg. 1952 XIV Nr. 6129.
40 Schreiben Pfarrer Müllers an das Ordinariat u. an das Ministerium. – BStA Nürnberg, Abg. 1968 XIV Nr. 491. (Den Katholiken war ein Raum für ihren Gottesdienst zugestanden worden – das Ordinariat stellte einen Altar aus dem Priesterseminar).
41 Schreiben Stahls vom 27. 2. 1899 an das Ministerium. – BStA Nürnberg, Abg. 1968 XIV Nr. 492.
42 Ebenda. – BStA Nürnberg, Abg. 1968 XIV Nr. 492.
43 AEB, Rep. 4, 1, Akt Pfarramt Fürth, Stiftungen; – Weitere Zuwendungen sind vermerkt im: BStA Nürnberg, Abg. 1968 XIV Nr. 491:
   Es stifteten nach Aufstellung der Kapitalien 1897:

Refr. Reitmayer	1826: 100 Gulden
Joh. Gg. Beck, Vasenmeister	1832: 250 Gulden
Freifrau v. Killinger, Stadt- u. Kreisgerichtsratsgattin	1834: 25 Gulden
Maria Anna Berüff, Hallwaagenmeistersgattin	1835: 250 Gulden
Bartholomäus Hack, Polizeidiener	1838: 31 Gulden

44 Fronmüller, Chronik (wie Anm. 1), S. 238.
45 Schwammberger, Fürth von A–Z (wie Anm. 16), S. 378 ff.
46 Ebenda, S. 378; – Von 3442 Protestanten beteiligten sich nur 1119 an der Abstimmung, nur 66 davon stimmten gegen die Gemeinschaftsschule. Von 666 Katholken wählten 413; von ihnen waren 130 dagegen. 411 Israeliten und 75 Freireligiöse stimmten ausnahmslos dafür.

47 Ebenda, S. 378.

48 Infolge des v. a. von Minister Lutz geführten „Kulturkampfes" wurde am 29. Aug. 1873 die „Schulsprengelordnung" erlassen: Den Gemeinden wurde damit gestattet, die bisherigen Konfessionsschulen zu Simultanschulen zusammenzulegen od. neu zu errichten. – Albrecht, Reichsgründung (wie Anm. 37, S. 79), S. 326.

49 Wachter, Nr. 8659.

50 StadtA Fürth, Fach 170, Nr. 10.

51 Glockner, Hermann: Bilderbuch meiner Jugend, 2 Bde., Bonn 1970, S. 250 ff. und S. 261 ff.

52 Diese Zahl stimmt allerdings mit der von Pfarrverweser Stahl angegebenen nicht überein. Wahrscheinlich wurden die auswärtigen Schüler gesondert unterrichtet.

53 Wachter, Nr. 10258.

54 Bericht Glockners – siehe Anm. 51.

55 v. Nordegg wurde auf einer Reise geboren, als Geburtsort wird Leon angegeben. – BHStA München, MF 24320.

56 BHStA München, MF 24320.

57 BHStA München, MF 24230.

58 StadtA Fürth, Akt v. Bäumen.

59 StadtA Fürth, Akt v. Bäumen.

60 StadtA Fürth, Akt v. Bäumen.

61 Georg Heinrich v. Bäumen litt an Geistes- u. Gemütskrankheit; er endete durch Suizid. – StadtA Fürth, Akt v. Bäumen.

62 Wachter, Nr. 10433.

63 Bewerbungsschreiben Urbans vom 4. 12. 1832 – BStA Nürnberg, Abg. 1932 XIV Nr. 142/II.

64 Ebenda.

65 Ebenda.

66 „Athanasia" und „Religions- und Kirchenfreund" waren theologische Zeitschriften – Verlagsort war Würzburg.

67 Wachter, Nr. 6400.

68 Wachter, Nr. 11334.

69 StadtA Fürth, Fach 170, Nr. 5.

70 StadtA Fürth, Fach 170, Nr. 19.

71 Wachter, Nr. 5194.

72 Wachter, Nr. 4036.

73 Wachter, Nr. 4674.

74 Ausführlich zu Eberhard siehe weiter unten.

75 AEB, Erzbischöfl. Akten.

76 Über Zahnleiters Wirken siehe: Neundorfer, Anfänge (wie Anm. 1), S. 41 f.

77 Fronmüller, Chronik (wie Anm. 1), S. 650.

78 Wachter, Nr. 6834.

79 StadtA Fürth, Fach 170, Nr. 9.

80 Die Zahlenangaben über die Gesamtbevölkerung nach einer freundlichen Auskunft des Stadtarchivs Fürth.

81 BStA Nürnberg, Abg. 1968 XIV Nr. 491.

82 Wachter, Nr. 10225.

83 Fronmüller, Chronik (wie Anm. 1), S. 650.

84 BStA Nürnberg, Abg. 1968 XIV Nr. 491.

85 Fronmüller, Chronik (wie Anm. 1), S. 650.

86 Siehe Anm. 78.

87 BStA Nürnberg, Abg. 1952 XIV Nr. 6269 und Abg. 1968 XIV Nr. 491; – auch: Fronmüller, Chronik (wie Anm. 1), S. 491.

88 Wachter, Nr. 9700.

89 BStA Nürnberg, Abg. 1968 XIV Nr. 491.

90 BStA Nürnberg, Abg. 1952 XIV Nr. 6199.

91 BStA Nürnberg, Abg. 1968 XIV Nr. 491.

92 Außer seiner Pension aus dem Emeritenfonds sollte Sprecher 600 Mark zusätzlich erhalten, die dem jeweiligen Pfarrer von Fürth abgezogen werden sollten. Die Regierung hielt aber diese Regelung für nicht tragbar, da an den Pfarrer von Fürth hohe Anforderungen gestellt wurden – doch gab sie schließlich am 24. Mai 1900 ihre Zustimmung. Diese Gehaltsregelung galt bis zum Ende der Monarchie 1918. – BStA Nürnberg, Abg. 1968 XIV Nr. 491.

93 Wachter, Nr. 9731; Pfarrmatrikel Kersbach b. Forchheim.

94 StadtA Fürth, Fach 170, Nr. 18.

95 BStA Nürnberg, Abg. 1968 XIV Nr. 492.

96 Schreiben der Regierung an das Ordinariat am 7. 1. 1900. – BStA Nürnberg, Abg. 1968 XIV Nr. 491.

97 BStA Nürnberg, Abg. 1968 XIV Nr. 683.

98 Wachter, Nr. 9862; – BStA Nürnberg, Abg. 1968 XIV Nr. 491.

99 AEB, Rep. 4,1, Pfarramt Fürth, Stiftungen.

100 BStA Nürnberg, Abg. 1968 XIV Nr. 491.

Die katholischen Gemeinden Nürnbergs im ersten Drittel des zwanzigsten Jahrhunderts

Die Gründung von Filialgemeinden

Beim Beginn des 20. Jh. ergab sich hinsichtlich der führenden katholischen Geistlichkeit in Nürnberg der überaus günstige Umstand, daß die beiden hier amtierenden Pfarrherren, Johann Höfner[1] und Jakob Hauck, in bezug auf ihr Lebensalter am Beginn ihrer vierziger Jahre standen – d. h. beide befanden sich im sog. „besten Mannesalter". Diese Situation ermöglichte es ihnen, ihre ganze Tatkraft dafür einzusetzen, die Seelsorge in ihren großflächigen und unübersichtlichen Gemeinden auszubauen. Vorrangig konzentrierten sie sich dabei auf die Errichtung neuer Seelsorgestationen.

Wie bereits oben dargelegt, wurde von der Pfarrei Unserer Lieben Frau aus am 11. September 1898 die St.-Josefs-Kirche eingeweiht[2]. Im selben Jahr begann man in der südlichen Vorstadt mit dem Bau der Herz-Jesu-Kirche, in der ab 1902 Gottesdienste stattfanden. Ihre Konsekration erfolgte am 26. Juni 1906[3]. Am 1. Juni 1906 erhielt diese Filialgemeinde den Status einer Kuratie – am 5. Juni 1910 den einer eigenständigen Pfarrei[4].

Im Jahre 1905 begann der Bau der etwa fünf Kilometer südlich der Altstadt liegenden Eisenbahnersiedlung am Rangierbahnhof. Bei dieser Entfernung war die Errichtung eines eigenen Gotteshauses den dort wohnenden Katholiken natürlich ein dringendes Bedürfnis. Nach den Plänen des Reichsbahnoberrates Hans Weiß wurde deshalb die St.-Willibald-Kirche erbaut. Am 6. Juli 1913 wurde sie von Weihbischof Dr. Adam Senger konsekriert. Es war übrigens die erste katholische Kirche in Nürnberg, bei der man nicht auf überkommene Stile zurückgriff, sondern eine eigene architektonische Lösung suchte. In diesem Zusammenhang ließ man sich z. B. bei der Ausmalung des Innenraumes von dem derzeit modernen „Jugendstil" inspirieren (bei der Renovierung 1983 wurde die ursprüngliche Ausgestaltung wiederhergestellt). Zum Patron ersah man den hl. Bischof Willibald aus, den Patron des Bistums Eichstätt. Die Wahl fiel auf ihn, weil die Siedlung auf einem Gebiet liegt, das ehedem zu eben dieser Diözese gehörte. (Zum Ausgleich trat 1926 Bamberg Stein an Eichstätt ab.)[5]

Für die Katholiken in St. Johannis und Neuwetzendorf – d. h. das Gebiet zwischen St. Johannis und Westfriedhof – war durch die Errichtung einer Schwesternstation (1898) und eines Kindergartens (1907) ein religionsbezogener Mittelpunkt geschaffen worden. 1905 wurde dann in jener Region ein Bauplatz erworben und drei Jahre später mit dem Bau einer Kirche nach den Plänen Professor Otto Schulz' in neubarockem Stil begonnen[6]. Das Gotteshaus sollte ursprünglich der hl. Kunigunde geweiht werden, da aber eine Ordensfrau aus München, Maria Carmela (mit Taufnamen Michaela) am 15. September 1908 die stattliche Summe von 60 000 Mark spendete mit der Auflage, die Kirche müsse dem hl. Michael geweiht werden, erhielt das Gotteshaus bei seiner Konsekration am 25. Oktober 1910 den Erzengel Michael als Patron[7]. Im II. Weltkrieg wurde die Kirche schwer beschädigt – allerdings nach 1945 wieder aufgebaut (am 15. Oktober 1950 erhielt sie ihre Weihe)[8].

Im östlichen Teil der Stadt, in der Nähe des Ostbahnhofes, wurde am 26. Februar 1905 die Notkirche St.-Karl-Borromäus benediziert[9]. Mit diesem Patrozinium wollte

Turm der St.-Michaels-Kirche
vor der Zerstörung.
Kohlezeichnung von Architekt Josef Fritz

Turmausbauskizze St. Michael.
Kohlezeichnung von Architekt Josef Fritz

man an den Hauptwohltäter des Gotteshauses erinnern, den (evangelischen) Kaufmann Karl Weiner aus Bamberg. Als der Pfarrbezirk im Jahre 1927 eine feste Kirche nach den Plänen des Architekten Fuchsenberger an der Ostendstraße erhielt (die Konsekration erfolgte am 15. Mai 1927), übertrug man das Patrozinium auf dieses neue Gotteshaus und benannte das Kirchlein nahe dem Ostbahnhof in Agneskirche um (zum Gedenken an Frau Agnes Weiner, die ebenfalls viel für die Kirche gespendet hatte[10]). Im II. Weltkrieg vollständig zerstört, wurde die Agneskirche nicht wieder aufgebaut. Im Gegensatz dazu überstand die Karls-Kirche alle Fliegerangriffe ohne gravierende Schäden.

Auch die Pfarrei St. Elisabeth selbst sah sich am Beginn des neuen Jh. verschiedenen Problemen gegenüber. So fehlte hier v. a. noch immer das Pfarrhaus, weshalb die Geistlichen wie das Pfarramt in der erwähnten Mietwohnung untergebracht waren. Schon 1892 bemühte man sich, den östlichen Anbau der Elisabethkirche, den sog. „Neumannbau" (welchen bisher Unteroffiziere der Garnison bewohnt hatten), als Pfarrhaus zu erhalten. Allein die darauf gerichteten Pläne scheiterten[11]. Erst nahezu ein Jahrzehnt später, 1901, vermochte Pfarrer Hauck mit ministerieller Genehmigung das Haus am Jakobsplatz 17/19 zu erwerben[12].

Kirchenbau in Nürnberg-Gostenhof,
Seelsorgsbezirk der kathol. Pfarrei St. Elisabeth.

Ew. Hochwohlgeboren!

Seine Königliche Hoheit Prinzregent Luitpold von Bayern hat unterm 22. August 1908 die Vornahme von Sammlungen zugunsten des Baues von katholischen Kirchen in den Vorstadtbezirken der Pfarrei St. Elisabeth in Nürnberg durch Erlassung eines Aufrufes in öffentlichen Blättern Bayerns allergnädigst bewilligt.

Das ist gewiß der **beste Beweis**, welch große Kirchennot in genannten Bezirken herrscht und wie sehr da Hilfe not tut.

Für die 40000 Katholiken der erst 1896 gegründeten Pfarrei St. Elisabeth **ist eine einzige Kirche** (St. Elisabeth) **vorhanden mit Raum für kaum 1600 Besucher;** außerdem nur eine Notkirche in Gostenhof. Dazu haben die Katholiken der großen Vorstadtbezirke, wo die überwiegende Mehrzahl der Katholiken wohnt, einen viel zu weiten Weg (eine halbe bis eine ganze Stunde) zur Pfarrkirche.

Es steht daher der Kirchenbauverein St. Elisabeth vor der großen und schweren Aufgabe, möglichst rasch 3 Kirchen zu erbauen: eine für Gostenhof mit 12000 Katholiken, eine für St. Leonhard-Schweinau mit ca. 5000 Katholiken und eine für Steinbühl-Gibitzenhof mit 14000 Katholiken.

Vor allem ist es ein Gebot eiserner Notwendigkeit, daß die Notkirche in Gostenhof, ein primitiver, nicht mehr wetterfester Fachwerkbau, sofort durch eine feste Kirche — Antoniuskirche — ersetzt werde. Aus dem Material der Notkirche, soweit es noch Verwendung finden kann, sollen in den Vorstädten Steinbühl und Leonhard wenigstens notdürftige Räume für den Gottesdienst geschaffen werden.

Doch woher die Mittel nehmen? Die Kirche mit Bauplatz (70000 M) wird bei der erforderlichen Größe auch in einfachster **Ausführung auf 320000 Mark** kommen. 135000 M sind aufgebracht: es fehlen also noch **185000 Mark**. Diese Summe kann der Kirchenbauverein in Ewigkeit nicht erschwingen trotz allen Eifers und aller Opferwilligkeit der Nürnberger Katholiken; denn die letzteren sind fast durchwegs Arbeiter, die in der Zeit der jetzigen industriellen Krisis kaum ihren eigenen Lebensunterhalt sich verdienen können.

Wir sind daher gezwungen, an die Mildtätigkeit edler Wohltäter uns zu wenden und herzlich zu bitten: „Schenken Sie uns einen Baustein zur St. Antoniuskirche in Nürnberg-Gostenhof! Helfen Sie Ihren aus allen bayerischen Gauen um des Broterwerbes willen hierher zusammengeströmten Glaubensgenossen zu einem einfachen Gotteshause!

Die Katholikenversammlung zu Würzburg 1907 hat auf die ergreifende Schilderung der Nürnberger Kirchennot hin die Spendung von Gaben zu Kirchenbauten daselbst wärmstens empfohlen und der 1. Vizepräsident der Versammlung, Freiherr von Franckenstein, sprach damals:

„Wir wissen ja alle, welch tiefe Notlage unsere katholischen Mitbrüder in Nürnberg haben, und auch ich möchte an Sie die dringendste Bitte richten, . . . **tun Sie Ihre Herzen, Hände und Geldbeutel auf für unsere armen Katholiken** in Nürnberg . . . .! Ich wiederhole nochmals die Bitte: „Vergessen Sie unsere **süddeutsche Diaspora** nicht, vergessen Sie unsere Nürnberger nicht!"

Mit dankbarstem Herzen nehmen wir jede Gabe — auch in Briefmarken — an. Jede Spende wird der Kirchenbauverein auf einer hübschen Ansichtskarte der projektierten Kirche dankend quittieren.

Für alle Wohltäter wird nach Fertigstellung der Kirche ein feierliches Hochamt gestiftet.

Gottes reichsten Segen und des hl. Antonius Fürbitte allen edlen Gebern!

In aller Ergebenheit

Der katholische Kirchenbauverein St. Elisabeth Nürnberg:

Hauck
Stadtpfarrer und Dekan, 1. Vorsitzender

Lenzer
Oberintendanturfekretär, Kassier

Schaefer
k. Amtsrichter, 2. Vorsitzender

Maier
Bahnadjunkt, Schriftführer

Madlener
Kuratkaplan an St. Antonius.

Das Hochwürdigste Erzbischöfliche Ordinariat Bamberg schreibt hierzu an das kath. Stadtpfarramt St. Elisabeth:

„Wir gestatten gerne, daß der beiliegende Aufruf im Druck vervielfältigt werde, da die darin gegebene Schilderung der Kirchennot durchaus den tatsächlichen Verhältnissen entspricht. Mögen die Sammlungen ein recht reiches Ergebnis erzielen, damit der so notwendige Kirchenbau baldigst erstehen könne."
Bamberg, den 23. Oktober 1908. Dr. v. Keller Petz.

Gaben und Adressen wollen gütigst gesandt werden an:
Kuratkaplan H. Madlener, Nürnberg, Fürtherstraße 96a, III.

Aufruf für Spenden zum notwendigen Kirchenbau

Die St.-Karl-Borromäus-Kirche in Nürnberg-Mögeldorf
nach Plänen von Prof. F. Fuchsenberger, München

Für eine gediegene Seelsorge war es schlichtweg unerläßlich, die weitausgedehnte Pfarrei in überschaubare Seelsorgsbezirke aufzugliedern. So entstand – wie bereits beschrieben – im Jahre 1900 in Gostenhof die St.-Antonius-Notkirche. 1908–1910 wurde sie durch die in neuromanischem Stile erbaute Anna-Kirche ersetzt (die Pläne stammten von Professor Josef Schmitz).

Auch für die südwestlichen Stadtteile St. Leonhard und Schweinau existierten Pläne für ein Gotteshaus. Es sollte ursprünglich an der Leopoldstraße errichtet werden (etwa da, wo jetzt die St.-Bonifatius-Kirche steht). Allein, der Ausbruch des I. Weltkrieges vereitelte dieses Vorhaben. Allerdings gab es seit 1907 in diesem Bezirk einen katholischen Kindergarten, der seit Herbst 1917 in der Leopoldstraße 32 untergebracht war – hier feierte man seit jener Zeit Gottesdienste. Schon vorher, 1912, wurde „Schloß Egg" an der Schweinauer Straße erworben, wodurch die katholischen Vereine ein Lokal und die katholische Gemeinde ein außerkirchliches Zentrum erhielten[13].

St.-Karl-Borromäus-Kirche. Blick vom Chor gegen die Kanzel (Foto aus der Erbauungszeit)

Die Gläubigen aus Stein konnten leichter ihre religiösen Pflichten erfüllen, nachdem am 12. Juni 1910 im nahegelegenen Eibach die St.-Willibalds-Kirche (jetzt Walburgis-Kirche) konsekriert worden war (es wurde ja bereits darüber berichtet).

Die Berufung der Franziskaner nach Nürnberg

Segensreich sollte sich nicht nur für den Seelsorgebezirk St. Anna, sondern für ganz Nürnberg die Berufung der Franziskaner auswirken. Die Initiative dazu ging von Pfarrer Hauck aus[14]. Nachdem die Franziskaner-Provinzleitung in München ihre Zustimmung erteilt hatte, fand am 11. März 1912 die entscheidende Konferenz der maßgeblichen kirchlichen und staatlichen Institutionen in Bamberg statt[15].

Die Berufung der Ordensleute stieß freilich bei einem Teil der Nürnberger Bevölkerung auf Ablehnung. So sprach sich u. a. auch der Magistrat – der in seiner Majorität liberalen Tendenzen zuneigte – dagegen aus, ferner die evangelische Kirche, die eine Störung des interkonfessionellen Friedens befürchtete[16]. Im Gegensatz dazu brachte viel Sympathie der protestantische Oberbürgermeister Friedrich v. Schuh den Franziskanern entgegen.

Am 17. August 1913 wurden die Patres vom Bamberger Erzbischof feierlich eingeführt[17]. Bald darauf stattete v. Schuh, nachdem er kurz vorher sein Amt niedergelegt hatte, den Ordensleuten einen Besuch ab. Seine bei dieser Gelegenheit gesprochenen Worte lauteten:

„Ich komme, Ihnen Glück und Segen zu wünschen . . . Ich wünsche, daß der neue katholische Oberbürgermeister Dr. Otto Geßler Ihnen so gut gesinnt ist, wie es der protestantische war."[18]

Bekenntnisschule und Kindergarten

Neben dem Ausbau der Seelsorge galt es in jenen Jahren auch, überpfarrliche Aufgaben in Nürnberg zu lösen. Dabei ging es in erster Linie um die Stärkung des katholischen Schulwesens[19], da bis 1892 katholische Schulen nur in der Innenstadt existierten[20]. In der Ära Oberbürgermeister v. Schuhs wurden in den Vorstädten staatliche Schulhäuser gebaut, und in eben diesen suchte man nun katholische Klassen einzurichten. Das stellte kein leichtes Unternehmen in einer Stadt dar, in der die Majorität des Magistrates – wie an anderer Stelle bereits erwähnt – politisch liberal eingestellt war, und das Gros der Bevölkerung aus Arbeitern bestand, die in ihrer Mehrheit SPD-Wähler waren. Beide Gruppen standen der Bekenntnisschule ablehnend gegenüber. Allein, trotz allen Widerstandes, wurde diese Jahr für Jahr weiter ausgebaut und erfaßte schließlich bis 1933 mehr als die Hälfte aller katholischen Schüler Nürnbergs[21].

Außer den schulpflichtigen Kindern mußten aber auch jene Altersgruppen betreut werden, die noch nicht der Schulpflicht unterlagen. Das war v. a. deshalb notwendig, weil in sehr vielen Fällen beide Elternteile dem Broterwerb nachgehen mußten, um die Familie ernähren zu können. Doch woher sollte man das für dieses Ziel notwendige Geld nehmen?

Pfarrer Hauck wandte sich deshalb in einem Schreiben an die gutsituierten Frauen:

„In unserer Zeit . . ., in der besonders die konfessionellen Gegensätze sich immer mehr verschärfen, gibt es wenigstens *ein* Gebiet, auf dem . . . ein friedlicher Wetteifer der christlichen Konfessionen statthaben kann und soll. Diese Friedensau ist das Gebiet der christlichen Charitas und das schöne Vorrecht des Frauengeschlechtes ist es, diese herrliche Friedensau zu bebauen."[22]

Dieser Brief verfehlte seine Wirkung nicht, und als Folge konnte am 10. Januar 1905 der „Charitas-Verein Nürnberg e. V." gegründet werden[23]. Pfarrer Hauck übernahm persönlich die Leitung, während die übrigen Vorstandsmitglieder ausschließlich Frauen waren – ein für die damalige Zeit gewiß ungewöhnlicher Umstand. Das Ziel des neugegründeten Vereins bildete das Vorhaben, in allen Stadtteilen Nürnbergs Kindergärten zu gründen und zu finanzieren. In Neuwetzendorf wurde der Anfang dazu gemacht: Hier eröffnete man am 11. August 1907 den Kinderhort in der Amalienstraße (jetzt Pfarrei St. Michael). Ihm folgte am 16. September d. J. der in St. Leonhard (Pfarrei St. Bonifaz) – und zwar erst in einem Schulzimmer in der Georgstraße, später in der Leopoldstraße 17 und seit Herbst 1917 endgültig in der Leopoldstraße 32 (später „Jacobinum" genannt).

Im Mai 1910 wurden dann zwei weitere Kindergärten eröffnet, der eine im Marienheim (Pfarrei St. Josef), der andere in der Schulbaracke an der Luisenstraße (Pfarrei St. Kunigund) – ihn verlegte man übrigens 1912 in ein Schulzimmer in der Kupferstraße. Doch nicht in jedem Falle war der Aktion Erfolg beschieden. So mußte man z. B. im Jahre 1908 nach zeitraubenden Verhandlungen auf die Errichtung eines Kindergartens in der Adam-Klein-Straße – nahe der Antonius-Kirche – verzichten. Auch in der Humboldtstraße 61 (in der Nähe der Herz-Jesu-Kirche) konnte kein Hort eingerichtet werden.

Nach unseren heutigen Vorstellungen waren die Kindergärten überbelegt. So zählte der in St. Leonhard bei seiner Eröffnung 70 Kinder – nur ein Vierteljahr später waren es schon 130. Die meisten Kleinen brachte man morgens zwischen 6 und 6.30 und holte sie erst zwischen 17 und 18 Uhr wieder ab. Das bedeutete für diese Kinder einen langen Tag im Kindergarten, wo die meisten auch ihr Mittagessen erhielten.

Nachdruck nur mit Quellenangabe gestattet!

St. Martins-Bote

Pfarrblatt für die kath. Pfarrei
St. Martin in Nürnberg.

Verantwortlich: Kaplan H e n d l m e i e r , Nürnberg-Nord, Grolandstraße 71 I. Druck und Verlag: Sebaldus-Verlag Nürnberg, Luitpoldstraße 5. — Das Pfarrblatt erscheint in zwangloser Folge und wird kostenlos den katholischen Familien der Pfarrei zugestellt.

5. Jahrgang	Juli 1931	Nummer 3

Stadtpfarrer Friedrich Koegel ✠

E. K. II. Klasse, B. M.-V.-O. IV. Klasse mit Schw.; geb. 2. Juni 1883 zu Igensdorf; Priester 1. August 1909;
Kaplan zu Burgkundstadt 20. August 1909, zu Kronach 1. September 1910, zu Bamberg St. Gangolf 1. Oktober 1911;
U. L. Frau 15. August 1912; Feldgeistlicher von 1914—1918; Pfarrverweser in Steinwiesen 6. Februar 1918;
Kaplan in Nürnberg St. Joseph 9. April 1918; Kurat bei St. Martin 1. März 1919; Pfarrer seit 1. Mai 1922;
gestorben am 30. Mai 1931 im Theresienkrankenhaus zu Nürnberg.

Titelblatt eines Pfarrbriefes der Pfarrei St. Martin. Gleichzeitig gab es den
„St. Elisabeth-Boten"

Der „Katholische Mädchenschutzverein"

An dieser Stelle muß im Zusammenhang mit den verschiedenen Aktivitäten von
katholischer Seite auch noch der „Marianische Mädchenschutzverein" (jetzt „Katholischer Mädchenschutzverein") erwähnt werden. Auf Anregung des Kapuzinerpaters
Cyprian Fröhlich (1853–1931)[23a] entstand er im Jahre 1895. Nur zwei Jahre später,
1897, wurde in Nürnberg eine Zweigstelle eingerichtet, die seit Mai 1910 das
„Marienheim" in der Harmoniestraße unterhielt[24].

Dieser Verein nahm (und nimmt) sich der Anliegen der weiblichen Jugend an, wie
z. B. bei Berufsberatung, Stellen- und Zimmersuche u. ä. Seit 1910 führt er zusammen mit einer evangelischen (und anfänglich auch mit einer jüdischen) Gruppe die
Bahnhofsmission. Das „Marienheim" fiel in seiner ursprünglichen Gestalt allerdings
während des II. Weltkrieges einem Luftangriff zum Opfer. Am 25. Oktober 1952
konnte das wiederaufgebaute Haus geweiht werden.

Die katholische Presse in Nürnberg

Die Öffentlichkeitsarbeit stellte sich kurz nach der Jahrhundertwende als dringend
notwendiges Problem dar[25]. Wohl existierte in Nürnberg bereits die „Nürnberger
Volkszeitung", die jedoch ein Privatunternehmen war. Ihr Gründer Johann Grohrock trug dabei

> „die Last sämtlicher Geschäfte eines Verlegers und Redakteurs allein . . . Die ganze geistige
> Atmosphäre und die öffentliche Meinung ist unkatholisch. Kein Wunder, daß bei diesen
> Verhältnissen viele Tausend von Katholiken unserer Sache verloren gehen".

Mit diesen Worten wandte sich Pfarrer Hauck an die gutsituierten Katholiken, sie
bittend, Zeichnungsscheine mit einem Stückanteil von 500 Mark zu erwerben, damit
die Zeitung aus dem privaten Besitz in den einer Gesellschaft übergehe[26]. Die Aktion
hatte Erfolg, und im Jahre 1910 konstituierte sich die Gesellschaft.

Da im II. Teil meiner Arbeit der katholischen Presse in Nürnberg ein eigener
Abschnitt vorbehalten bleibt, sei hier nur noch kurz aufgeführt: Im darauffolgenden
Jahre wurde der Jugendseelsorger Balthassar Moeckel als Verlagsleiter berufen. Er
ist dann der Nürnberger „Presseprälat" geworden und hat die Zeitung unter dem
Namen „Bayerische Volkszeitung" weiter ausgebaut. Auch der „Sonntagsfriede" –
anfänglich lediglich eine Beilage der „Bayerischen Volkszeitung", später ein selbständiges kirchliches Wochenblatt – geht auf Moeckels Initiative zurück.

Pfarrer Hauck zum Erzbischof erhoben

Pfarrer Hauck gewann durch seine vielseitigen Aktivitäten über die Grenzen der
Erzdiözese Bamberg hinaus bis hin zum Königshause einen hohen Grad an Bekanntheit. Zusätzlich wurde ein Mitglied der Pfarrei St. Elisabeth, Lorenz Ritter v.
Seidlein – bisher Präsident der Eisenbahndirektion Nürnberg – im Jahre 1912
Verkehrsminister im Kabinett Hertling[27]. Als am 23. April 1912 nach längerem
Leiden Erzbischof v. Abert starb, erhob sich die Frage: Wer wollte sein Nachfolger
werden?

Pfarrer Hauck war nun der Mann, der sich bereits als Diasporaseelsorger wie als

Erzbischof Jacobus von Hauck (1912–1943) nach einem Gemälde im Sitzungszimmer
des Metropolitankapitels Bamberg

Organisator karitativer und sozialer Arbeiten bewährt hatte. Ihn nominierte am
4. Mai d. J. Prinzregent Luitpold zum Erzbischof von Bamberg, Papst Pius X.
erteilte am 18. Juni die Präkonisation. Jacobus v. Hauck wurde an seinem Namens-
tag, dem 25. Juli 1912, zum Bischof konsekriert. (Zum Weihbischof konsekrierte er
seinerseits am 12. Januar 1913 Domkapitular Dr. Adam Senger[28], einen energischen
Herrn, der für zwei Jahrzehnte als Generalvikar seine rechte Hand bei der Leitung
der Erzdiözese werden sollte.)

Die reichen Erfahrungen, die der neue Erzbischof vordem als Diasporapfarrer gesammelt hatte, sollten jetzt seinem Bistum – und darin v. a. Nürnberg und Fürth – zugute kommen. 1913 löste er die Pfarreien dieser beiden Städte aus dem Dekanat Neunkirchen am Sand und schuf aus ihnen ein eigenes Erzbischöfliches Kommissariat. Dieser Bezirk zählte zwar nur vier Pfarreien (drei in Nürnberg und eine in Fürth), er bildete aber mit einer Zahl von 128 087 Katholiken mit Abstand den größten innerhalb des Erzbistums[29]. Am 1. Januar 1914 wurden die einzelnen Pfarreien zur Gesamtkirchengemeinde Nürnberg vereinigt. Durch diesen Akt wurden sämtliche Bedürfnisse, die für die Kirchenumlagen erforderlich sind, als gemeinsam zu deckende Ortskirchenbedürfnisse deklariert[30].

Josef Kolb leitete die Pfarrei St. Elisabeth v. 1924–1935

Kirchliche Arbeit im I. Weltkrieg

Während des I. Weltkrieges (1914–1918) wurde in Nürnberg der Ausbau der Seelsorge und der karitativen Arbeit (wenn auch verlangsamt) weitergeführt[31]. 1916 konnten die Franziskaner, die bisher zur Miete gewohnt hatten, ihr eigenes Kloster in der Redwitzstraße – die heutige Straßburger Straße – beziehen[32]. Am 1. Juli 1917 wurde die Kuratie St. Martin im Norden der Stadt errichtet, am 16. September d. J. konnte ihre Notkirche benediziert werden. 1916 wurde die Kuratie St. Anton, ein Jahr später die Kuratie St. Ludwig zur Pfarrei erhoben[33]. Die letztgenannte Pfarrei, die nur über eine Notkirche verfügte, sollte ein festes Gotteshaus erhalten. Für das gesamte Königreich Bayern plante man den Bau einer Kriegsgedächtniskirche, die nach dem Willen der bayerischen Bischöfe in Nürnberg errichtet werden sollte. König Ludwig III. übernahm das Protektorat und spendete einen „Baustein" von 10 000 Mark. (Es ist unter diesen Umständen verständlich, daß der hl. König Ludwig IX. von Frankreich [1214–1270] zum Patron der Kirche und der Pfarrei ausersehen wurde.)[34]

In sozialer wie karitativer Hinsicht stellte der Krieg an die Katholiken erhöhte Forderungen. Durch das Caritasbüro (es war erst in der Schottengasse 8, dann im Kühhof 4 und später in der Breitengasse 36 untergebracht) wurde eine Kleiderkammer und eine Nähstube eingerichtet und den Kindern bedürftiger Eltern Erholungsaufenthalt auf dem Lande vermittelt[35]. Am 27. Dezember 1916 bezog das Büro ein eigenes Haus in der Himpfelshofstraße 5. Bis zur Zerstörung dieses Gebäudes in der Nacht vom 10. zum 11. August 1943 blieb dann das Caritasbüro dort untergebracht[36].

Am 1. Oktober 1915 wurde (allerdings in einer viel zu kleinen Wohnung in der Schustergasse) das „St.-Elisabeth-Heim" für die gefährdete weibliche Jugend errichtet. Am 1. Januar 1917 übernahmen Zeller Schwestern („Dienerinnen der hl. Kindheit Jesu") die Leitung des Hauses. Später zog diese Institution in die Radbrunnengasse um, bis schließlich ein eigenes Haus in der Austraße 92 bezogen werden konnte. Nach dem II. Weltkrieg errichtete man an der Leyer Straße das St.-Elisabeth-Heim neu. Zu diesem Heim gehört die St.-Andreas-Kapelle, jetzt Filialkirche der Pfarrei zu den hl. Schutzengeln. Mit diesem Patrozinium wollte man das Andenken an den Geistlichen Beirat, Gymnasialprofessor Dr. Andreas Rauch († 6. Sept. 1948) wachhalten, der das Heim finanziell unterstützt hatte. 1972/73 wurden übrigens die Schwestern vom Mutterhaus Zell aus dem Nürnberger Heim abberufen.

Das Konkordat von 1924

Durch die Revolution vom November 1918 stürzte die Monarchie (König Ludwig III. verließ das Land, dankte allerdings nicht ab), und Bayern wurde Freistaat – der sich freilich erst nach mancherlei politischen Wirren konsolidierte[37]. Zu einer Trennung von Kirche und Staat, die in jenen turbulenten Jahren verschiedentlich befürchtet wurde[38], kam es dabei nicht – d. h. der Staat entzog sich auch weiterhin nicht seinen Verpflichtungen gegenüber der Kirche. Im Gegenteil, im Konkordat vom 29. März 1924 erfuhren die Beziehungen zwischen dem Apostolischen Stuhl und Bayern eine neue Regelung[39]. Die katholische Kirche erhielt hierbei mehr Freiheit zugestanden, als sie zuvor besessen hatte.

Die etwa 1920 einsetzende Inflation erschwerte natürlich die Fortführung der kirchlichen und karitativen Aufgaben, trotzdem gab es keinen Stillstand. Wohl als eines der bedeutendsten Ereignisse auf kirchlichem Sektor in den zwanziger Jahren kann die Berufung der Jesuiten nach Nürnberg gelten. Sie sollten sowohl in der Seelsorge als auch in der Betreuung der studierenden Jugend ihren primären Wirkungsbereich erhalten. (Das sog. „Jesuitengesetz", das die Niederlassung der Gesellschaft Jesu im Deutschen Reiche untersagte, war 1917 aufgehoben worden[40].)

In Nürnberg übernahmen die Jesuiten die Seelsorge in St. Kunigund, einer Filialgemeinde von Herz-Jesu, die am 21. April 1921 den Status einer selbständigen Kuratie erhielt. Schon vorher hatte die Kirchenverwaltung der Pfarrei Herz-Jesu eine Baracke des ehemaligen Gefangenenlagers auf dem „Ludwigsfeld" erworben und sie zu einer bescheidenen Notkirche umgestaltet. Am 30. Januar 1921 wurde dieselbe dann eingeweiht[41].

Für die zur Pfarrei St. Elisabeth gehörenden Vorstädte St. Leonhard und Schweinau errichtete man am 28. Januar 1920 eine Kuratie[42]. Im April d. J. wurde der „Wörrleins-Saal" an der Wilhelmstraße mit Wirtschaftsgebäuden und Garten erworben, und der Saal anschließend zu einem Gotteshaus umgebaut. Noch im selben Jahre, am 31. Oktober 1920, fand die Weihe der Kirche statt. Zu ihrem Patron auserkor man den hl. Bonifatius, den Apostel der Deutschen. Mit diesem Patronat wollte man sicherlich an das Bonifatiuswerk erinnern, das die meisten Kirchenbauten in Nürnberg und Fürth finanziell gefördert hatte.

Schließlich ist noch zu berichten, daß am 19. November 1922 Erzbischof v. Hauck zwei Notkirchen in Nürnberg weihte, eine im Norden der Stadt – nämlich St. Georg in Ziegelstein – und eine im Osten – St. Otto in Laufamholz. 1925 wurde die erstgenannte Gemeinde zur Kuratie und 1937 zur Pfarrei erhoben. Die beiden Notkirchen wurden nach dem Kriege durch stattliche Bauten ersetzt.

Der Katholikentag 1921[43]

1921 fanden in allen katholischen Kirchen der Städte Nürnberg und Fürth Volksmissionen statt, die in den folgenden Jahren in Form von religiösen Wochen weitergeführt wurden. Als Prediger traten Ordensleute auf: Jesuiten, Redemptoristen, Franziskaner und Kapuziner. Der Sakramentenempfang dabei war erfreulich hoch. So wurden z. B. in Fürth über 5000 Beichten abgelegt[44]. Auf diese Weise vorbereitet, konnte man es wagen, einen Katholikentag abzuhalten, der dann am 7. und 8. Mai in Nürnberg stattfand. Es handelte sich allerdings dabei um keinen allgemeinen Katholikentag (ein solches Unternehmen verbot im Jahre 1921 noch die Ungunst der Gesamtsituation), sondern um eine regionale Variante, die völlig auf die Diasporaverhältnisse Nürnbergs zugeschnitten war[45]. (Der 62. Deutsche Katholikentag fand ein gutes Jahr später statt, nämlich vom 27. bis 30. August 1922 in München[46].) Man wollte auf diese Weise den katholischen Gläubigen in einer aufgewühlten Zeit Wegweisungen geben und gleichzeitig den Anders- bzw. Nichtgläubigen die Geschlossenheit der katholischen Bewegung demonstrieren!

Den Höhepunkt der Veranstaltung bildete der Festgottesdienst im Luitpoldhain, an dem an die 40 000 Gläubigen teilnahmen. Prediger war P. Dionysius aus dem Kapuzinerkloster zu Eichstätt[47]. Der bekannteste Referent des Festes dürfte Dr. Carl Sonnenschein gewesen sein, der „Apostel Berlins". Sein Referat lautete: „Der Katholik und das moderne Staatsleben"[48]. Als einer der Vielen, die damals am Katholikentag in Nürnberg teilnahmen, habe ich selbst (als Gymnasiast) nachträglich das Wort Romano Guardinis bestätigt befunden, daß die Kirche in den Herzen der Gläubigen erwacht sei. Das war ein idealer Erfolg!

Als praktische Frucht erwies sich der feste Vorsatz, im Bereich Nürnbergs ein katholisches Krankenhaus zu bauen. Auf Anregung des „Presseprälaten" Moeckel wurde im November d. J. der „Theresien-Krankenhaus-Bauverein" gegründet. Sieben Jahre später, am 22. Juli 1928, fand die Einweihung des „Theresien-Krankenhauses" statt[49].

Pfarreierhebungen in Nürnberg und Fürth

Im Jahre 1922 machte die katholische Kirche sowohl in Nürnberg als auch im benachbarten Fürth einen sichtbaren Schritt vorwärts, indem sieben Kuratien den Status von Pfarreien erhielten. Es betraf in Nürnberg: St. Bonifatius, St. Josef, St. Karl, St. Kunigund, St. Martin, St. Michael und St. Willibald.

Fürth erhielt in St. Heinrich seine zweite Pfarrei, dazu kam noch St. Josef in Zirndorf (beide Pfarreien gehörten zum Dekanat Nürnberg). Bereits im voraufgegangenen Jahre war die Expositur St. Willibald in Eibach (jetzt St. Walburga) in der Diözese Eichstätt Pfarrei geworden. Daß Eibach sowie andere südliche Vororte 1922 (und später) Nürnberg eingemeindet wurden, hatte zur Folge, daß die Pegnitzstadt auf kirchlich-administrativem Sektor im Laufe der Jahre immer mehr in die Diözese Eichstätt hineinwuchs.

Siegel der 1922 errichteten Pfarrei St. Bonifaz

Fürth, St. Heinrich (nach einer zeitgenössischen Postkarte)

Wirtschaftskrise und politische Unruhen

Der 1. November 1923 ist in die deutsche Geschichte als der Tag der Währungsreform eingegangen. Zu diesem Zeitpunkt erhielt man für die geradezu astronomische Summe von 1 Billion Reichsmark genau 1 Rentenmark. Es folgte darauf tatsächlich ein wirtschaftlicher Aufschwung, der aber leider allzu bald durch die Weltwirtschaftskrise gebrochen wurde[50]. Im Februar 1932 verzeichnete Nürnberg bei einer Einwohnerzahl von 410 438 eine Arbeitslosenzahl von 7586 und lag damit über dem Durchschnitt im Reiche[51]. Und noch immer wuchs die Not von Tag zu Tag weiter an.

In der Pfarrchronik von St. Ludwig ist über das Jahr 1930 zu lesen:

„Würdige und Unwürdige, verschämte Arme und Schwindler kommen in bunter Zahl. Die Not ist riesengroß. Das Kloster gibt täglich Suppe und Brot ab. Die Besucherzahl ist täglich 150."[52]

Für 1931 steht vermerkt, daß täglich etwa 150 Teller Suppe und 750 Brote abgegeben wurden.

Die politischen Auseinandersetzungen zwischen extremen Rechten und extremen Linken, d. h. zwischen Nationalsozialisten und Kommunisten, wurden in jenen Tagen immer heftiger (und dabei oft blutig) ausgetragen. Der Chronist von St. Ludwig, P. Gamelbert Maier, kommt in seinen Aufzeichnungen u. a. auch auf die politische Lage in den frühen dreißiger Jahren zu sprechen. Er schreibt darüber:

„Dennoch hat das Volk in zäher Ausdauer die ungeheure Not dieser Zeit getragen, immer in der Hoffnung auf bessere Zeiten. In solchen Notzeiten blüht immer der Weizen der Radikalen und der großen Maulhelden, die unter dem Deckmantel der einzig echten nationalen Gesinnung und mit großen Versprechungen die Massen des Volkes an sich zu ziehen versuchen. Hierin zeichnet sich besonders die sogenannte nationalsozialistische Arbeiterpartei unter der Führung des

116

Österreichers Adolf Hitler aus. Hitler ist Demagoge, der durch seine Worte und seine Erscheinung namentlich die jugendliche Welt zu faszinieren versteht. Geleistet hat seine Partei bis heute noch nichts als fruchtlose Opposition. Im Reichstag verweigerte sie die Mitarbeit und blieb den Sitzungen fern. Es bedarf noch vieler Klärungen und Läuterungen, bis diese Partei wirklich aktionsfähig wäre, sowohl in ihrem Programm als auch in ihrer Einstellung zur Religion. Die Bischöfe Deutschlands mußten wiederholt gegen die verworrene und teilweise direkt falschen religiösen Ideen der Nationalsozialisten einschreiten."

Als einer, der diese Zeit als junger Kaplan in Nürnberg miterlebt hat, darf ich mir das Urteil erlauben, daß der Chronist von St. Ludwig das niedergeschrieben hat, was alle katholischen Pfarrherren (freilich nicht alle Geistlichen!) des Dekanates in jenen Tagen dachten.

Neue Kirchen in Nürnberg

Trotz aller Widrigkeiten ging die kirchliche Aufbauarbeit in Nürnberg unverdrossen weiter. Am 19. September 1926 wurde die nach den Plänen des Architekten Otto Schulz erbaute St.-Ludwigs-Kirche mit ihren neun Altären konsekriert. Sie ist die größte katholische Kirche unserer Stadt[53]. Im II. Weltkrieg zerstört, wurde sie 1950 wiederhergestellt.

Am 15. Mai des folgenden Jahres erhielt die Karlskirche (nach den Plänen des Architekten F. Fuchsenberger erbaut) die Konsekration. Am 18. Dezember 1927 wurde die Notkirche am Rechenberg, eine Filialkirche von St. Josef, benediziert. Man kann in ihrem Falle mit Recht von einem Mehrzweckbau sprechen. Im Souterrain waren Pfarrsaal, Gaststätte und Kegelbahn untergebracht, in gleicher Höhe mit der Kirche befanden sich der Kindergarten und über dem Kirchenraum selbst ein

Siegel des Kirchenbauvereins
St. Anton, Muggenhof

Die Kirche zu den hl. Schutzengeln (Aufnahme 1982)

Neugestalteter Altarraum der St.-Ludwigs-Kirche

Die St.-Ludwigs-Kirche

Altenwohnheim. Die Kirche wurde später in St.-Anna- und schließlich in St.-Benedikt-Kirche umbenannt. Den II. Weltkrieg hat sie unversehrt überstanden, und der in ihr enthaltene Saal bildete nach dem Kriege den einzigen außerkirchlichen Raum, der den Katholiken Nürnbergs zur Verfügung stand.

Im Pfarrbezirk Herz-Jesu wurde am 11. Oktober 1931 eine Kirche zu Ehren der hl. Theresia vom Kinde Jesu eingeweiht. Dem Gotteshause war ein Kindergarten architektonisch so angeschlossen, daß durch das Öffnen von Trenntüren an Sonntagen der sakrale Raum erweitert werden konnte. Die Filialgemeinde wurde 1933 Kuratie und fünf Jahre später Pfarrei. Das Gotteshaus selbst wurde am 19. Oktober 1944 völlig zerstört. Es wurde nach Kriegsende etwas vergrößert wieder aufgebaut und am 10. Oktober 1948 eingeweiht[54].

In der Pfarrgemeinde St. Anton in Muggenhof (dieser Stadtteil gehörte bis 1917 zur Pfarrei Unserer Lieben Frau in Fürth) wurde am 2. Oktober 1932 die Kirche Zu den hl. Schutzengeln eingeweiht. Die Schutzengel wählte man deshalb zu Patronen, um damit dem Wunsche eines anonymen Wohltäters, der 1923 die ansehnliche Summe für den Bau dieses Gotteshauses gestiftet hatte, zu entsprechen. Erst Filialkirche, wurde sie 1952 Kuratie- und 1962 Pfarrkirche.

1932 erhielt auch die Pfarrei St. Kunigund eine Außenstelle. Am 26. Dezember, am Fest des hl. Stefanus, wurde erstmals in der Kapelle des Mettingschlosses in Zerzabelshof Eucharistie gefeiert. Dieses Datum bestimmte übrigens, daß die nach dem Kriege erbaute Kirche dem hl. Stefanus geweiht wurde.

In jenen Gebieten, die zur Diözese Eichstätt gehörten, blieb man ebenfalls nicht untätig. In Reichelsdorf konnte am 30. September 1930 durch Bischof Leo v. Mergel die St.-Josefs-Kirche (die nach den Plänen des Architekten Rolf Behringer aus Nürnberg erbaut worden war) konsekriert werden. Erst Filialgemeinde von St. Willibald in Eibach, wurde sie am 1. September 1932 Expositur und am 1. Oktober 1949 zur Pfarrei erhoben. („St. Josef" wurde übrigens in „Heilige Familie" umbenannt.)

Kurzer Rückblick auf die zwanziger Jahre des 20. Jh.

Bevor wir die Geschichte des katholischen Nürnbergs (und Fürths) in unserem gegenwärtigen Jahrhundert weiter verfolgen, wollen wir – etwa um die Mitte der zwanziger Jahre – zu einem kurzen Rückblick innehalten. Nürnberg umfaßte damals, soweit es zur Erzdiözese Bamberg gehörte, zwölf Pfarreien und eine Kuratie. Von diesen dreizehn Gemeinden besaßen sieben zu diesem Zeitpunkt lediglich Notkirchen, d. h. teils Baracken, teils Säle, die zu Gotteshäusern umgebaut worden waren.

Diese provisorischen Kirchen wurden von den sie umgebenden Häusern fast erdrückt. In ihrem Innern boten sie einen schlichten und bescheidenen Anblick. Ihr Chor war nur klein und durch die Kommunionbank vom Kirchenschiff getrennt. Auf dem Hochaltar stand der Tabernakel – auf den Seitenaltären Bilder und Statuen (meist im nazaräischen Stile). Der Kreuzweg fehlte übrigens in keiner Kirche. Den Marienaltar schmückte man v. a. im Mai und Oktober liebevoll mit Blumen. An hohen Festzeiten, wie Weihnachten, Ostern und Fronleichnam, standen Fahnen und Standarten in der Nähe des Hochaltares. Die Gläubigen – das soll nicht verschwiegen werden – fühlten sich damals in eben diesen behelfsmäßigen Gotteshäusern wohl und trauerten ihnen, wenn sie festen Bauten weichen mußten, aufrichtig nach.

Hierzu vermittelt der Chronist der Jesuitenniederlassung von St. Kunigund, P. Robert Köppel, eine ausführliche Darstellung. So schreibt er am 24. Dezember 1922:

„Die Notkirche, eine Holzbarackenkirche von 42 m Länge, 7 m Breite und 3 m Höhe der Seitenwände, wurde am 30. Januar (1921) eingeweiht. Jeder Missionar, der die arme und unscheinbare Kapelle inmitten der Barackenstadt auf dem Ludwigsfeld sah, wurde an seine indische Mission erinnert, daher erschien auch ihre Abbildung im Märzheft der „Weltmission der katholischen Kirche" (D. S. 123). Die Leute sagen, daß man so gut in dieser Kirche beten könne. Selbst vom Norden der Stadt kommen regelmäßige Besucher."[55]

Die St.-Anna-Notkirche. Sie diente der Stadtpfarrei St. Ludwig
(Aufnahme um 1920)

Inneres der Notkirche St. Martin (Aufnahme um 1920)

Altar von Kaplan Georg Gewinner in der St.-Josefs-Kirche
(Aufnahme vor 1943)

Eine Notkirche (für die allerdings diese Bezeichnung kaum mehr angebracht erscheint) sei hier nochmals besonders erwähnt, nämlich die bereits oben genannte Josefskirche in der Harmoniestraße. In den dreißiger Jahren schnitzte Kaplan Georg Gewinner (jetzt Prälat und emeritierter Pfarrer der Frauenpfarrei) nach Vorlagen aus der Rokokozeit für diese Kirche den Altaraufbau und die Kommunionbank, die er dann in Gold und leuchtende Farben faßte. Die Kirche, deren Innenraum hell war, bot dadurch einen festlichen Anblick. Leider wurde sie bei dem großen Luftangriff in der Nacht vom 10. zum 11. August 1943 vollständig zerstört[56] und an ihrem ehemaligen Standort nicht wieder aufgebaut.

Das St.-Theresien-Krankenhaus

Nachzuholen bleibt im Zusammenhang mit den Luftangriffen auf Nürnberg noch das Schicksal des bereits im Abschnitt i) erwähnten katholischen Theresien-Krankenhauses in der Nähe des Nordostbahnhofes. Man hatte es in den Jahren 1922–1928 nach den Plänen des Architekten Fritz Mayer erbaut. Das Haus verfügt über 170 Krankenbetten. Als Bauherr zeichnete die Provinzleitung der Schwestern vom Göttlichen Erlöser (Niederbronner Schwestern) in Neumarkt.

Im II. Weltkrieg mußte das Krankenhaus tiefeinschneidende Veränderungen hinnehmen. So mußten 1940 von der vorhandenen Bettenkapazität 100 Stück als

Blick auf das Theresienkrankenhaus (Mitte) und die Umgebung

chirurgisches Lazarett bereitgestellt werden. Im folgenden Jahre errichtete man den Hochbunker. Beim Bombenangriff am 2. Januar 1945 erhielt das Krankenhaus so schwere Beschädigungen, daß nur noch im Bunker der Pflegebetrieb aufrecht erhalten werden konnte.

Nach Kriegsende wurde das Theresien-Krankenhaus wieder aufgebaut und gleichzeitig vergrößert, so daß es jetzt 353 Krankenbetten besitzt. Am 21. November 1960 erhielt die Kirche des Hauses (sie weist ungefähr 150 Sitzplätze auf), die der hl. Theresia von Avila geweiht ist, ihre Konsekration.

Aber nicht nur im Krankenhausdienst fanden Ordensfrauen ein Betätigungsfeld, um die Mitte der zwanziger Jahre übernahmen sie die Arbeit in den Nürnberger Pfarrbüros. Ihre vordringlichste Aufgabe dabei stellte die Anlage von Pfarrkarteien dar (– bzw. deren Erhalt auf dem laufenden Stand). Viele Hausbesuche, von Schwestern und freiwilligen Gemeindehelfern durchgeführt, waren dazu notwendig.

Bei dem häufigen Wechsel der Kapläne und (allerdings weit seltener) Pfarrer, waren die „Pfarrschwestern", wie man sie nannte, der ruhende Pol im Wechsel der Zeit. Durch ihre meist langjährige Tätigkeit kannten sie ihre Pfarrei natürlich exakt – während die Gemeinde wiederum ihre Aktivitäten zu schätzen wußte.

Katholikentag 1931

Etwa am Ende der vorseitig beschriebenen Ära fand in Nürnberg vom 26. bis 30. August 1931 der 70. Allgemeine Katholikentag statt[57]. Ihn verband man mit dem Gedenken an die hl. Elisabeth von Thüringen, deren 700sten Todestages man damit gedachte. Er stand unter dem Leitwort: „Caritasarbeit im Geiste der hl. Elisabeth." Als Präsident fungierte Josef Joos, ein Veteran der katholischen Arbeitnehmerbewegung. Als prominenteste Redner sind zu nennen: Arbeitsminister Dr. Adam Stegerwald, Reichsminister a. D. Andreas Hermes, Frau Ministerialrat Dr. Helene Weber, Universitätsprofessor Dr. Georg Schreiber, M.d.R., und schließlich Dr. Erich Klausner, Ministerialdirektor und Führer der „Katholischen Aktion" in Berlin (er wurde am 30. Juni 1934 beim sog. „Röhm-Putsch" von den Nationalsozialisten ermordet). Außerdem ergriffen noch Professor Dr. Oswald Nell-Breuning – heute Nestor der katholischen Soziallehre – und der Männerapostel Münchens, P. Rupert Mayer SJ, das Wort.

Am Festgottesdienst im Stadion nahmen an die 100 000 Gläubige teil. Der Bamberger Erzbischof Ritter v. Hauck hielt die große Predigt. Sie klang aus mit der Bitte:

„Komm, König der Glorie, mit Deinem Frieden! Gib Frieden den Völkern, gib Frieden unserem zerklüfteten deutschen Volke! Gib Frieden unseren Herzen!"

Leider sind diese Worte des Friedens in den oft blutig ausgetragenen innenpolitischen Auseinandersetzungen und noch mehr im nachfolgenden nationalsozialistischen Regime untergegangen. Im folgenden Jahre, 1932, fand der Katholikentag in Essen statt. Er wurde – bedingt durch die radikale politische Umstellung ab 1933 – über viele Jahre hinaus der letzte. Erst nach dem Kriege und der Währungsreform von 1948 war wieder ein Katholikentag möglich. Er wurde in Mainz gefeiert, wo man schon vor einhundert Jahren den 1. Katholikentag auf deutschem Boden abgehalten hatte.

Tagungsplakat des Nürnberger Katholikentages von 1931

Die katholische Gemeinde in Fürth im 20. Jh.

Die katholische Gemeinde in Fürth sah sich um die letzte Jahrhundertwende vor eine doppelte Aufgabe gestellt. Infolge des weitausgedehnten Pfarrbezirkes erwies sich der Bau einer Kirche im Landkreis als dringend notwendig. Zirndorf wurde hierfür ausersehen, ca von dort aus auch die Katholiken in Cadolzburg und in den anderen kleineren Ortschaften gut erfaßt werden konnten.

Allerdings war es nicht möglich, in der Stadt Fürth selbst auf den Bau einer zweiten Kirche zu verzichten – zudem gehörten zur Pfarrei Unserer Lieben Frau bis in den I. Weltkrieg hinein noch Orte, die auf kommunaler Ebene um 1900 nach Nürnberg eingemeindet worden waren, wie z. B. Schniegling, Doos und Muggenhof[58]. Zur Finanzierung der vorgesehenen Kirchenbauten hatte man schon unter dem Pfarrverweser Konrad Stahl am 30. Mai 1899 den katholischen Kirchenbauverein Fürth gegründet. Als dessen erster Vorsitzender fungierte Rechtsanwalt Dorsch.

Edmund Stenger[59], der seit 1. Dezember 1900 als Pfarrer von Fürth amtierte, ging mit Eifer daran, die Pläne, die er bei seinem Amtsantritt vorfand, zu verwirklichen. Zunächst setzte er sich für den Bau des Gotteshauses in Zirndorf ein. Im Jahre 1902 legt er die Baupläne dem Ordinariat in Bamberg vor, die 1904 auch seitens der Regierung genehmigt wurden. Bereits am 20. November 1904 vermochte er die Josefs-Kirche zu benedizieren[60].

Am 1. Oktober d. J. wurde dann die Kuratie Zirndorf errichtet, die in Karl Brehm[61] ihren ersten Kuraten erhielt. Erwähnt muß noch werden, daß es an Zuwendungen für das bescheidene Kirchlein nicht fehlte. So stiftete z. B. Fräulein Eva Stenger, die Schwester und Haushälterin des Pfarrherren, den Betrag von 1000 Mark zum Unterhalt des Ewigen Lichtes[62].

Im Jahre 1908 begannen die Bauarbeiten für die in der Südstadt gelegene St.-Heinrichs-Kirche. Am 15. November d. J. legte Domdekan Dr. Friedrich Hümmer[63] den Grundstein – am 23. November 1910, nach nur zweijähriger Bauzeit, konsekrierte Erzbischof Dr. v. Abert die Kirche.

Über ein Jahrzehnt hielten daselbst die Geistlichen von Unserer Lieben Frau die Gottesdienste, bis am 1. August 1922 die Kuratie St. Heinrich errichtet wurde, die dann bereits einen Monat später ihre Erhebung zur Pfarrei erfuhr. Erster Kurat bzw. Pfarrer war Franz Schwarzmann[64].

Die Pfarrei St. Heinrich zählte ca. 8000 Katholiken und blieb somit zahlenmäßig wie räumlich einigermaßen überschaubar. Anders erwiesen sich dagegen die Verhältnisse in der Mutterpfarrei Unsere Liebe Frau[65]. Sie verzeichnete 10 500 Angehörige und reichte von Großgründlach und Boxdorf (letzteres gehört jetzt zu St. Martin, Nürnberg) im Nordosten bis nach Veitsbronn im Südwesten – die Entfernung zwischen diesen Orten beträgt ungefähr 13–14 km. Aus diesem Grunde erschien es dringend geboten, für das weite Gebiet neue Seelsorgestellen einzurichten – wenn auch in ihm (von der Stadt selbst abgesehen) der Anteil an Katholiken unter zehn Prozent lag.

Am 1. Mai 1924 fand dann in Mannhof der erste katholische Gottesdienst statt. Er wurde (was als typisch für Diasporaverhältnisse bezeichnet werden kann) in einem Tanzsaal gehalten (und zwar zunächst nur alle vierzehn Tage). 1925 wurde hier der Kirchenbauverein gegründet, und sieben Jahre danach, am 1. Mai 1932, benedizierte Pfarrer Knapp die nach den Plänen des Münchener Architekten Georg Holzbauer errichtete Herz-Jesu-Kirche. Damit verfügten die Gläubigen in den Ortschaften Mannhof, Vach und Großgründlach über ihren eigenen religiösen Mittelpunkt.

Jesus † Maria † Josef

Zum frommen Gedenken im Gebete an den
Hochwürdigen Herrn Geistlichen Rat

Franz Schwarzmann

geboren am 30. September 1885
zu Forchheim
zum Priester geweiht am 1. August 1909
Stadtpfarrer in Fürth/St. Heinrich
von 1922 bis 1947
gestorben am 28. August 1948 in Fürth

Sterbebild des
Pfarrers Schwarzmann

Mit einer Notlösung mußte man sich in Burgfarrnbach begnügen[66]. In den zwanziger Jahren hatte man hier eine Turnhalle gemietet und zur Notkirche umgebaut. Am Sonntag, den 15. September 1929, feierte man in ihr den ersten Gottesdienst. Von nun an fand in ihr einmal in der Woche auch eine Schulmesse statt. Erst nach dem II. Weltkrieg kam es hier zur Gründung eines Kirchenbauvereins und anschließend zum Bau der festen Kirche.

Für Fürth-West hatte Pfarrer Knapp um 1930 den Bau einer Kirche geplant und einen Kirchenbauverein gegründet. Die Einweihung dieses Gotteshauses konnte allerdings erst sein Nachfolger, Pfarrer Trauner, am 4. Juni 1939 vornehmen.

In der Zwischenzeit hatte sich in der Fürther Altstadt ebenfalls Bemerkenswertes ereignet. So konnte hier im Jahre 1928 die Winkler'sche Villa (die man im Jahre zuvor erworben hatte) als Pfarrhaus bezogen werden. Das vordem innegehabte Pfarrhaus wurde jetzt den Niederbronner Schwestern überlassen, die hier ihren zweiten Konvent in Fürth mit Kindergarten und Krankenpflegestation aufmachten.

Wilhermsdorf

Meinen Ausführungen bleibt schließlich noch ein Zusatz anzuführen: Die Entwicklung Wilhermsdorfs zum katholischen Pfarrort. 1937 wurde dem Dekanat Nürnberg die Kuratie Wilhermsdorf zugeteilt, die vordem zum Dekanat Gebsattel gehörte (dieses ist in etwa mit dem heutigen Dekanat Ansbach identisch). Die Kuratie zählte nach dem Schematismus von 1926 nur 237 Katholiken[67], die zudem auf ein weites, nicht weniger als 29 Ortschaften umfassendes Gebiet zerstreut waren (in diesen Bezirk teilten sich acht evangelische Pfarreien). Es handelte sich folglich um tiefste Diaspora, in der die Angehörigen der katholischen Konfession lediglich 2,4% der Gesamtbevölkerung ausmachten und – soweit sie nicht am Pfarrort wohnten – einen Kirchenweg von zwei bis zwölf Kilometern hatten.

Vor 1806 gehörte das Gebiet zum Markgrafentum Ansbach und unterstand in religiöser Hinsicht der Diözese Würzburg. Damals fand in der Kapelle des Wasserschlosses katholischer Gottesdienst statt, der von den umwohnenden Katholiken gern besucht wurde[68]. Als das Land an Bayern und damit an die Erzdiözese Bamberg kam, wurde hier eine Seelsorgestelle errichtet, die 1847 ihre Erhebung zur Kuratie erhielt. Die Pastoration der kleinen, aber weit zerstreuten Gemeinde dürfte überaus schwierig gewesen sein. Dazu kam, daß – wahrscheinlich bedingt durch den Priestermangel – Wilhermsdorf zeitweise ohne eigenen Seelsorger blieb, weshalb die Kuraten bzw. Pfarrer von Neustadt/Aisch, Windsheim und Virnsberg die Kuratie mitbetreuten. Man kann sich heute kaum vorstellen, wie unter diesen Umständen die Kinder zum Religionsunterricht erfaßt und zum Sakramentenempfang vorbereitet wurden.

1877/78 wurde das Schloß abgebrochen – damit verloren die Katholiken gleichzeitig ihre Kapelle. In der Folgezeit erbaute man jedoch ein Haus, in dem sowohl ein Betsaal als auch eine Wohnung für den Seelsorger untergebracht waren. Es ist verständlich, daß infolge der Arbeitsüberlastung (die übrigens nur spärlich Früchte trug), infolge der Schwierigkeiten, mit Confratres in Kontakt zu bleiben, und infolge der zeitweiligen Abnahme der katholischen Bevölkerung die Kuraten häufig wechselten.

Eine grundlegende Wende in den Verhältnissen Wilhermsdorfs brachte die Nachkriegszeit. Es ließen sich nämlich in dieser Region Flüchtlinge nieder, von denen nicht wenige der katholischen Konfession angehörten. Als Folge dieser Entwicklung existieren jetzt dort, wo vordem nur *ein* Gotteshaus stand, *drei* Kirchen, und Wilhermsdorf selbst ist Mutterpfarrei von Langenzenn geworden. Die Katholiken machen inzwischen in Wilhermsdorf 18% und in Langenzenn sogar 28% der Gesamtbevölkerung aus[69].

Im Zusammenhang mit dem oben geschilderten Wandel hob man auch Zwergschulen auf und gründete an ihrer Stelle Verbandsschulen, was die Erteilung des katholischen Religionsunterrichtes spürbar erleichterte. Die Diasporanot ist heute überwunden und eine effektive Seelsorge gewährleistet.

Anmerkungen

1 Wachter, Nr. 4400.

2 Ein Domkapitular schoß 6000 Mark vor, während der „Bonifatius-Verein" und der „Ludwig-Missions-Verein" 10 Jahresraten in Höhe von 4000 bzw. 1500 Mark gewährten. – BStA Nürnberg, Abg. 1968 XIV Nr. 684; – auch: Schrötter Emanzipation, S. 550.

3 Küffner, K. Wie unsere Herz-Jesu-Kirche entstanden ist. In: Stadt B Nürnberg, Nor. 1340.8; auch: BStA Nürnberg, Abg. 1968 XIV Nr. 684: Schrötter Emanzipation, S. 547 ff. – 1905 ersuchte das Ordinariat die Regierung, den Seelsorgebezirk zur Pfarrei erheben zu lassen, doch die Regierung schlug dem Ministerium am 25. 7. 1905 die Errichtung einer Kuratie vor. Am 14. 3. 1906 fand die Wahl der Kirchenverwaltung statt. Am 19. 2. 1907 stellte die Kirchenverwaltung von Unserer Lieben Frau den Antrag auf Erhebung zur Pfarrei. – BHStA München, MK 26840.

4 Pfeiffer: Nürnberg, S. 418.

5 Das Gebiet wurde 1910 an die Erzdiözese Bamberg abgetreten – ein Teil davon allerdings 1939 wieder an Eichstätt zurückgegeben. Der Markt (jetzt Stadt) Stein kam 1926 an Eichstätt. AEB, Rep. 4/3, Akt Diözesangrenzen.

6 Am 8. 10. 1905 gründete man im Gasthof „Deutscher Kaiser" einen Sammelverein. Im selben Jahre wurde das Reich'sche Anwesen an der Johannisstraße (72 000 Quadratfuß) um 100 000 Mark erworben. Für den Kirchenbau war ein Architektenwettbewerb ausgeschrieben – von 52 eingereichten Plänen erhielt Prof. Otto Schulz den Zuschlag. Schrötter Emanzipation, S. 566 f.

7 Karch, Michael: Geschichte der katholischen Gemeinden Nürnberg und Fürth. In: Katholikentag Nürnberg 1921. Festbericht nebst einer Geschichte der katholischen Gemeinden Nürnberg und Fürth. Nürnberg o. J. [1921], S. 5–113, hier S. 63; Schrötter Emanzipation, S. 566 f.

8 Über alliierte Luftangriffe auf Nürnberg: Pfeiffer: Nürnberg, S. 463 f.

9 Karch, Geschichte (wie Anm. 7), S. 62 f.; Kirchen in Nürnberg, S. 28 ff.

10 Kirchen in Nürnberg, S. 30.

11 Gesuch des Pfarramtes vom 31. 10. 1892 und Ablehnung des Kriegsministeriums vom 11. 11. 1892. BStA Nürnberg, Abg. 1968 XIV Nr. 683 (1981 ist dieses Haus doch noch als Pfarrhaus gekauft worden).

12 Ministerielle Genehmigung vom 24. 1. 1901. AEB, Rep. 4/1, Pfarrakten St. Elisabeth, Nürnberg.

13 Siehe ausführlich dazu: Anm. 23.

14 Karch, Geschichte (wie Anm. 7), S. 60.

15 Die „Pfarrchronik St. Ludwig" (handschriftlich vorliegend in dieser Pfarrei) berichtet ausführlich über die Entstehung und Geschichte der Pfarrei. Pfarrakten St. Ludwig, Nürnberg, Pfarrchronik.

16 Siehe dazu: Schuh, Georg Wolfgang Christian: Der Nürnberger Kirchenstreit 1906–1916. In: StadtA Nürnberg, QNG 289.

17 „Ihre erste Niederlassung war ein Mietshaus in der Gibitzenhofstraße 90." Karch, Geschichte (wie Anm. 7), S. 60.

18 Wie Anm. 15.

19 1809 wurde die erste kath. Bekenntnisschule in Nürnberg eingerichtet. – Pfeiffer, Nürnberg, S. 423; dagegen: Der „Deutsche Orden" unterhielt eine kath. Schule seit dem 17. Jh. in Nürnberg. Ulrich.

20 Karch, Geschichte (wie Anm. 7), S. 54 f.; 1873 wurde die erste Simultanschule in Nürnberg eingerichtet. Pfeiffer: Nürnberg, S. 423; In der Magistratssitzung am 27. 1. 1886 wurde der Antrag, in Gostenhof eine kath. Schule einzurichten, abgelehnt, da auch in der Simultanschule kath. Religionsunterricht erteilt werde. StadtA Nürnberg, Stadtchronik 1886.

21 „In der protestantischen Stadt Nürnberg wurde die Zahl der katholischen Konfessionsschulen höher als die der protestantischen . . .". – Karch, Geschichte (wie Anm. 7), S. 55.

22 Caritas-Verein Nürnberg e. V. 1905–1925. Festschrift. 1925 (– liegt vor im Archiv des Caritas-Verbandes Nürnberg).

23 Karch, Geschichte (wie Anm. 7), S. 98 f.; 1895–1955. Katholischer Mädchenschutz. Festschrift. Hg. Deutscher Nationalverband der katholischen Mädchenschutzvereine. Freiburg/Br. 1955 (Heft 2); 75 Jahre Caritas-Verband Nürnberg e. V. Nürnberg 1980 (hierin die Angaben über die Kindergärten).

23 a LThK IV ²1960, Sp. 396.

24 Karch, Geschichte (wie Anm. 7), S. 96 ff.

25 Siehe dazu die Charakteristik durch Karch: „Nürnberg galt damals nicht mit Unrecht als . . . Hauptsitz und Sammelpunkt aller katholikenfeindlichen Geistesrichtungen in Bayern . . .“. – Ebenda, S. 51.

26 Das Schreiben im: AEB, Rep. 4/1, Pfarrakten ULF Nürnberg, 19. Jh.

27 Albrecht, Reichsgründung (wie Anm. 37 S. 79), S. 360.

28 Wachter, Nr. 9504.

29 Nach SchemB 1913 betrug die Zahl der Katholiken in:

Pfarrei Unsere Liebe Frau	39 876
Pfarrei St. Elisabeth	46 617
Pfarrei Herz Jesu	21 266
Pfarrei U. L. Frau/Fürth	20 328
Sa.	128 087.

30 ABB 1913 Nr. 29.

31 Braun, Oskar: Abert, Friedrich Philipp v., Professor der Theologie und Erzbischof von Bamberg 1859–1912. In: Lebensläufe. Bd. II, S. 1–11.
Kist, Johannes: Hauck, Johannes Jacobus v., Erzbischof von Bamberg. In: Lebensläufe. Bd. VI, S. 229–240.
Rathgeber, Franz: Senger, Adam, Weihbischof von Bamberg 1860–1935. In: Lebensläufe. Bd. VI, S 501–507
(es sind jeweils Kurzbiographien der führenden Kirchenfürsten Bambergs in jener Epoche).

32 Karch, Geschichte (wie Anm. 7), S. 60.

33 Pfeiffer, Nürnberg, S. 418 f.

34 Pfarrakten St. Ludwig, Nürnberg, Pfarrchronik.

35 Karch, Geschichte (wie Anm. 7), S. 94.

36 Siehe ausführlich dazu: Anm. 23.

37 Schwarz, Albert: Die Zeit von 1918 bis 1933. Erster Teil: Der Sturz der Monarchie. Revolution und Rätezeit. Die Einrichtung des Freistaates (1918–1920). In: BG Bd. I, S. 387–453.

38 Diese Befürchtung wird v. a. ausgesprochen im Hirtenbrief vom 29. 12. 1918 – ABB 1918, S. 247–253.

39 Schwarz, Albert: Die Zeit von 1918 bis 1933. Zweiter Teil: Der vom Bürgertum geführte Freistaat in der Weimarer Republik (1920–1933). In: BG Bd. I, S. 453–517, hier S. 491–494.

40 Albrecht, Reichsgründung (wie Anm. 37 S. 79), S. 290–325; Witetschek, S. 934.

41 Karch, Geschichte (wie Anm. 7), S. 66.

42 Ebenda, S. 65 f.

43 Der Verlauf des Katholikentages u. die dabei enthaltenen Referate, in: Meixner, Georg (Hg.): Katholikentag 1921. Festbericht. Nürnberg 1921, S. 125–238.

44 Wetz, Heinrich: Kurze Geschichte der katholischen Gemeinde Fürth. In: Katholikentag Nürnberg 1921. Festbericht nebst einer Geschichte der katholischen Gemeinden Nürnberg und Fürth. Nürnberg o. J. [1921], S. 115–124, hier S. 124.

45 Ein erster Katholikentag hatte im Oktober 1920 in Kronach stattgefunden. Vgl. Katholikentag Nürnberg 1921. Festbericht (wie Anm. 7), S. 127.

46 Schwarz, Zeit von 1918 bis 1933. Zweiter Teil (wie Anm. 39), S. 469.

47 Die Wiedergabe der Festpredigt, in: Katholikentag Nürnberg 1921 (wie Anm. 7), S. 150–154.

48 Die Wiedergabe der Festrede, in: Ebenda, S. 177–184.

49 Siehe die Festschrift: 50 Jahre Theresienkrankenhaus Nürnberg. Hg. von der Verwaltung des Theresienkrankenhauses; Nürnberg 1978.
50 Schwarz, Zeit von 1918 bis 1933. Zweiter Teil (wie Anm. 39), S. 503.
51 Pfeiffer, Nürnberg, S. 419 und S. 504.
52 Pfarrakten St. Ludwig, Nürnberg, Pfarrchronik.
53 Pfeiffer, Nürnberg, S. 437.
54 Ebenda, S. 500.
55 Die Chronik liegt handschriftl. vor in der Pfarrei St. Kunigund. Pfarrakten St. Kunigund, Nürnberg, Pfarrchronik.
56 Dieser Luftangriff traf v. a. die südliche Altstadt, Rosenau, Deutschherrnwiese und Wöhrd. Pfeiffer, Nürnberg, S. 463.
57 70. Generalversammlung der Katholiken Deutschlands in Nürnberg vom 26. – 30. August 1931. Hg. von der Geschäftsstelle des Lokalkomitees. Nürnberg 1931.
58 Bereits am 29. 6. 1881 richteten die Katholiken Schnieglings und Wetzendorfs ein Gesuch wegen Umpfarrung in die Pfarrei Unsere Liebe Frau, Nürnberg, an das Ordinariat. Das Nürnberger Pfarramt lehnte damals ab. BHStA München, MK 26838.
59 Wachter, Nr. 9862.
60 StadtA Fürth, Fach 170, Nr. 15.
61 Wachter, Nr. 1111.
62 AEB, Rep. 4/1, Pfarrakten ULF, Fürth – Stiftungen.
63 Wachter, Nr. 4718.
64 Ebenda, Nr. 9352.
65 Belege sind enthalten in: Festschrift 150 Jahre Unsere Liebe Frau in Fürth.
66 25 Jahre Karmeliten in Fürth, Chronik – Zusammenstellung der Aufzeichnungen zu einer Jubiläumsausgabe von P. Dr. Adalbert Deckert O.Carm. (ohne Ort- und Zeitangabe), S. 14 ff.
67 SchemB 1926, S. 97.
68 Brandmüller, Walter: Das Wiedererstehen katholischer Gemeinden in den Fürstentümern Ansbach und Bayreuth. (Münchener Theologische Studien 15). München 1964, S. 23.
69 SchemB 1982, S. 277–279.

Der Nationalsozialismus und die deutschen Katholiken

Mit den Reichstagswahlen vom 5. März 1933 kamen die Nationalsozialisten, die mit der Kampffront Schwarz-Weiß-Rot ein Wahlbündnis geschlossen hatten, endgültig an die Macht[1]. Bereits vordem, am 30. Januar d. J., hatte Reichspräsident v. Hindenburg (v. a. auf Drängen v. Papens hin) den Vorsitzenden der NSDAP, Adolf Hitler, zum Reichskanzler ernannt. Das Problem der Massenarbeitslosigkeit und ihre Beseitigung spielte bei jenen Wahlen gewiß eine bedeutende – wenn nicht die ausschlaggebende Rolle. Nürnberg lag z. B. mit 57 500 Arbeitslosen (im Februar 1932) über dem Reichsdurchschnitt – allerdings vermochten hier die Nationalsozialisten nur 41,7% der Stimmen zu gewinnen, während sie beinahe allgemein im Reiche 43,9% erreichten[2]. Das soll und muß an dieser Stelle zur Ehrenrettung der Stadt Nürnberg gesagt werden, die als „Stadt der Reichsparteitage" allzu sehr in Verruf gekommen ist.

Viele Katholiken hatten während der Weimarer Republik in der Bayerischen Volkspartei (BVP) ihre politische Heimat gefunden. Diese Partei verfügte in Nürnberg über einen zwar kleinen, aber dafür zuverlässigen Wählerstamm und hatte im Stadtrat vier von den fünfzig Mandaten inne. Doch während die anderen Parteien erheblichen Schwankungen unterworfen waren, konnte die Bayerische Volkspartei (eben auf Grund ihres Wählerstammes) in der Zeit der Weimarer Republik permanent ihre Position behaupten[3].

Die Haltung der katholischen Bischöfe und Laien

Der nationalsozialistischen Bewegung als Weltanschauung standen der deutsche Episkopat ebenso wie die führenden katholischen Laien von Anfang an ablehnend gegenüber[4]. Es ging dabei primär um den Paragraphen 24 des NS-Parteiprogramms, der lautete:

„Wir fordern Freiheit aller religiösen Bekenntnisse im Staate, soweit sie nicht dessen Bestand gefährden oder gegen das Sittlichkeits- und Moralgefühl der germanischen Rasse verstoßen. Die Partei als solche vertritt den Standpunkt eines positiven Christentums, ohne sich konfessionell an ein bestimmtes Bekenntnis zu binden. Sie bekämpft den jüdisch-materialistischen Geist in und außer uns und ist überzeugt, daß eine dauernde Genesung unseres Volkes nur erfolgen kann von innen heraus auf der Grundlage: Gemeinnutz geht vor Eigennutz."[5]

Hiermit bekannte man sich wohl zum Christentum – allein als oberste Instanz galt die „germanische Rasse"! Hierzu sei auf die Pastoralanweisung der bayerischen Bischöfe an ihren Klerus vom 12. Februar 1931 verwiesen[6]. Die Bischöfe verurteilten darin die NS-Bewegung v. a. wegen ihrer Rassentheorie – aber auch deshalb, weil sie mit dem Gedanken einer dogmenfreien Nationalkirche auf germanisch-deutscher Basis spielte[7]. Von den bischöflichen Verlautbarungen abgesehen, hat es im katholischen Lager an weiteren warnenden Stimmen nicht gefehlt. So schrieb z. B. im März 1932 (Hitler kandidierte für das Amt des Reichspräsidenten) der Kapuzinerpater Ingbert Naab zu Eichstätt einen offenen Brief an den „Führer" der NSDAP. Dieses Schreiben wurde in einer Vielzahl von Tageszeitungen veröffentlicht und erreichte als Flugblatt eine Auflagenhöhe von 1 ¼ Millionen! Nur einige wenige, dafür aber bedeutungsvolle Sätze daraus seien hier zitiert:

132

„Ihre Presse verherrlicht Sie in einer widerlichen Weise. Sie gelten als der große Erlöser aus der Not und Sie selbst sind auch davon überzeugt. Ihre ganze Gefolgschaft bedeutet für Sie eine einzige Gewissensbetäubung . . . Was sagen Sie zu der Propaganda des Hasses?"[8]

Ähnlich nahm sich die „Bayerische Volkszeitung" kein Blatt vor den Mund. „Hitler bedeutet Krieg", war da zu lesen[9]. Im Sebaldusverlag, der die „Bayerische Volkszeitung" herausgab, veröffentlichte der Reichstagsabgeordnete Karl Troßmann sein Buch mit dem Titel „Hitler und Rom"[10]. Troßmann rechnete darin mit dem Nationalsozialismus ab, wobei er aber auch freimütig Kritik an der Weimarer Republik übte:

„Eine Ordnung, die fast jedes Jahr Wahlen bringt und etwa 20 Reichsregierungen in zehn Jahren erforderte, ist widersinnig und deshalb unhaltbar."

Doch sei die Rettung nie und nimmer vom Nationalsozialismus zu erwarten. Sollte dieser an die Macht kommen, müßte sich Deutschland auf das Schlimmste gefaßt machen. Denn was würde in diesem Falle geschehen?

„Eine brutale Parteiherrschaft, die mit allen Volksrechten aufräumen würde. Die Aussicht auf einen neuen Krieg, der bei den gegebenen Verhältnissen noch verhängnisvoller enden müßte als der letzte Krieg. Der Ruin Deutschlands und ein nachfolgendes vergrößertes Elend."[11]

Allein, diese warnende Stimme wurde ebensowenig wie alle die anderen Warner außerhalb der katholischen Kirche zur Kenntnis genommen – und leider innerhalb derselben nur von einem Teil der Gläubigen beachtet. Immerhin lagen die Wahlstimmen für Hitler in den katholischen Gegenden beträchtlich unter dem Reichsdurchschnitt[12].

Nachdem Hitler jedoch 1933 an die Macht gekommen war, lenkte er zunächst gegenüber der Kirche ein[13], indem er jetzt erklärte, daß er im Christentum die unerschütterlichen Fundamente des sittlichen und moralischen Lebens des deutschen Volkes sehe, und daß er eine friedliche Ausgestaltung des Verhältnisses von Staat und Kirche anstrebe[14]. (Persönlich war er allerdings ein „religiöser Nihilist, der sich in einen hybriden Schicksals- und Erwählungsglauben hineinsteigerte"[15].)

Das Konkordat von 1933

Viele Deutsche haben in jener Zeit den Beginn der nationalsozialistischen Ära positiv beurteilt: Die parteipolitischen Kämpfe gehörten der Vergangenheit an, die Wirtschaft erholte sich zusehends, die Zahl der Arbeitslosen ging zurück und – was nicht weniger wichtig erschien – im Ausland war das Ansehen Deutschlands im Steigen begriffen[16]. Verstöße gegen das geltende Recht und Gesetz, die von seiten der Partei vorkamen – wie z. B. auf dem Münchener Gesellentag im Juli 1933 –, wertete man als bloße Übergangserscheinungen, die man damit entschuldigte, daß sie letztlich ja nur von untergeordneten Stellen vorgenommen und daher ohne Wissen des „Führers" geschehen seien[17].

Weitere Reputation gewann Hitler dadurch, daß am 20. Juli 1933 in Rom das Reichskonkordat unterzeichnet wurde[18]. Das Deutsche Reich gewährleistete darin die Freiheit des katholischen Glaubens und die Ausübung der katholischen Konfession. Die theologischen Fakultäten an den Universitäten sowie die Philosophisch-theologischen Hochschulen blieben erhalten. Der katholische Religionsunterricht wurde als ordentliches Lehrfach anerkannt, der Fortbestand zur Bekenntnisschulen wurde garantiert bzw. die Erlaubnis zu Neugründungen wurde erteilt. Gleichzeitig erhielten die Orden und kirchlichen Kongregationen ihre Berechtigung zur Gründung und Führung von Privatschulen zuerkannt. Katholische Verbände, die ausschließlich religiösen Charakter besaßen oder rein kulturellen bzw. karitativen Zwecken dienten (und als solche der kirchlichen Behörde unterstanden), sollten vertragsgemäß künftig bei ihrer Tätigkeit staatlichen Schutz genießen. Verboten wurde hingegen den Priestern und Ordensleuten jegliche Mitgliedschaft wie Mitarbeit in politischen Parteien.

In diesem Vertrag vermochte die Kirche ihren Standpunkt klar und deutlich zum Ausdruck zu bringen. Professor Dr. Repgen in Bonn, der Vorsitzende der Kommission für Zeitgeschichte, urteilt darüber:

„Das Reichskonkordat war die vertragliche Form der Nichtanpassung der katholischen Kirche an das Dritte Reich.[19]"

Man darf heute nicht verkennen, daß die Christen damals in einem nahezu ausweglosen Dilemma standen: Den Staat an sich mußten sie bejahen – die Partei jedoch, die sich betont mit ihm identifizierte, mußten sie aus Gewissensgründen ablehnen. Den rechten Weg unter diesen Umständen zu finden, war alles andere als leicht. Aus diesen Gründen sollte man in unserer von der Meinungsfreiheit geprägten Zeit mit einem Urteil über das Handeln der Menschen in jenen Jahren vorsichtig und zurückhaltend sein!

Das Konkordat war allerdings von Anfang an umstritten. Positiv zu werten ist nach meiner Ansicht, daß das religiöse Leben nunmehr vertraglich geschützt wurde, so daß sich die Bischöfe bei kirchenfeindlichen Maßnahmen (von seiten der NS-Partei) auf das Konkordat berufen und von Vertragsbruch sprechen konnten – was natürlich den braunen Machthabern schon im Hinblick auf das Ausland nicht genehm sein konnte. Darüber hinaus war es möglich, die Seelsorge in allen katholischen Pfarreien (vielleicht mit nur wenigen Ausnahmen) selbst während der schweren Kriegsjahre bis zum Zusammenbruch 1945 aufrecht zu erhalten. (Im Vergleich dazu waren während des sog. „Kulturkampfes", der in den siebziger Jahren des Jh. zwischen der katholischen Kirche und Bismarck ausgetragen wurde, in Preußen 9 Bistümer verwaist und mehr als 1000 Pfarreien nicht besetzt[20].)

Der nationalsozialistische Kampf gegen katholische Vereine und Schulen

Im Laufe der Jahre zeigte der Nationalsozialismus jedoch immer deutlicher sein wahres Gesicht. Seine Weltanschauung stand nicht, wie es im Parteiprogramm offiziell hieß auf dem Boden des positiven Christentums, sondern richtete sich primär auf den (freilich reichlich verschwommenen) „Mythos des 20. Jahrhunderts" Alfred Rosenbergs aus[21]. Von dieser Schimäre ausgehend wurde unter dem Schlagwort „Entkonfessionalisierung des öffentlichen Lebens" eine breitangelegte Entchristlichung betrieben. Man wandte sich dabei sowohl gegen den politischen als auch gegen den Verbandskatholizismus.

Der politische Katholizismus gehörte nach der Selbstauflösung der Bayerischen Volkspartei und des Zentrums im Juli 1933 der Vergangenheit an. Der Verbandskatholizismus, der sich nicht „gleichschalten" ließ, bekam dafür den Haß der Machthaber zu spüren. So mußten z. B. die Verbandszentralen Hausdurchsuchungen über sich ergehen lassen und Aktenbeschlagnahmungen hinnehmen, außerdem wurden

Mitglieder seines Vorstandes in sog. „Schutzhaft" genommen. Das Verbot der Doppelmitgliedschaft in der NSDAP und in einem konfessionellen Verband brachte den katholischen Arbeitervereinen schwere Verluste an Mitgliedern. Das Reichsgesetz vom 1. Dezember 1936, das Heranwachsenden im Alter von 10 bis 18 Jahren die Mitgliedschaft in der „Hitler-Jugend"[22] zur Pflicht machte, erschwerte die Jugendarbeit. Schließlich verbot in Bayern das Innenministerium am 31. Januar 1938 die Katholische Jugendvereinigung und am 6. Februar 1939 den Jungmännerverband. Bedingt durch diese staatlichen Zwangsmaßnahmen war zwar die Mitgliederzahl des katholischen Jungmännerverbandes von 365 000 im Jahre 1933 auf 252 000 im Jahre 1934 zurückgegangen, doch an Großveranstaltungen beteiligten sich mehr Nicht-Mitglieder als bisher[23].

Die Zeitschrift „Junge Front" – später in „St. Michael" umbenannt – konnte ihre Auflage von 30 000 auf 330 000 Exemplare im Januar 1936 steigern. Dieser Erfolg war den Machthabern erklärlicherweise ein Dorn im Auge: Bald darauf wurde das Erscheinen des Blattes verboten[24].

„Mit brennender Sorge"

Der Kirchenkampf wurde von NS-Seite – je fester sie die Macht usurpierte – immer härter geführt. Der Apostolische Stuhl konnte dazu nicht schweigen, und – von den deutschen Bischöfen angeregt – erließ Papst Pius XI. am 14. März 1937 die Enzyklika „Mit brennender Sorge"[25] (die übrigens unverkennbar die Handschrift Kardinal Faulhabers trägt[26]). Dieses Rundschreiben verstand sich als „ein Wort der Wahrheit und der seelischen Stärkung". Wegen seiner Bedeutung für die damalige Situation seien einige Passagen hier wiedergegeben:

„Mit brennender Sorge und steigendem Befremden beobachten Wir seit geraumer Zeit den Leidensweg der Kirche, die wachsende Bedrängnis der ihr in Gesinnung und Tat treubleibenden Bekenner und Bekennerinnen."

Mit kaum noch zu überbietender Schärfe werden dann die kirchenfeindlichen Machenschaften verurteilt:

„Mit verhüllten und sichtbaren Zwangsmaßnahmen, Einschüchterungen, Inaussichtstellung wirtschaftlicher, beruflicher, bürgerlicher und sonstiger Nachteile wird die Glaubenstreue der Katholiken und insbesondere gewisser Klassen katholischer Beamter unter einen Druck gesetzt, der ebenso rechtswidrig wie menschlich unwürdig ist. Unser ganzes väterliches Mitgefühl begleitet diejenigen, die ihre Treue zu Christus und Kirche um so hohen Preis bezahlen müssen . . ."

Auch an die Jugend wandte sich dabei der Papst:

„Singt eure Freiheitslieder, aber vergeßt über ihnen nicht die Freiheit der Kinder Gottes! Laßt den Adel dieser unersetzbaren Freiheit nicht hinschwinden in den Sklavenketten der Sünde und Sinnenlust!"

Gegen Ende seines Schreibens macht der Heilige Vater den Gläubigen Mut, sie und nicht die Feinde der Kirche werden schließlich die Sieger sein:

„Dann – des sind wir gewiß – werden die Feinde der Kirche, die ihre Stunde gekommen wähnen, bald erkennen, daß sie zu früh gejubelt und zu voreilig nach der Grabschaufel gegriffen haben. Dann wird der Tag kommen, da anstelle verfrühter Siegeslieder der Christenfeinde aus den Herzen und von den Lippen der Christustreuen das Te Deum der Befreiung zum Himmel steigen darf; ein Te Deum des Dankes an den Allerhöchsten, ein Te Deum der Freude darüber, daß das deutsche Volk auch in seinen heute irrenden Gliedern den Weg religiöser Heimkehr beschritten hat, daß es in leidgeläutertem Glauben sein Knie wieder beugt vor dem König der Zeit und Ewigkeit Jesus Christus, und daß es sich anschickt, im Kampfe gegen die Verneiner und Vernichter des christlichen Abendlandes, in Harmonie mit allen Gutgesinnten anderer Völker, den Beruf zu erfüllen, den die Pläne des Ewigen ihm zuweisen."

Die Enzyklika hat zwar die treuen Katholiken in ihrer Haltung ermutigt, irgendeine reale Wende auf innenpolitischem Sektor hat sie nicht bewirkt. Die NS-Regierung wertete sie vielmehr als „offene Kampfansage"[27] und schlug ihrerseits zurück. Dabei suchte man besonders das moralische Ansehen der Kirche zu untergraben, indem man jetzt eine Flut von Sittlichkeitsprozessen gegen Geistliche und Ordensleute führte – was Propagandaminister Goebbels in breitangelegter Weise propagandistisch ausschlachtete[28]. 1938 wurden auch noch die letzten Bekenntnisschulen (wie auch die den Orden gehörenden Lehranstalten) aufgelöst: Angeblich bestand kein weiterer Bedarf[29]!

Der nationalsozialistische Kampf gegen alles Christliche

Der Haß und der davon ausgelöste Kampf der NS-Partei gegen alles Christliche überhaupt haben auch während der Kriegsjahre 1939–1945 nicht nachgelassen (wenn auch Hitler 1939 im Zusammenhang mit der sich verschärfenden außenpolitischen Lage einen vorübergehenden „Burgfrieden" mit der Kirche schloß[30]). Ab 1941 durfte katholischer Religionsunterricht nur noch in den unteren Klassen – und das nur in den Randstunden – erteilt werden. Am 23. April 1941 wurde in Bayern die Entfernung der Kruzifixe und religiösen Bilder aus den Schulräumen angeordnet, was übrigens in anderen deutschen Ländern bereits zu einem früheren Zeitpunkt durchgeführt worden war. Diese Maßnahme löste allerdings einen Sturm der Entrüstung bei der Landbevölkerung aus mit dem Ergebnis, daß dort, wo heftiger Protest erfolgt war, die Kreuze meist weiterhin bleiben durften[31].

Eine weitere Zwangsmaßnahme betraf die Orden, wobei die braunen Machthaber in der ersten Hälfte des Jahres 1941 im Großdeutschen Reiche mehr als 120 Klöster, Ordenshäuser und kirchliche Anstalten einzogen[32].

Tötung der Geisteskranken

1940 begann man staatlicherseits mit der Beseitigung „lebensunwerten Lebens", d. h. mit der Ermordung der geistig Behinderten. Im folgenden Jahre hielt Clemens August Graf v. Galen, Bischof von Münster, seine berühmten geharnischten Protestpredigten, die bedeutendes Aufsehen erregten. Die NS-Führung zeigte sich darüber ratlos. In Parteikreisen schlug man vor, den (tatsächlich bewunderungswürdig mutigen) Bischof kurzerhand aufzuhängen – allein, man wagte das angesichts der allgemeinen Lage doch nicht und verschob die „Abrechnung" auf die Zeit nach dem Kriege[33].

Der Widerstand der katholischen und evangelischen Kirchenführer wie der christlich orientierten Bevölkerung war jedoch nicht vergeblich: Im August 1941 befahl Hitler, diese Vernichtungsaktion einzustellen[34]!

Die Deportation der Juden

Im Oktober 1941 begannen als sog. „Endlösung der Judenfrage" die Deportationen der Juden aus dem gesamten NS-Machtbereich nach dem Osten, wo sie – wie die Propaganda erklärte – in Arbeitslagern eingesetzt werden sollten – tatsächlich aber in den berüchtigten Vernichtungslagern vergast wurden. Zu diesen Opfern zählte auch die jüdische Konvertitin Edith Stein, die in den Karmelitenorden eingetreten war[35].

Zu einer Protestaktion der deutschen Bischöfe gegen den organisierten Massenmord an den Juden kam es nicht. Wohl aber nahm der Episkopat in dem Hirtenbrief vom 19. März 1943 (über die zehn Gebote) zu diesen Vorgängen Stellung und erklärte:

„Tötung ist in sich schlecht, auch wenn sie angeblich im Interesse des Gemeinwohls verübt wird"[36].

Das Massenmorden ging jedoch trotzdem unvermindert weiter.

Zum Jahreswechsel 1943/44 drohte die Zwangsauflösung aller „nichtarischen Mischehen". Diese Maßnahme hätte den jeweils nichtarischen Ehepartner der Deportation und damit dem Tode ausgeliefert. Das energische Vorgehen der Kirche dagegen verhinderte das geplante Gesetz und rettete somit zahlreichen Menschen das Leben[37].

Seit dem Beginn des Rußlandfeldzuges am 22. Juni 1941 wurde der Krieg zunehmend erbitterter geführt. Im Februar 1943, nach der militärischen Katastrophe von Stalingrad, proklamierte Goebbels in seiner berüchtigten Rede im Berliner Sportpalast den „totalen Krieg". Diesen sollte die deutsche Zivilbevölkerung in der unmittelbaren Folgezeit in brutalster Weise zu spüren bekommen. Die alliierten Luftangriffe auf die deutschen Städte nahmen rapide zu und wurden zunehmend systematischer durchgeführt. Gleichzeitig rückte die Front den Grenzen Deutschlands beständig näher, bis um die Jahreswende 1944/45 das Territorium des Reiches selbst zum Kriegsschauplatz wurde.

In dieser überaus schweren Zeit weihte Papst Pius XII. am 31. Oktober 1943 die Welt dem Unbefleckten Herzen Mariens. Ein Jahr später wurde diese Weihe in den einzelnen deutschen Diözesen und Pfarreien wiederholt. Im Bistum Bamberg geschah das am Sonntag, dem 15. Oktober 1944, zum Abschluß der Ewigen Anbetung[38].

Am 30. April 1945 endeten Hitler und Goebbels im Bunker der Reichskanzlei in Berlin durch Selbstmord. In der zertrümmerten Stadt wurde am 8. Mai die bedingungslose Kapitulation Deutschlands unterzeichnet. Der II. Weltkrieg war damit in Europa offiziell beendet – das NS-Regime gestürzt. Das deutsche Volk stellte sich in seiner extrem bedrängten Lage die sorgenschwere Frage: Was werde die Zukunft bringen?

Anmerkungen

1 Zur allgemeinen Geschichte: Erdmann, Karl Dietrich: Deutschland unter der Herrschaft des Nationalsozialismus 1933–1939. In: HdG 20
Zum Verhältnis zwischen Kirche und Nationalsozialismus: Gotto, Klaus u. Repgen, Konrad: Kirche, Katholiken und Nationalsozialismus. Mainz 1980.
2 Pfeiffer, Nürnberg, S. 452 ff.

3 Die BVP erzielte am 3. März 7,9% in Nürnberg. – Ebenda, S. 452.

4 Der Mainzer Bischof erklärte sogar, daß ein Katholik, der sich zu den „Grundsätzen der NSDAP" bekenne, „nicht zu den Sakramenten zugelassen werden könne". – Erdmann, S. 183 f.

5 Zitiert in der einschlägigen Literatur.

6 ABB 1931, S. 81 ff.

7 Wie weit ein Wandel auf relig. Sektor geplant war, zeigt das Beispiel des Quedlinburger Domes, der – weil sich in ihm die Grabstätte König Heinrichs I. befindet – von Himmler zum „nationalkultischen SS-Heiligtum" erklärt wurde. – Erdmann, S. 129.

8 Neumayr, Maximilian: P. Ingbert Naab, Lehrer, Kämpfer, Beter. München 1947, S. 320–328.
Ingbert (Taufname: Karl) Naab wurde am 5. Nov. 1885 zu Dahn (Rheinpfalz) geboren. 1902 trat er als Novize in das Kapuzinerkloster Burghausen ein; am 29. Juni 1910 Priesterweihe im Dom zu Eichstätt. 1916–1921 und 1926–1933 Magister Clericorum (Lehrer der Priesteramtskandidaten). 1933 Emigration in den Elsaß. Am 28. März 1935 starb Naab im Odilienkrankenhaus der Niederbronner Schwestern in Straßburg-Neudorf (Grab in Eichstätt). – LThK VII [2]1962, Sp. 754; Witetschek, Helmut: P. Ingbert Naab OFM Cap (1885 bis 1935) – Ein Prophet wider das Dritte Reich. München 1985.

9 Nach der persönl. Erinnerung des Verfassers.

10 Troßmann, Karl Josef (geb. 26. Dez. 1871 zu Würzburg), schloß sich frühzeitig der kath. Arbeiterbewegung an. 1905–1919 Diözesansekretär der kath. Arbeitervereine in Nürnberg, 1914–1918 Magistratsmitglied; 1919–1924 Landtagsabgeordneter der BVP; 1924–1933 Reichstagsabgeordneter. Redakteur der „Bayerischen Volkszeitung". Nach dem Kriege schrieb er: Diamat. Bolschewismus, Marxismus, Leninismus, Stalinismus. Die großen Fragen der Gegenwart. Nürnberg 1953.

11 Troßmann, Karl Josef: Hitler und Rom. Nürnberg o. J., S. 196–200.

12 Ausführlich dazu: Das Wahlverhalten der katholischen Bevölkerung Deutschlands 1932–1933. (Hg. Kath. Arbeitskreis für zeitgesch. Fragen) 2. Aufl. Bonn 1983.

13 Rein äußerlich wurde das sichtbar, indem Hitler am 23. März 1933 den Staatsakt in der Potsdamer Garnisonskirche geschickt mit einem kirchl. Zeremoniell verband. – Erdmann, S. 183.

14 Gotto-Repgen, Kirche, Katholiken (wie Anm. 1), S. 20 und S. 28.

15 Erdmann, Deutschland (wie Anm. 1), S. 182.

16 „Wenn der Nationalsozialismus dem Marxismus, dem Materialismus und dem Zerfall der Sitten den Kampf ansagte und sich für Heimat, Volkstum und deutsche Art einzusetzen vorgab, so entsprach dies den Empfindungen der Kirche und des Kirchenvolkes." – Ebenda, S. 182.

17 Volk, Ludwig: Der Bayerische Episkopat und der Nationalsozialismus 1930 bis 1934. Mainz 1965, S. 92 ff.

18 HKG VII, S. 197–200.

19 Repgen in: VZG Juli 1983.

20 LThK VI [2]1961, Sp. 673 ff.

21 Im Gegensatz dazu strebte der Reichskirchenmin. Kerrl wie der Gauleiter Brandenburgs, Kube, eine Verbindung von Nationalsozialismus und Christentum an. – Erdmann, Deutschland (wie Anm. 1), S. 183.

22 Die Hitler-Jugend (HJ) wurde 1926 gegründet; ab 1931 stand Baldur v. Schirach an ihrer Spitze. – Ebenda, S. 48 und S. 163.

23 Gotto-Repgen, Kirche, Katholiken (wie Anm. 1), S. 70.

24 Belege dazu im Werk von: Gotto-Repgen, Kirche, Katholiken (wie Anm. 1); – auch: Mai, Paul: St. Michael in Bayern. München/Zürich 1978, S. 47.

25 AEB Rep. 4/2, 4815/5.

26 Die Enzyklika „beruhte auf einem Entwurf, den aufgrund einer Besprechung deutscher Bischöfe in Rom Kardinal Faulhaber erstellt hatte". – Erdmann, Deutschland (wie Anm. 1), S. 186.

27 Zur kirchl. Lage: Gotto-Repgen, Kirche, Katholiken (wie Anm. 1), S. 42.

28 Erdmann, Deutschland (wie Anm. 1). S. 187.

29 Volk, Ludwig: Bayern im NS-Staat 1933 bis 1945. In: BG I, 518–537, hier S. 532 f.

30 Erdmann, Deutschland (wie Anm. 1) S. 194.

31 Volk, Bayern im NS-Staat (wie Anm. 29), S. 533.

32 Gotto-Repgen, Kirche, Katholiken (wie Anm. 1), S. 76; Volk, S. 532 f.

33 Aus den sog. „Tischgesprächen Hitlers" u. Äußerungen anderer NS-Größen ist bekannt, daß nach einem siegreich beendeten Krieg Deutschland radikal „entchristlicht" werden sollte. – Erdmann, Deutschland (wie Anm. 1), S. 194.

34 Gotto-Repgen, Kirche, Katholiken (wie Anm. 1), S. 95.

35 Edith Stein. Ein neues Lebensbild in Zeugnissen und Selbstzeugnissen. (Herder-Bücherei Bd. 1035).

36 Der Hirtenbrief ist abgedruckt: ABB, 19. 3. 1943; Gotto-Repgen, Kirche, Katholiken (wie Anm. 1), S. 95–100.

37 Gotto-Repgen, Kirche, Katholiken (wie Anm. 1) S. 98.

38 Der Text des Weihegebetes ist abgedruckt: ABB 1943 – Nr. 24; Die Weihe in der Diözese Bamberg: ABB 1944 – Nr. 29.

Die Katholiken Nürnbergs in der Zeit des Nationalsozialismus[1]

Neue Kirchen und Seelsorgestellen in Nürnberg

Nach diesen allgemeinen Ausführungen über die Zeit von 1933 bis 1945 wenden wir uns wieder Nürnberg und Fürth zu. Zunächst seien die positiven Seiten aufgezeigt (sie fehlten gottlob auch in den düsteren Jahren nicht.): Der Bau von Kirchen und – damit verbunden – der Ausbau der Seelsorge in der Pegnitzstadt und ihrer Nachbarin. 1935 erhielten vier Kirchen die Weihe:
1. am 12. Mai die St.-Margarethen-Kirche als Filialkirche von St. Georg in Ziegelstein (Architekt Fritz Mayer, Nürnberg) – nach dem Kriege wurde sie zur Pfarrkirche erhoben;
2. am 16. Juni die Pfarrkirche St. Kunigund (Architekt Michael Kurz);
3. am 22. September die Pfarrkirche St. Martin (Architekt Prof. Clemens Holzmeister, Wien/Salzburg);
4. schon vorher, am 23. Juni, konsekrierte der Bischof von Eichstätt, Konrad Graf v. Preysing, die St.-Sebaldus-Kirche in Altenfurt (Architekt wiederum Fritz Mayer). Diese Kirche gehörte zur Diözese Eichstätt und war eine Filialkirche der Pfarrei Herz Jesu in Feucht; sie war bestimmt für die Ortschaften Fischbach, Altenfurt und Moorenbrunn, wo sich mittlerweile eine rege Siedlungstätigkeit entwickelt hatte.

Am 1. Oktober 1936 wurde die Expositur (Kuratie) Altenfurt errichtet, die nach dem Kriege zur Pfarrei erhoben wurde. Am 1. Juli 1972 wurde dieses Gebiet nach Nürnberg eingemeindet[2].

Die Notkirche St. Martin, die an ihrer ursprünglichen Stelle jetzt überflüssig geworden war, wurde in etwas abgeänderter Form in Schniegling wieder aufgebaut und am 26. April 1936 eingeweiht. Ihr Kirchenpatron ist der hl. Bruder Konrad von Parzham, der am 2. Mai 1934 heiliggesprochen worden war. Erst Filialkirche von St. Michael gehört sie gegenwärtig zur Pfarrei Zu den hl. Schutzengeln[3].

Am 5. Dezember schließlich konsekrierte Erzbischof v. Hauck die Kirche in Gebersdorf (Architekt wiederum Fritz Mayer), eine Filialkirche von St. Bonifaz. Diese Kirche sollte ursprünglich dem Heiligen Geist geweiht werden, da man aber damals das Kreuz Christi in blasphemischer Manier lästerte, wurde das Gotteshaus gleichsam als Sühnekirche Hl.-Kreuz-Kirche genannt.

In Fürth wurde am 4. Juni 1939 die Notkirche zu Christ-König als Filialkirche Unserer Lieben Frau eingeweiht. Diese Kirche sowie die von St. Martin und vom hl. Bruder Konrad wurden während des Krieges zerstört und mußten nach 1945 wieder aufgebaut werden[4].

In den dreißiger Jahren wurden ferner zwei Kuratien zu Pfarreien erhoben: Am 1. Juli 1937 St. Georg und am 1. Oktober des Folgejahres St. Theresia vom Kinde Jesu. Die Filialgemeinde St. Franziskus erhielt am 1. April 1937 den Status einer Kuratie.

Die Haltung dreier bayerischer Bischöfe

Zum Zeitpunkt der Machtergreifung Hitlers 1933 bekleidete Jacobus v. Hauck das Amt des Erzbischofs von Bamberg (1861–1943). Er war nicht ein glänzender Kanzel-

Pfarrkirche St. Martin, Nürnberg-Nord (Projekt Clem. Holzmeister)
(vorgesehener Baubeginn 1932)

Entwurf für die St.-Martins-Kirche

redner wie etwa Kardinal Faulhaber und er war auch kein rhetorischer Draufgänger wie Bischof Galen – und so ist er durch seine Hirtenbriefe und Ansprachen weniger hervorgetreten als mancher seiner Amtsbrüder. Allein, er bewies zum Programm des Nationalsozialismus eine klare Haltung. Das wußten seine Priester und Diözesanen – natürlich blieb das auch den damaligen Machthabern nicht verborgen. „Die kirchliche Lage"[5] erwähnt den Namen Hauck nicht weniger als 65mal und weist u. a. auf seine Jahresschlußpredigt vom 31. Dezember 1934 hin, in der er sich mit „bemerkenswerter Schärfe gegen die Bildung einer nationalen Kirche gewandt" hatte[6].

In Eichstätt hatte 1931, nach dem Tode des greisen Bischofs Leo v. Mergel, Konrad Graf v. Preysing (1880–1950) den Hirtenstab des hl. Willibald übernommen. Sein Fastenhirtenbrief vom 24. März 1935 bedeutete eine klare Kampfansage an die Irrlehre des Nationalsozialismus:

„Der Kampf ist entbrannt zwischen der Anbetung Gottes und der Anbetung vergötzten Menschentums, zwischen der Religion der Übernatur und einer natürlichen artgebundenen Religion. Hier hat das deutsche Volk zu wählen. Wehe ihm, wenn es dem Übermenschen huldigt und, wie die Erfahrung lehrt, dann auch das Menschliche verliert."[7]

Noch im selben Jahre wurde v. Preysing Bischof von Berlin. Er war in der Fuldaer Bischofskonferenz zusammen mit dem Bischof von Münster der Verfechter eines härteren Kurses des Episkopates gegenüber dem NS-Staat.

Sein Nachfolger auf dem Eichstätter Bischofsstuhle wurde Dr. Michael Rackl (1883–1948), bisher Regens des Priesterseminars und Professor der Dogmatik an der dortigen Hochschule. In seinen Hirtenschreiben wie in seinen zahlreichen volkstümlichen Predigten erwies er sich als unerschrockener Verteidiger christlicher Werte und

141

kirchlicher Rechte gegenüber dem autoritären Staate. So wandte er sich gleich in seinem ersten Hirtenwort (vom 21. Dezember 1935) an die Jugend, die er an das oft gesungene Lied „Wenn alle untreu werden, so bleiben wir doch treu" erinnerte mit der Mahnung:

> „Ich darf dich beim Wort nehmen, denn du bist wirklich treu geblieben. Bleibe stark und treu auch fernerhin!"[8]

Die Spitze gegen die Hitlerjugend war in diesen Worten nicht zu überhören.

Bei den damaligen Machthabern galt er als der „streitbare Bischof". Seine Predigten wurden abgeschrieben, kopiert, von der Jugend an die Kirchenbesucher verteilt und von denselben beifällig aufgenommen. Auf diese Weise wußte sich das katholische Volk in seinen alltäglichen Auseinandersetzungen mit der NS-Partei von den Bischöfen nicht allein gelassen.

Kanzelvermeldung gegen Streicher

In der vorliegenden Untersuchung gilt das besondere Interesse den Auseinandersetzungen zwischen den braunen Machthabern und den katholischen Gemeinden des Dekanates Nürnberg-Fürth. Um es an dieser Stelle sofort vorwegzunehmen: Sensationen hat es dabei nicht gegeben. Als Gauleiter fungierte hier Julius Streicher[9]. Er war ursprünglich Lehrer im Regierungsbezirk Schwaben gewesen, hatte während dieser Tätigkeit Konflikte mit dem dortigen Pfarrer und erhielt noch vor dem I. Weltkrieg seine Versetzung nach Nürnberg. Hier schon bald Mitglied der NSDAP, gab Streicher seit 1923 den „Stürmer" heraus, ein Wochenblatt, das einen erbitterten Kampf gegen „Alljuda" propagierte und in seinem Niveau kaum noch zu unterbieten war[10]. Als besonders schlimm erwies es sich, daß Sondernummern dieses Hetzblattes in Mittelfranken als Schullektüre Verwendung fanden. Nicht selten verband Streicher den Kampf gegen das Judentum mit einer Hetze gegen die Pfaffen.

Sogar Bischöfe blieben von den Hetztiraden Streichers nicht verschont. So griff er z. B. in einer Pflichtversammlung der Lehrer am 25. Januar 1937 den Erzbischof von Freiburg, Dr. Konrad Gröber, infam an, indem er behauptete, dieser habe mit einer Jüdin unerlaubte Beziehungen unterhalten. Wie waren jedoch die Tatsachen? Im Jahre 1921, als Gröber noch Münsterpfarrer in Konstanz war, bat eine junge Jüdin um Aufnahme in die katholische Kirche. Er erteilte ihr daraufhin Konvertitenunterricht und schrieb ihr drei Briefe – verweigerte ihr aber schließlich doch die Aufnahme. Besagte Jüdin fühlte sich deswegen gekränkt und verleumdete in Briefen den Geistlichen, der inzwischen zuerst Bischof von Meißen und danach Erzbischof von Freiburg geworden war[11].

Die Geheime Staatspolizei von Karlsruhe anerkannte allerdings nach genauester Prüfung der Sachlage schon vordem, 1934, das Verhalten des Bischofs als sittlich einwandfrei. Diese Tatsache hinderte Streicher jedoch nicht, einen jener verleumderischen Briefe besagter Jüdin durch einen Parteigenossen (den er als „Frankenbischof" titulierte) vorlesen zu lassen.

Die katholischen Geistlichen wollten und konnten zu diesem Affront nicht schweigen. Am 14. Februar 1937 wurde in den Kirchen des Dekanates eine Erklärung verlesen, die zu den oben wiedergegebenen Vorwürfen Stellung nahm.

> „Sehr verwunderlich erscheint uns und vielen anderen in diesem Fall das gläubige Vertrauen zu einem Verleumdebrief einer rachsüchtigen Jüdin, während man sonst nicht einmal einem

jüdischen Eide Glauben schenkt . . . Unkraut gibt es bekanntlich in jedem Acker. Jeder gerecht empfindende Mensch muß deshalb die sittliche Herabwürdigung des gesamten katholischen Klerus durch einen aus der Kirche ausgetretenen Mann, wie es am 25. Januar geschehen ist, als eine so ungeheuerlich verallgemeinernde Kränkung verurteilen, daß sich jedes weitere Wort darüber erübrigt."[12]

Der Kampf um die Bekenntnisschule

Deutlicher dürfte dem Gauleiter in der Öffentlichkeit nie vorher die Meinung gesagt worden sein. Sollte er daraufhin zurückschlagen? Die Erklärung der Pfarrämter war nicht zu widerlegen, deshalb mußte Streicher wohl oder übel schweigen.

In diesem Zusammenhang gesehen, wird es leicht verständlich, daß jetzt der Streit um die Bekenntnisschule in Nürnberg – dem Zentrum des Machtbereichs Streichers – mit besonderer Härte einsetzte[13]. Am 29. Januar 1936 schon fand im Lehrerheim eine Pflichtversammlung der Lehrer aller Schulgattungen statt. Nach der Begrüßung durch Gauleiter Streicher stellte Stadtschulrat Fink fest, daß die Lehrerschaft „geschlossen" *für* die Gemeinschaftsschule einträte – wer anders denke, solle den Saal verlassen! Das haben 16 Lehrer und Lehrerinnen dann auch wirklich getan (nach einer anderen Version waren es sogar 31). Übrigens hatten sich manche schon vorher „französisch" empfohlen!

Die Regierung argumentierte anschließend: Nürnberg habe sich damit für die christliche Gemeinschaftsschule entschieden – wer weiterhin für die Bekenntnisschule sei, habe deshalb in dieser Stadt keinen Platz mehr. In bezug auf die nichtkonformistischen Lehrer erfolgten Strafversetzungen, teils innerhalb der Stadt, teils nach auswärts. Die Bekenntnisschule konnte sich, wenn auch geschwächt, noch ein Jahr in Nürnberg behaupten. Der Druck auf die betreffenden Eltern wurde in dieser Zeit jedoch staatlicherseits zunehmend härter. So machten z. B. linientreue Lehrer Hausbesuche, um die Widerstrebenden im Sinne der Partei umzustimmen. Wer sich dann noch weiterhin zugunsten der katholischen Schule aussprach, galt als politisch „unzuverlässig" und mußte mit beruflichen bzw. wirtschaftlichen Nachteilen rechnen. Dementsprechend gingen im Frühjahr 1937 die Anmeldungen für die 1. Klassen der Bekenntnisschulen stark zurück, in bezug auf die übrigen Klassen gab es Ummeldungen zur Gemeinschaftsschule. Infolge dieser Entwicklung erwies sich die Nürnberger Bekenntnisschule zuletzt nicht mehr lebensfähig und wurde von der Regierung aufgelöst.

Die Reduzierung des Religionsunterrichts

Was die braunen Machthaber eigentlich anstrebten, war freilich nicht die Gemeinschaftsschule auf christlicher Basis, sondern eine Schule, deren Grundlage die nationalsozialistische Weltanschauung bildete. Dieses Ziel suchte man Schritt für Schritt zu erreichen. Im November 1938 wurden diejenigen Lehrer, die Religionsunterricht erteilten, aufgefordert, diese Tätigkeit einzustellen. 80% der davon betroffenen Lehrerschaft in Nürnberg sind dann dieser Aufforderung tatsächlich gefolgt, während es z. B. in Augsburg nur 21% waren[14]! Drei Jahre später, 1941, wurde der Religionsunterricht auf die acht unteren Klassen beschränkt, außerdem durfte er nur noch in den sog. Randstunden erteilt werden. Diese Maßnahmen sollten die Erteilung des

Unterrichts im Fach Religion erschweren und gleichzeitig demonstrieren, daß die Religion außerhalb des nationalsozialistischen Erziehungsideals stehe.

Wie bereits im vorigen Kapitel erwähnt, ordnete der bayerische Minister Wagner am 23. April 1941 die Entfernung der Kreuze und religiösen Bilder aus allen Schulzimmern an. Auch sollte von nun an der Unterricht täglich mit einem HJ-Lied begonnen werden. Hier muß leider gesagt werden, daß in Nürnberg die Entfernung der Kreuze – im Gegensatz zu ländlichen katholischen Regionen – stillschweigend hingenommen wurde.

Nach der Abnahme wurden die Kreuze in einen Keller des Rathauses geworfen, um verbrannt zu werden. Dabei ereignete sich folgender Zwischenfall: Ein Angestellter der Stadt, Josef Friedrich († 9. Februar 1964), rief darüber entrüstet aus: „Das ist ja schlimmer als in Rußland!" Eine Kollegin denunzierte ihn, und Friedrich wurde prompt noch am selben Tage verhaftet! Den strengen Winter 1941/42 mußte er im ungeheizten Untersuchungsgefängnis verbringen. Daß er schließlich nicht ins KZ gebracht wurde, verdankte er v. a. dem Einsatz des zuständigen Gefängnisgeistlichen[15].

Durch die schikanösen Maßnahmen wurde die Glaubensunterweisung verständlicherweise erschwert, zumal außerdem viele Kapläne zur Wehrmacht eingezogen waren. Das bedeutete für die in der Heimat verbliebenen Geistlichen ein beachtliches Mehr an Arbeit. Die Jugendlichen, die jetzt keinen schulischen Religionsunterricht erhielten, suchte man in den einzelnen Pfarreien in Glaubensstunden zu erfassen. Wohl konnte auf diese Weise nur ein Teil der Schulpflichtigen angesprochen werden, doch der Kontakt zwischen Geistlichen und Jugendlichen wurde um so enger. Um dem eklatanten Mangel an Religionslehrern in Nürnberg abzuhelfen, begann Oberstudienrat Michael Karch auf Weisung der Bischöfe Laienkatecheten und -katechetinnen auszubilden. Er leistete damit wertvolle Arbeit im Dienst der Kirche – und nach dem Kriege konnten von den Katecheten eine ganze Anzahl als Religionslehrer (-innen) eingesetzt werden.

Das Verhalten der Schulleiter

Die folgende Frage ist höchst interessant: Wie haben sich die Direktoren der Höheren Lehranstalten und die Leiter der Volksschulen während der NS-Zeit den Religionslehrern gegenüber verhalten? Hier finden wir die ganze Bandbreite von Haß bis zu wohlwollender Unterstützung. Insgesamt gesehen war das Verhalten der Direktoren und Rektoren meist korrekt – mit einigen negativen Ausnahmen.

Davon sei an dieser Stelle ein Beispiel aufgeführt: Der Direktor einer Höheren Mädchenanstalt begrüßte den katholischen Religionslehrer bei seinem Dienstantritt am 1. Dezember 1936 mit den Worten: „Ich hasse Sie, weil Sie als Deutscher einer ausländischen Macht hörig sind. Ich werde alles tun, um Ihren Unterricht zu erschweren."[16] Derselbe Pädagoge bewies seine Treue gegenüber der NS-Lehre auch bei folgender Gelegenheit: Als im Geschichtsunterricht die Christianisierung der Germanen behandelt wurde, zeigte er der Klasse ein Bild, auf dem das Fällen der „Donareiche" bei Geismar durch den hl. Bonifatius abgebildet war. Dieses Bild zerriß er demonstrativ, warf die Fetzen auf den Boden und trampelte darauf herum: Dadurch wollte er seinen Schülerinnen seine Entrüstung über die „Christianisierung der Germanen" vor Augen führen[17]!

Es darf aber auch nicht ein Beispiel gegenteiliger Art fehlen, das sich zwar nicht in

144

Nürnberg zutrug, sondern im benachbarten Erlangen[18]. Als dort der Religionslehrer, Oberstudienrat Konrad Hankl, das Klassenzimmer seiner Oberschule betrat, fand er an der Wandtafel folgende Verse:

> „Der Papst sitzt in Rom auf seidenem Thron,
> Es sitzen bei uns seine Pfaffen.
> Was hat einer deutschen Mutter Sohn
> mit Papst und Pfaffen zu schaffen?"

Religionslehrer Hankl meldete den Vorfall dem stellvertretenden Direktor der Schule. Dieser ließ vermittels eines Handschriftenvergleichs den Schreiber feststellen, rief anschließend eine Lehrerversammlung ein und stellte den Fall zur Diskussion. Das Kollegium verfügte bei einer Stimmenthaltung (: der des Religionslehrers!) die Dimission des Schülers. Die Begründung des Vertrauenslehrers dazu lautete: „Wir sind ein Rechtsstaat und müssen solche Ausfälle ahnden!"[19]

Jugendarbeit und Jugendseelsorge

Der Nationalsozialismus suchte – wie übrigens alle totalitären Regime – in erster Linie die Jugend für seine Ideologie zu gewinnen. Aus diesem Grunde erschwerte er die religiöse Jugendarbeit nach Kräften. Doch die Jugendseelsorge wurde v. a. von den Kaplänen weiterhin ausgeübt (was für die Vorkriegszeit gilt, da – wie bereits gesagt – während der sich verschärfenden Lage im Kriege Kapläne zum Dienst in der Armee herangezogen wurden). Freilich, auf Wimpel, Fahnen und gar Uniformen mußte man dabei verzichten!

Die Jugendarbeit selbst wurde meist im Kirchenraum bzw. in der Sakristei geleistet (– Pfarrzentren moderner Prägung mit Jugendräumen kannte man ja damals kaum). Man beschränkte sich auf das Wesentliche – d. h. man suchte den Glauben zu vertiefen und die Jugendlichen gegen den Mythos von „Blut und Boden" zu immunisieren. Die Schar der Ministranten wurde verstärkt, allmonatlich lud man zum Sakramentenempfang und alljährlich zum Gottbekenntnistag am Dreifaltigkeits-Sonntag ein. Die St.-Ludwigs-Kirche, die größte katholische Kirche Nürnbergs, war bei diesen Anlässen stets voll besetzt. Unter den Gläubigen waren dann auch Soldaten und Männer des Arbeitsdienstes zu sehen.

Ein Kern von Jugendlichen war ferner aktiv bemüht, katholisches Gedankengut ins Volk zu tragen. So wurden z. B. Bischofspredigten hektographiert und an die Kirchenbesucher verteilt – wie es im Falle der Predigten des Eichstätter Bischofs Dr. Rackl oder der des Münsteraner Bischofs Graf v. Galen geschah.

Zwei Jugendseelsorger sind zu diesem Thema noch besonders zu erwähnen: Zuerst der spätere Prälat Jupp Schneider, der seit dem 16. November 1937 das Amt des Diözesan-Jugendseelsorgers innehatte. Er verstand es, die Jugend zu begeistern, so daß diese für ihn „durch dick und dünn" ging, obwohl – oder besser, weil er sie forderte.

In den Kriegsjahren kümmerte sich außerdem der Jesuitenpater Hans v. Hahn noch ganz besonders um die Nürnberger Gymnasiasten. v. Hahn war baltischer Abstammung und maß ca. zwei Meter. Dank seiner Art verfügte er über beste Kontakte zu den Heranwachsenden. In Knickerbockern suchte er z. B. die jugendlichen Flakhelfer in den Unterständen auf – in anderen Fällen unterstützte er großherzig Bedürftige. Im Februar 1945 fuhr er nach Dresden, um dort seine aus der Heimat flüchtende Mutter zu treffen. Dabei kamen Mutter und Sohn bei dem furchtbaren Luftangriff in der Nacht vom 13. zum 14. Februar ums Leben.

Sittlichkeitsprozesse und Michael Germanicus

Wie schon im *7. Kapitel* erwähnt, löste die Enzyklika „Mit brennender Sorge" eine Welle von Sittlichkeitsprozessen gegen katholische Geistliche aus. In Nürnberg wurden unter dieser Anklage drei geistliche Herren vor Gericht gestellt und verurteilt. Einer von ihnen ließ durch seinen Rechtsbeistand Revision dagegen einlegen und erreichte, daß sein Fall in Amberg verhandelt wurde – d. h. außerhalb des Machtbereiches Streichers. Das Resultat war: Besagter Priester erwirkte tatsächlich seinen Freispruch. (Allerdings durfte dieses Urteil in Nürnberg nicht bekanntgegeben werden!)

Die infame Hetze gegen Priester wie Ordensleute veranlaßte schließlich den Professor für Kirchenrecht, Dr. Michael Lechner-Eichstätt, zu einer Reaktion. Unter dem Pseudonym „Michael Germanicus" schrieb er einen „offenen Brief" an Goebbels – eine journalistische Meisterleistung, die schonungslos die Verleumdungsmethoden des Propagandaministers anprangerte:

„Herr Minister, wenn Sie schon flunkern, dann flunkern Sie doch wenigstens im Rahmen rechnerischer Wahrscheinlichkeit und Möglichkeit . . . Sie wagen zu behaupten, daß die zahllosen Priester und Ordensleute, die gefehlt haben, daß die tausend und abertausend Fälle, die zur Kenntnis der Justiz gekommen sind, nur einen Bruchteil des wahren Umfangs der sittlichen Verwilderung darstellen und nur ein Anzeichen für den Gesamtverfall bedeuten. Herr Goebbels, man weiß wirklich nicht, soll man mehr staunen über Ihre massive Plumpheit, mit der Sie in ihrem zelotischen Fanatismus aufschneiden, oder über Ihre abgrundtiefe Schamlosigkeit, mit der Sie – ohne Spur eines Beweises – eine derart verallgemeinernde verleumderische Behauptung aufstellen."[20]

Dieser Brief wurde vielfach abgeschrieben, vervielfältigt, weitergegeben und auf diese Weise von Tausenden gelesen. Den Verfasser selbst hat die Gestapo nie feststellen können – allerdings faßte sie Personen, die das Schriftstück hatten zuvor abschreiben und verteilen lassen. In Nürnberg betraf dies den Jesuitenpater Alois Jung († 26. April 1971) sowie mehrere Sodalinnen der Marianischen Jungfrauenkongregation von St. Kunigund. Die Jugendlichen wurden in Haft genommen und nach einiger Zeit wieder freigelassen, ohne daß ein gerichtliches Verfahren gegen sie eröffnet worden wäre. Allerdings wurde es für sie jetzt schwer, wieder Arbeit zu finden. P. Jung hingegen wurde am 5. Juli 1939 vom Sondergericht Nürnberg wegen „Vergehens gegen das Heimtückegesetz" und wegen „Kanzelmißbrauchs" zu zwei Jahren und acht Monaten Gefängnis verurteilt[21].

Beispiele von Rechtssprechung in Nürnberg

Gleichzeitig darf und soll an dieser Stelle nicht verschwiegen werden, daß es auch in dieser dunklen Zeit Richter und Staatsanwälte gab, die sich noch für Recht und Gerechtigkeit einsetzten. So besaß z. B. Oberstaatsanwalt Ignaz Hergenröder[22] den Mut, ein Ermittlungsverfahren gegen den Gauleiter Streicher einzuleiten, weil dieser den jüdischen Studienrat Steinruck im Polizeigefängnis mit der Reitpeitsche mißhandelt hatte. Hergenröder beantragte im Einverständnis mit seinem Vorgesetzten, Generalstaatsanwalt Leuchs, beim Justizministerium die Aufhebung der Immunität Streichers. Leider blieb dieses mutige Bemühen ohne Erfolg.

Derselbe Staatsanwalt ließ ferner SA-Männer, die im katholischen Pfarramt von Lauf die Fensterscheiben eingeschlagen hatten, in Haft nehmen. Durch die Drohung, er selbst käme noch in „Schutzhaft", ließ er sich nicht einschüchtern. Hergenröder wußte nämlich sein couragiertes Vorgehen von dem bayerischen Justizminister Hans Frank gedeckt, der den Standpunkt vertrat, die Staatsgewalt dürfe nicht unter dem Druck der Partei stehen. (Frank wurde ja bekanntlich 1946 im „Nürnberger Prozeß" zum Tode verurteilt und hingerichtet.)

Kirchenaustritte

Wie stand das Volk in der Zeit von 1933 bis 1945 eigentlich zur Kirche, und wie erfüllte es seine religiösen Pflichten? In Deutschland gab es von 1933 bis 1935 jährlich etwa 31 000 Kirchenaustritte – 1936 waren es 46 000 – 1937 mehr als die doppelte Anzahl, nämlich 108 000. 1938 sank die Zahl dann auf 88 700 und fiel im Folgejahr unter die 40 000-Grenze. Wenn man die Konversionen von den Austritten abzieht, so erweist sich, daß insgesamt 0,43% der Katholiken die Kirche verlassen haben. Ein Massenaustritt war das zweifellos nicht!

Ihre religiösen Pflichten erfüllten die deutschen Katholiken auch im „1000jährigen Reich" nach wie vor treu. In den Jahren 1933 und 1934 empfingen beispielsweise 62% die österlichen Sakramente, 1937 und 1938 wurde dieser Prozentsatz geringfügig unterschritten (61,7 bzw. 61,6%). Eine ähnliche Tendenz zeigte sich bei der Zählung der Besucher der Sonntagsmessen[23].

Wie allerdings die Kirchenaustrittsbewegung im Dekanat Nürnberg-Fürth selbst verlaufen ist, kann hier leider nicht aufgezeigt werden, da die statistischen Zählbögen – die allein exakte Auskunft geben würden – heute nicht mehr aufzufinden sind.

Glaubenskundgebungen

Die Gläubigen fühlten sich mit der Kirche, die von der Partei verleumdet und unterdrückt wurde, enger als je zuvor verbunden, wie folgendes Beispiel beweist. 1939 kürzte der bayerische Staat seine Zuwendungen an die Kirche. Das Ordinariat ordnete deshalb für jeden ersten Sonntag im Monat eine Sammlung für die Priesterbesoldung an. Und das Ergebnis? Die Kirchenbesucher spendeten ansehnliche Beträge[24]!

Zu mächtigen Glaubenskundgebungen gestalteten sich die Feiern des goldenen Priesterjubiläums und des silbernen Bischofsjubiläums, die Erzbischof v. Hauck im Jahre 1934 bzw. 1937 feierte. Sonderzüge brachte die Menge der Diözesanen in die Bischofsstadt – für 1937 wird die Teilnehmerzahl sogar auf 60 000 geschätzt, wobei v. a. die Jugend stark vertreten war. In diesem Zusammenhang bleibt mir noch anzufügen (weil auch das die damalige Situation erhellt), daß während der kirchlichen Handlung die Kapelle des Bamberger Panzerregimentes Choräle spielte[25].

Tod des Erzbischofs v. Hauck

Am 20. Januar 1943 (zu der Zeit, in der die 6. deutsche Armee in Stalingrad aufgerieben wurde) starb Erzbischof v. Hauck. Die Wehrmacht stellte den Ehrenkondukt, da die Stadtverwaltung von Bamberg für ihren Ehrenbürger keine Pferde freigeben wollte.

Über dreißig Jahre hatte Jacobus v. Hauck die Erzdiözese Bamberg geleitet, und das Urteil ist hier erlaubt: er zählt zu ihren großen Bischöfen. Nun stand das Bistum verwaist – zum Glück nur für wenige Tage. Bereits am 26. Januar ernannte Papst Pius XII. den bisherigen Weihbischof Joseph Kolb zum Oberhirten. Dieser nannte sich Josef Otto und leitete die Diözese bis zu seinem Tode am 29. März 1955[26].

Das furchtbare Ende 1945 und der Neuanfang

Den „totalen Krieg", den Goebbels 1943 propagiert hatte, bekam gerade Nürnberg in härtestem Maße zu spüren. Die Pegnitzstadt gehört zu den am meisten zerstörten Städten Deutschlands[27]! Soweit dies die katholischen Gotteshäuser anbelangt, so wurden im August 1943 die Kirchen St. Martin und St. Josef bei schweren Luftangriffen zerstört, im Oktober 1944 fielen St. Ludwig und St. Theresia Bomben zum Opfer. Am Abend des 2. Januar 1945 brach dann das Inferno über die Stadt herein, wobei die Kirchen der Altstadt schwere Beschädigungen erlitten, nämlich St. Elisa-

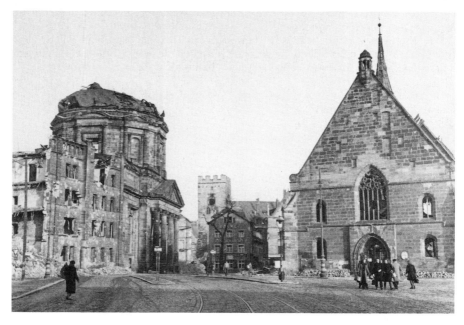

Die St.-Elisabeth-Kirche nach der Zerstörung des 2. Weltkriegs
Rechts die Jacobskirche (Aufnahme Januar 1946)

Die zerstörte St.-Klara-Kirche (Aufnahme 1948)

beth, Unsere Liebe Frau, St. Klara und die Burgkapelle – dazu noch in der südlichen Vorstadt Herz-Jesu. Im Februar traf der Bombenhagel auch St. Michael, St. Konrad und St. Otto. Ziemlich unversehrt blieben St. Georg, die Notkirche am Rechenberg, St. Karl, St. Kunigund, St. Willibald, St. Franziskus, St. Bonifaz, St. Anton und die Kirche Zu den hl. Schutzengeln.

Die Stadt Fürth litt – im Gegensatz zu ihrer Nachbarin Nürnberg – unter dem alliierten Bombenterror weit weniger, doch blieb auch sie nicht völlig verschont. Von ihren Kirchen wurde am 10. September 1944 die Christ-Königs-Kirche zerstört, im März 1945 trafen Bomben den Kolpingssaal.

149

Die Frauenkirche und Umgebung, von den Schäden des Krieges gezeichnet.
(Aufnahme März 1948)

Trotz der oben geschilderten schweren Zerstörungen brach die Seelsorge in Nürnberg-Fürth nicht zusammen, und der Gottesdienst mußte an keinem einzigen Sonntag ausfallen. Man behalf sich mit profanen Räumen – zuweilen stellte auch die evangelische Nachbargemeinde ihr Gotteshaus großzügig zur Verfügung. Außerdem waren ja die Gemeinden selbst kleiner geworden: Die wehrfähigen Männer standen an der Front, und allein in Nürnberg fanden 6111 Personen der Zivilbevölkerung den Tod[28]. Sehr viele Familien hatten zudem im Bombardement ihre Wohnungen eingebüßt und waren daher aufs Land evakuiert worden.

Am 11. April 1945 wurde Nürnberg selbst zum Kriegsschauplatz, neun Tage später, am 20. April, fiel die Stadt in die Hände der 7. amerikanischen Armee. Das Großdeutsche Reich (das eigentlich 1000 Jahre hatte dauern sollen) ging schon nach zwölf Jahren mit der Kapitulation vom 8. Mai 1945 unter. Des „Deutschen Reiches Schatzkästlein", Nürnberg, bot sich nur noch als ein wüster Trümmerhaufen.

Das religiöse Leben in der Pegnitzstadt hat allerdings auch nach dem Kapitulationsdatum kaum nennenswerte Einbußen erlitten. Mit Tatkraft und Gottvertrauen ging man hier nach dem Ende des Infernos daran, zusammen mit der Stadt auch Kirchen und Gemeinden wieder aufzubauen. Ein besonderes Merkmal jener Jahre nach 1945 ist, daß man eine umfassende christliche Erneuerung erwartete.

Anmerkungen

1 Fritzsch, Robert: Nürnberg unter dem Hakenkreuz. Im Dritten Reich 1933–1939. Düsseldorf 1983; Nürnberg im Dritten Reich. Bilder, Bücher, Dokumente. Stadtbibliothek Nürnberg 1979 (Ausstellungskatalog Nr. 90);
Zum Verhältnis zw. Nationalsozialismus u. Evangelischer Kirche: Baier, Helmut: Kirchenkampf in Nürnberg 1933–1945. Nürnberg 1973; Die deutschen Christen Bayerns im Rahmen des bayerischen Kirchenkampfes. Einzelarbeiten aus der Kirchengeschichte Bayerns; Bd. 46 (1968).
2 Siehe dazu ausführlich die Aufstellung im Anhang.
3 Buckreis, Adam: Chronik der Pfarrei St. Martin zu Nürnberg. Nürnberg 1953.
4 Pfeiffer, Nürnberg, S. 500.
5 Siehe dazu: Die kirchliche Lage in Bayern nach den Regierungspräsidentenberichten 1933–1943. Bd. II. Regierungsbez. Ober- und Mittelfranken; bearbeitet von Helmut Witetschek. Mainz 1967.
6 Ebenda, S. 50.
7 Kirchliche Lage, S. 51; PBlE 1935, S. 23 ff.; LThK VIII ²1963, Sp. 734 f.
8 Kirchliche Lage, S. 71; PBlE 1935, S. 127 ff.; LThK VIII ²1963, Sp. 962.
9 Grieser, Utho: Himmlers Mann in Nürnberg. NWSt. Bd. 13 (1974). – Das Buch behandelt die beiden tonangebenden Männer in Nürnberg während der NS-Zeit, den Polizeipräsidenten Benno Martin (1893–1975, = Himmlers Mann) und den Gauleiter Julius Streicher (1885–1946).
10 1931 Auflage: 6000 Exemplare – Ende 1935: 486 000 Exemplare. Volk, Bayern im NS-Staat (wie Anm. 29 S. 139), S. 534.
11 AEB, Rep. 4/2 4211/4.
12 Kanzelvermeldung, in: AEB, Rep. 4/2, 4211/4.
13 Unterlagen, in: AEB, Rep. 4/2, 4300–4310 (für Nürnberg besonders: 4310/14 und 4310/15.
14 Baier, Kirchenkampf in Nürnberg (wie Anm. 1).
15 Persönl. Bericht der Tochter Josef Friedrichs, Frau Maria Spies, geb. Friedrich, Nürnberg. Im: AEB, Rep. 4/2.
16 Persönl. Bericht des Studiendirektors a. D. Josef Weiß.
17 Persönl. Bericht der ehemaligen Schülerin Frau Annemarie Schraml, Nürnberg.
18 Persönl. Bericht des Religionslehrers Hankl. Im: AEB, Rep. 4/2. Das Spottlied ist wiedergegeben bei: Neuhäusler, Johannes: Kreuz und Hakenkreuz. Bd. II. München 1946, S. 285 ff.
19 Ebenda.
20 Neuhäusler, Kreuz und Hakenkreuz (wie Anm. 18), II, S. 283.
21 Persönl. Bericht der Frau Dora Schubert, Nürnberg (eine der Inhaftierten). Im: AEB, Rep. 4/2, Kirchliche Lage (wie Anm. 5).
22 50 Jahre St. Josef-Allerheiligen. Festvortrag von Werner Hergenröder, Eichstätt, gehalten am 14. Okt. 1972 (Schreibmaschinenschrift). Der nicht genannte Oberstaatsanwalt ist der Vater des Referenten, Ignaz Hergenröder.
23 Gotto-Repgen, Kirche, Katholiken (wie Anm. 1, S. 137), S 73.
24 ABB 1939, Nr. 15.
25 Kirchliche Lage, S. 28 und S. 187 ff.; Gotto-Repgen, Kirche, Katholiken (wie Anm. 1 S. 137), S. 74.
26 Reinwald, Georg: Joseph Otto Kolb, Erzbischof von Bamberg 1881–1955. In: Lebensläufe. Bd. VI, S. 303–317.
27 Pfeiffer, Nürnberg, S. 505.
28 Ebenda, S. 464.

Teil II

Querschnitt durch
das Gemeindeleben Nürnbergs

Das religiöse Leben und seine Entwicklung

Das religiöse Leben in Nürnberg im Zeichen der Aufklärung

Am Beginn des 19. Jh. – d. h. zu dem Zeitpunkt, an dem die vorliegende Untersuchung einsetzt – stand das religiöse Leben im Zeichen der langsam ausklingenden Aufklärung[1]. Ein gravierendes Merkmal dieser geistigen Strömung war, daß sich der Mensch weit mehr als bisher auf seine „Vernunft" berief und von daher alles „rational" zu begründen suchte. Die Haltung der Aufklärer gegenüber der Kirche war zwiespältig, so lehnten manche Vertreter den Glauben radikal ab, während andere wiederum ihre Treue zur Religion bewiesen. Bei den Letztgenannten ging es primär um eine Akzentverschiebung: vom Glauben zum Wissen, vom Dogma zur Moral, von der Gnade zur Natur, von der Frömmigkeit zur Nächstenliebe.

In den Gottesdiensten legte man in jener Epoche des Rationalismus großen Wert auf die „Volksbelehrung". Aus diesem Grunde drängte man im kirchlichen Raum das Latein zugunsten der Muttersprache zurück. Auch standen viele Anhänger der Aufklärung der Volksfrömmigkeit und dem religiösen Brauchtum – wie Wallfahrten, Bruderschaften, Aufstellen von Krippen und Hl. Gräbern – ablehnend gegenüber, da diese Faktoren das Gefühl (und weniger den nüchternen Verstand) ansprechen. Der absolutistische Staat förderte die Bewegung, und so findet man am Ende des „Ancien regime" auf vielen Fürstenthronen wie auf Bischofsstühlen Vertreter dieser Vernunftlehre.

In Nürnberg hielt die Aufklärung gegen Ende der Reichsstadtzeit ihren Einzug[2]. Auch Katholiken bezeigten sich für sie aufgeschlossen, das beweist das kirchliche Gesangbuch, das der Deutschordenspriester Josef Sperl[3] im Jahre 1800 herausgab[4]. In ihm finden sich u. a. auch Lieder, die Leutseligkeit und Geselligkeit, Freundschaft und Vaterlandsliebe besingen – also die mitmenschlichen Beziehungen in den Mittelpunkt rücken. Wohl genehmigte das Bamberger Ordinariat dieses Buch nicht für den gottesdienstlichen Gebrauch, doch Philipp Josef Messner[5], der Nachfolger Sperls, setzte sich für seine Verbreitung ein, wobei er berichtete, das Buch habe bei den Katholiken „wohlwollende Aufnahme" gefunden. Ein halbes Menschenalter später jedoch erwähnt Kaplan Josef Forster[6] in seinen Rhapsodien dieses Buch mit keiner einzigen Silbe mehr[7].

Ein anderes bescheidenes Büchlein – es umfaßte lediglich 36 Seiten – war dann bei den Nachmittagsgottesdiensten im Gebrauch[8]. Es enthält fünf Vespern – eine davon für die verstorbenen Christgläubigen – sowie Gebete für einige Feste und in besonderen Anliegen. Die Texte stammen von dem Priester Johann Baptist Deppisch[9], die Melodien komponierte Johann Michael Haydn (der Bruder des großen klassischen Komponisten Josef Haydn). In den Andachten, die jeweils drei Psalmen in freier

Übersetzung in Reimversen enthalten, werden Gottes Eigenschaften gepriesen – wie Seine Vollkommenheit, Ewigkeit, Unveränderlichkeit, Seine Allmacht, Güte und Fürsorge. Der mittlerweilen erfolgte geistige Umbruch ist hierbei (gegenüber Sperls Gesangbuch) deutlich zu erkennen: Nicht mehr die Mitmenschlichkeit, sondern Gott und Seine Eigenschaften sind jetzt das Hauptanliegen.

Einen guten Einblick in die Spiritualität jener Epoche könnten die Predigten vermitteln – allein es sind von ihnen nur wenige erhalten geblieben[10]. Zu erwähnen bleibt noch, daß man sich bei den Weihehandlungen der deutschen Sprache bediente. So schrieb z. B. das Ordinariat mit königlicher Genehmigung am 10. Juli 1809 ein eigenes Formular für die Weihe des Dreikönigswassers vor (ein für die damalige Zeit typischer Vorgang)[11].

Der nüchterne Charakter der Gottesdienste

Was die Gottesdienste anbelangt, so war aus ihnen die vordem vorhandene barocke Überschwänglichkeit zugunsten einer ins Auge fallenden Nüchternheit gewichen. Kaplan Forster, der vor seiner Nürnberger Amtszeit nur in rein katholischen Gemeinden tätig war, bedauerte in seinen schon erwähnten Rhapsodien, daß dem praktizierten Ritus Feierlichkeit und Abwechslung fehlen. Es gäbe keine Fronleichnamsprozession und keine Bittgänge – heißt es weiter – weder innerhalb noch außerhalb der Kirche. Bei den Ämtern kenne man lediglich deutschen Volksgesang, von einer Figuralmusik wisse man nichts, obwohl im Dekret von 1810 eigens ein Posten für Kirchenmusik eingesetzt sei.

Zu dieser von der Aufklärung generell angestrebten Schlichtheit waren die Katholiken Nürnbergs nicht zuletzt auch auf Grund fehlender Finanzmittel gezwungen. In der Reichsstadtzeit, d. h. als der Deutsche Orden für die Belange der katholischen Gemeinde aufkam, verhielt es sich anders. Da verfügte man über Sängerknaben (es wurde der mehrstimmige Gesang gepflegt), am Karfreitag fehlte das Heilige Grab ebensowenig wie am Weihnachtsfest die Krippe. Am Sonntag nach Weihnachten fand der sog. Kinderjubel statt, und am Feste Fronleichnam hielt man innerhalb des Kommendehofes die Prozession, bei der auch die Kinder der Gemeinde mitgingen, um an den Altären Gedichte vorzutragen[12].

Eine weitere Änderung betraf die Wallfahrten, die bisher alljährlich zu Pfingsten nach Gößweinstein stattfanden. Sie wurden im Jahre 1803 untersagt. Allein die echte Volksfrömmigkeit ließ (und läßt) sich letztendlich durch behördliche Maßnahmen auf die Dauer nicht unterdrücken. Wahrscheinlich führte man von da ab die Wallfahrten ohne Teilnahme eines Geistlichen durch. Bereits 1819 gab v. Münster einen Führer für Vierzehnheiligen heraus, zehn Jahre später, 1829, wurde in Nürnberg ein Wallfahrtsbüchlein gedruckt[13]. 1840 richtete Pfarrer Dr. Goeschel an das Ordinariat die Bitte um Erlaubnis, persönlich die Wallfahrt begleiten zu dürfen[14]. Ihr offizieller Veranstalter war die Todesangst-Christi-Bruderschaft, die seit 1666 existierte[15]. Sie durfte auch in der Zeit der kirchenfeindlichen Politik Montgelas weiterbestehen. Jeden ersten Sonntag im Monat fand für sie am Nachmittag ein eigener Gottesdienst statt. Von 1799 bis 1830 gab es allerdings fast keine Neuaufnahmen mehr – erst als die Epoche der Aufklärung abgeschlossen war, erhielt die Bruderschaft neue Impulse.

Die Christmette

Der Geist der Aufklärung wirkte sich auch auf die Feier der Christmette aus. Montgelas untersagte den Gottesdienst um Mitternacht vollständig – dieses Verbot behielt auch nach Montgelas Sturz 1817 seine Geltung weiter. Erst nach dem Tode König Maximilians I. (12. Oktober 1825) verfügte sein Sohn und Nachfolger, König Ludwig I., daß die Christmette wieder zu mitternächtlicher Stunde gefeiert werden solle. Das Erzbischöfliche Geistliche Ratskollegium informierte die Pfarrer dahingehend[16], und so wurde am 24. Dezember 1825 nach langen Jahren – dem Wunsche der katholischen Gläubigen entsprechend – die Christmette wieder um 24 Uhr gefeiert (übrigens verstärkte aus diesem Grunde die Nürnberger Polizei vorsorglich ihren Einsatz).

Nach den uns vorliegenden Berichten gestaltete sich leider die Feier zu einem Eklat. Die Christmette wirkte nämlich wie eine Sensation, weshalb die Kirche überfüllt war – sogar evangelische Christen mischten sich unter die Gottesdienstbesucher[17]. Wegen des starken Gedränges versuchten dann manche den Kirchenraum wieder zu verlassen, während sich andere hinwiederum noch um einen Platz bemühten. Als Folge ergab sich ein so heftiges Drunter und Drüber, daß schließlich die Polizei eingreifen mußte. Einige Kirchenbesucher fühlten sich daraufhin ungerechterweise gemaßregelt und wandten sich mit ihrer Beschwerde an die Regierung[18]. In einem Leserbrief, den die „Erlanger Zeitung" veröffentlichte, wurden die Vorkommnisse angeprangert[19]. Zuletzt sah sich Bürgermeister Binder veranlaßt, der Regierung in Ansbach die Vorfälle zu schildern, um etwaigen Verleumdungen oder Übertreibungen wirksam entgegenzutreten[20]. Binder wies dabei auf ähnliche Vorkommnisse in Würzburg hin mit dem Zusatz, diese seien noch weit schlimmer als die in Nürnberg geschehenen gewesen.

Im folgenden Jahre, 1826, wies das Innenministerium die Kreisregierung an, geeignete polizeiliche Anordnungen zu treffen, damit diesmal bei der mitternächtlichen Feier die Sicherheit des Eigentums nicht gefährdet werde bzw. keinerlei Unordnung und Exzesse vorkämen[21]. Für Nürnberg gewann diese Weisung keine Aktualität: Man feierte hier nämlich bis gegen Ende des 19. Jh. die Christmette (wie vordem) am frühen Morgen[22]!

Die Fronleichnamsfeier[23]

Im Laufe des 19. Jh. suchte man – wohl um dem emotionalen Bedürfnis des gläubigen Volkes Rechnung zu tragen – die äußerliche Nüchternheit in den Gottesdiensten zu überwinden. Ein Objekt dieser Bestrebungen war die Feier des Fronleichnamsfestes – und so erfahren wir, daß im Jahre 1825 die Frauenkirche in Nürnberg zur Fronleichnamsfeier mit Birken und Orangebäumen ausgeschmückt worden war, wobei der Altar einen prächtigen Blumenschmuck trug[23]. (Es ist anzunehmen, daß man diesen Brauch in der Folgezeit beibehielt.)

Eine direkte Fronleichnamsprozession scheint hingegen spätestens 1845 innerhalb des Kirchenraumes gehalten worden zu sein. Am 25. Mai d. J. ersuchte Pfarrer Dr. Goeschel den Magistrat, während der Prozession von 9 bis 11 Uhr entweder den Markt vor der Kirche zu unterbrechen oder auf einen anderen Tag zu verlegen[24]. Der Antrag wurde genehmigt und der Markt auf den Mittwoch vorverlegt.

Diese Entscheidung löste allerdings bei den protestantischen Geistlichen heftige

Entrüstung aus. Ihr Dekanat wandte sich in zwei Schreiben – datiert vom 15. und 16. Mai d. J. – an den Nürnberger Magistrat mit der Forderung, seine Verfügung zurückzunehmen[25]. Die katholische Gemeinde habe dreißig Jahre Fronleichnam gefeiert – hieß es zur Begründung –, ohne daß deshalb der Markt verlegt worden sei. Sie könne jetzt nicht fordern, was nicht herkömmlich sei – andererseits könnten die Protestanten verlangen, daß ihr Besitzstand gewahrt und der konfessionelle Friede in der Stadt erhalten bleibe. Nürnberg sei mit 40 000 evangelischen Christen eine protestantische Stadt, einer kleinen Minderheit wegen dürfe daher am status quo nichts geändert werden. Der Magistrat scheine sich der historischen Bedeutung der protestantischen Stadt Nürnberg und der seit gut dreihundert Jahren geltenden Vorrechte der protestantischen Kirche nicht bewußt zu sein. Werde das protestantische Bewußtsein nun so leichten Kaufes hingegeben, dann sei auch das Ende Nürnbergs als Hort der evangelischen Kirche in Bayern gekommen. Je mehr sich hier die Konzessionen zugunsten der Katholiken häufen, desto weniger werden anderenorts den Protestanten Zugeständnisse gemacht werden.

Trotz dieses eindringlichen Protestes hielten Magistrat und Polizeidirektion (deren Mitglieder mit nur einer Ausnahme Protestanten waren) an ihrer getroffenen Entscheidung fest. Ihre Begründung hierfür war: „Was auf Gesetz und Verordnung beruht, kann keine Vergünstigung sein."[26]

Erst 49 Jahre später, am 23. Januar 1894, genehmigte der Nürnberger Magistrat in seiner Plenarsitzung die Prozession auch außerhalb des Kirchenraumes. Freilich geschah das nur mit der Auflage bestimmter Bedingungen:

„Es soll sich die Prozession auch auf öffentlicher Straße nur mangels genügenden Raumes in der Frauenkirche bewegen, den nächsten Umkreis dieser Kirche nicht überschreiten, es soll hierbei alles vermieden werden, was irgendwie Aufsehen erregen oder provokatorisch wirken könnte."[27]

Auf die Intervention der Polizeibehörde hin verzichtete das Pfarramt auf die Aufstellung von Altären im Freien. So wurde im Folgejahr noch dieser Passus ins Protokoll vom 24. Mai 1895 aufgenommen:

„Unter Vermeidung der Aufstellung von Altären und ebenso des Absingens von Evangelien auf der Straße."

In den Nürnberger Tageszeitungen erschien eine Reihe von Leserzuschriften, in denen sich die meisten Adressanten gegen die Prozession aussprachen (nur eine Minorität stimmte zu)[28].

Kurz vor dem Fronleichnamsfest richteten evangelische Geistliche ein Protestschreiben an den Magistrat, worin sie forderten, die Genehmigung zur Prozession zurückzuziehen – allein die Behörde ließ sich auch diesmal – wie schon 1845 – nicht umstimmen. Am 24. Mai 1894 fand dann tatsächlich die erste Prozession der Neuzeit um die Frauenkirche statt. In der Nürnberger Chronik ist darüber zu lesen:

„Unter großer Beteiligung fand heute zum erstenmal wieder seit dem Jahre 1524 die Fronleichnamsprozession um die Frauenkirche statt. Militär hatte Spalier gebildet. Die Feier verlief würdig ohne Störung, obschon eine große Zahl Schaulustiger die anstoßenden Straßen besetzt hatte."[30]

Keineswegs verwunderlich erscheint, daß die katholische Gemeinde an diesem festlichen Tage die Geselligkeit pflegte und sich am Nachmittag an verschiedenen Orten zu Gartenkonzerten zusammenfand, so z. B. im Gesellenhospiz, im Contumazgarten, im Leonhardspark und im Löwenbräukeller.

Von nun an wurde die Prozession, wenn es das Wetter zuließ, Jahr für Jahr durchgeführt. Allerdings war der dazu zur Verfügung stehende Platz nur begrenzt, während die Zahl der Katholiken stetig zunahm, so daß man sich schließlich gezwungen sah, in die Vororte auszuweichen. 1911 fand zum ersten Male in dem zur Diözese Eichstätt gehörenden Eibach eine Prozession statt. Drei Jahre später feierte man das Fest auch in St. Willibald.[29] Seit 1921 hielten die Gemeinden St. Ludwig, St. Kunigund und Herz-Jesu ihre eigene Prozession im Pfarrbezirk Herz-Jesu ab, während die Katholiken von St. Bonifaz in Eibach am Umzug teilnahmen.

Katholischerseits hegte man in Nürnberg zwei Wünsche: Einmal, daß das Fronleichnamsfest den Status eines gesetzlich gebotenen Feiertages auch im Freistaat Bayern erhalte (1981 geschah das dann), und zweitens, daß der Prozessionsweg im Stadtkern erweitert werde, da die Feier auf dem Hauptmarkt nach wie vor räumlich beengt blieb. 1924 veröffentlichte die „Bayerische Volkszeitung" den Vorschlag, die ganze Altstadt in die Feier einzubeziehen und dabei Altäre an der Klara- wie der Elisabethkirche und am Haller- wie am Maxtor aufzustellen[31]. (Bei einer Realisierung wäre den Prozessionsteilnehmern eine beachtliche Marschleistung abverlangt worden.)

Seit 1922 fand am Nachmittag des Festes ein Treffen der Angehörigen aller Pfarreien auf dem Schmausenbuck statt. Auf eben dieses Treffen mußte man zwar seit 1934 für die Dauer der NS-Herrschaft verzichten, aber die Prozession selbst wurde – was uns heut gar nicht mehr so selbstverständlich erscheint – bis Kriegsende durchgeführt (allerdings erst am darauffolgenden Sonntag).

Das Kriegsgeschehen hinterließ die Nürnberger Altstadt weitgehend als Trümmerhaufen – aber nachdem Schutt und Trümmer in der Hauptsache beseitigt waren, wurde die Fronleichnamsprozession ab 1947 wieder durchgeführt, wobei man sie auch auf die nördliche Altstadt ausdehnte. Lieder und Gebete wurden dabei über Lautsprecher übertragen, ein Geistlicher (es war damals Pfarrer Johannes Freitag) sprach die erklärenden Worte. Es war tatsächlich eine würdige Feier, an der die protestantischen Nürnberger keinen Anstoß nahmen.

Ab 1970 ersetzt zum lebhaften Bedauern nicht weniger Katholiken eine Eucharistiefeier vor der Frauenkirche die Prozession. Modell stand hierzu die „Statio urbis" des Münchener Eucharistischen Kongresses vom Jahre 1960. Daneben legten praktische Gründe zusätzlich die Umstellung nahe. Bei der starken Beteiligung während der sechziger Jahre war der Prozessionszug so lang geworden, daß die letzten Teilnehmer erst dann den Hauptmarkt verließen, als die ersten schon zurückkamen. Außerdem wollte man auf Ansprache und Kommunionausteilung im Laufe der Feier nicht verzichten, aber gleichzeitig die Teilnehmer in zeitlicher Hinsicht nicht überfordern. (Bemerkenswert ist, daß deren Zahl nach dem Konzil merklich abgenommen hat.)

Die Fronleichnamsfeier in Fürth

In Fürth war es trotz aller religiösen Toleranz, die in dieser Stadt herrschte, zunächst ebenfalls nicht möglich, an eine öffentliche Prozession zu denken. Man führte sie deshalb, ähnlich der Nürnberger Praxis, innerhalb der Kirche durch.

Allein, die Fürther Katholiken – genauer noch: die Kolpingssöhne – verfielen auf einen „Ausweg". Am Fronleichnamsfest des Jahres 1888, am 31. Mai, zogen sie erstmals unter den Klängen der Stadtkapelle durch die Königsstraße zur Frauenkirche und nach dem Gottesdienst ebenso wieder zurück ins Vereinslokal. Dieser Festzug fand Anklang, und im darauffolgenden Jahre nahmen an die 2000 Katholiken daran teil. Am Nachmittag zog man dann, wie bereits in früheren Jahren, mit Musik zur „Leyher Waldspitze" zu froher Geselligkeit[32].

Mit einer Prozession nur innerhalb der Kirchenmauern wollten sich auf die Dauer die katholischen Gläubigen erklärlicherweise nicht zufrieden geben. Darum ersuchte am 29. Mai 1911 Pfarrer Stenger den Fürther Magistrat um die Genehmigung zur Erweiterung der Prozession[33]. Dieser entschied jedoch, daß die Prozession wie bisher nur in beschränktem Umfange stattfinden dürfe – nämlich um die St.-Heinrichs-Kirche und das benachbarte Frauenschulhaus (und das ohne Aufstellen von Altären). Gegen diesen Erlaß legte Pfarrer Stenger am 9. Juni d. J. bei der Regierung Beschwerde ein. Die Regierung hob daraufhin am 12. Juni den Beschluß des Magistrates auf. Die erweiterte Prozession war damit genehmigt und fand auch tatsächlich am 15. Juni 1911 statt, ohne daß allerdings entlang des Weges Altäre aufgestellt worden wären.

Gegen den Entscheid der Regierung legte aber der Magistrat seinerseits beim Ministerium Beschwerde ein, woraufhin sich der Verwaltungsgerichtshof mit dem Streitfall befassen mußte. Sein Urteil fiel dann wie folgt aus: Die Beschwerde des Magistrates wurde kostenpflichtig abgewiesen[34]. Die Fürther Katholiken halten seitdem – auch durch die Nazizeit nicht unterbrochen! – bis auf den heutigen Tag ihre Fronleichnamsprozession.

Volksfrömmigkeit

Es ist anzunehmen, daß die Englischen Fräulein, die seit 1857 die benachbarte St.-Klara-Kirche betreuten[35], schon um die Mitte des 19. Jh. eine Frömmigkeit pflegten, die das Gemüt besonders stark ansprach. Die Gläubigen erwiesen sich dafür empfänglich, und wenn z. B. die Schülerinnen beim Gottesdienst sangen, wurde das dankbar angenommen.

Im Jahre 1875 führte man bewährte Formen katholischer Frömmigkeit wieder ein. So betete man am 2. Februar d. J. zum erstenmal in Nürnberg den Rosenkranz vor ausgesetztem Allerheiligsten (von da an fand jeden Sonntag nachmittag die Rosenkranzandacht statt). Die Schülerinnen des Englischen Institutes feierten ihre erste hl. Kommunion in der Klarakirche. Gewiß wurde gerade dieser Tag mit besonderer Feierlichkeit begangen, denn eine gute Vorbereitung sowie eine würdige Feier der Erstkommunion war ein Herzensanliegen der Frau Oberin Auguste Zankel.

Das religiöse Leben wies im Laufe des 19. Jh. mehr und mehr eine marianische Prägung auf. Am 2. Februar 1849 hatte Papst Pius IX. eine Anfrage an den Weltepiskopat gerichtet, ob die Dogmatisierung der Lehre von der Unbefleckten Empfängnis opportun sei[36]. In der Erzdiözese Bamberg z. B. sprach sich die Majorität der Geistlichen dagegen aus, ohne dabei jedoch die Wahrheit selbst in Zweifel zu ziehen. Am 8. Dezember 1854 verkündete der Papst das Dogma und erhob den 8. Dezember zum gebotenen Feiertag. In Bamberg wurde die Dogmatisierung festlich begangen[37] – ob und wie man sie in Nürnberg feierte, entzieht sich unserer Kenntnis, da die Vermeldungsbücher mit den Gottesdienstordnungen fehlen.

Im Jahre 1858 geschahen die Erscheinungen der allerseligsten Jungfrau Maria zu Lourdes. Auch diesbezüglich wissen wir leider nicht, wann sie in Nürnberg bekannt wurden und welche Resonanz sie hier hervorriefen[38].

1880 schlossen sich Nürnberger Katholiken zum Rosenkranzverein zusammen, allerdings verweigerte das Ordinariat dieser Gemeinschaft die Anerkennung, da bei der Konstitution die kanonischen Vorschriften nicht beachtet worden waren[39]. Schließlich bleibt noch darauf hinzuweisen, daß Papst Gregor XVI. das Fest des Nürnberger Stadtpatrons Sebald für den 19. August bestätigte.

Zusammenfassend ist zu sagen, daß man im vergangenen Jahrhundert jene Frömmigkeitsformen, Lieder und Gebete, die v. a. das Gemüt ansprachen, schätzte und pflegte: den Rosenkranz, die Maiandacht[40] und das Rorateamt. Von der Zeit vor dem Ausbruch des I. Weltkrieges an bis in die sechziger Jahre hinein wurden im Mai und im Oktober sowie während der Fastenzeit täglich – oder wenigstens doch jeden zweiten Tag – in den Pfarrkirchen Andachten gehalten.

Die religiöse Erziehung und Weiterbildung im 19. Jh.

Die religiöse Erziehung der Kinder und Jugendlichen erwies sich im vergangenen Jahrhundert als besonders schwierig, zählte damals doch die Volksschule sechs Klassen (es wurde bereits im I. Teil auf die damit verbundene Problematik verwiesen). Wiederholt wies daher das Bamberger Generalvikariat die Geistlichen der Diözese an, den Lehrern nicht den gesamten Religionsunterricht zu überlassen, sondern wenigstens einmal pro Woche in jeder Klasse eine Stunde Unterricht zu erteilen[41]. Ferner sollten sie an Sonn- und Feiertagen den Heranwachsenden Christenlehre erteilen, wozu sich die Pfarrer ohnedies durch ihren Eid bei der Investitur verpflichtet hätten[42].

Zur österlichen Beichte und zur Erstkommunion gingen die Kinder nach vollendetem 11. Lebensjahr, also gewöhnlich in der 6. Klasse[43]. Als Tag der Erstkommunion galt auf dem Lande der Weiße Sonntag, der erste Sonntag nach Ostern, während in den Städten die vorherige Regelung beibehalten wurde. Beim Kommunionunterricht benutzte man den „Leitfaden zum Unterricht der Erstkommunikanten" von Professor Dr. Georg Riegler[44]. Das Sakrament der Firmung wurde wahrscheinlich in unregelmäßigen Zeitabständen gespendet[45].

Am 8. Februar 1838 mahnte Erzbischof Josef Maria v. Fraunberg die Priester seiner Diözese, die Jugendlichen zum Besuch des Sonntagsgottesdienstes anzuhalten. Die Sonntags- und Werktagsschüler wurden gehalten, sechsmal im Jahre nach guter Vorbereitung die hl. Sakramente zu empfangen, und zwar sollte die hl. Kommunion unmittelbar nach der Kommunion des Priesters ausgeteilt werden[46]. Für die damalige Auffassung bedeutete das einen relativ häufigen Kommunionempfang (die Austeilung der Kommunion während der hl. Messe stellte übrigens eine Ausnahme dar).

Erzbischof v. Schreiber ließ im Jahre 1880 das Gebet- und Gesangbuch „Gelobt sei Jesus Christus" herausgeben, das bis zum Jahre 1935 das offizielle Diözesangebetbuch bleiben sollte. Um das Gedankengut dieses Buches ins Volk hineinzutragen, wurden 1200 Exemplare an die katholischen Volksschüler Nürnbergs verteilt, in den folgenden Jahren wurde es ebenso gehandhabt[47]. Als Folge dieses Verfahrens gelangte das Buch auch in diejenigen Familien, die es sonst – sei es aus religiöser Gleichgültigkeit, sei es aus Armut – kaum gekauft hätten.

Gleichzeitig war man um die Vertiefung des religiösen Wissens bemüht. Aus diesem Grunde wurden seit 1894 in der Fastenzeit religiöse Wochen abgehalten. Die Initiative dazu ging von Laien aus – genauer gesagt: von den katholischen Vereinen. In Nürnberg fand im ersten Jahre diese religiöse Woche im Gesellenhospiz statt, ein

Jahr später, 1895, hielt man die Predigten in der St.-Klara-Kirche, und zwar je fünf für männliche Gläubige und für weibliche. Ab 1896 fanden die Vorträge dann in der Frauenkirche statt, ab 1899 zusätzlich in St. Elisabeth. Als Prediger wirkten Angehörige des Redemptoristen- und des Kapuzinerordens – so u. a. P. Cyprian Fröhlich, der Gründer des „Seraphischen Liebeswerkes", dem der Caritasverband manche Anregung verdankt, und P. Schleinkofer, Gars, der noch in den zwanziger Jahren des gegenwärtigen Jahrhunderts dem Ruf eines gern gehörten Exerzitienmeisters besaß[48].

Reglementierung des religiösen Lebens

Im ersten Drittel des 20. Jh. wurde das religiöse Leben wesentlich von den katholischen Verbänden getragen und dadurch stark reglementiert. (In einem der folgenden Abschnitte wird noch ausführlicher auf die Verbände eingegangen.) Das bestätigt z. B. ein Blick auf die damalige Gottesdienstordnung. Der Empfang der Kommunion bei der Eucharistiefeier war – wie schon gesagt – in dieser Zeit keineswegs die Regel, vielmehr wurde jeden Sonntag eine andere Gruppe zum Sakramentenempfang aufgerufen. Danach galt der erste Sonntag im Monat als der Kommuniontag der Männer, der zweite Sonntag als der der Schüler, am dritten waren die Jugendlichen zum Tisch des Herrn geladen, während der letzte Monatssonntag den Frauen vorbehalten blieb. Der jeweilige Vorabend und der Sonntagmorgen (ab 6 Uhr) waren dann für den Empfang des Bußsakramentes vorgesehen.

Eine strenge Kontrolle übte man diesbezüglich bei den Schülern der Höheren Lehranstalten aus. Sie hatten jeden Sonntag den Schülergottesdienst in der Klarakirche oder in einer ihrer Schule nahegelegenen Kirche zu besuchen[49]. Einmal innerhalb eines Trimesters war es Pflicht, die hl. Sakramente zu empfangen. Bei der Beichte hatten die Schüler ein numeriertes Kärtchen abzugeben, so daß der Empfang des Bußsakramentes kontrolliert werden konnte. Das stellt gewiß eine Methode dar, die heute recht bedenklich erscheint und seinerzeit sicherlich nicht der rechte Weg zur Freiheit des Christen war. Ein Gymnasiast, der der Kirche kritisch gegenüberstand, nahm zu der oben beschriebenen Gepflogenheit mit folgenden Worten Stellung: *„Ich . . . stellte mich für meine Person nun erst recht mit vollem Bewußtsein auf die Seite der Unkirchlichen."*[50]

Zu erwähnen bleibt noch, daß man damals den Herz-Jesu-Freitag besonders feierlich beging mit der Feier des Hochamtes vor ausgesetztem Allerheiligsten sowie einer abendlichen Andacht. Fastenpredigten an allen Sonntagen in der Fastenzeit waren ebenso die Regel wie religiöse Wochen in der vorösterlichen Zeit.

Der Anfang der Kirchenchöre in Nürnberg

Während des vergangenen Jahrhunderts sah sich die Pfarrei in Nürnberg Jahrzehnte hindurch so schweren finanziellen Belastungen ausgesetzt, daß ein Kirchenchor geradezu als „Luxus" erscheinen mußte (den man sich folglich vorläufig nicht leisten konnte). Zwei – allerdings zeitlich getrennte – Ereignisse haben dann die Gründung des ersten Kirchenchores in der Pegnitzstadt angeregt. Einmal wurde 1868 auf dem Bamberger Katholikentag auf Anregung des Priesters Franz Xaver Wirt aus Regensburg der „Allgemeine Cäcilienverein zur Hebung und Förderung der katholischen

Kirchenmusik" gegründet – zum anderen ging im Frühjahr 1881 die Renovierung der Frauenkirche in Nürnberg ihrem Ende entgegen. In diesem Zusammenhang entstand der Gedanke, in einer verschönerten Kirche solle eine schöne Kirchenmusik nicht fehlen. So teilte am 2. Februar d. J. Pfarrer Kreppel dem Nürnberger Magistrat mit, er habe vor, einen „Cäcilienverein" zu gründen[51]. Die Konstituierung dieses Vereins wurde behördlicherweise genehmigt.

Jedoch – mit gutem Willen allein läßt sich ein Chor nicht aufstellen, es bedarf dazu vielmehr ebenso finanzieller Mittel wie einer nachhaltigen Werbung. Am 2. Februar 1887 mußte Kreppel bedauerlicherweise dem Magistrat melden, daß sich der Verein mangels Mitglieder aufgelöst habe. Mit diesem negativen Resultat wollte sich indessen der Lehrer und Organist Theodor Senger nicht abfinden. Er wandte sich deshalb an die höchste Instanz, die er in dieser Angelegenheit erreichen konnte, nämlich an Erzbischof v. Schreiber. Der Erzbischof zeigte sich aufgeschlossen, übernahm das Protektorat und stiftete 1000 Mark – ein anonymer Wohltäter spendete weitere 500 Mark. Die darauf bezogenen Überlegungen gingen dahin, daß durch Verzinsung und eventuelle weitere Stiftungen dieses Grundkapital so anwachsen würde, daß man später einen Kirchenchor aus eben den anfallenden Zinsen finanzieren könnte.

Am 1. März 1887 startete man ferner eine Aktion, bei der Handzettel zur Werbung fördernder Mitglieder verteilt wurden. Der Jahresbeitrag war dabei auf vier Mark festgesetzt. Am 13. März 1887 zeigte Pfarrer Kreppel dem Nürnberger Magistrat, daß sich ein „Verein zur Gründung eines katholischen Kirchenchores in der Pfarrkirche Unserer Lieben Frau" gebildet habe. Seinem Schreiben legte er die Statuten des „St. Cäcilienvereins für alle Länder deutscher Zunge" bei[52].

Die Chorproben fanden in der Gaststätte „Douglashöhle" in der Plobenhofstraße statt. Leider wissen wir nicht, wann der Chor zum erstenmal auftrat. Belegt ist hingegen, daß man am Weihnachtsfest 1897 zum erstenmal eine Orchestermesse aufführte[53].

Priester- und Ordensberufe

Als ein Gradmesser des religiösen Lebens einer Gemeinde können auch die Priester- und Ordensberufungen gelten, die aus ihr hervorgehen. Allerdings muß hierzu sogleich einschränkend zugegeben werden, daß hinsichtlich Nürnbergs und Fürths die Zahlen der Ordensberufungen schwer festzustellen sind. Wir kennen lediglich die Namen derjenigen Mädchen, die in Nürnberg oder Fürth geboren wurden und im Institut der Englischen Fräulein den Schleier nahmen[54]. Außerdem wissen wir, daß der Arzt Dominikus Rungaldier in die Gesellschaft Jesu und einer seiner Brüder in einen anderen Orden eintraten[55].

Gut sind wir im Gegensatz dazu über die Priesterberufungen unterrichtet – soweit sie in der Diözese Bamberg blieben. Der erste dieser Priester wurde 1828 geweiht, der letzte 1899 – im vorausgegangenen Jahre gab es in Nürnberg und Fürth vier Primizianten. Insgesamt gingen aus den Gemeinden Nürnberg und Fürth im Laufe des 19. Jh. 19 Priester hervor – ein nur bescheidenes Ergebnis. Doch dürfen wir bei einer Bewertung nicht völlig übersehen, daß infolge der rasch anwachsenden Bevölkerungszahl in beiden Städten die Geistlichen nur geringen Kontakt mit den Familien ihrer Gemeinden unterhalten konnten, so daß es ihnen kaum möglich war, Begabungen zu entdecken und Priester- wie Ordensberufungen zu fördern.

Das Gesangbuch

In diesem Zusammenhang sei abschließend noch auf die Diözesan-Gebetbücher hingewiesen. Wie bereits erwähnt, erschien unter Erzbischof Friedrich v. Schreiber 1881 das Gesangbuch „Gelobt sei Jesus Christus". Es enthielt Meßgebete, Buß- und Kommunionandachten, Choral- und Betsingmessen sowie eine Reihe von Andachten. Ähnlich war das Eichstätter Gebetbuch Bischof Leo v. Mergels konzipiert, das im Jahre 1910 erschien.

1935 (d. h. in der Zeit des Nationalsozialismus) führte man in der Diözese Bamberg das „Lobt den Herrn" ein. Von der Sturm- und Drangzeit, in der dieses Buch entstand, ist jedoch kaum etwas zu verspüren. Anfang der fünfziger Jahre erwog man die Herausgabe eines neuen Gesangbuches, sah aber von diesem Vorhaben schließlich ab, da bereits an einem Einheits-Gesangbuch gearbeitet wurde, und begnügte sich mit einer Übergangslösung[56]. Für Eichstätt hatte Bischof Josef Schröffer 1952 ein neues Gebet- und Gesangbuch eingeführt.

Am 1. Adventssonntag 1975 erschien dann das „Gotteslob", das Einheitsgesangbuch für alle Diözesen des deutschen Sprachraumes mit dem entsprechenden diözesanen Eigenteil. Das „Kirchenlied", eine Auslese geistlicher Lieder – 1938 im Christophorus-Verlag erschienen –, das von der katholischen Jugend bisher benutzt wurde, hatte hierfür gute Vorarbeit geleistet.

„Von der Vielfalt zur Einheit" könnte man den Werdegang des katholischen Gesangbuches allgemein überschreiben. So kannte man beispielsweise bis in die zwanziger Jahre unseres Jahrhunderts selbst bei Gebeten wie dem Vaterunser und dem Ave Maria keinen einheitlichen Text. „Bitte für uns arme Sünder jetzt und in der Stunde unseres Absterbens!" betete man z. B. im bayerischen Raume statt des ansonsten üblichen „. . . in der Stunde unseres Todes!" Beim Vaterunser hieß es in der Diözese Bamberg: „Unser tägliches Brot gib uns heute!", während man im Bistum Eichstätt – also schon in Eibach – sprach: „Gib uns heute unser tägliches Brot!" Das „Gotteslob" vereinheitlicht nun allgemeinverbindlich alle Gebetstexte.

Rückblickend bleibt festzustellen, daß sich die Volksfrömmigkeit trotz differenzierter Zeitströmungen und hemmender staatlicher Reglementierung im wesentlichen bis in die Zeit nach dem II. Vatikanischen Konzil behauptete. In den zwanziger Jahren unseres Jahrhunderts kamen zwar die liturgische und die Bibelbewegung auf. Sie haben wohl Jugendgruppen geprägt, wirkten sich jedoch nicht stärker auf die Gemeinden selbst aus.

Anmerkungen

1 Köhler, Oskar: Die Aufklärung. In: HKG V, S. 368–376; Raab, Heribert: Staatskirchentum und Aufklärung in den weltlichen Territorien. In: HKG V, S. 508–514.

2 Ausstellungskatalog: Die Zeit der Aufklärung in Nürnberg 1780/1810. In: QGKN Bd. 6 (1966).

3 Wachter, Nr. 9669; Ulrich, S. 113 ff.

4 Gesänge zur öffentlichen Gottesverehrung für die katholische Gemeinde in Nürnberg. Nürnberg 1800 (bes.: S. 179–195); Ulrich, S. 114 ff.

5 Wachter, S. 322 (6682); Ulrich, S. 80 ff.

6 Ebenda, S. 132 (2618).

7 AEB, Rep. 4/1, Pfarrakten ULF Nürnberg, 19. Jh.

8 Gesänge und Gebete zur nachmittägigen Gottesverehrung für die katholische Gemeinde in Nürnberg. Oh. O. 1817; – Diese Vespern sind entnommen dem von dem Erlanger Seelsorger Ludwig Busch herausgegebenen Gebet- und Gesangbuch: Christliche Religionsgesänge zur Beförderung wahrer Tugend- und Gottesverehrung zum Gebrauch bey dem öffentlichen Gottesdienst für Katholiken. Erlangen 1798 (S. 151–171).

9 Wachter, Nr. 1475.

10 Hohenlohe-Schillingsfürst, Fürst Alexander v. (Domkapitular zu Bamberg – Wachter, Nr. 4558): Predigten für die heilige Charwoche, vorgetragen im Jahre 1819 in der kath. Pfarrkirche zu Unserer Lieben Frau in Nürnberg. Bamberg 1819 (Die Predigten Dr. Goeschels gehören nicht mehr diesem Zeitabschnitt an).

11 Verordnungen, S. 2–6, Pfarrakten ULF Nürnberg, 19. Jh.

12 Ulrich, S. 86 f.

13 Gebets- und Gesangbüchlein für die Nürnberger Wallfahrtsleute nach Gößweinstein. Nürnberg 1829 (– wird im Bücherverzeichnis Dr. Goeschels aufgeführt – leider konnte ich kein Exemplar finden).

14 AEB, Rep. 4/1, Pfarrakten ULF Nürnberg, 19 Jh.

15 Liber Confraternitatis agonizantis in horto et Salvatoris nostri Jesu Christi. – Pfarrakten ULF Nürnberg, 19. Jh. (das Buch der Bruderschaft ist in Leder gebunden u. umfaßt 260 Seiten, die nicht alle beschrieben sind u. enthält die Namen der Mitglieder von 1666 bis 1885). Die Wallfahrt nach Gößweinstein wird bis zur Gegenwart am Pfingstmontag abgehalten.

16 Schreiben vom 12. 12. 1825 – StadtA Nürnberg, AMA Nr. 1813; Schreiben des Ordinariats vom 14. 12. 1825 – AEB, Rep. 4/1, Pfarrakten ULF Nürnberg, 19. Jh.

17 Extrakt aus dem Wachbuch – StadtA Nürnberg, AMA Nr. 1813.

18 Schreiben der Betroffenen vom 27. 12. 1825 – Ebenda.

19 Ausgabe vom 29. 12. 1825 – Nr. 157.

20 Schreiben vom 3. 1. 1826 – BStA Nürnberg, Abgabe 1932 XIV Nr. 31.

21 Erlaß vom 16. 12. 1830 – Ebenda.

22 Das Ordinariat genehmigte auf Ersuchen Pfarrer Kugels am 16. 12. 1826, daß die Christmette „der früher eingeführten Gewohnheit gemäß in der ersten Stunde des grauenden Morgens . . . abgehalten werde". – Verordnungen, S. 123, Pfarrakten ULF Nürnberg, 19. Jh. (Nach den mir vorliegenden Tageszeitungen blieb man bis gegen Ende des 19. Jh. bei dieser Regelung).

23 Zur Fronleichnamsfeier: Denzinger-Schönmetzer: Enchiridion Symbolorum Definitionum et Declarationum de rebus fidei et morum. Freiburg/Br. 1967, S. 387, Nr. 1644. – Schrötter, S. 325.

24 Pfarrer Kugel berief sich auf die Verordnung vom 15. 2. 1845, wonach in konfessionell gemischten Orten am Fronleichnamsfest (ähnlich wie am Karfreitag) sämtliche Läden während der Prozession in den betreffenden Straßen geschlossen seien. – Ebenda, S. 431 f.

25 LKAN, Dekanat Nbg. Nr. 174 (Fronleichnamsfeier).

26 Ebenda.

27 Höfner, Johann Baptist: Festschrift anläßlich des fünfzigjährigen Bestehens des Institutes der Englischen Fräulein zu Nürnberg. Nürnberg 1904.

28 Karch, S. 51 f.; siehe auch Anm. 24.

29 Der in seiner Mehrheit liberal eingestellte Magistrat lehnte ab – jedoch nicht die Sozialdemokraten unter der Führung von Martin Treu-Kurat. Seither richtete am 16. 5. 1914 ein Gesuch an die Regierung – die Prozession wurde daraufhin genehmigt. – BStA Nürnberg, Abg. 1968 XIV Nr. 211.

30 Eintragung vom 24. 5. 1894 – StadtA Nürnberg, Stadtchronik 1894.

31 Ausgabe vom 23. 6. 1924 – Nr. 146.

32 Kolping Fürth, S. 36.

33 BStA Nürnberg, Abg. 1968 XIV Nr. 211.

34 Schreiben des Staatsministeriums an die Regierung vom 21. 11. 1901 – Ebenda.

35 Siehe Anm. 27.

36 Urban, S. 108 ff.

37 Ebenda, S. 118.

38 Im „Pastoralblatt" von 1858 werden die Erscheinungen nicht erwähnt.

39 Ausführlicher weiter unten.

40 Auf Anweisung des Generalvikariats vom 2. 5. 1817 sollten gemäß kgl. Order im Monat Mai die sog. „Maigebete" für das Gedeihen der Feldfrüchte abgehalten werden – in den Städten täglich, in den Landgemeinden wenigstens dreimal in der Woche. – Verordnungen I, S. 33. (Aus dieser Andachten dürften sich die „Maiandachten", die meist „Marienandachten" waren, entwickelt haben.)

41 Anweisungen des Erzb. Geistl. Rats-Kollegs vom 11. 2. 1823 – Ebenda, S. 62.

42 Anordnungen vom 7. 6. 1826 – Verordnungen I, S. 118.

43 Anordnung des Generalvikariats vom 26. 3. 1809 „Die erste Beichte und Kommunion der Kinder betreffend" – Ebenda, S. 9 ff.

44 Wachter, Nr. 8071.

45 Erlaß vom 6 6. 1825 „Instruktionen für die Pfarrer in bezug auf die Erteilung des Sakramentes der Firmung" (– empfohlen wird das Büchlein „Die Firmung zum Unterricht u. zur Erbauung für Kinder u. Erwachsene" von Carl Nack, Domkapitular zu Augsburg) – Verordnungen I, S. 110–113 (nicht vollständige Verzeichnisse der Firmlinge einiger Jahre im: PfA ULF Nürnberg).

46 SchemB 1840, S. 66 f.

47 Schrötter, S 477.

48 AEB, Rep. 4/3, Nr. 350 (Volksmission); Schuster, Josef: P. Josef Schleinkofer, Redemptorist, 29. Januar 1853 – 8. Januar 1928. Regensburg 1932.

49 In der Studienkirche St. Klara fand um 8 Uhr der Gottesdienst für die beiden Humanistischen Gymnasien statt, um 9.15 für das Realgymnasium am Egidienberg und die Kreisrealschule im Bauhof und schließlich um 10.30 für die Schülerinnen des Englischen Instituts. Die Realschule an der Sielstraße hatte ihren Gottesdienst in St. Anton, die Oberrealschule an der Löbleinstraße ihren in St. Martin.

50 Glockner II S. 131.

51 StadtA Nürnberg, V-d 15, Nr. 799.

52 Ebenda. – Nr. 1181.

53 Schrötter, S 576 f.

54 Ausführlicher siehe im Anhang.

55 Ausführlicher siehe Kap. 13.

56 Das blaue Büchlein „Meßgesänge zur Opferfeier" (mit Zeitliedern) 1963 und „Bamberger Gebet- und Gesangbuch" 1970.

Im Zeichen des Staatskirchentums[1]

Kaiser Josef II. und Minister Graf Montgelas

Die katholische Gemeinde in Nürnberg erfuhr – wie bereits oben skizziert – ohne Mitwirkung eines Bischofs ihre Erhebung zur Pfarrei (der Bamberger Bischofsstuhl war ja nicht besetzt), wie auch ihr erster Geistlicher nur de facto zum Pfarrer ernannt wurde. Wie schon das späte 18. Jh., so stand auch das 19. im Zeichen des Staatskirchentums. Sein wohl typischster Vertreter war Kaiser Josef II. (1765–1790), der älteste Sohn und Nachfolger der gläubigen Monarchin Maria Theresia, der in seinen österreichischen Erblanden eigenmächtig die kirchlichen Belange regelte. Er säkularisierte dabei Klöster, errichtete Generalseminarien für die Priesterkandidaten, gründete Pfarreien – ja sogar Diözesen, und lehnte jeglichen, von außen vorgetragenen Einspruch ab. So bestand Josef II. z. B. auf das Placet (Placetum regium) und auf den Recursus ab abusu – d. h. das Recht des Staates, kirchliche Erlasse *vor* ihrer Veröffentlichung zu prüfen sowie Berufungen gegen kirchliche Urteile anzunehmen.

Als Vertreter des aufgeklärten Absolutismus verwarf der Kaiser viele Formen der überkommenen barocken Frömmigkeit, wie z. B. Bruderschaften und Wallfahrten, vielmehr ordnete er an, daß der Gottesdienst schlicht und einfach zu feiern sei – wobei er sogar die Zahl der dabei zu entzündenden Kerzen festlegte.

Sein überaus gelehriger Schüler war Maximilian Josef Graf v. Montgelas, der führende Minister Bayerns (1799–1817)[2]. Nach dessen praktizierter Meinung hatte sich die Kirche in allen Angelegenheiten dem Staate unterzuordnen. Der bayerische König selbst nahm eine starke Position innerhalb der Kirche seines Landes ein – grundgelegt durch die Bayerische Verfassung vom 26. Mai 1818 und vertraglich abgesichert durch das Konkordat vom 5. Juni 1817 sowie durch die Zirkumskriptionsbulle vom 1. April 1818. (Sie wurden freilich eigenmächtig ausgelegt wie ergänzt durch das Religionsedikt vom 17. Juni 1818, jedoch dann wieder zugunsten der Kirche in der Tegernseer Erklärung vom 15. September 1821 abgeschwächt[3].) Der König besaß dadurch das Vorschlagsrecht für alle erledigten Bischofsstühle, in vielen Fällen auch für die Domherrnstellen und für Pfarreien. Die Ausschreibungen der freigewordenen Pfarrstellen fanden übrigens anfänglich nicht im Diözesanblatt statt, sondern in einer Regierungszeitung[4].

Bei den Bewerbungen um die Pfarrstellen wurde v. a. ursprünglich auf die Diözesanzugehörigkeit der Kandidaten keine Rücksicht genommen. Außerdem war jetzt ein umständlicher Instanzenweg vorgegeben. Wenn beispielsweise der Pfarrer der katholischen Gemeinde Nürnbergs ein Anliegen vorzubringen hatte, mußte er sich damit an den staatlichen Kommissar seiner Stadt wenden – dieser gab sein Gutachten dazu ab, das er dann zusammen mit der Eingabe des Pfarrers an die Regierung in Ansbach weiterleitete. Die Regierung wiederum schaltete meist das Ordinariat in Bamberg ein, bevor sie den Akt dem zuständigen Ministerium in München einreichte. Das Ministerium traf dann endlich die Entscheidung – woraufhin der Vorgang den gesamten Instanzenweg in umgekehrter Richtung nochmals durchlief, bis schließlich der Pfarrer in Nürnberg den Bescheid erhielt. Diese Praxis erforderte einen enormen Zeitaufwand und bedeutete einen lästigen Hemmschuh für die Seelsorge[5]. Ferner erfolgte die Zuweisung eines jeden weiteren Kaplans ausschließlich mit Genehmigung des Ministeriums, dieses ließ sich jedoch in der Regel primär vom finanziellen Aspekt leiten, erst sekundär von seelsorgerlichen Rücksichten.

Geistliche als Staatsbeamte

Der Staat sah die in der Seelsorge tätigen Geistlichen als „seine Beamten" an, weshalb er ihre Ausbildung und Anstellung überwachte und regelte. Die Professoren an den theologischen Fakultäten bzw. an den philosophisch-theologischen Hochschulen wurden vom König berufen. Der Staat hielt sogar anfänglich für die Geistlichen seine eigenen Pfarrkonkurse ab, da er die bischöflichen nicht anerkannte. Später waren die Ordinariate dafür zuständig, allerdings wohnte bis zum Ende der Monarchie 1918 ein staatlicher Kommissar den Prüfungen bei.

Im Jahre 1847 ging der Staat mit seinen Ansprüchen noch weiter: Jetzt sollten auch bei der Ewigen Profeß in Frauenklöstern wie bei den Neuaufnahmen ins Klerikalseminar Vertreter des Staates zugegen sein. Die Kurie protestierte gegen diese Verordnung, die daraufhin tatsächlich zurückgezogen wurde[6].

Bei der Übernahme einer Pfarrei war nach der vom Staat getroffenen Regelung eine doppelte Installation vorgesehen: Einmal die staatliche durch den königlichen Kommissar, zum anderen die kirchliche durch den Dekan. Bei der staatlichen Amtseinführung mußte der neue Pfarrherr den Treueid ablegen, und zwar auf den König und die staatlichen Gesetze. Nach dem Revolutionsjahr 1848 wurde dieser Eid noch dahingehend erweitert, daß der Betreffende keinem verbotenen Vereine angehöre und mit einem solchen auch keine Verbindung unterhalte. Sollte er irgendwie Kenntnis von Anschlägen gegen den Staat erlangen, so verpflichte er sich – hieß es weiter – sein Wissen der Regierung anzuzeigen[7].

Der Pfarrer fungierte bis zum Ende der Monarchie auch als Mitglied des Armenrates und als Lokal- oder Bezirksschulinspektor. Trotzdem kann man nicht von kirchlicher oder geistlicher Schulaufsicht sprechen. Es handelt sich vielmehr um eine staatliche Schulaufsicht, die (wahrscheinlich v. a. aus Kostengründen) von Geistlichen ausgeübt wurde.

Der Staat wollte und konnte in administrativer wie ideeller Hinsicht nicht auf die Unterstützung durch die Kirche verzichten. So hatte z. B. das allgemeine Aufgebot zur Bewaffnung für die Verteidigung des Vaterlandes im Herbst 1813 (gegen Napoleon) den Erwartungen keineswegs entsprochen. Nun ließ die Regierung durch die Generalvikariate die Geistlichen auffordern, diesen „Aufruf, der für das Wohl, die Freiheit und den Ruhm des Vaterlandes" so wichtig sei, auf der Kanzel und bei jeder anderweitigen Gelegenheit nachdrücklichst zu empfehlen[8]. Ferner erwartete man vom Klerus, daß er durch entsprechende Aufklärung auf der Kanzel und beim Religionsunterricht die Steuermoral des Volkes hebe[9].

Die finanzielle Abhängigkeit der Kirche

Nicht zuletzt war die Kirche auch ihrerseits zur Zusammenarbeit mit dem Staate genötigt, sah sie sich doch von ihm in finanzieller Hinsicht stark abhängig. Das gilt v. a. für die neuerrichteten Pfarreien, die über keine Pfründen verfügten. In den ersten Jahrzehnten des 19. Jh. wurde das Pfarrvermögen vom Staate, später vom Magistrat verwaltet. Erst 1835 fanden die Wahlen zur Kirchenverwaltung statt – diese zeichnete anschließend für den Haushaltsplan verantwortlich. Vorbereitung wie Durchführung eben dieser Wahl lag übrigens in den Händen des Staates bzw. des Magistrates, wie auch später bei den Sitzungen der Kirchenverwaltung ein staatlicher Kommissar zugegen war. Eine Kirchensteuer, die den Diözesen mehr Handlungsfreiheit auf finanziellem Gebiet brachte, wurde erst im Jahre 1908 eingeführt[10].

Placetum regium und Kanzelparagraph

Eine staatliche Bevormundung der Kirche – unter der wohl weniger die Pfarrer als vielmehr die Bischöfe zu leiden hatten – war das sog. Placet, obwohl sich die Oberhirten durchaus nicht in jedem Falle daran hielten. In anderen Fällen wiederum zeigte sich die Regierung hartnäckig: Als Erzbischof v. Deinlein (übrigens als einziger der bayerischen Bischöfe) um das Placet zur Verkündigung der Beschlüsse des I. Vatikanischen Konzils (1869/70) nachsuchte, wurde es ihm verweigert. Trotz des Appells des Papstes, der Vorstellungen des Episkopates und der Forderungen des Bayerischen Katholikentages (1889 zu München) gab Minister Lutz das Placet nicht auf[11]. In der Folgezeit dürfte jedoch das Placet immer weniger beachtet worden sein.

Eine gefährliche Nachwirkung hatte indessen der „Kanzelparagraph". Er bot nämlich den staatlichen Organen die Möglichkeit, diejenigen Geistlichen, die öffentlich staatliche Angelegenheiten in einer „den Frieden gefährdenden Weise" zum Gegenstand der Verkündigung machten, dafür zu belangen. Den Antrag hatte kein anderer als Minister Lutz am Beginn des Kulturkampfes im Reichstag eingebracht – am 10. Dezember 1871 erlangte die Motion effektive Gesetzeskraft[12]. Das war also gleichsam der Beitrag Bayerns zu den sog. Kulturkampf-Gesetzen. Die Nationalsozialisten machten ab 1933 von diesem Paragraphen ausgiebigsten Gebrauch.

Thron und Altar

Insgesamt betrachtet, empfand der Klerus das Staatskirchentum – oder anders ausgedrückt: die enge Verbindung von Thron und Altar – nicht als drückend oder gar entehrend. Was Bayern anbelangt, so bezeigten die bayerischen Könige (allerdings nicht immer die leitenden Minister) eine pro-kirchliche Haltung. Sie sahen in der Kirche eine tragende Macht innerhalb ihres Staates.

Im Schul- und Armenwesen wollte und konnte man auf die Mitwirkung der Geistlichen nicht verzichten, und diese waren es dann auch, die neben der Lehrerschaft das Volk am besten mit dem Herrscherhause verbinden konnte. So fanden z. B. die Anliegen der königlichen Familie ihren Niederschlag in den Gottesdiensten. An den Geburts- wie Namenstagen des Königs und der Königin wurden feierliche Ämter gehalten, denen Offiziere und Beamte beiwohnten. Stand die Niederkunft der Königin bevor, wurde für sie gebetet. Dasselbe geschah, als Prinz Otto 1832 nach Griechenland reiste, um die Königskrone zu empfangen, und dann, als seine Eltern ihn besuchten[13].

Bei der engen Verbindung von Thron und Altar lag der Schluß nahe, gute Christen seien auch zuverlässige Untertanen. Wenn es um die Fianzierung kirchlicher Projekte ging, zu denen der Staat Hilfestellung leisten sollte, argumentierte das Ordinariat bzw. das Pfarramt, daß der zu erwartende Nutzen nicht nur der Kirche, sondern auch dem Staate zugute komme[14]. Kamen andererseits Pfarrangehörige ihren religiösen Pflichten nicht rechtzeitig nach, so konnten die Geistlichen auf staatliche Unterstützung rechnen. Ein diesbetreffendes Beispiel ist uns bekannt: Am 22. Mai 1815 wurde auf Antrag Pfarrer Kugels Johann Adam Ferkel vor die Polizeidirektion geladen und zu einer Buße von 1 Gulden und 16 Kreuzern verurteilt, weil er seine am 17. Februar geborene Tochter nicht rechtzeitig hatte taufen lassen[15]. Man möchte wünschen, daß es bei diesem einen Falle geblieben sei, denn staatliche Maßnahmen haben sicherlich nicht die Anhänglichkeit der Bevölkerung zur Kirche gefördert.

Das Nominationsrecht

Vollständigkeitshalber ist noch über das Nominationsrecht des Königs zu sprechen[16], da dieses die Mitwirkung der Kirche keineswegs ausschaltete. Einmal nämlich mußte der Kandidat für den Bischofsstuhl oder für das Pfarramt vom Ordinariat entsprechend qualifiziert werden, sodann besaß bei der Besetzung eines vakanten Bischofsstuhles der Papst doch das letzte (und damit entscheidende) Wort. Er hat tatsächlich nicht jedesmal den vom bayerischen König vorgeschlagenen Kandidaten die Präkanonisation erteilt. So blieben z. B. die Diözesen Speyer und Würzburg von 1876 bis 1878 aus diesem Grunde ohne Oberhirten[17].

Übrigens waren Staat und Kirche in gleicher Weise daran interessiert, Diözesen wie Pfarreien mit geeigneten Persönlichkeiten zu besetzen. Was die Bischöfe anbelangt, so stehen am Beginn der hier behandelten Ära im Bischof von Regensburg, Johann Michael v. Sailer, und gegen Ende in Michael Kardinal v. Faulhaber, Erzbischof von München-Freising, profilierte Persönlichkeiten, die weit über ihre Diözesen hinaus wirkten. Zweifellos gut beraten war Prinzregent Luitpold, als er Jacobus von Hauck, den Pfarrer der größten Diasporagemeinde Bayerns, zum Erzbischof von Bamberg nominierte. Er hat namentlich die Seelsorge in der Diaspora während seiner Amtszeit ausgebaut.

Selbstverständlich kann nicht jeder Bischof das Format eines Sailers oder Faulhabers besitzen – doch alle Inhaber eines Bischofsstuhles waren bemüht, gute Hirten ihrer Diözesen zu sein. Sie haben sich dabei für die Rechte und die Freiheit der Kirche eingesetzt und waren dabei alles andere als servile Staatsdiener.

Das Konkordat von 1924

Mit der Revolution von 1918, die die Monarchie in Bayern beseitigte und die Struktur des Staates umformte, ging die staatliche Kirchenhoheit gleichzeitig zu Ende. Die Bischöfe beobachteten damals die Veränderungen auf der politischen Bühne mit Sorge und schlossen eine Trennung von Staat und Kirche nicht aus[18].

Allein, diese Befürchtungen erwiesen sich glücklicherweise als grundlos. Den Kirchen wurde in der Verfassung des Freistaates Bayern (1919) die selbständige Ordnung und Verwaltung ihrer Angelegenheiten gewährleistet[19]. Am 29. März 1924 wurde das Konkordat zwischen dem Apostolischen Stuhl und dem Freistaat Bayern abgeschlossen (es war das erste Länderkonkordat nach dem I. Weltkrieg). Der Tenor dieses Vertrages ist die partnerschaftliche Zusammenarbeit von Kirche und Staat. Die Besetzung der Bischofsstühle liegt seitdem ausschließlich in der Kompetenz des Papstes, dem Bischöfe und Ordinariate regelmäßig Vorschlagslisten einreichen. Das Nominationsrecht des Königs auf bestimmte Pfarreien ist auf den Freistaat übergegangen. In Nürnberg trifft das auf die Pfarreien St. Elisabeth, Herz-Jesu, St. Ludwig und St. Anton zu, in Fürth auf die Pfarrei zu Unserer Lieben Frau. Die Praktik hierbei ist, daß das Ordinariat dem Ministerium drei Bewerber für die betreffende Pfarrstelle vorschlägt, woraufhin – wie schon zu Königs Zeiten – gewöhnlich derjenige Kandidat zum Pfarrer ernannt wird, der den ersten Platz auf der Vorschlagsliste innehat.

Abschließend kann zu diesem Thema ausgesagt werden, daß die Kirche in Bayern niemals zuvor sich solcher Freiheiten erfreute wie gerade in unserer Zeit. Allerdings: wo viel Freiheit, da ist auch viel Verantwortung!

Anmerkungen

1 Siehe ausführlicher: Kapitel 9, Anm. 1.
2 Weis, Begründung, S. 71 ff.; Lill, Rudolf: Die kirchliche Reorganisation und Staatskirchentum in den Ländern des Deutschen Bundes und der Schweiz. In: HKG VI/1, S. 160–166.
3 Weis, Begründung, S. 79 u. S. 74.
4 Das geschah in Mittelfranken im „Intelligenzblatt des Pegnitzkreises und Nürnbergisches Anzeigenblatt".
5 So finden sich z. B. Akten beim Hauptstaatsarchiv München, beim Bayerischen Staatsarchiv Nürnberg, beim Diözesanarchiv Bamberg und im Pfarrarchiv Unserer Lieben Frau Nürnberg.
6 Spindler, Max: Die Regierungszeit Ludwigs I. (1825–1848). In: BG Bd. I, S. 87–223, hier S. 214.
7 Der Amtseid lautete: „Ich schwöre, daß ich keinem Verein, dessen Bildung dem Staate nicht angezeigt ist, angehöre, noch je angehören werde, dann, daß ich in keiner Verbindung mit einem Verein verbleiben werde, dessen Schließung von der zuständigen Polizeistelle oder Behörde verfügt worden ist, oder in welchem mir die Teilnahme in Gemäßheit der jeweils bestehenden Disziplin und Vorschriften untersagt sein wird. Ebenso verspreche ich, keine Kommunikation zu pflegen, an keinem Ratschlag teilzunehmen und keine verdächtige Verbindung weder im Inland noch auswärts zu unterhalten, welche der öffentlichen Ruhe schädlich sein könnte, und wenn ich von einem Anschlag zum Nachteil des Staates, sei es in meinem Pfarrbezirk oder sonst irgendwo, Kenntnis erlangen sollte, solches der Regierung anzuzeigen." – Erlaß des Staatsministeriums des Innern vom 21. 3. 1851. – BStA Nürnberg, Abg. 1968 XIV Nr. 152.
Diese Eidesformel galt auch noch am Beginn des 20. Jh. Als Pfarrer Stenger bei seiner Installation in Fürth den Passus über die Vereine wegließ, mußte der Eid in seinem gesamten Text wiederholt werden. – Schreiben der Regierung vom 21. 1. 1900. – BStA Nürnberg, Abg. 1968 XIV Nr. 491.
1909 erließ das Ministerium eine Rundfrage, ob man nicht die Passage über die Vereinszugehörigkeit streichen könne. Ein allzu eifriger Assessor in Schwabach schlug in diesem Zusammenhang vor, auch das Jesuitengesetz einzubeziehen – etwa durch den Zusatz „und keiner im Königreich nicht zugelassenen Ordensgemeinschaft". – BStA Nürnberg, Abg. 1968 XIV Nr. 152.
8 Anordnung des Generalvikariates vom 14. 12. 1813 – Verordnungen I, S. 20.
9 Anordnung des Generalvikariates vom 18. 12. 1823 – Verordnungen I, S. 73 f. (Es handelt sich hierbei um Zollabgaben, Malzaufschlag u. Salzregal.).
10 Hirschmann, Gerhard: Die Evangelische Kirche seit 1800. In: BG Bd. II, S. 883–913, hier S. 899 (hier ist allerdings von der Kirchensteuer der protestantischen Kirche die Rede).
11 Albrecht, Reichsgründung, S. 352 f.
12 Ebenda, S. 325.
13 In der Frauenkirche fand für den am 12. 10. 1825 verstorbenen König Maximilian I. ein Gedächtnisgottesdienst statt. Die Kirche war mit schwarzen Tüchern dekoriert, die Tumba, die die Stelle des Sarges einnahm, schmückten Krone, Zepter, Schwert u. königliches Wappen. 1833 wurde für die glückliche Ankunft König Ottos I. in Griechenland ein Dankamt gehalten. – Priem, Geschichte, S. 398 und S. 462.
Ähnlich gedachte man am 14. 1. 1835 der glücklichen Ankunft König Ludwigs I. in Griechenland und am 14. 4. seiner Heimkehr. – Stadtchronik 1835.
14 Als Pfarrer Kreppel den Bau von Kirchen im Nürnberger Umland vorschlug, schrieb das Ordinariat darüber an das Ministerium: „Hier begegnet sich das Interesse der Kirche und des geordneten Staates in den sozialen Gebieten." – BStA Nürnberg, Abg. 1932 XIV Nr. 658.
15 Stadt A Nürnberg, Pol. Dir. C 2 Nr. 308.

16 Nach dem Tode Pfarrer Kugels am 12. 11. 1831 suchte der Magistrat um das Nominationsrecht für alle katholischen Geistlichen (also für Pfarrer wie Kapläne) nach. Das Gesuch
   wurde – wie nicht anders zu erwarten – abgelehnt.

17 Das bestätig ein Blick in die Bischofslisten von Speyer und Würzburg: Die Bischofsstühle
   waren tatsächlich von 1875 bis 1879 nicht besetzt. – Gatz, Bischöfe, S. 877 f.

18 ABB 1918, S. 247–253.

19 Schwarz, Die Zeit von 1918–1933, S. 491–494.

Ordensfrauen im Dienste der Gemeinde

Meine Untersuchung beschränkt sich bei diesem Thema auf die Englischen Fräulein, heute gewöhnlich Maria-Ward-Schwestern genannt, und auf die Schwestern vom Göttlichen Erlöser, nach ihrem Heimatkloster im Elsaß als Niederbronner Schwestern bekannt. Erstere kamen im Jahre 1854 nach Nürnberg, letztere 1890.

Das Institut der Englischen Fräulein[1]

Der Orden der Englischen Fräulein geht auf Maria Ward (1585–1645) zurück. Sie lebte folglich in England zu einer Zeit, in der die dortigen Katholiken nach der Loslösung der englischen Kirche von Rom durch König Heinrich VIII. (und nachfolgenden Religionskämpfen) kaum die Möglichkeit hatten, Gottesdienste zu feiern und die hl. Sakramente zu empfangen. Unter diesen widrigen Umständen konnte natürlich ein Religionsunterricht nur noch im Verborgenen erteilt werden.

Maria Wards Bestreben richtete sich darauf, die Töchter der katholisch gebliebenen Familien, die in England trotz staatlicher Pressionen noch immer vorhanden waren, im katholischen Glauben zu erziehen und zu stärken. Das ließ sich in ihrem Heimatlande selbst jedoch nicht verwirklichen, weshalb Maria Ward nach St. Omer (im heutigen Belgien) auswanderte. Dort gründete sie mit fünf Gleichgesinnten eine religiöse Gemeinschaft nach dem Vorbild der Gesellschaft Jesu zur Erziehung der weiblichen Jugend. Ihre Gründung wollte Maria Ward unmittelbar dem Apostolischen Stuhl unterstellt wissen – außerdem strebte sie die Freiheit vom gemeinsamen Chorgebet und von der Klausur an, um sich um so ungehinderter den gestellten Aufgaben widmen zu können. Dieser Plan entsprang dem dringenden Bedürfnis jener Zeit. In der Folgezeit entstanden Häuser in den Niederlanden, in England, in Italien, in Österreich und in Ungarn, aber auch in Deutschland.

Allein eine Gemeinschaft, die ordensähnlichen Charakter aufwies und zugleich die erwähnten Freiheiten für sich beanspruchte, paßte nicht in das Schema der üblichen Frauenorden des 17. Jh. Papst Urban VIII. löste deshalb in der Bulle vom 13. Januar 1630 die neue Kongregation auf und Maria Ward selbst wurde im Angerkloster in München als Ketzerin und Schismatikerin gegen die hl. Kirche in Haft gehalten, bis der Papst ihre Freilassung verfügte.

Von schwerer Krankheit genesen, sprach Maria Ward persönlich am Heiligen Stuhl vor. Sie erreichte tatsächlich, daß sie mit einigen Schwestern in Rom unter päpstlicher Aufsicht ein Haus eröffnen und Unterricht erteilen durfte. In München wie an anderen Orten wurde jetzt die Arbeit erneut aufgenommen, wobei das Institut v. a. in Bayern einen erfreulichen Aufschwung nahm. Der Wunsch Maria Wards, die Regel der Gesellschaft Jesu für ihre Kongregation übernehmen zu dürfen, ging allerdings erst im Jahre 1978 in Erfüllung.

Die Niederlassung in Nürnberg[2]

Die Gründerin des Institutes der Englischen Fräulein zu Nürnberg war Schwester Maria Augusta Zankel (auch Zangel geschrieben). Am 9. Oktober 1813 kam sie als erstes Kind des kgl. Briefträgers Johann Michael Zankel und seiner Ehefrau Helene, geb. Geiger, in Fürth Haus Nr. 424 zur Welt und wurde auf den Namen Kunigunde Auguste von Pfarrer Kugel getauft[3]. Die ungünstigen Verhältnisse der Diaspora erfuhr sie in jungen Jahren selbst. Da war z. B. der weite Weg in die Frauenkirche nach Nürnberg, wo sie auch ihren Kommunionunterricht erhielt. Pfarrer Kugel war zudem damals schon kränklich, weshalb der Unterricht wiederholt ausfiel – mit der Folge, daß die Vorbereitung auf den Sakramentenempfang denkbar dürftig war (von dem umsonst zurückgelegten weiten Wege ganz zu schweigen). Kunigunde Zankel hat das übrigens zeitlebens tief bedauert.

Später wurde ihr Vater dienstlich nach Augsburg versetzt, wo die Familie geordnete religiöse Verhältnisse vorfand. Kunigunde besuchte hier die Schule der Englischen Fräulein. Noch nicht 16 Jahre alt, entschloß sie sich, in die Kongregation einzutreten. In der Folgezeit legte sie nach ihrem Studium die Lehramtsprüfung für Deutsch und Französisch ab.

1834 kam sie nach Bamberg, wo sie die ewige Profeß vollzog. Nun drängte sie ihre Oberen, in Nürnberg ebenfalls ein Haus zu eröffnen. Ihr ging es dabei v. a. darum, Mädchen eine gute Vorbereitung für den Empfang der Sakramente zu ermöglichen. Pfarrer Port (der selbst eine Töchterschule gegründet hatte) erklärte dazu, daß eine weitere Höhere Mädchenschule in Nürnberg sehr begrüßenswert sei, da die beiden bereits bestehenden überfüllt seien. Daraufhin gab das Ministerium am 27. März 1854 seine Genehmigung.

Bereits vor diesem Datum hatte man sich bemüht, ein passendes Haus für die Schwestern und ihre Schule zu finden. Die einen, wie Pfarrer Burger, legten primär Wert darauf, daß beim Haus auch ein Gartengelände sei – die anderen, d. h. die Englischen Fräulein in Bamberg selbst, hielten dagegen die Nähe der Klarakirche für wichtiger. Ein Laie, Franz Xaver Ziegler, sah sich nach passenden Objekten um. Seine Aktivität führte dazu, daß man schließlich das Haus Klaragasse 1 – das auf dem Grund des ehemaligen Klarissenklosters stand – für einen Kaufpreis von 8000 Gulden erwerben konnte[4].

Unter diesen Umständen erschien Eile geboten, die Klarakirche der katholischen Kirchenstiftung zuzusprechen, denn sonst hätte der Nürnberger Magistrat ebenfalls Verwendung für dieses kirchliche Bauwerk gehabt. Major v. Berg in München, der zum einflußreichen Minister v. Abel[5] über eine gute Verbindung verfügte, wurde eingeschaltet, und am 24. März 1854 meldete er nach Bamberg: „Die Sache ist im besten Gang." Am 7. September d. J. schrieb dann Max Gutschneider, Regierungsdirektor in Ansbach[6], an das Institut, daß die Klarakirche jetzt der katholischen Gemeinde überwiesen sei. Die Extradition von seiten des Hauptzollamtes an die Kirchenstiftung fand am 4. November statt[7].

Bereits vorher, am 6. Juni 1854, weihte Pfarrer Burger die neue Schule ein. Gleich am Beginn verzeichnete die Lehranstalt nicht weniger als 60 Schülerinnen, deren Zahl denn von Jahr zu Jahr weiter anstieg, so daß die Schule schließlich (salopp ausgedrückt) „aus allen Nähten platzte". Die staatlichen Inspektoren zollten dem Unterricht und der Erziehung alle Anerkennung, beanstandeten aber die unzureichenden räumlichen Verhältnisse, weshalb sie sogar mit der Schließung der Schule drohten, falls keine Abhilfe geschaffen werde. Die Schwestern, auf diese Weise natürlich arg bedrängt, taten alles, was in ihren Kräften stand, um zu einem anderen Schulgebäude zu kommen. So beteten sie viel in diesem Anliegen. Mutter Augusta äußerte sich zuversichtlich:

„Wenn sich jedes einzelne unserer Gebete in Bausteine verwandelt, dann muß das neue Haus, das wir erbauen, nicht nur mittelmäßig, sondern sehr, sehr groß werden."

Das Institut der Englischen Fräulein in Nürnberg nach einem Holzschnitt von 1863

Das Institutsgebäude heute

Mutter Augusta Zankel,
die 1. Oberin der
Englischen Fräulein in Nürnberg
(1854–1884)

Unerwartet kam von Bamberg finanzielle Unterstützung, woraufhin ein Anwesen an der Tafelhofstraße – unmittelbar vor der Altstadt und in der Nähe des Bahnhofs gelegen – erworben wurde.

Nach den für Unterrichtszwecke erforderlichen Umbauten wurde das neue Schulgebäude am 15. September 1881 bezogen. Mutter Augusta hatte damit ihr Lebensziel erreicht. Am 26. Mai 1884 feierte sie ihr goldenes Profeßjubiläum. Erzbischof v. Schreiber selbst hielt das Pontifikalamt in der Klarakirche. Von allen Seiten wurden der Jubilarin Ehrungen zuteil. Ihre Gesundheit war jedoch inzwischen stark angegriffen, aus diesem Grunde suchte sie nach den Jubiläumsfeierlichkeiten Bad Kissingen auf. Sie sollte freilich nicht mehr nach Nürnberg zurückkehren: Am 15. Juli wurde sie in die Ewigkeit abberufen. Auf dem Friedhof zu Bad Kissingen fand sie ihre letzte Ruhestätte.

Ihr Werk, das Nürnberger Institut, nahm auch in den folgenden Jahren eine erfreuliche Entwicklung, obwohl das Schulgeld – verständlicherweise – höher war als bei den staatlichen und städtischen Unterrichtsanstalten[8]. Da die Schule in der Nähe des Bahnhofs lag und darüber hinaus mit einem Internat verbunden war, wurde sie auch von auswärtigen Mädchen besucht. Im Jahre 1895 zählte sie 429 Schülerinnen[9]. 1933 gab es – nach heutigem Verständnis – eine vierklassige Grundschule und ein sechsklassiges Mädchenlyzeum. Die Schule bekannte sich zu den katholischen Erziehungsgrundsätzen, ohne jedoch dabei intolerant zu sein, was schon die Tatsache beweist, daß nicht nur evangelische, sondern auch israelitische Eltern ihre Töchter dem Englischen Institut anvertrauen.

174

Schließung der Schule (1938) und Wiedereröffnung (1946)

In der Zeit des Nationalsozialismus wurde es den Eltern zunehmend schwerer gemacht, ihre Kinder in Schulen von der Art des Englischen Institutes zu schicken. Unter dem Druck der Partei sank die Zahl der Schülerinnen, bis schließlich am 8. April 1938 in Bayern alle Klosterschulen aufgehoben wurden, da „kein Bedarf mehr gegeben sei". Für die Maria-Ward-Schwestern war es natürlich hart, ihre liebgewonnene Tätigkeit aufzugeben. Im März 1945 wurde zudem das Institutsgebäude bei Luftangriffen zerstört, dabei fanden zwei Schwestern den Tod.

Die Englischen Fräulein hatten mit dem Ende des Krieges ihre schwersten Zeiten durchgestanden. Im Jahre 1946 eröffneten sie in den Räumen der ehemaligen Kaserne an der Bärenschanzstraße ihren Schulbetrieb wieder. Das konnte in räumlicher Hinsicht selbstverständlich nur eine vorübergehende Lösung sein, d. h. ein neues Schulhaus mußte unbedingt gebaut werden. Im Jahre 1961 wurden die neuerrichteten Gebäude am Prinzregentenufer bezogen, 1979 wurde der Erweiterungstrakt eingeweiht.

Gegenwärtig umfaßt die Maria-Ward-Schule in Nürnberg eine Grund- und eine Teilhauptschule mit sechs Klassen neben einer vierklassigen Realschule und einem neunklassigen Gymnasium (mit einem neusprachigen und einem sozialwissenschaftlichen Zweig). Ferner gehört zum Institut noch ein Tagesheim. Nach dem Jahresbericht von 1982/83 zählte die Schule insgesamt 1343 Schülerinnen[10].

Die Niederbronner Schwestern[11]

Die Niederbronner Schwestern, oder wie sie offiziell heißen: die Schwestern vom Göttlichen Erlöser, gehen auf Elisabeth Eppinger (1814–1867) in Niederbronn im Elsaß zurück. Jahrelang leidend und an das Bett gefesselt, war sie reich begnadet und von dem Verlangen erfüllt, sich ganz Gott hinzugeben. Als sie wider allen Erwartens genas, gründete sie mit Unterstützung Bischof Andreas Räß' von Straßburg im Jahre 1849 eine Frauengemeinschaft zur Unterstützung der Armen und Hauskranken. In der Funktion einer Generaloberin brachte sie die Kongregation anschließend zu rascher Blüte. Sie hatte den Namen Maria Alfonsa angenommen.

1881 wurde das Mutterhaus der neuen Kongregation nach Oberbronn verlegt. Der Aufgabenkreis wurde auf Waisenhäuser, Kindergärten, Haushaltsschulen u. ä. erweitert. Nach dem I. Weltkrieg wurde 1920 für Bayern eine eigene Provinz mit dem Mutterhaus in Neumarkt/Opf. errichtet.

Die Niederlassung in Nürnberg

Haben in der Pegnitzstadt die Maria-Ward-Schwestern auf dem Gebiet des Schul- und Erziehungswesens segensreich gewirkt, so sollten die Niederbronner Schwestern v. a. in der Krankenpflege und in der Betreuung der Kleinkinder tätig werden[12]. Das Verdienst, sie nach Nürnberg gerufen zu haben, gebührt Pfarrer Franz Xaver Kreppel. Am 12. Mai 1889 hatte er die Generaloberin Marie Damien in Oberbronn um die Entsendung von Schwestern nach Nürnberg gebeten und auch die Zusage erhalten. Zur Finanzierung der vorgesehenen Schwesternstation gründete man am

23. Januar 1890 den Krankenpflegeverein, der schon zwei Tage später von der Regierung genehmigt wurde[13].

Der Kapitularvikar der Erzdiözese Bamberg, Dompropst Josef Ritter v. Strätz, (der Bischofsstuhl stand ja damals vakant) richtete am 28. August 1890 ein Schreiben an das Generalat der Kongregation, in dem er sich ungewöhnlich lobend über den Einsatz der Schwestern äußerte,

„über die nie die geringste Klage erhoben wurde . . . Dagegen spenden alle, welche sie kennen zu lernen Gelegenheit hatten, denselben das größte Lob wegen ihres höchst segensreichen Wirkens und hängen namentlich die von ihnen gepflegten Kranken mit Liebe an denselben . . . Wir begrüßen daher eine Niederlassung dieser Schwestern in Nürnberg, wo deren ersprießliches Wirken so notwendig ist, mit Freuden und erteilen für diese wichtige Gründung gerne die gewünschte Genehmigung. Dabei bedauern wir nur das eine, daß einstweilen nur fünf Schwestern in Nürnberg für die öffentliche Krankenpflege sich niederlassen, während es dort ein Feld des Wirkens für 50 und noch mehr Schwestern gäbe."[14]

Über die Ankunft der ersten Schwestern in der Pegnitzstadt sind wir gut unterrichtet, wie die folgende Darstellung belegt:

Am Montag, den 29. September, trafen fünf Schwestern von Oberbronn kommend auf dem Bahnhof in Nürnberg ein, wo sie von der Schwester Pfarrer Kreppels begrüßt und zur Frauenkirche geleitet wurden. Pfarrer Kreppel hielt den Gottesdienst und stellte anschließend die Schwestern der Gemeinde vor, die übrigens trotz des Wochentages in stattlicher Zahl gekommen war. Danach führte man die Ordensfrauen in ihre neue Wohnung am Fünferplatz 10/ II. Hier fanden sie alles auf das beste eingerichtet. Im Eßzimmer stand auf einem Tischchen die Statue des hl. Josef. Er ist ja der Schutzherr der Kongregation und sollte darum auch der Patron der neuen Niederlassung sein. Nach dem Mittagessen im Pfarrhaus traf man sich wieder in der Schwesternwohnung, wo sich Freunde und Gönner sowie die Vorstandsmitglieder des Krankenpflegevereins eingefunden hatten. Als Vertreter des Magistrates sprach Rechtsrat v. Haller. Er hoffe – sagte er dabei – daß die Schwestern den konfessionellen Frieden, der bisher in Nürnbergs Mauern gewaltet habe, nicht stören würden.

Eine Sorge, die (wenig taktvoll geäußert!) gewiß unbegründet war, zumal die Schwestern ihre Samariterdienste allen ohne Unterschied der Konfession anboten, wie es wiederholt in den Berichten und Satzungen heißt!

Im Dienste der Kranken

Bereits am ersten Tage wurden der neuerrichteten Schwesternstation drei Kranke gemeldet: zwei Israeliten und eine Protestantin – Katholiken waren nicht dabei. Am folgenden Tage wurden vier Schwestern zu Nachtwachen gebeten, d. h. an Arbeit fehlte es vom ersten Tage an nicht, wobei zu beachten ist, daß damals verhältnismäßig wenige Kranke ins Krankenhaus eingewiesen wurden. (Dies stand südlich der Stadtmauer an der Stelle, wo sich jetzt das Opernhaus erhebt. Es verfügte über ca. 500 Betten.) Die Chronistin berichtet bezüglich ihrer Tätigkeit:

„Wir hatten bald vollauf zu tun, bei Tag und Nacht, hatten gar keine Zeit zum Heimweh nach unserer ersten Mission. Die Leute waren sehr gut gegen uns."

Als das erste Vierteljahr ihrer Tätigkeit in Nürnberg abgelaufen war, hatten die Schwestern nicht weniger als 284 Nachtwachen geleistet – was heißt: jede Nacht befanden sich durchschnittlich drei von ihnen im Einsatz. Die Ordensfrauen waren folglich sofort völlig ausgelastet!

Im nächsten Jahre kamen zwei weitere Niederbronner Schwestern nach Nürnberg, 1892 stieg ihre Zahl schließlich auf acht an. Durch ihre selbstlose Arbeit erwarben sich die Schwestern das Vertrauen der Bevölkerung, so daß die Hilfsbedürftigen ihre Dienste dankbar annahmen. Komplikationen blieben den Ordensfrauen allerdings neben allem Erfolg auch nicht erspart. Diese entstanden dadurch, daß ärmere Hilfesuchende sie in ihrer Wohnung aufsuchten. Das konnte den Schwestern nur recht sein – ihr Hausherr dachte freilich anders darüber: Er empfand das häufige Kommen und Gehen als Belästigung, weshalb er den Schwestern kündigte. Diese mußten sich jetzt notgedrungen nach einer anderen Bleibe umsehen. Man fand sie im Hinterhaus des Anwesens Winklerstraße 11, in der Nähe des Pfarrhauses. Das größte Zimmer wurde als Hauskapelle eingerichtet, wo wochentags die hl. Messe gefeiert wurde. An Sonn- und Feiertagen wohnten die Ordensfrauen dem Gottesdienst in der Frauenkirche bei.

Neben dem Erfolg fehlte es auch nicht an bösen Überraschungen, wie das folgende Geschehen beweist. Schwester Quirina wurde, als sie eines Abends gegen 21 Uhr von einer Krankenpflege nach Hause ging, auf der Karlsbrücke von zwei Männern rücklings angefallen und zu Boden geschleudert. Glücklicherweise kam ihr ein Schutzmann zur Hilfe, der sie dann sicher nach Hause geleitete. Einige Tage nach diesem Vorfall fanden die Schwestern in ihrem Briefkasten eine Karte mit der Drohung:

„Der Todesstoß ging für diesmal fehl. Vielleicht gelingt es mir ein andermal besser, wenn nicht bei dieser Schwester, so doch bei einer anderen."

Die Schwestern lebten von da an verständlicherweise in stetiger Angst, doch ist keine von ihnen in der Folgezeit einer weiteren Attacke ausgesetzt gewesen, wie die Chronistin meldet.

Die Betreuung der Dienstmädchen

Zusätzlich zur Krankenpflege war den Schwestern noch eine andere Aufgabe zugefallen, nämlich die Betreuung der weiblichen Hausangestellten. Ihrer gab es damals sehr viele: Im Jahre 1880 waren es ca 6000 (davon 900 männliche) – d. h. bei einer Einwohnerzahl Nürnbergs von knapp 100 000 rund 6% der Bevölkerung[15].

Ein wesentlicher Teil der katholischen Dienstmädchen stammte vom Lande, jetzt in der Stadt blieben sie in ihrer spärlichen Freizeit sich selbst überlassen. Für sie wurde nun ein großes Zimmer im Vorderhaus der Winklerstraße 11 gemietet, und am Sonntag, den 28. August 1892, fand die erste Versammlung dieser Dienstboten statt. Der Verlauf war dann wie folgt: Um 15 Uhr traf man sich. Von einem Kaplan wurde ein religiöser Vortrag gehalten, anschließend genoß man ein geselliges Beisammensein, bis man gegen 18 Uhr 30 nach dem Rosenkranzgebet auseinanderging.

In dieser Weise wiederholte man das Treffen von da an jeden Sonntag. Etwa 70 bis 80 Dienstmädchen nahmen sogleich im ersten Jahr an diesen Zusammenkünften teil.

Das St. Josefshaus

Die Mietwohnung der Schwestern war in der Folgezeit für ihre verschiedenen Aufgaben zu klein geworden, deshalb erwies sich der Erwerb eines eigenen geräumigeren Hauses als dringend notwendig. In ihrer Sorge darüber wandten sich die Nonnen an den hl. Josef, ihren Schutzpatron.

„Dem h. Josef haben wir keine Ruhe mehr gelassen" (berichtet die Chronistin), „aufs äußerste wurde er geplagt und ihm versprochen, wenn wir das Haus bekämen, müßte es seinen Namen bekommen. Er hat auch augenscheinlich geholfen, aber warten ließ er uns bis zum Jahre 1897."

Das genannte Jahr brachte nämlich die Lösung des Problems. Einmal erbrachte eine öffentliche Sammlung für das geplante Schwesternhaus die ansehnliche Summe von 25 000 Mark. Zum anderen bot man gerade zeitgünstig die Gebäude der Gesellschaft Harmonie in der Harmoniestraße 28 zum Verkauf an. Auf die Initiative des Rechtsanwaltes Dr. Magnus Michael Stapf hin – eines großen Wohltäters der Nürnberger Katholiken –, wurde dieses Anwesen erworben. Dadurch waren zwei Ziele gleichzeitig erreicht: Man verfügte nun über eine neue Kirche und ein Schwesternhaus.

Der ursprüngliche Saal wurde zum Kirchenraum umgebaut – dieses Gotteshaus wurde dem hl. Josef geweiht und am 11. September 1898 von Pfarrer Starklauf benediziert[16]. Bereits vordem, am 17. Oktober 1897, konnten die Schwestern das Wirtschaftsgebäude – jetzt St. Josefsheim genannt – beziehen (ihre Zahl hatte sich inzwischen auf zwölf erhöht). Für die Hausangestellten wurde ein kleiner Saal mit Bühne vorgesehen.

Wärmestube, Kindergärten und Pfarrschwestern

Die Niederbronner Schwestern betreuten in ihrer Krankenpflege ein weitgedehntes Arbeitsfeld, da sie in den ersten Jahren ihres Wirkens bis nach Fürth gerufen wurden – d. h. bis dort 1894 eine eigene Krankenpflegestation aufgemacht wurde. Eine neue Aufgabe übernahmen dafür die Nürnberger Schwestern im Jahre 1897, nämlich die Wärmestube in Neuwetzendorf. Der Israelit Eugen Herz hatte einen „Wärmestuben- und Wohltätigkeitsverein" gegründet und eine Wärmestube in der Nähe des Sterntores aufgemacht. Als dieser Verein darauf in Neuwetzendorf, und zwar in der Augustenstraße 19 (jetzt Amalienstraße 19), ein zweites Haus erwarb, stellte sich die Frage, wer es betreuen sollte. Der Initiator wandte sich deshalb an den Superior der Niederbronner Schwestern, Dr. Ignatius Simonis, mit der Bitte, zwei Schwestern für dieses caritative Unternehmen bereitzustellen. Dem Gesuch wurde entsprochen, woraufhin am 15. Oktober 1897 das Haus eröffnet werden konnte. (Ein halbes Jahr später kam dann eine dritte Schwester nach Nürnberg, allerdings zum Einsatz in der ambulanten Krankenpflege.)

Die Arbeit in der Wärmestube war vielseitig. In den fünf Monaten des Winterhalbjahres wurde den Bedürftigen – Männern, Frauen und Kindern – täglich Brot oder Suppe verabreicht. Zum Weihnachtsfest wurden etwa 1400 Kinder und 500 ältere Personen beschenkt. Während der Sommermonate, in deren Verlauf die eigentliche Wärmestube geschlossen blieb, wurden 300 bedürftige Familien weiterhin mit Suppe versorgt, 280 Kranke gepflegt und Kinder bei der Erledigung ihrer Hausaufgaben betreut. Die Wärmestube diente folglich als Kinderbewahranstalt, Kindergarten, Jugendhort und Armenküche – d. h. sie übte mehrere Funktionen parallel und gleichzeitig aus. Diese caritative Einrichtung zeigt uns heute darüber hinaus, wie arm um die letzte Jahrhundertwende breite Schichten der Bevölkerung tatsächlich waren – aber auch, wie sich gerade Ordensfrauen auf sozialem Gebiet engagierten.

Im Jahre 1907 wurde in der Neuwetzendorfer Wärmestube eine Kinderbewahranstalt eröffnet. Das ist besonders erwähnenswert, weil es sich hierbei um den ersten katholischen Kindergarten in Nürnberg handelte[17]. In der Folgezeit kamen weitere Niederlassungen der Niederbronner Schwestern oder verwandter Kongregationen zu dem bereits bestehenden hinzu. Jede neuerrichtete Kuratie bzw. Pfarrei bemühte sich jetzt, Schwestern für die ambulante Krankenpflege wie für den Kindergarten zu bekommen.

Die Krankenpflege in Fürth

In den zwanziger Jahren des gegenwärtigen Jahrhunderts fanden zusätzlich Ordensfrauen sowohl als Pfarrschwestern für Arbeiten in den Pfarrbüros als auch in anderen seelsorglichen Aufgaben Verwendung. Die eben geschilderte Entwicklung blieb nicht auf Nürnberg beschränkt, sondern setzte sich in der Nachbarstadt Fürth ähnlich durch. Wie bereits gesagt, erhielt 1894 diese Stadt ebenfalls eine ambulante Krankenpflegestation. Den Anstoß dazu gab ein Ehepaar, das im Winter 1893/94 von den aus Nürnberg kommenden Schwestern gepflegt worden war. Nach seiner Genesung wollte es sich dankbar erweisen für die Pflege und versprach deshalb sein Haus in der Holzstraße 16 den Schwestern zu überlassen (außerdem wollte es noch die Summe von 25 000 Mark bei seinem Ableben den Ordensfrauen vermachen).

Um die Errichtung einer Pflegestation in Fürth finanziell abzusichern, wurde auch hier ein Krankenpflegeverein gegründet. Sein Zweck sollte sein: „unentgeltliche Krankenpflege ohne Unterschied der Konfession jedermann zu bieten". Dieser Verein fand dann gerade unter den Fürther Juden viele Wohltäter.

Am 10. September 1894 wurde der Konvent mit drei Schwestern eröffnet – ein halbes Jahr später kam eine vierte Schwester dazu und im Jahre 1899 eine fünfte. Leider nahm das oben erwähnte Ehepaar später sein Versprechen zurück, weshalb die Schwestern gezwungen waren, aus dem Hause auszuziehen. Sie mieteten im November 1898 eine Wohnung in der Theatergasse 20, im Jahre 1910 siedelten sie in die Lessingstraße über und schließlich 1972 in die Kaiserstraße.

Einen Kindergarten eröffneten die Niederbronner Schwestern erst am 25. April 1917 in Fürth, also verhältnismäßig spät. Im Oktober 1928 wurde eine zweite Schwesternstation im ehemaligen Pfarrhaus an der Königstraße errichtet. Besonders erwähnt muß noch werden, daß auch im israelitischen Hospital von 1927 bis 1933 zwei Schwestern als Krankenpflegerinnen tätig waren.

Theresienkrankenhaus und Jugendhaus Stapf

In Bezug auf Nürnberg bleiben hier noch zwei Gründungen der Niederbronner Schwestern besonders hervorzuheben. Am 22. Juli 1928 fand die Einweihung des Theresienkrankenhauses statt, womit ein jahrzehntelanges Bestreben der Nürnberger Katholiken sein Ziel erreichte[18]. Bauherr war das Provinzialat der Schwestern vom Göttlichen Erlöser in Neumarkt/Opf. Nach dem Kriege wurde das Haus – wie schon im I. Teil dieser Arbeit geschildert – erweitert und verfügt dadurch gegenwärtig über 350 Betten.

Außerdem konnte nach dem II. Weltkrieg jene Stiftung, die Rechtsanwalt Dr. Stapf bereits am Beginn unseres Jahrhunderts gemacht hatte, ihrer Bestimmung zugeführt werden[19]. Am 28. März 1958 weihte nämlich Erzbischof Josef Otto Kolb das „Jugendhaus Stapf" an der Leopoldstraße ein. Es beinhaltet einen Kindergarten, ein Kinderheim (auch für Klein- und Kleinstkinder) und eine Abteilung für spastisch gelähmte Kinder. Mit der letztgenannten Abteilung ist ein Grundlehrgang zur Verbesserung der Eingliederungsmöglichkeiten von Behinderten verbunden.

Erneuerung des Ordenslebens[20]

Zum Abschluß dieses Kapitels erscheint es mir noch angebracht, die Entwicklung der kirchlichen Orden und Kongregationen – wenigstens in kürzerer Form – über die lokal begrenzten Nürnberger Verhältnisse hinaus zu betrachten. Am Beginn des 19. Jh. stand im Zusammenhang mit den von der Französischen Revolution ausgelösten gravierenden historischen Umwälzungen die Säkularisation: d. h. alle Klöster wurden aufgehoben und ihre Besitzungen dem Staate übereignet. Die Kirche in Deutschland war dadurch arm geworden. Gleichzeitig wirkte sich die Säkularisation nachteilig auf den Bildungssektor aus.

Als Ludwig I. im Jahre 1825 den Thron des Königreiches Bayern bestieg, suchte er einige Klöster wiederherzustellen. Sein besonderes Wohlwollen galt den Benediktinern (im Hinblick auf deren gymnasiale Tätigkeit) und den Franziskanern (wegen deren Initiative in der Volksseelsorge). In der Erzdiözese Bamberg betraute Erzbischof Josef Maria v. Fraunberg (1824–1842) die Franziskaner mit der Wallfahrtsseelsorge in Vierzehnheiligen, Gößweinstein und Marienweiher. Die Franziskaner-Konventualen ließen sich im Jahre 1866 in Schwarzenberg bei Scheinfeld nieder.

Bei den Frauenorden ging man im 19. Jh. neue Wege. Jetzt waren nicht mehr die Orden mit strenger Klausur gefragt, sondern die Kongregationen, deren Mitglieder sich – ohne an Klausur und gemeinsames Chorgebet gebunden zu sein – auf pädagogischem wie sozialem Gebiet betätigten. Beachtenswert ist dabei, daß zu dieser Zeit neue Kongregationen entstanden, so z. B. die Armen Schulschwestern unter Bischof Michael Wittmann von Regensburg und der Generaloberin Karoline Gerhardinger, und die Ursberger Schwestern, die sich unter der Leitung des Regens Dominikus Ringeisen in Dillingen v. a. der geistig und körperlich Behinderten annahmen. In ähnlicher Weise wirkten auch die Franziskanerinnen vom Mutterhaus in Dillingen sowohl in den Wohltätigkeitsanstalten des Priesters Johannes Evangelista Wagner als auch in anderen Häusern[21].

Zu nennen sind ferner noch die Vinzentinerinnen mit dem Mutterhaus in München, die Armen Franziskanerinnen von Mallersdorf und schließlich die Schwestern von der schmerzhaften Muttergottes, die 1883 in Rom gegründet wurden. Sie verfügen über einen deutschen Zweig, der seit 1920 selbständig ist und sein Mutterhaus in Abenberg-Marienburg besitzt. Weiterhin gehört dazu die Kongragation der Dienerinnen der hl. Kindheit Jesu (1855 von Antonie Werr gegründet), die allerdings nach ihrem Mutterhaus Würzburg-Oberzell meist Zeller Schwestern genannt werden[22]. Auch die Diözesankongregation der Franziskusschwestern mit dem Mutterhaus in Vierzehnheiligen ist hier aufzuführen – ihre Anfänge gehen auf das Jahr 1890 in Landshut zurück[23].

Als Folge dieser Entwicklung spannte sich ein weites Netz von Schwesternstationen über das ganze Land. Die Ordensfrauen faßten ihren Dienst als Seelsorge auf. Von großer Bedeutung war dabei, daß sie bei ihrer Tätigkeit auch in jene Kreise hineinkamen, die den Priestern selbst nur schwer zugänglich waren. Da im 19. Jh. die

Familien – zumal auf dem Lande – kinderreich und religiös eingestellt waren, und zudem der Eintritt in den Ordensstand als sozialer Aufstieg betrachtet wurde, kannten die Kongregationen keine Nachwuchsprobleme.

Anmerkungen

1 Nigg, Walter: Maria Ward. Eine Frau gibt nicht auf. München 1983; LThK X ²1965, Sp. 955 f.

2 Pölnitz, Sigmund v.: Werden und Wirken der Englischen Fräulein Bamberg 1717–1967. In: 250 Jahre Institut der Englischen Fräulein Bamberg 1717–1967. Bamberg 1967, S. 14–25. Die Geschichte eines kleinen Hauses. In: Illustrierte Beilage der Bayerischen Volkszeitung vom 22. Nov. 1924.

3 Eintrag in den Taufmatrikeln Unserer Lieben Frau, Nürnberg. – Das Haus (jetzt Baumenstraße 20) wurde um die Jahrhundertwende abgerissen u. durch einen Neubau ersetzt. – Eine kurze Biographie Schwester Maria Auguste Zankels in: Karch, Katholische Gemeinden, S. 37–40.

4 Briefe Zieglers an Frl. Auguste Zankel vom 19. 8. 1853 und 19. 3. 1854 sowie weitere hier angeführte Schreiben in: AJB, Akt Nürnberg. – Nach Ziegler, der sich auf Kaplan Henning (Wachter, Nr. 4132) beruft, stand Pfarrer Burger den Bemühungen um die Klarakirche reserviert gegenüber, da er damit rechnete, diese werde Nürnbergs zweite Pfarrkirche werden.

5 Spindler, Regierungszeit, S. 197 ff.

6 Gutschneider wurde 1854 Präsident von Mittelfranken und 1868 Präsident von der Oberpfalz. Er starb 1874. (Schärl – Nr. 296).

7 Stadt A Nürnberg, Stadtchronik 1854. – Die Klarakirche blieb im Besitz des Staates Bayern und wurde der Kirchenstiftung Unserer Lieben Frau für die Gottesdienste zur Verfügung gestellt.

8 Das monatliche Schulgeld betrug 2 Gulden, 30 Kreuzer. – Schultheiß, W. K.: Geschichte der Schulen in Nürnberg. 5. Heft (1857), S. 130 f.

9 Stadt A Nürnberg, Stadtchronik 1895.

10 Grund- u. Teil-Hauptschule (5. u. 6.Kl.)   197 Schülerinnen
   Realschule   430 Schülerinnen
   Gymnasium   716 Schülerinnen
   – Jahresbericht der Maria-Ward-Schule, Nürnberg 1982/83.

11 LThK III ²1959, Sp. 954; – Mutter Alfons-Maria Elisabeth Eppinger 1814–1867. (aus dem Französischen), Colmar 1950; Die Congregation der Schwestern vom Allerheiligsten Heiland 1849–1949. Ein bebilderter Bericht über ihr 100jähriges Werk. Deutsche Ausgabe der Festschrift. Neumarkt/Opf., hier, S. 174–198.

12 Das erste Haus dieser Kongregation in der Erzdiözese Bamberg wurde 1872 in Bamberg selbst gegründet.

13 Stadt A Nürnberg, Stadtchronik 1890.

14 AN Neumarkt, Akt Nürnberg; – 90 Jahre Verein für Krankenpflege durch Niederbronner Schwestern. St. Josefshaus Nürnberg. 1890–1980. Nürnberg 1980; – Zu Strätz: Wachter, Nr. 9979.

15 Stadt A Nürnberg, Stadtchronik 1880.

16 Siehe auch S. 74.

17 Der erste evangelische Kindergarten wurde 1831 in der Pfarrei St. Sebald durch Pfarrer Rehm errichtet.

18 Festschrift. 50 Jahre Theresienkrankenhaus Nürnberg. Hg. Verwaltung des Theresienkrankenhauses Nürnberg. Nürnberg 1978.

19 SchemB 1982, S. 425; – 75 Jahre Caritas-Verband Nürnberg e. V. Nürnberg 1980, S. 36 f.

20 Aubert, Roger: Die Wiedergeburt der alten Orden und das Aufblühen neuer Kongregationen. In: HKG VI/1, S. 247–259.

21 Schreyer, M. Lioba, O. S. F.: Geschichte der Dillinger Franziskanerinnen. 2 Bde. Dillingen 1979

22 100 Jahre Kongregation der Dienerinnen der hl. Kindheit Jesu. hg. von der Kongregation. Würzburg-Oberzell 1953.
In Nürnberg übernahmen die Schwestern 1917 das Elisabethheim (Fürsorgeerziehung der Mädchen) bis 1972. Seit 1924 sind sie in der Pfarrei St. Anton in Nürnberg tätig.

23 Eine Geschichte dieser Kongregation fehlt bis zum heutigen Tage.

Die Bruderschaften und Vereine

Die „Todesangst-Christi-Bruderschaft"

Eine Bemerkung muß diesem Thema vorangestellt werden: Kirchliche Vereine im jetzt üblichen Sinne kamen erst um die Mitte des vorigen Jahrhunderts auf. Bis dahin kannte man fast ausschließlich nur Bruderschaften. Bei diesen handelt es sich um kirchliche Vereine zur Pflege von Frömmigkeit und Nächstenliebe[1]. Sie werden von der kirchlichen Obrigkeit errichtet, die auch einen Priester zur Leitung bestellt. Ihre Versammlungen finden gewöhnlich in Kirchen oder Kapellen statt. Der Wert der Bruderschaften liegt v. a. in den von ihnen ausgehenden Impulsen zur Aktivierung der Laien auf religiösem und karitativem Gebiet.

In Nürnberg war bereits im Jahre 1666 die „Todesangst-Christi-Bruderschaft" errichtet worden. Ihr vorrangiges Ziel bildete die dankbare Verehrung des bitteren Leidens und Sterbens Jesu Christi. Hierzu kam noch eine mehr pastorale Verpflichtung, nämlich einen Priester darauf aufmerksam zu machen, wenn ein Gemeindemitglied in seinem Glauben gefährdet schien[2].

Zur Zeit der Aufklärung gab es jahrelang keine Neuaufnahmen, weshalb die Bruderschaft auszusterben drohte. Erst in den dreißiger Jahren des 19. Jh. blühte sie für einige Jahrzehnte erneut auf. Auch die Pfingstwallfahrten nach Gößweinstein (die – wie bereits dargelegt wurde – verboten worden waren) lebten in dieser Zeit wieder auf und werden bis auf den heutigen Tag durchgeführt. Im Jahre 1869 zählte die Bruderschaft an die 250 Mitglieder. 1885 fand jedoch die letzte Neuaufnahme statt mit der Folge, daß mangels neuer Mitglieder die „Todesangst-Christi-Bruderschaft" schon seit Jahrzehnten ausgestorben ist.

Die „Sterbe-Bruderschaft"

Aus der eben genannten Gemeinschaft ging im Jahre 1856 im Einvernehmen mit Pfarrer Burger die „Christ-katholische Bruderschaftssterbekasse der Stadtgemeinde dahier" hervor[3]. Sie verfolgte einen religiös-praktischen Zweck, nämlich den verstorbenen Mitgliedern ein katholisches Begräbnis sowie drei Gedächtnismessen zu sichern (man dachte dabei v. a. an diejenigen Katholiken, die in Mischehen gelebt hatten). 1859 zählte die Vereinigung bereits 405 Mitglieder, 1869 waren es 1022 und 1874 sogar 2169.

Die „Sterbe-Bruderschaft" – wie sie gewöhnlich kurz genannt wurde – existierte bis in die sechziger Jahre unseres Jahrhunderts. Dann allerdings mußte sie ihre Tätigkeit einstellen, weil seit Jahren keine Neuaufnahmen zu verzeichnen waren.

Der „Rosenkranzverein"

Weiterhin ist hier der „Lebendige Rosenkranzverein" zu nennen. Er wurde im Jahre 1826 von Frau Maria Pauline Jaricot in Lyon gegründet und 1832 von Papst Gregor XVI. bestätigt. Seine Mitglieder verpflichteten sich, täglich ein Gesätz des Rosenkranzes zu beten[4].

Im Jahre 1880 schlossen sich auch in Nürnberg Katholiken zum „Lebendigen

Rosenkranzverein" zusammen. Bald zählte die Gemeinschaft 330 Mitglieder. Sie trat dann der „Opferrose" bei (wohl einer Art von Meßbund), die monatlich eine, später zwei Messen in den Anliegen ihrer Mitglieder feiern ließ (daneben unterstützte sie noch Arme)[5].

Pfarrer Kreppel zeigte sich jedoch gegen diesen Verein eingenommen – angeblich wegen vorgekommener „Mißstände und Ärgernisse". Er beantragte beim Ordinariat dessen Auflösung mit der Begründung, ihm sei es mehr um das Geld als um das Gebet zu tun. Als Beweis führte er an, daß ein Mitgliedsbeitrag von 0,20 Mark recht resolut eingetrieben worden sei. Der Vereinsvorstand erklärte sich zwar bereit, die kritisierten Mißstände zu beheben und diejenigen Mitglieder, die gefehlt hätten, auszuschließen. Ohne jedoch auf die Klageschrift Pfarrer Kreppels oder die Verteidigung des Vereins näher einzugehen, verfügte das Ordinariat am 1. März 1883 die Auflösung des „Rosenkranzvereins" mit der Begründung: Bei seiner Errichtung seien alle kanonischen Bestimmungen außer Acht gelassen worden!

Man gewinnt heute leider den Eindruck, daß in jener Zeit Initiativen der Laien auf religiösem bzw. kirchlichem Gebiet weder vom Pfarramt in Nürnberg noch vom Bamberger Ordinariat gern gesehen wurden. Der „Rosenkranzverein" wurde erst am 12. Februar 1907 kanonisch errichtet – doch wurden Rosenkranzandachten bereits seit dem 2. Februar 1875 allsonntäglich nachmittags in der Klarakirche abgehalten. Sie wurden – nicht zuletzt von seiten der männlichen Gemeindemitglieder – außerordentlich gut besucht[6].

Der „Paramentenverein"

Der 1864 gegründete „Paramentenverein" hatte sich die Aufgabe gestellt, durch Geldbeiträge „die für die Anschaffung der Paramente und kirchlichen Geräte nicht vollkommen ausreichenden Mittel zu ergänzen" und besonders für das Reinigen und Ausbessern der für den sakralen Gebrauch bestimmten Wäsche zu sorgen[7]. Der Verein scheint sowohl aktive als auch passive Mitglieder gezählt zu haben (für das Rechnungsjahr 1868/69 werden 300 angegeben): die einen, die lediglich ihren Beitrag entrichteten, die anderen, d. h. die zuerst genannten, die selbst Hand anlegten. Die Ausgaben beliefen sich für das angegebene Jahr auf 500 Gulden. Die Damen des erweiterten Vorstandes gehörten durchweg den sog. gehobenen Ständen an – es waren u. a. die Gattin eines Oberst, die eines Bankdirektors, die eines Oberlandgerichtsrates und die eines Postmeisters.

Für die finanziell schwache Diasporagemeinde in Mittelfranken war der Verein eine spürbare Hilfe. Das Ordinariat rühmte ihn als eine „höchst erfreuliche Blüte des kirchlichen Lebens in der großen und wichtigen Gemeinde Nürnberg"[8].

Dritter Orden und Jungfrauenkongregation

Schließlich sind noch – da erst spät ins Leben gerufen – der Dritte Orden des hl. Franz von Assisi und die „Marianische Jungfrauenkongregation" aufzuführen. Ersterer schloß sich im Jahre 1886 in Nürnberg zusammen. Die Leitung der monatlich stattfindenden Versammlungen oblag einem Kaplan. Versammlungsort war die Klarakirche. Als 1913 die Franziskaner in die Pegnitzstadt kamen, übernahmen sie die

Leitung der Gemeinschaft, die nun ein anderes Gotteshaus als Versammlungsort wählte: zuerst die Notkirche St. Anna und ab 1926 St. Ludwig[9].

Die „Marianische Jungfrauenkongregation" ging aus dem Kreis der Hausangestellten hervor. Sie wurde am 15. August 1897 kanonisch errichtet. 98 Sodalinnen traten ihr bei, nachdem sie vorher von einem Kapuzinerpater in einer religiösen Woche auf die Aufnahme vorbereitet worden waren[10].

Der „Gesellenverein"

Das Bayerische Vereinsgesetz vom Jahre 1850[11] rief eine Belebung der Vereinstätigkeit auf allen Gebieten hervor – so auch auf kirchlichem Sektor. In diesem Zusammenhang schlug Pfarrer Dr. Goeschel dem Ordinariat vor, den „Piusverein für religiöse Freiheit" in Nürnberg zu gründen. Der Stammverein war aus dem „Mainzer Kreis" hervorgegangen, der von Domkapitular Adam Franz Lennig geführt wurde[12]. Goeschel hoffte dabei, durch diesen Verein Katholiken auch außerhalb der Kirche ansprechen und dadurch im Glauben festigen zu können. Die kirchliche Oberbehörde überging diese Anregung jedoch stillschweigend.

Ein echtes katholisches Vereinsleben begann in Nürnberg erst in den frühen sechziger Jahren des 19. Jh. mit der Gründung des „Katholischen Gesellenvereins". Die Gesellenvereine gehen auf den bekannten Priester Adolf Kolping zurück[13]: Er hatte als Schuhmachergeselle persönlich die materielle und geistige Not der Handwerksburschen kennengelernt, bevor er als Spätberufener 1845 in Köln zum Priester geweiht wurde. Seine erste Kaplanstelle erhielt er dann in Elberfeld, wo er Präses des „Katholischen Jünglingsvereins" wurde. Aus dieser Gemeinschaft ging der „Gesellenverein" hervor. 1849 erhielt Kolping die Versetzung nach Köln – von dort ausgehend breitete sich der Verein rasch über die deutschen Länder aus. Seine Devise lautet: „Religion und Tugend, Arbeitsamkeit und Fleiß, Eintracht und Liebe, Frohsinn und Scherz". Als Erziehungsziel strebte er an, aus jungen Männern tüchtige Christen, Meister und Bürger zu machen.

Der „Gesellenverein" faßte auch in Nürnberg festen Fuß. Seine Gründung ging allerdings nicht von der kirchlichen Oberbehörde und auch nicht von der lokalen Geistlichkeit aus, sondern es waren vielmehr die Gesellen selbst, die sich mit Nachdruck und Ausdauer für ihren Standesverein einsetzten[14]! Gegen Ende des Jahres 1860 besuchten einige Gesellen Kaplan Christoph Keck[15]. Bei dieser Gelegenheit baten sie ihn, einen „Gesellenverein" zu gründen – was sie als ihr dringendes Bedürfnis bezeichneten. Der Geistliche verwies sie aber mit ihrem Anliegen an Pfarrer Burger. Dieser wiederum riet ihnen, sich zuerst nach einem Präses umzusehen. Aus diesem Grund sprachen die jungen Männer abermals bei Kaplan Keck vor, der sie auf die Schwierigkeiten hinwies, die ein solcher Verein in Nürnberg voraussichtlich haben werde, mit der Aufforderung, sich ihr Vorhaben reiflich zu überlegen. Allein, die Bittsteller gaben nicht auf, bis Kaplan Keck seinerseits katholische Meister nach ihrer diesbezüglichen Meinung befragte. Erst als diese zustimmten, zeigte sich Keck zur Gründung bereit. Er machte aber dabei ausdrücklich den Gesellen zur Pflicht, alles zu vermeiden, was irgendwie Anstoß erregen könnte – d. h. wodurch der konfessionelle Frieden (besonders in den Werkstätten) gestört würde. Gemeinsam mit seinem Mitbruder Peter Schmitt entwarf er in Anlehnung an andere „Gesellenvereine" die Satzungen. Als Zweck des Vereins wurde angegeben:

„Fortbildung und Unterhaltung der katholischen Gesellen Nürnbergs zur Anregung und Pflege eines kräftigen religiösen und bürgerlichen Sinnes und Lebens."

Diese Satzungen wurden dem Ordinariat, dem Stadtkommissariat und dem Stadtmagistrat vorgelegt, die sie billigten bzw. keine Einwände dagegen erhoben. In der ersten Vereinsversammlung, an der etwa 50 Personen teilnahmen, wurde Kaplan Keck zum Präses gewählt. Am Feste der Erscheinung des Herrn 1861 hielt er in der Klarakirche den ersten feierlichen Gottesdienst. Der Vorstellung des 19. Jh. gemäß durfte eine Vereinsfahne nicht fehlen. Sie wurde unter der Leitung des Direktors der Kunstgewerbeschule, Dr. August Friedrich Kreling, von Jakob Würger angefertigt[16] und am 19. August 1862 vom Generalvikar Dr. Leonhard Klemens Schmitt geweiht.

Der neugegründete Verein pflegte die Geselligkeit. Zu diesem Zweck gründete man auch eine eigene Theatergruppe, die dann tatsächlich einige Male im Jahr Bühnenstücke inszenierte. Ferner bildete man einen Sängerchor, aus dem dann später – allerdings unabhängig vom „Gesellenverein" – der „Cäcilienverein" hervorging.

Gesteigerten Wert legte man selbstverständlich auf die religiöse wie berufliche Weiterbildung: Jeden Montag abend fanden Vorträge über religiöse Themen statt. Am Samstagabend wurde Unterricht in Buchführung erteilt, am Sonntag nachmittag im Zeichnen – diese für unsere Begriffe ungünstigen Zeiten waren durch die lange Arbeitswoche bedingt. Daneben bot man noch für Rechnen, Rechtschreiben und Schönschrift Kurse an. Insgesamt rechnete man mit einer regen Teilnahme der Vereinsmitglieder[17].

Das Gesellenhospiz

Der „Gesellenverein" bedurfte für seine vielfältigen selbstgestellten Aufgaben dringend eines eigenen Heimes. Um dem abzuhelfen, taten sich Präses Andreas Feulner und der Kunst- und Bauschlossermeister Martin Schmitt zusammen und gründeten am 12. Juni 1885 den „Verein zur Erwerbung eines Anwesens für den katholischen Gesellenverein Nürnbergs" – kurz: „Hausbauverein" genannt[18]. Schon am 19. November d. J. konnte der an der Ecke Tafelhof/Eilgutstraße liegende „Reichhardtsgarten" für den Betrag von 89 500 Mark erworben werden. Ein Jahr später, am 18. Dezember 1886, übergab man das Haus dann seiner Bestimmung. Im Souterrain lagen die Versammlungsräume für die Vereinsmitglieder, im Erdgeschoß befand sich der große Saal, der etwa 500 Personen faßte, und im Obergeschoß waren 20 Zimmer für die Gesellen vorhanden.

Erwähnt muß auch werden, daß der „Gesellenverein" trotz seiner starken Bindungen an die katholische Kirche auch Protestanten in seine Reihen aufnahm: Das gemeinsame Christliche empfand er als stärker bindend als die konfessionellen Unterschiede. Als vorteilhaft erwies es sich, daß diejenigen Gesellen, die den Meisterbrief erworben hatten, als sog. Schutzmitglieder im Verein verblieben. Dadurch umfaßte dieser jung und alt und erhielt so einen familiären Charakter – wie er sich ja auch mit gutem Recht seit 1948 „Kolpingsfamilie" nennt.

Die Gründung des „Gesellenvereins" wirkte sich nicht nur für den Handwerkerstand ebenso segensreich wie nützlich aus, sondern für die gesamte katholische Gemeinde. In dieser Gemeinschaft finden wir nämlich die Anfänge einer Erwachsenenbildung, die alle Lebensbereiche erfaßte. Außerdem verfügten die Mitglieder der katholischen Gemeinde Nürnbergs mit der Eröffnung des Gesellenhospizes über die Möglichkeit, auch außerhalb des Gotteshauses bei frohen wie bei ernsten Anlässen zusammenzukommen. Das bedeutete, „Gesellenverein" und Hospiz förderten wesentlich das Gemeinschaftsbewußtsein unter der katholischen Bevölkerung.

Die Männervereine

In der Zielsetzung des eben beschriebenen Handwerkervereins lag begründet, daß er sich der ungelernten Fabrikarbeiter (deren Zahl in Nürnberg mit seinen vielfältigen Industrieunternehmen besonders hoch war) nicht annehmen konnte. Für diese soziale Gruppe wurde ebenfalls – wenn auch wesentlich später und damit fast schon überfällig – eine Lösung gefunden. Verursacht wurde die zeitliche Verschiebung dadurch, daß man zunächst mit der Gründung eines neuen Vereins zurückhaltend blieb – v. a. wohl deshalb, um dem „Gesellenverein" keine Konkurrenz zu schaffen. Daher schlossen sich erst im Jahre 1885 Katholiken zum „Katholischen Männerverein Sankt Elisabeth" zusammen[19].

Bis 1898 kam dieser Verein ohne Präses aus – der Grund dafür ist heute nicht mehr exakt festzustellen: Sei es, daß man eine kirchliche Bevormundung ablehnte, sei es, daß kein Priester in Nürnberg bereit war, dieses Amt zu übernehmen.

1889 wurde ein weiterer Verein ins Leben gerufen, als katholische Kaufleute den Standesverein „Eintracht" gründeten, der aber bald in „Merkator" umbenannt wurde. Er nahm allerdings auch Angehörige anderer Berufe auf, wie z. B. Beamte, Lehrer und Offiziere. Im katholischen Gesellschaftsleben spielte er erklärlicherweise bald eine führende Rolle.

Ein Jahr später, 1890, wurde in Nürnberg schließlich (nachdem ähnliche Gründungen in anderen Städten vorausgegangen waren) der „Katholische Männerverein Casino" konstituiert. Seine Devise lautete: „Für Wahrheit, Freiheit und Recht!" In concreto setzte er sich für die öffentliche Fronleichnamsprozession ein (wie bereits erwähnt, fand diese erstmals am 24. Mai 1894 auf dem Marktplatz statt), sowie für die katholische Presse in der Pegnitzstadt (erst die „Nürnberger Volkszeitung", später die „Bayerische Volkszeitung") und für die katholische Schule. Zwei Jahre nach seiner Konstituierung zählte der Verein 241 Mitglieder[20].

Am 5. März 1896 wurde in Nürnberg die erste Vinzenzkonferenz abgehalten. Hierbei handelt es sich um eine Laienorganisation, der katholische Männer aller Berufe angehören. Ihr Ziel bildet die persönliche Vervollkommung sowie die Ausübung leiblicher und geistiger Werke der Barmherzigkeit. Ihr Patron ist der hl. Vinzenz von Paul († 1660), ihr Gründer der Universitätsprofessor Frédéric Ozanam in Paris († 1853)[21]. Schon 1845 erfuhr die erste deutsche Vinzenzkonferenz ihre Gründung in München, ein halbes Jahrhundert später erfolgte dann – wie oben gesagt – die in Nürnberg. Da Nürnberg die soziale Struktur einer ausgesprochenen Arbeiterstadt aufwies und gleichzeitig die staatliche Fürsorge im ausgehenden 19. Jh. erst in ihren Anfängen steckte, fanden die Vinzenzbrüder hier ein reiches Arbeitsfeld vor. Dabei ließen sie ihre Unterstützung allen armen Familien *ohne* Unterschied der Konfession angedeihen. Bereits im ersten Halbjahr ihrer Tätigkeit konnte die Konferenz 2863 Mark an Einnahmen und 1542 Mark an Ausgaben verbuchen.

Der „Arbeiterverein"

In einer Industriestadt wie Nürnberg durfte selbstverständlich ein Verein der katholischen Arbeiter nicht fehlen. Die Anregung dazu ging vom Mainzer Bischof Wilhelm Emmanuel v. Ketteler aus. Dieser verfaßte 1864 die Schrift „Die Arbeiterfrage und das Christentum". Außerdem wies er 1869 auf der Bischofskonferenz zu Fulda nachdrücklich auf die Notwendigkeit der Gründung von Arbeitervereinen hin.

Bischof v. Kettelers Bemühen fand nachhaltig Unterstützung, als im Jahre 1891 Papst Leo XIII. die Sozialenzyklika „Rerum novarum" erließ, worin er zur Arbeiterfrage Stellung nahm. Als Folge wurden in einer großen Zahl von Industriestädten „Arbeitervereine" gegründet[22]. Ihr Ziel war: Schutz und Förderung von Religion und Sittlichkeit, Verbesserung der wirtschaftlichen Verhältnisse, Pflege guter Kameradschaft und schließlich Förderung der geistigen wie beruflichen Bildung.

Die Gründungsbewegung von Arbeitervereinen kam vordem in der Erzdiözese Bamberg nur mühsam voran, obwohl gerade sie die am stärksten industrialisierte Diözese Bayerns war. So gab es 1888 nur zwei Arbeitervereine: einen in Wilhelmstal, den anderen in der Bischofsstadt selbst. Präses des letzteren Vereins war Domvikar Dr. Adam Senger († 1935 als Weihbischof und Dompropst). In seinem Schreiben vom 3. März 1896 wandte er sich an das Ordinariat. Für die Organisierung der Fabrikarbeiter sei bislang fast nichts geschehen – schrieb Dr. Senger – während man die katholische Gesellenvereins-Bewegung bis in die kleinsten Orte getragen habe. Der Erzbischof möge ein Ordinariatsmitglied zum Diözesanpräses ernennen. Daraufhin wurde Dr. Senger selbst zum Diözesanpräses ernannt. Er setzte sich von diesem Zeitpunkt an mit beachtlicher Tatkraft und Ausdauer für die Gründung von Arbeitervereinen ein.

Nürnberg zögerte lange mit einer Gründung dieser Art, um weder dem „Gesellenverein" noch den übrigen Männervereinen eine starke Konkurrenz zu schaffen. Aber schließlich wurde auch hier am 19. April 1897 der „Katholische Arbeiterverein" aus der Taufe gehoben. Als Präses fungierte Kaplan Michael Müller († 23. 3. 1935).

Seitens der kirchlichen Behörde wurde diese Gründung begrüßt:

> „Die Gründung eines katholischen Arbeitervereins begrüßen wir aufs wärmste, da ein solcher Verein trotz des Bestehens anderer katholischer Männervereine gegenüber der Hochflut der sozialdemokratischen Bewegung gerade in Nürnberg ein dringendes Bedürfnis ist."

Im Gründungsjahr zählte der Verein fast 250 Mitglieder, im übernächsten war die Zahl bereits auf 590 angewachsen. Kurz darauf entstanden Zweigvereine, die später selbständig wurden – so 1899 der „Verein Nordost" (Präses Kpl. Michael Karch, † 6. 2. 1945) und ein Jahr danach der „Verein Südwest" (Präses Josef Weißenberger, † 20. 10. 1948). Als einer der ersten Präsides in Nürnberg bleibt noch Karl Walterbach zu nennen, Kaplan in St. Elisabeth. Er wurde später Vorsitzender des „Verbandes Süddeutscher Katholischer Arbeitervereine" († 4. 5. 1951). In Fürth wurde zwei Jahre später als in Nürnberg, d. h. 1899, ein Arbeiterverein gegründet. Als sein Präses fungierte Konrad Lindthaler († 8. 2. 1927).

Die „Arbeitervereine" überflügelten schon nach kurzer Zeit die übrigen Verbände an Mitgliederzahl. Ihre Gründung hat sich dann – wie man rückblickend feststellen kann – ebenfalls als segensreich erwiesen. Einmal wurde nämlich mit ihnen die stärkste Berufsschicht Nürnbergs direkt angesprochen. Die Kirche setzte sich nun für ihre verschiedenartigen Anliegen ein, während die Mitglieder der Arbeitervereine wiederum eine Lösung der sozialen Frage nach christlichen Grundsätzen anstrebten.

Durch die Vereine sind sich außerdem die Angehörigen der Pfarreien nähergekommen, wodurch das Gemeindebewußtsein gestärkt wurde. Dadurch, daß die katholischen Arbeiter wußten, daß die Kirche ihre Belange vertrat, sahen sie sich veranlaßt, auch ihrerseits für die Kirche einzutreten. Trotz des nur kärglichen Lohnes fehlte es an Opferbereitschaft nicht. Wenn es z. B. galt, für einen Kirchenbau oder einen Kindergarten zu sammeln, so waren es neben den Frauen gerade die Arbeiter, die sich für diese mühselige Aufgabe zur Verfügung stellten.

Nürnberg wurde in politischer Hinsicht im Verlauf des 19. Jh. zu einer Hochburg der Sozialdemokratie, die weitgehend den Vorstellungen des Marxismus verpflichtet war. Zu dieser Ideologie bildete die katholische Arbeiterbewegung mit ihrer christlich fundierten Weltsicht eine echte Alternative. Gewiß, die Arbeiter, die in den katholischen Verbänden organisiert waren, bildeten innerhalb ihres Standes lediglich eine Minderheit, und sie waren zu einer Zeit, in der man nur geringe religiöse bzw. politische Toleranz kannte, mancherlei Schikanen am Arbeitsplatz ausgesetzt. Aber nichtsdestotrotz waren sie da und man konnte ihre Existenz nicht ignorieren.

In der Arbeiterklasse gab es nicht wenige Begabungen, die jetzt durch die „Arbeitervereine" Förderung erfuhren. So bildete man z. B. die sog. „Arbeitersekretäre" aus[22a], aus deren Reihen die Kandidaten für den Magistrat (später Stadtrat genannt), aber auch für den Land- wie Reichstag hervorgingen. So verzeichnen wir bis 1933 nicht wenige Abgeordnete, die aus dem Arbeiterstand kommend über die „Arbeitervereine" ihr hohes Amt erreichten. Deshalb möge die Kirche – um hier ein Wort des Dichters Karl Bröger abgewandelt zu zitieren – stets gedenken, daß ihr ärmster Sohn auch ihr getreuester war.

„Selbsthilfe" und „Diözesanwohnungsbau-Stiftungen"

Anerkennenswert ist heute noch, daß die Vereinsmitglieder die akuten sozialen Probleme nicht nur diskutierten, sondern auch energisch deren Lösung angingen. Acht von ihnen, darunter der spätere Landtagsabgeordnete Adolf Konrad (1880–1968), gründeten am 6. März 1912 die Baugenossenschaft „Selbsthilfe"[23]. Ziel dieser Vereinigung war es, für ihre Mitglieder gesunde und preiswerte Wohnungen zu errichten. In kurzer Zeit konnten dann auch tatsächlich 81 Wohnungen bezogen werden!

Der I. Weltkrieg unterbrach leider diese lebhafte Bautätigkeit. Nach 1918 wurde sie allerdings wieder aufgenommen und sogar noch intensiviert. Im II. Weltkrieg fielen dann den schweren Luftangriffen viele Häuser Nürnbergs zum Opfer. Aber bald nach dem Ende des Krieges 1945 begann man mit dem Wiederaufbau bzw. Neubau. Jetzt nahmen sich zusätzlich mehrere Diözesanstiftungen des Wohnungsbaus an, so die „St. Joseph-Stiftung" für die Erzdiözese Bamberg, die „Gundekarstiftung", die „Baugenossenschaft Werkvolk Nürnberg-Eibach" sowie die „Baugesellschaft Werkvolk Nürnberg-Langwasser" für die Diözese Eichstätt. Durch eine rege Bautätigkeit wurde die schlimmste Wohnungsnot behoben und gleichzeitig die Baubranche belebt.

Katholische Verbände in Nürnberg um die Jahrhundertwende

In den Jahren nach der Gründung kam es allerdings zu langwierigen (und bisweilen auch harten) Auseinandersetzungen um die Ausscheidung liberaler Katholiken aus der Führung der Vereinsbewegung. Namentlich im November des Jahres 1904 focht man dabei den Hauptkampf aus. Er brachte als Ergebnis eine reinliche Scheidung und volle Klärung, obgleich der liberale Katholizismus sogar den Bamberger Erzbischof Dr. v. Schork als Kronzeugen für sich reklamierte. Die katholische Bewegung gewann durch diesen Prozeß an Einheit und innerer Geschlossenheit: „Ein neuer Zeitabschnitt begann[24]."

In Nürnberg und Fürth bestanden jetzt folgende Vereine:

Die kath. Gesellenvereine Nürnberg-Zentral, St. Ludwig u. Fürth;
Die kath. Arbeiter- und Arbeiterinnenvereine;
Die kath. Männervereine St. Elisabeth und Casino;
Der kath. kaufmännische Verein Mercator;
Die Vereine kath. kaufmännischer Gehilfinnen und Beamtinnen Constantia und St. Lydia (St. Ludwig);
Die Vereinigung kath. Akademiker;
Der kath. Lehrerinnenverein;
Der Volksverein für das kath. Deutschland;
Der kath. Frauenbund (seit 1916);
Der kath. Dienstmädchenverein (seit 1908);
Das kath. Männerapostolat (erstmals 1917 in St. Josef);
Die kath. Gesellschaft Harmonie (seit 1919);
Die Vinzenz- und Elisabethkonferenzen;
Die Marianischen Frauen- und Jungfrauenkongregationen;
Der Caritas-Verband;
Der Bund kath. Jugend mit einer Reihe ihm angeschlossener Verbände.

Die katholischen Vereine nach 1918

Die katholischen Verbände nahmen v. a. nach dem I. Weltkrieg einen beachtlichen Aufschwung, wodurch sie zunehmend in das Licht der Öffentlichkeit traten. Weite Beachtung fand, daß vom 22. bis 29. Mai 1922 die Arbeiter- und Arbeiterinnenvereine Nürnbergs ihr 25jähriges Bestehen feierten. Die Kundgebung am Samstagabend fand im Herkules-Saalbau statt. Es sprach außer dem Erzbischof noch Reichspostminister Giesbert.

Am Sonntag zogen die Teilnehmer im festlichen Zuge vom Gesellenhospiz zur Burg. Im Burghof hielt dann der Oberhirte eine Pontifikalmesse. In seiner Ansprache versicherte er den Anwesenden: „Ich rechne mich zu den ältesten und treuesten Freunden des Verbandes der katholischen Arbeitervereine."

Am Pfingstfest desselben Jahres hielt der katholische Jugend- und Jungmännerverein Deutschlands ebenfalls in der Pegnitzstadt seinen zweiten Verbandstag (4. – 7. Juni), an dem 5000 Jugendliche teilnahmen[25]. Nach dem Bericht der „Bayerischen Volkszeitung" war er „eine gewaltige Kundgebung katholischer Glaubenstreue und deutscher Vaterlandsliebe".

In diesen schwierigen Nachkriegsjahren faßte man in den Kreisen der Gläubigen wieder Mut: „Deutschland kann nicht untergehen. Deutschland muß wieder den Weg in die Höhe finden." Es gab Festgottesdienste in den Kirchen St. Klara und Unserer Lieben Frau (das Pontifikalamt wurde von Erzbischof v. Hauck selbst gefeiert), einen Festzug und schließlich die Kundgebung in den Sälen des Kulturvereins. Einige der dabei aufgetretenen Redner seien hier namentlich aufgeführt: Georg Wagner, ein gebürtiger Nürnberger, nun Mitarbeiter im Düsseldorfer Jugendhaus, Domkapitular

Theodor Madlener, der Diözesanpräses der katholischen männlichen und weiblichen Jugendvereine, Generalpräses Karl Mosterts und Jesuitenpater Esch. Letzterer trat v. a. für das Zusammenstehen der studierenden und der landarbeitenden Jugend ein: „Wir müssen uns treffen auf dem *einen* Boden katholischen Glaubens!"[26]

Die intensive Verbandsarbeit war übrigens nicht ohne Erfolg geblieben: Man konnte eine Zunahme von 169 Vereinen mit 23 206 Mitgliedern verzeichnen.

Am 16./17. Juni 1923 fand dann noch der Bayerische Gesellentag in Nürnberg statt.

Der „Katholische Jungmännerverband Deutschlands"[27]

Dieser Verband wurde im Jahre 1896 mit Sitz in Düsseldorf gegründet. Msgr. Karl Mosterts (1874–1926)[28] baute ihn seit 1908 als Generalsekretär und seit 1913 als Generalpräses weiter aus.

1920 wurde in Würzburg die „Deutsche Jugendkraft" (DJK) als „Reichsverband für Leibesübungen in katholischen Vereinen"[29] ins Leben gerufen. Ihr Wahlspruch lautet: „Glorificate Deo in corpore vestro!" (Verherrlicht Gott in euerem Leibe!") Die allgemeine Sportbewegung nach dem I. Weltkrieg kam ihr zugute, so daß sie 1930 an die 221 000 aktive Sportler zählte.

Im Jahre 1921 faßte man alle katholischen Jugendverbände in der „Katholischen Jugend Deutschlands" zusammen. Nach der Satzung von 1928 ist sie: „Die Gemeinschaft der Verbände im Bunde katholischer Jugend in Deutschland zur Pflege der Gemeinschaftsarbeit." 1933 gehörten ihr ca. einundeinhalb Millionen Jugendliche an.

In Nürnberg gab es außer den bisher genannten Jugendvereinen noch die „Marianische Studentenkongregation" (Patrona Bavariae), „Neudeutschland", „Quickborn" und „Heliand", den „Hildegardisring" (für die Schülerinnen am Englischen Institut) und den „Bonifatiusring" (für die Schüler der beiden humanistischen Gymnasien).

Der „Deutsche Caritasverband"[30]

Bei der Betrachtung der für Nürnberg relevanten katholischen Vereine muß auch dem Caritasverband Beachtung geschenkt werden. Am 9. September 1897 gründete Prälat Lorenz Werthmann (1858–1921)[31] in Köln den „Deutschen Caritasverband" mit Sitz in Freiburg i. Br. Im Laufe der folgenden Jahrzehnte wurde der Verband permanent weiter ausgebaut, 1922 konnte dann der Aufbau in den einzelnen Diözesen als abgeschlossen gelten. Gegenwärtig existieren in der Bundesrepublik Deutschland 22 Diözesan-Caritasverbände, denen örtliche Verbände unterstehen. Dem „Deutschen Caritasverband" sind karitative Fachverbände (wie z. B. der „Raphaelsverein" und der „Katholische Mädchen-Schutz-Verein") zugeordnet. Er selbst ist wiederum Mitglied der „Caritas internationalis" mit Sitz in Rom.

Im „Deutschen Caritasverband" sind die meisten karitativen wie sozialen Einrichtungen der katholischen Kirche zusammengefaßt, so die „Vinzenz-" und die „Elisabethkonferenzen", aber auch Kindergärten und Jugendhorte, Erholungs- und Altenheime sowie Krankenhäuser.

In Nürnberg leitet seit 1922 – allerdings mit Unterbrechung in der Zeit des Nationalsozialismus – ein eigener Caritas-Geistlicher den Verband – jetzt am Obstmarkt 28.

Die katholische Presse in Nürnberg

Im Zusammenhang mit den katholischen Vereinen sei noch auf die katholische Presse eingegangen, besteht doch zwischen beiden nach meiner Ansicht eine Wechselbeziehung. Einmal benötigten nämlich die Vereine für ihre Öffentlichkeitsarbeit ein Organ, sodann waren es ja gerade die Vereinsmitglieder, die die katholische Zeitung finanziell absicherten.

Die Entwicklung verlief in Nürnberg durchaus nicht gradlinig, man mußte vielmehr Mißerfolge in Kauf nehmen. Militärpfarrer Johann Grüner[32] versuchte es z. B. mit dem „Katholischen Sonntagsblatt" das aber bald sein Erscheinen wieder einstellte[33].

1885 wurde der „Katholische Männerverein" mit dem Ziel gegründet, die katholischen Männer Nürnbergs zu sammeln und zu schulen, damit sie auch in der Öffentlichkeit für die katholischen Grundsätze einzutreten in der Lage waren. Ohne die Hilfe einer katholischen Presse konnte dieses Ziel jedoch nicht im angestrebten Maße erreicht werden. Johann Grohrock, seines Zeichens Schriftsetzer (und wahrscheinlich auch Mitglied des Vereins), schritt deshalb zur Tat. Er gab den „Stadt- und Landboten" heraus. In der ersten Nummer stand bezüglich der Zielsetzung zu lesen:

„Ein katholisches Blatt für Nürnberg ist ein dringendes, unabweisbares Bedürfnis . . . Politisch steht der ‚Stadt- und Landbote' auf dem bombensicheren Boden des Zentrums."

Das Blatt erschien dreimal in der Woche, die Probenummer mit 3000 Exemplaren. Schon nach kurzer Zeit verzeichnete es 450 feste Abonnenten. Die Leitartikel „Politische Streifzüge" verfaßte der Schriftsteller Philipp Wasserburger von Mainz, genannt Laicus (1827–1897). Grohrock selbst führte eine scharfe Feder. So prangerte er z. B. in einer Ausgabe die unhaltbaren Zustände an, die im Schulhaus Kapadozia herrschten, einem finsteren Winkel am Obstmarkt, in dem die katholische Schule untergebracht war. Dieser Artikel löste einen so erbitterten Sturm der Entrüstung im Magistrat und in den anderen Zeitungen der Pegnitzstadt aus, daß der „Stadt- und Landbote" sein Erscheinen einstellen mußte.

An seine Stelle trat die „Nürnberger Vereinszeitung", die sich nach den gemachten unangenehmen Erfahrungen recht zurückhaltend verhielt. Das bedeutete bedauerlicherweise: Im öffentlichen Leben Nürnbergs waren die Katholiken mundtot gemacht. Bei dieser wenig rühmlichen Leisetreterei wäre es wahrscheinlich auch geblieben, wenn nicht die Gegner die Katholiken zur Gegenaktion herausgefordert hätten. Der Sozialistenführer August Bebel hielt 1892 im Reichstag eine seiner leidenschaftlichen Brandreden, die er mit einem üblen Wort des Dichters Heinrich Heine schloß: „Den Himmel überlassen wir den Engeln und den Spatzen."

Grohrock verfaßte daraufhin eine sehr scharfe Entgegnung in der „Nürnberger Vereinszeitung". Durch diesen Vorgang wurde indessen Pfarrer Starklauf in seinem Entschluß bekräftigt, eine katholische Zeitung in Nürnberg zu gründen:

„Ich muß eine katholische Zeitung in Nürnberg haben, ohne ein katholisches Blatt kann ich nichts ausrichten."

Aber gerade Grohrock zeigte sich jetzt zurückhaltend (was nach seinen bisherigen negativen Erfahrungen durchaus verständlich erscheint). Allein, Starklauf ließ nicht nach:

„Die ganze katholische Geistlichkeit steht diesmal hinter Ihnen. Erzbischof v. Schork begrüßt ein solches Unternehmen und fördert es nach Kräften."

Die Präsides des Männervereins „Casino", Militärkurat Johann Grüner und Kaplan Johann Schneider[34], versprachen ihre Mitarbeit an der Zeitung sowie die finanzielle Unterstützung durch das „Casino".

Dadurch ermutigt, entschloß man sich, eine katholische Tageszeitung zu gründen. Am 15. Juni 1893 erschien die Probenummer der „Nürnberger Volkszeitung" in 7500 Exemplaren. Die Unterstützung von seiten der Katholiken Nürnbergs war allerdings anfänglich – das muß leider gesagt werden – ziemlich enttäuschend: Das Blatt erreichte nur 150 feste Bezieher. Erst in der Folgezeit wuchs die Auflagenziffer, da das „Casino" seine Mitglieder verpflichtete, die Zeitung zu abonnieren. Gleichwohl kam sie über einen Umfang von sechs bis acht Seiten nicht hinaus, und bei seinem insgesamt nur kleinen Abonnentenstamm hatte das Blatt kaum Einfluß auf die öffentliche Meinung. Diese Situation änderte sich erst 1910 grundlegend, als die Zeitung aus privatem Besitz – d. h. dem Grohrocks – in den einer Gesellschaft überging, die die finanziellen Mittel bereitzustellen vermochte, die Zeitung effektiver auszubauen. Darüber ist jedoch bereits an früherer Stelle gesprochen worden[35].

Verbands-Katholizismus

Am Ende dieses Kapitels soll nach der Aufzählung der einzelnen Vereine und Verbände noch eine zusammenfassende Betrachtung der kirchlichen Vereine stehen. Nicht, daß in diesem Zusammenhang alles ideal gewesen wäre. So ist z. B. eine gewisse Überorganisation im kirchlichen Vereinsleben nicht zu übersehen. Ferner gehörten manche aktiven Katholiken einer Vielzahl von Verbänden an – andere begnügten sich wiederum lediglich mit Beitragszahlungen, während sie am religiösen Leben selbst nur minimalen Anteil nahmen. Es bestanden daneben auch Vereine, die sich durchaus als exklusiv gaben[36]. Bei einer Reihe von Vereinen bestand selten ein Miteinander in der Pfarrei und auf der Stadtebene – weit eher war es ein Nebeneinander (d. h. „die Linke wußte nicht, was die Rechte tat") ja, gelegentlich sogar ein Gegeneinander.

Der Bamberger Oberhirte, Erzbischof v. Hauck, dem all diese Vor- und Nachteile des Vereinslebens von seiner Nürnberger Zeit her durchaus wohlbekannt waren, gab die Mängel auch offen zu. In seinem Fastenhirtenbrief vom Jahre 1928 schrieb er darauf bezogen:

„Gerne sei zugegeben, daß unser katholisches Vereinsleben auch Spuren der Schwachheit und Unzulänglichkeit an sich trägt, die allen menschlichen Einrichtungen anhaftet; es sei ebenso zugegeben, daß unser katholisches Vereinsleben manchmal überspannt wurde und zu vielgestaltig sich entwickelte; es sei auch zugegeben, daß es in vielen Fällen zu wenig den Hochzielen apostolischen Geistes entsprach. Aber darüber dürfen seine Wirksamkeit und seine Erfolge nicht übersehen werden."[37]

Mittels dieses Hirtenbriefes wollte Erzbischof v. Hauck seine Diözesanen „über die Pflicht des Laienapostolates und ihre Erfüllung" belehren[38]. Katholische Aktion bildete das Grundanliegen Papst Pius' XI., was er in seiner Antrittsenzyklika „Ubi arcano" vom 23. Dezember 1922 auch aussprach. Laienapostolat oder Katholische Aktion verstand er als „Teilnahme der Laien am hierarchischen Apostolat der Kirche"[39].

Erzbischof v. Hauck zeigte in seinem Schreiben auch, wie in seiner Diözese das Laienapostolat zu verwirklichen sei:

„Das katholische Vereinsleben hat einen wesentlichen Teil der vom Hl. Vater so geliebten und empfohlenen katholischen Aktion zu übernehmen; recht geleitet und gepflegt, ist es in der Tat ein wirksames Apostolat[40]."

Und weiter schrieb er:

„Die Unterstützung der Seelsorgsarbeit der Priester durch religiöse Vereine wie durch Standesvereine erscheint gleich wünschenswert, ja nötig[41]."

V. Hauck schließt dann mit den Worten:

„Priesterwirken und Laienapostolat in unauflöslichem Bunde werden den Sieg des Reiches Gottes in unserer Erzdiözese sicher erkämpfen. Gottes Beistand und Hilfe werden dazu nicht fehlen[42]."

Wohl auf Anregung dieses Hirtenwortes hin kam es in der Bischofsstadt zum „Ortskartell der katholischen Vereine der Stadt Bamberg". Daß es auch in Nürnberg zu einer ähnlichen Arbeitsgemeinschaft kam, ist archivalisch nicht nachweisbar. Allerdings habe ich persönlich noch gut in Erinnerung, daß wir Nürnberger Katholiken in jenen Jahren wiederholt zu Kundgebungen zusammengerufen wurden (einmal waren es sogar mehrere an einem einzigen Abend!), auf denen dann prominente Redner sprachen – wie z. B. Dr. Sonnenschein, Berlin, Friedrich und Hermann Muckermann, Dr. Robert Linhardt, Stiftsprediger in München, u. a. m.

Seit dem Beginn der nationalsozialistischen Ära 1933 kämpften die katholischen Vereine um ihr Überleben. Dabei erließ der Erzbischof nochmals einen Fastenhirtenbrief über das Apostolat:

„Es wird zur Teilnahme und Mitarbeit in der katholischen Aktion nichts anderes gefordert als aufrichtige katholische Glaubensüberzeugung und eine ehrliche Liebe zur Kirche[43]."

Das Apostolat selbst konnte von den neuen Machthabern nicht unterbunden werden jedoch mußten die Vereine ihre Tätigkeit immer mehr auf den kirchlichen Raum beschränken – bis sie schließlich 1941 jegliche Aktivität aufgeben mußten[44].

Nach dem II. Weltkriege versuchte man, daß Vereinsleben wieder aufzubauen. Man fing dabei mit der Jugendarbeit an, wobei gerade die heimkehrenden Soldaten wertvolle Dienste leisteten. Am Sonntag, den 19. August 1945, fand auf Anregung des Buchhändlers und Verlegers Karl Borromäus Glock die erste Sebalduswallfahrt nach Altenfurt statt, die bis zum heutigen Tage gehalten wird.

Ähnlich sammelten sich die katholischen Arbeiter und Arbeiterinnen wieder. Sie nannten sich jetzt „Werkvolk". Später nahmen sie gleich den Verbänden in den anderen deutschen Ländern den Namen KAB („Katholische Arbeitnehmerbewegung") an. Die Handwerksgesellen schließlich schlossen sich in den „Kolpingsfamilien" zusammen, während die übrigen Männer- und Frauenvereine ebenfalls Neugründungen vornahmen.

Insgesamt konnte jedoch – trotz erneuter Begeisterung – der Schwung und die Stärke, die den zwanziger Jahren eigen gewesen waren, nicht mehr wiederholt werden. In Faktoren wie Rundfunk, Fernsehen und starker Motorisierung mögen zum Teil die Ursachen dafür liegen. Zusätzlich sprach man bisweilen in kirchlichen Kreisen in despektierlichem Sinne von „politischem Katholizismus", „Verbands- und Sitzungskatholizismus" u. ä. – ohne dabei zu bedenken, daß das katholische Leben, wenn es nicht steril bleiben sollte, zu jeder Zeit seiner besonderen Ausrichtung bedurfte. Das rechte Maß hierin einzuhalten war zugegebenermaßen nicht immer leicht.

Im Jahre 1948 wurde in allen Gemeinden auf oberhirtliche Anordnung hin ein „Pfarrausschuß der Katholischen Aktion" gebildet mit dem Ziel, die Katholiken zu aktivieren und die Vereinsarbeit zu koordinieren. Zwanzig Jahre später, 1968, wurde dieses Gremium durch den „Pfarrgemeinderat" abgelöst.

Anmerkungen

1 Codex iuris canonici (Kirchliches Gesetzbuch von 1917) – Canon 707 § 2.
2 Ulrich, Deutschordenskommende, S. 88 f.
3 StadtA Nürnberg, VD-15; Weitere Unterlagen auch im: PfarrA St. Anton, Nürnberg.
4 LThK V²1960, Sp. 880.
5 AEB Rep. 4/3, Nr. 387 (Hier auch der Bericht des Vorstandes vom 11. 12. 1882 an das Ordinariat u. dessen Verfügung vom 1. 3. 1883).
6 Höfner, S. 47.
7 StadtA Nürnberg, V-d 197.
8 Schrötter, S. 475 f.
9 Pfarrakten St. Ludwig, Nürnberg, Pfarrchronik, S. 113.
10 Karch, Gemeinden, S. 81 f.
11 Rall. In: BG I, S. 236; Lill, Rudolf: Die katholische Reaktion gegen den Liberalismus. Die Länder des Deutschen Bundes und der Schweiz 1848–1870. In: HKG VI/1 – bes. S. 543 f.
12 Schreiben Goeschels vom 27. 7. 1865 – AEB Rep. 4/3, Nr. 288; – Zum „Pius-Verein" siehe: LThK VIII ²1963, Sp. 544.
13 Festing, Heinrich: Adolph Kolping und sein Werk. Freiburg/Br. 1982.
14 Schrötter, Georg: Festschrift zum fünfzigjährigen Jubiläum des katholischen Gesellenvereins Nürnberg. Nürnberg 1911; Festschrift 100 Jahre Kolpingsfamilie Nürnberg (1860–1960). Nürnberg 1960; StadtA Nürnberg, V-d 15, 133 a und 4972.
15 Keck starb total erblindet am 26. 8. 1899 als Pfarrer von Oberhaid. – Wachter, S. 247 (5063).
16 Zu Jakob Würger siehe S. 44, 186.
17 StadtA Nürnberg, V-d.
18 Ebenda, 1072.
19 Karch, Gemeinden, S. 50 und S. 86 ff.
20 Schreiben Starklaufs an das Ordinariat vom 29. 4. 1897 – AEB Rep. 4/3, Nr. 356.
21 Zu Friedrich Ozanam siehe: LThK VII ²1962, Sp. 1325 f.
22 Texte zur katholischen Soziallehre. II/1 u. 2 (hg. vom Bundesverband der Katholischen Arbeitnehmer-Bewegung Deutschlands) 1976; Denk, Hans Friedrich: Die christliche Arbeiterbewegung in Bayern bis zum ersten Weltkrieg. Mainz 1980 (bes. S. 121 ff.).
1849 wurde in Regensburg der St.-Josef-Arbeiter-Unterstützungsverein gegründet, 1874 der Arbeiterverein in Augsburg, 1887 der in München und der in Bamberg und 1888 der in Wilhelmsthal.
22 a In Nürnberg errichtete man am 1. Juli 1905 das „Katholische Arbeitersekretariat". Erster Sekretär war Karl Troßmann. („Der Arbeiter" war Organ und Eigentum des „Verbandes süddeutscher kath. Arbeitervereine").
23 65 Jahre Baugenossenschaft Selbsthilfe 1912–1977. (Hg. vom Vorstand und Aufsichtsrat der Baugenossenschaft „Selbsthilfe" E. G.) Nürnberg 1978.
24 Karch, Gemeinden, S. 51 – Leider teilt Karch keine weiteren Einzelheiten mit. Da zudem der Ausdruck „liberal" durchaus nicht eindeutig ist, müssen die Bemerkungen zurückhaltend aufgenommen werden.
25 BV vom 3. 6. und 6. 6. 1922 (Nr. 128 und 129).
26 BV vom 29. 5. 1922 (Nr. 123).
27 LThK VI ²1961, Sp. 81 ff.

28 LThK VII ²1962, Sp. 658 f.

29 LThK III ²1959, Sp. 266.

30 Flierl, Hans: Freie und öffentliche Wohlfahrtspflege. Aufbau, Finanzierung, Geschichte, Verbände. München 1982 (bes. S. 214–244): Borgmann, Karl (Hg.): Lorenz Werthmann. Reden und Schriften. Freiburg/Br. 1958; LThK II ²1958, Sp. 941–947.

31 LThK X ²1965, Sp. 1060.

32 Wachter, Nr. 3462.

33 Karch, S. 48–51 und S. 106 f. (die hier genannten Zeitungen waren leider nicht aufzufinden).

34 Wachter, Nr. 9023.

35 Ausführlicher siehe: Kap. 6.

36 So wurde es z. B. einem meiner Bekannten, der treu zur Kirche stand, aber keinem Verein angehörte, schwer gemacht, sich bei der Prozession einer Gruppe anzuschließen, weil diese keinen „Fremden" in ihren Reihen dulden wollten!

37 „Fastenhirtenbrief über die kath. Aktion" im ABB 1928, Nr. 6, S. 29–40.

38 Ebenda, S. 30.

39 LThK VIII ²1963, Sp. 540.

40 Fastenhirtenbrief, S. 36.

41 Ebenda, S. 37.

42 Ebenda, S. 40.

43 ABB vom 10. 2. 1934, S. 27–36 (hier: S. 33).

44 Pfarrakten St. Ludwig, Nürnberg, Pfarrchronik, S. 366.

Das Verhältnis der Katholiken Nürnbergs zu anderen Religionsgemeinschaften

Die Annäherung in der Zeit der Aufklärung[1]

Im 19. Jh. war der ökumenische Gedanke den Christen aller Konfessionen noch weitgehend fremd. Wir dürfen dabei freilich die damaligen konfessionellen Verhältnisse nicht nach unseren heutigen Maßstäben beurteilen. Allerdings hatte man bereits vordem, in der Zeit der Aufklärung, begonnen, die trennenden konfessionellen Mauern zwar nicht niederzureißen, aber doch in begrenztem Umfange abzubauen. In Nürnberg trat v. a. der aufgeklärte protestantische Geistliche Carl Valentin Veillodter, Dekan und Prediger bei St. Sebald, für eine Annäherung der verschiedenen christlichen Kirchen ein. In einer Predigt führte er dazu aus:

„Näher sind sich beide Kirchen in brüderlicher Gesinnung getreten. Rechte, die ihren Anhängern bald hier, bald dort vorenthalten waren, wurden ihnen vom Staate wechselseitig eingeräumt, inniger verschmolzen sich die Anhänger beider Konfessionen, treffliche Lehrer traten in beiden auf, die es bezeugten, der Geist der Liebe könne bei verschiedenen Meinungen über allen Verehrern Jesu walten, und nur in Eintracht könne man für die Förderung seines Reiches auf Erden wirken."

Diese irenischen Worte wurden ausgerechnet am 31. Oktober 1817 gesprochen – also am Tage der Dreihundertjahrfeier der Reformation! Sie dürfen aber nicht darüber hinwegtäuschen, daß Veillodter in der Reformation v. a. den „Sieg der Vernunft und der Gewissensfreiheit" sah, und daß er diese vom Standpunkt der Aufklärung aus scharf gegen die katholische Kirche abgrenzte – wie aus seinen weiteren Ausführungen hervorgeht:

„Dieser Grundsatz", (d. h., daß es in Glaubenssachen kein kirchliches Oberhaupt gibt) „der aus den unverwerflichen Aussprüchen der Vernunft und der Heiligen Schrift hervorgeht, ist der ewige Grundpfeiler der evangelischen Kirche, er unterscheidet sie von jener, die menschliches Ansehen neben das Göttliche stellt."[2]

Zwischen Polemik und Toleranz

Als beispielhaft für das beginnende 19. Jh. dürfte die Predigt Veillodters durchaus nicht anzusehen sein. Schlimm wirkte sich nämlich aus, daß man sich in jener Zeit von der jeweils anderen Konfession ganz verzerrte Vorstellungen machte, und daß man an dem gewonnenen Zerrbild dann auch kritiklos festhielt. In Bayern war z. B. der Katechismus des Jesuiten Josef Deharbe allgemein im Gebrauch. Er war stark apologetisch und antiprotestantisch ausgerichtet[3]. Umgekehrt dürfte der evangelische Religions- und Konfirmandenunterricht kaum weniger antikatholisch geprägt gewesen sein.

In Nürnberg strebten zweifellos viele Angehörige der evangelischen Konfession danach, den protestantischen Charakter ihrer Stadt zu erhalten, weshalb von ihnen die starke Zunahme des katholischen Bevölkerungsanteils mit Unbehagen wahrgenommen wurde[4]. Für die Katholiken hingegen stellte sich die Situation völlig anders dar. Ehedem nur geduldet, hatten sie infolge der politischen Entwicklung, die ich schon im ersten Teil meiner Arbeit dargelegt habe, ihre bürgerliche Gleichberechtigung in der Pegnitzstadt erlangt. Sie mußten jedoch auf die evangelischen Mitbewohner und auf die evangelische Tradition der Stadt Rücksicht nehmen. So feierten die Katholiken z. B. die Reformationsgedenktage[5] gemeinsam mit dem evangelischen Bevölkerungsteil (katholische Geschäftsleute hielten dabei ihre Geschäfte geschlossen). Im vorigen Kapitel wurde schon erwähnt, daß Pfarrer Burger der Gründung eines katholischen Gesellenvereins im Sinne Adolf Kolpings zunächst ablehnend gegenüberstand, um den konfessionellen Frieden nicht zu stören[6].

An Kontakten zwischen den Vertretern beider Kirchen fehlte es erfreulicherweise nicht. So übergab im Jahre 1845 die evangelische Kirchenverwaltung die Gebeine des heiligen Deokar, die nach der Reformation in der Sakristei von St. Lorenz verwahrt worden waren, dem bischöflichen Ordinariat in Eichstätt. 1854 überließ sie drei Reliquienkästchen dem katholischen Pfarramt, das diese mit dem „innigsten Dank für solche brüderliche Liebe" entgegennahm. Schließlich waren die katholischen Geistlichen am 24. Juni 1860 zur Einweihung des erweiterten Johannisfriedhofes eingeladen worden[7].

Gegen Ende des 19. Jh. setzte sich v. a. Pfarrer Kreppel nachdrücklich für ein gutes Verhältnis zwischen den Konfessionen ein. Darauf bezogen schrieb er am 7. Dezember 1889:

„So habe ich nur eine Bitte, mit mir wirken zu wollen, daß die christliche Liebe und der Frieden dahier nicht gestört werde, . . . ich bitte deshalb nochmals recht herzlich, den religiösen Frieden dieses unendlich kostbare Gut, nicht mutwillig stören zu lassen, sondern solche Bestrebungen, die mit Mißstimmung beginnen, mit Lieblosigkeit und Unfrieden enden, energisch entgegentreten zu wollen[8]."

Kontroverspredigten

Daß das Zusammenleben von Angehörigen verschiedener religiöser Bekenntnisse in einer so stark protestantisch geprägten Stadt wie gerade Nürnberg nicht immer friedlich verlief, ist verständlich. So ist beispielsweise überliefert, daß 1841 von beiden Seiten polemische Predigten gehalten wurden, die mit dem sog. Kölner Ereignis im Zusammenhang standen. Der Erzbischof von Köln, Klemens August v. Droste-Vischering, war wegen seiner Haltung im Mischehenstreit von der preußischen Regierung zur Haft in der Festung Minden verurteilt worden (der Kirchenfürst hielt sich nicht an die Berliner Konvention, sondern folgte den strengen päpstlichen Vorschriften[9]). Dieser Vorgang veranlaßte den Publizisten Josef v. Görres[10], in der Kampfschrift „Athanasius" die Handlungsweise der preußischen Regierung in scharfer Form zu verurteilen. Diese Schrift stärkte übrigens das katholische Selbstbewußtsein auf politischer Ebene. Die protestantischen Nürnberger wiederum besannen sich jetzt auf ihr reformatorisches Erbe und standen deshalb größtenteils auf Seiten der Berliner Regierung. „Das Kölner Ereignis hat die konfessionellen Fronten nachhaltig verhärtet."[11]

Als Protagonisten in Nürnberg traten auf Fikenscher, Hauptprediger bei St. Sebald, und Dr. Goeschel, Pfarrer der katholischen Gemeinde. Letzterer erhob Beschwerde, daß der evangelische Prediger in seiner Ansprache am 25. August 1841 die katholische Kirche geschmäht habe[12]. Johann Philipp Sieß, kgl. Stadtkommissar, gibt den Schluß der Predigt Fikenschers, der er selbst beigewohnt hatte, allerdings wie folgt wieder:

198

„Leider ist in unseren Tagen der Friede der protestantischen auf Gottes Wort frei von Menschensatzungen gegründeten Kirche von außen her mehrfach gestört worden. Verrostete Waffen, mit denen man sich in der Vorzeit bekämpft hatte, wurden aus der sicher verschlossenen Rüstkammer hervorgeholt."

Sieß vertritt die Ansicht, daß sich der Prediger damit auf die Predigten von Eberhard[13], auf den Athanasius-Beitrag v. Görres' sowie auf verschiedene andere Artikel in katholischen Zeitschriften bezogen habe. Außerdem – so Sieß – habe Fikenscher die Parteiungen innerhalb der protestantischen Kirche beklagt. Abschließend urteilt Sieß:

„Von Schmähungen gegen die katholische Kirche, ihren Institutionen, Glaubenssätzen und Lehren war weder offen noch versteckt oder anspielungsweise das Mindeste zu vernehmen."

Am 1. September d. J. hielt Dr. Goeschel die Erwiderungspredigt. Über sie berichtet wiederum Stadtkommissar Sieß:

„Goeschel sprach von der heiligen, apostolischen, unfehlbaren und allein seligmachenden Kirche; ihrer Herrlichkeit geschähe kein Eintrag, wenn ein außerhalb Stehender Schmähungen gegen sie ausspreche, wie dies am 25. August geschehen sei, wie die Sonne nicht verfinstert werde, wenn ein Hund gegen sie belle. Einen solchen Schmäher geben wir der Verachtung preis."

Nach diesen Ausführungen soll der Predigende (ohne daß jedoch eine Schmähung gegen die protestantische Kirche zu vernehmen gewesen sei) in auffallend heftigen Eifer geraten sein.

Nach diesen heftigen Kontroverspredigten scheint der konfessionelle Frieden in Nürnberg wieder eingezogen zu sein. Den Kaplänen Robert Fischler[14] und Justin Dietl[15] wird bestätigt, daß sie in echt versöhnlichem Geiste gesprochen hätten – in vollem Maße könne das von Kaplan Christoph Burger gesagt werden. Peinlich war jedoch, daß zur Wahrung des konfessionellen Friedens dann – wenn die Vertreter der Kirchen versagten – der Staatsapparat eingesetzt werden mußte. So wies im vorliegenden Falle das Innenministerium am 27. Oktober 1841 die Regierung von Mittelfranken an, den „Kanzelvorträgen" in Nürnberg besondere Aufmerksamkeit zuzuwenden. Sollte sie dabei Polemiken oder Schmähungen der anderen Konfession feststellen, dann sollte sie entweder selbst eingreifen oder den Tatbestand der kirchlichen Oberbehörde melden[16].

Der Fall Rungaldier

Die Wogen konfessioneller Erregung und Leidenschaft gingen fünf Jahre später, im Frühjahr 1846, nochmals besonders hoch. Die Veranlassung hierzu gab (freilich ungewollt) Dr. med. Dominikus Rungaldier[17]. Er führte als Arzt in den Jahren 1836–1838 in Erlenstegen Wasserkuren durch. Im Alter von vierunddreißig Jahren fühlte sich Rungaldier zum Priester- und Ordensstand berufen – und zwar in der Gesellschaft Jesu. Da aber der Orden in Bayern keine Niederlassung besaß[18], bat er zunächst den Provinzial der österreichischen Provinz um Aufnahme, anschließend suchte er beim König um die Erlaubnis zum Eintritt in den Orden nach. Sie wurde ihm gewährt mit dem ausdrücklichen Hinweis, er dürfe das Indigenat (d. h. die bayerische Staatsangehörigkeit) beibehalten.

Für Nürnberg war der Eintritt eines Arztes in den Jesuitenorden eine Sensation: Die Protestanten sahen darin nichts anderes als eine Gefahr für ihre Kirche! So wandte sich der Magistrat und das Kollegium der Gemeinde-Bevollmächtigten der Stadt am 26. März 1846 an die Kammer der Abgeordneten „um Schutz gegen die Gefahr des Einschleichens der Jesuiten in Bayern". Unterzeichnet wurde das Gesuch vom I. Bürgermeister Dr. Binder und von Popp, dem Vorstand des Kollegiums der Gemeinde-Bevollmächtigten[19].

In diesem Schriftstück kam es zu Verleumdungen des Ordens infamster Art: Der Orden,

„der die Richtung hat, den Willen seiner freien Kräfte zu entäußern, und alle Gefühle der Zuneigung und Anhänglichkeit an das, was dem Menschen sonst lieb und wert ist, . . . mit der Wurzel auszurotten und diejenigen Grundsätze zu lehren, wodurch nach einem beharrlich fortgesetzten System das Band der Liebe und Eintracht zwischen den verschiedenen christlichen Konfessionen zerrissen und der Friede wie die Zufriedenheit in Haß und Zwietracht verwandelt werden soll".

In Nürnberg sei die Bevölkerung

„von den Gesinnungen echt christlicher Liebe und Milde erfüllt"

und achte

„alle Andersgläubigen als ihre Brüder, . . . während der Orden, welcher einen Nürnberger aufnehmen will, sich unter anderem die Vernichtung des Protestantismus zur Aufgabe gesetzt hat, und nicht aufhört, zu den Greueln blutbefleckter alter Vergangenheit neue Verbrechen hinzuzufügen".

Der Gesellschaft Jesu machte man ferner den Vorwurf, sie verfolge unter religiöser Tarnung politische Ziele und sei deshalb für die politischen Wirren in Europa mitverantwortlich. Man wies darauf hin,

„daß der Orden unter dem Vorwand der Förderung religiöser Interessen, hauptsächlich politische Zwecke zu verfolgen, nicht selten auch zu erreichen gewußt, ja, daß er sogar zu den wichtigsten Ereignissen der Zeit mit ihren weithin erschütternden Wirkungen den Knoten geschürzt habe, . . . und ganz gewiß gebührt ihm auch das traurige Resultat, . . . die religiösen Wirren herbeigeführt zu haben, welche Europa mehr oder weniger beunruhigen".

Erschreckender hätte man das Bild des Jesuitenordens kaum zeichnen können, und man fragt sich heute, woher die Nürnberger Gemeinde-Bevollmächtigten ihr Wissen eigentlich nahmen. Laut ihrer oben zitierten Aussage drohte der Orden zu einer Gefahr für Bayern und Nürnberg zu werden, da Dr. Rungaldier jederzeit in seine Vaterstadt zurückkehren könnte – schließlich durfte er das Indigenat behalten. Freilich würde er das – lautet das Gesuch – als ein anderer tun als der, der von Nürnberg weggegangen ist. Deshalb möge die Regierung vorsehen – heißt es weiter –

„daß den nachteiligen Folgen begegnet werde, welche nicht nur für unsere Stadt, sondern selbst für ganz Bayern daraus hervorgehen können, und daß dadurch den geängstigten und aufgeregten Gemütern die Ruhe wieder gegeben werde, die durch dieses Ereignis im höchsten Grade erschüttert wurde".

Das Schreiben schließt mit der Bitte, am Throne vorstellig zu werden, daß

„dem Orden der Jesuiten und seinen einzelnen Mitgliedern der Eintritt in Bayern unmöglich gemacht werde".

Dieses Schriftstück verrät eine erschreckend tiefe Unkenntnis der katholischen Kirche und ihrer Einrichtungen. Wahrscheinlich zeichnet in erster Linie das liberale Bürgertum mit seiner die Kirche ablehnenden Einstellung für diese Eingabe verantwortlich.

Erreicht hat das Gesuch dann jedoch nichts[20]: Dr. Rungaldier trat am 21. Mai 1846 in die Gesellschaft Jesu ein. Es ist fraglich, ob er je (auch nur besuchshalber) nach Nürnberg kam – irgendein Zeugnis darüber vermochte ich nicht aufzufinden. Am 4. Februar 1895 verstarb er zu Maria Schein bei Teplitz in Böhmen[21].

Die „Kniebeuge-Ordre"

Es soll hier allerdings nicht verschwiegen werden, daß die Stimmung der protestantischen Bevölkerung Nürnbergs (wie des ganzen evangelischen Bayerns) nicht völlig ohne Grund gereizt war. Die gravierende Ursache dazu bildete die sog. „Kniebeuge-Ordre" vom Jahre 1838. Sie zwang nämlich auch die evangelischen Soldaten der bayerischen Armee, wenn sie zu einer Prozession oder einem katholischen Gottesdienst abkommandiert waren, zur Kniebeuge vor der Monstranz bzw. bei der Erhebung der heiligen Gestalten[22].

Das evangelische Dekanat wandte sich in einem Schreiben am 27. Dezember 1838 an das kgl. Oberkonsistorium. Es wies darauf hin, daß man zwar in früheren Zeiten in der evangelischen Kirche beim Gebet und Segen sowie während der Abendmahlsfeier gekniet habe, und daß nur eine beklagenswerte Erschlaffung des kirchlichen Lebens das Beugen der Knie aus fast allen Kirchen habe schwinden lassen – doch finde man bei allem Verständnis für diese Gebetshaltung dieselbe untragbar bei der hl. Wandlung. Das Dekanat berief sich dabei auf die in der Verfassung garantierte Gewissensfreiheit (§ 9, Tit. IV). Ferner zitierte es das Lehrbuch des Bamberger Dogmatikers Friedrich v. Brenner[23], der auf die Transsubstantiation und die „unblutige Aufschlachtung Jesu im Meßopfer" hinweist und sagt, daß die Kirche bei der Meßfeier die Absicht verfolge, den katholischen Glauben bei den Irr- und Ungläubigen zu verbreiten[24].

Der Nürnberger Magistrat schaltete sich hierzu ebenfalls ein. Er rechnete nämlich damit, daß die Soldaten sogar bei öffentlichen Versehgängen zur Kniebeuge verpflichtet werden könnten[25]. Diese Sorge war jedoch unbegründet, gab es doch innerhalb Nürnbergs keine öffentlichen Versehgänge: Die Priester trugen in Zivilkleidung die hl. Kommunion zu den Kranken.

Der Streitpunkt, die „Kniebeuge-Ordre", wurde erst nach längeren, unrühmlichen Querelen 1845 von der Krone zurückgenommen. Der König ließ den „Gustav-Adolf-Verein" nicht zu. Dieser Verein unterstützte die Protestanten in der Diaspora und förderte ihren Kirchenbau. (In Altbayern mag freilich allein schon der Name des Schwedenkönigs ungute Erinnerungen an die Jahre 1631/32 geweckt haben.) Für die antiprotestantische Haltung des Königs und der Regierung machte man auf evangelischer Seite den Innenminister Karl v. Abel – der auch für die kirchlichen Angelegenheiten zuständig zeichnete – verantwortlich. Man glaubte in seinen Maßnahmen ein System zu erkennen, das auf die „Verdrängung der protestantischen Kirche und auf die Beseitigung der ihr durch die Verfassung garantierten politischen Rechte" hinziele[26].

Der „Evangelische Bund"

Gegen Ende des vorigen Jahrhunderts kam es leider – vorrangig ausgelöst durch den „Evangelischen Bund" – zu Auseinandersetzungen härterer Art zwischen Katholiken und Protestanten in Nürnberg[27]. Dieser Bund war im Jahre 1886 in Erfurt gegründet worden und sammelte jene Glaubensgenossen in seinen Reihen, die die Beilegung des Kulturkampfes als „Kapitulation vor der katholischen Kirche" werteten. Er setzte sich demzufolge selbst die Aufgabe, dem „deutschen Volk die Segnungen der Reformation zu erhalten bzw. wieder zu erschließen". Die „Wahrung des reformatorischen Erbes" bedeutete bedauerlicherweise für viele seiner Mitglieder eine bewußt antikatholische Einstellung.

Die Ziele des „Evangelischen Bundes" werden verständlicher, wenn man beachtet, daß in rein-katholischen Gegenden so manche althergebrachte Gewohnheit (z. B. die Beisetzung verstorbener Protestanten nur außerhalb des geweihten Friedhofs) die Angehörigen der evangelischen Konfession ebenso kränken mußte wie einige päpstliche Enzykliken, die harte Verurteilungen des Protestantismus enthielten. Zudem erblickte man (fälschlich) in den immer zahlreicher werdenden öffentlichen Fronleichnamsprozessionen nichts anderes als „antiprotestantische Demonstrationen", wobei man sich auf das Konzil von Trient berief, nach welchem die Prozessionen „siegreiche Triumphe der Wahrheit über die Lüge und Häresie" sein sollten[28].

In Nürnberg wurde im Jahre 1889 ein Zweigverein des „Evangelischen Bundes" ins Leben gerufen. Dieser lud 1898 den bekannten Exjesuiten Paul Graf v. Hoensbroech[29] nach Nürnberg ein. Am 19. April d. J. hielt daraufhin Hoensbroech im „Hotel Strauß" einen Vortrag über den „Ultramontanismus"[30]. Es war vorauszusehen, daß ein Priester und Ordensmann, der seinen Beruf und Stand aufgegeben hatte, kein objektives Bild von der katholischen Kirche geben würde – und so gestaltete sich auch tatsächlich das Referat zu einem massiven Angriff.

Die Nürnberger Katholiken betrachteten den Vorgang als Herausforderung und hielten ihrerseits nur wenig später, am 26. April, im Saale des Gesellenhospizes eine Gegenveranstaltung ab. Redner dabei war der von mir bereits erwähnte Kaplan Johannes Tremel. In einer hervorragend konzipierten Rede und mit gründlicher Sachkenntnis ausgerüstet wies er die Anwürfe des Exjesuiten zurück. Seine Ausführungen wurden bald darauf als Broschüre herausgegeben[31]. Im Vorwort dazu heißt es:

„Trotz der „scharfen" Unterscheidung zwischen Ultramontanismus und katholischer Kirche, die der Graf in der Einleitung zu seiner Rede zog, war das Ganze ein Angriff auf das wichtigste Institut der Kirche, das Papsttum, damit ein Angriff auf die katholische Kirche selbst und zugleich ein Angriff auf den konfessionellen Frieden hiesiger Stadt."

Eine massive Attacke auf die katholische Kirche stellte ferner die Schrift des Stettiner Buchhändlers und Verlegers Robert Großmann (der übrigens selbst der katholischen Konfession angehörte) dar mit dem weitschweifigen Titel „Auszüge der von den Päpsten Pius IX. und Leo XIII. . . . sanktionierten Moraltheologie des heiligen Dr. Alphonsus Maria de Liguori und die furchtbare Gefahr dieser Moraltheologie für die Sittlichkeit der Völker"[32]. Dieses Pamphlet kam dem „Evangelischen Bund" sehr gelegen. Er ließ 300 000 Exemplare herstellen, um sie nach Österreich und Böhmen zu versenden und auf diese Weise die „Los-von-Rom-Bewegung"[33] zu unterstützen.

Katholischerseits betrachtete man das als einen „protestantischen Missionierungsversuch" der in der Habsburger Monarchie lebenden katholischen Völker. Prinz Max von Sachsen, damals Kaplan in St. Josef zu Nürnberg, verfaßte eine Gegenschrift[34], außerdem nahm die „Nürnberger Volkszeitung" den Kampf gegen Großmanns Machwerk auf. Der Konflikt wurde dann auf beiden Seiten derart erbittert geführt, daß es sogar zu Prozessen kam, die schließlich bis ans Reichsgericht gelangten. Dieses verfügte endlich die Vernichtung der Schmähschrift[35].

Versöhnliche Worte

Im Zusammenhang mit den eben wiedergegebenen höchst unerfreulichen Vorfällen darf jedoch objektiverweise hier nicht übergangen werden, daß führende Männer des „Evangelischen Bundes" auch versöhnliche Worte gesprochen haben – so z. B. beim ersten Landesfest in Bayern, das 1900 in Nürnberg stattfand. Pfarrer Hermann Lembert (München) sagte in seiner Predigt u. a.:

„Wir wollen in dieser Fügung Gottes, dieser Zerteilung unseres Volkes in zwei Konfessionen, einen Willen Gottes erkennen, der uns gebietet, miteinander zu leben und uns miteinander zu vertragen . . . Warum ist die katholische Kirche in deutschen Landen bei weitem die geistesmächtigste unter allen katholischen Ländern? Ist's nicht neben der treuherzigen Art unseres deutschen Volkes vornehmlich deshalb so, weil die evangelische Kirche neben ihr steht und mit ihrer Geistesart auf sie eingewirkt hat? Und ist's nicht also, daß nirgend evangelischer Sinn mehr ausgeprägt ist, als in den Gegenden, wo die evangelische Kirche die katholische Kirche neben sich hat? Es ist keine der beiden Kirchen von Gottes Geist und Kraft verlassen[36]."

Damals mögen u. U. viele katholische wie evangelische Gläubige diese Worte nicht verstanden haben. Erst in unserer Zeit hat sich ja die Überzeugung durchgesetzt, daß man auch von der anderen Kirche Anregungen dankbar annehmen soll, da man ihr die Führung durch Gottes Geist keineswegs absprechen darf.

Das Verhältnis der Konfessionen im 20. Jh. zueinander

In den ersten drei Jahrzehnten des gegenwärtigen Jahrhunderts standen sich die beiden großen christlichen Konfessionen in Nürnberg (ebenso wie auch anderswo) noch weiterhin reserviert gegenüber. Besonders erregte den Unwillen der evangelischen Seite die Ehegesetzgebung des Codex iuris canonici, der zum Pfingstfest 1918 in Kraft trat. Danach waren Mischehen, die vor nicht-katholischen Geistlichen geschlossen wurden, „ungültig" und nicht mehr wie bisher nur „unerlaubt"[37].

Das Verhältnis der beiden Kirchen zueinander wurde erst zum Positiven hin verändert, als der Nationalsozialismus unter dem Vorwand der „Entkonfessionalisierung des öffentlichen Lebens" alles Christliche überhaupt zu unterdrücken suchte. Das bedeutete ja nichts anderes, als daß Katholiken wie Protestanten nunmehr in gleicher Weise bedroht wurden. Sie fanden sich daraufhin in Nürnberg – nach meiner persönlichen Erinnerung – in den späten dreißiger Jahren in kleinen Kreisen – und zwar Geistliche und Laien – zusammen, um sich der gemeinsamen christlichen Grundlagen und Anliegen bewußt zu werden.

Die Öffnung der katholischen Kirche zu den anderen Kirchen brachte das II. Vatikanische Konzil (1962–1965). Dieser grundlegende Schritt erfolgte im Dekret über den Ökumenismus, das am 21. November 1964 feierlich verkündet wurde[38]. Die Synode von Würzburg (1970–1975) griff dieses Anliegen gleichfalls auf und ermunterte zu ökumenischen Gesprächen und Begegnungen[39].

In Nürnberg und Fürth fanden diese Anregungen bei Katholiken und Protestanten eine gute Resonanz. Als Folge unterhält jede katholische Gemeinde freundschaftliche Beziehungen zu ihrer evangelischen Nachbargemeinde. Besonders erwähnt sei hierzu die ökumenische Weihnachtsfeier, die seit 1971 an jedem Heiligen Abend in der Sebalduskirche stattfindet. Zu ihr sind u. a. die in Mischehe lebenden Christen eingeladen.

Die „Ronge-Bewegung"[40]

Um die Mitte des 19. Jh. entstand in Nürnberg die „Freie Christliche Gemeinde", auch „Deutsch-Katholische Gemeinde" genannt. Ihre Begründer, Johannes Ronge[41] aus Schlesien und Johannes Czerski[42] aus Westpreußen, waren katholische Geistliche, die allerdings exkommuniziert und degradiert worden waren. Ihr Ziel bildete eine „fortschrittliche deutsche romfreie Kirche". Auf der ersten Synode, die vom 23. – 26. März 1845 in Leipzig stattfand, wurde die Religionsgemeinschaft konstituiert[43]. Als einzige Grundlage des Glaubens sollte die Heilige Schrift dienen, deren Auslegung der von der christlichen Idee durchdrungenen und bewegten Vernunft vorbehalten blieb. Als Sakramente galten nur Taufe und Abendmahl – wobei die erstere nur unter dem Vorbehalt gespendet wurde, daß der Getaufte nach erfolgter Verstandesreife seine Zustimmung nachträglich erteile. Die Ehe wurde als eine heilig zu haltende Einrichtung angesehen und die Einsegnung beibehalten.

In der Gemeindeverfassung kam das Laienelement zum Durchbruch – d. h. die Gemeinde wählte den Geistlichen sowie die Ältesten, aus denen dann wiederum der Vorstand bestimmt wurde. Jede Gemeinde besaß das Recht, je nach dem Zeitbewußtsein und den Fortschritten in der Kenntnis der Schrift Bestimmungen zu ändern. Ausdrücklich wurde nämlich gesagt, daß die Bestimmungen keineswegs für alle Zeiten festgelegt seien, sondern je nach dem Zeitbewußtsein geändert werden könnten bzw. müßten – was hieß: das oberste Prinzip stellte der Fortschritt dar.

Allerdings trat der Abfall vom christlichen Gedankengut in den folgenden Jahren immer deutlicher in Erscheinung. Ronge selbst starb als Atheist, während viele seiner Gemeinden schließlich in Freidenkergemeinden übergingen. Willkommene Schützenhilfe leisteten der Bewegung zwei Universitätsprofessoren: der evangelisch-liberale Theologe David Friedrich Strauß (1808–1874) in Tübingen und der Historiker Georg Gottfried Gervinus (1805–1871) in Heidelberg. Letzterem schien der Deutsch-Katholizismus wegen seines Eingehens auf die deutsche Eigenart Zukunft zu besitzen, denn „nur der Bau, der sich auf des Volkes Natur und Geist, Kultur und Geist errichtet, ist ein solider, dauernder Bau". Daher lasse die neue Religion auch eine kirchliche Einheit – die eine Vorstufe zur politischen bilde – erhoffen[44]. Strauß hingegen warf der katholischen wie der protestantischen Kirche vor, daß sie auf einem religiösen Prinzip stünden, das in einem fremden Weltteil, im fernen Asien, nicht nur zufällig seine Heimat habe, sondern wesentlich orientalischer Natur sei. Der Protestant sei also so gut ultramontan und selbst ultramarin als der Katholik. (Hier klingen Töne von Blut und Boden an, auf denen man vor wenigen Jahrzehnten eine neue Religion aufzubauen suchte.[45])

Die „Ronge-Bewegung" in Nürnberg

Solange Ludwig I. das Königreich Bayern regierte, vermochten die Rongeaner in seinem Staate nicht festen Fuß zu fassen. Nach seiner Abdankung im Jahre 1848 jedoch kamen Männer der liberalen Richtung an die Regierung, und bereits am 20. Oktober d. J. wurden der Deutsch-katholischen Gemeinde in München die Rechte einer privaten kirchlichen Gesellschaft zuerkannt[46]. Sie war zwar die erste Deutsch-katholische Gemeinde in Bayern – zur bedeutendsten wurde aber die zu Nürnberg. Am 21. Dezember 1848 hielt der unermüdliche Wanderprediger Ronge in der Katharinenkirche (die zu dem Zeitpunkt allerdings kein sakraler Raum war) seine erste Versammlung in der Pegnitzstadt ab[47]. Den ersten Gottesdienst feierte er dann am zweiten Weihnachtsfeiertag, und am 9. Januar des folgenden Jahres konnte die Gemeinde in Nürnberg gegründet werden[48].

Die Erwartungen Ronges in bezug auf die Pegnitzstadt waren hoch gespannt. Anfänglich plante er, um die Überlassung der profanierten Klarakirche einzugeben, allein seine beachtlichen Anfangserfolge ließen ihn nach einer der großen protestantischen Kirchen Ausschau halten. Aber: So gut die ersten Versammlungen auch besucht waren, der neugegründeten Gemeinde schlossen sich darauffolgend zunächst nur wenige (und dazu meist Unbemittelte) an. Es handelte sich dabei vorwiegend um Personen, die im abgelaufenen Jahre an den republikanischen Bestrebungen teilgenommen hatten. Das wiederum erklärt sich aus folgendem Umstand: Ronges Vorträge wiesen eine starke politische und soziale Einfärbung auf. Solcher Reden waren aber die meisten Nürnberger nach dem Revolutionsjahr 1848 reichlich überdrüssig. Wäre Ronge zwei Jahre früher nach Nürnberg gekommen, so hätte ihm – wie der Chronist Ghillany meint – die ganze Bürgerschaft sofort Beifall gespendet[49].

Ronge verstand jedoch, die Anfangsschwierigkeiten zu überwinden. Eine entscheidende Maßnahme dabei war die Berufung Heinrich Bäthigs, bisher Prediger der freien christlichen Gemeinde in Glogau. Bäthig war ein Mann von Bildung, verfügte über eine gute Rednergabe, vermied in seinen Ansprachen das Thema Politik und erwies sich als bescheiden und zuvorkommend. Seine Vorträge in der Katharinenkirche waren gut besucht, und bald schlossen sich angesehene und wohlhabende Bürger der neuen Gemeinde an oder unterstützten sie durch namhafte Spenden. Dadurch wurde die Besoldung des Predigers gesichert – ja, man konnte von Nürnberg aus weitere Gemeinden gründen, so in Fürth, Erlangen, Schwabach und Altdorf.

Die Nürnberger Gemeinde erhielt im April 1849 von seiten der rationalistischen Kreise innerhalb der protestantischen Kirche Zuwachs. Diese hatten gefordert, daß in Deutschland bald eine Nationalversammlung einberufen werde, um ein neues Glaubensbekenntnis aufzustellen. Die Lehre von der Gottheit Christi, vom Teufel und von der Erbsünde sollten darin gestrichen werden. Die angestrebte Reform ließ jedoch auf sich warten, und so hielten es manche liberale Protestanten unter der Führung des Arztes Dr. Barthelmes für geraten, der freien christlichen Gemeinde beizutreten. (Andere, wie z. B. der Stadtbibliothekar Friedrich Wilhelm Ghillany[50] und der wohlhabende Georg Zacharias Platner, hofften auf eine baldige Änderung in der protestantischen Landeskirche und lehnten einen Austritt ab, um nicht das Bestimmungsrecht über das Kirchenvermögen aufzugeben.) Insgesamt traten 40 protestantische Familien der neuen Gemeinde bei. Die Zahl der gesamten Gemeindemitglieder wird mit „wenigstens drei bis viertausend" angegeben – ja sogar mit fünftausend[51]! Da Nürnberg damals etwa 50 000 Einwohner zählte, wären das rund 10% der Bevölkerung gewesen. Diese Zahl erscheint mir unwahrscheinlich hoch, und man darf gewiß annehmen, daß dabei auch die Sympathisanten mitgezählt worden sind (darunter auch die Frauen, die Mitglieder des Frauenvereins waren).

Staatliches Verbot

Der eben genannte Frauenverein – dem auch Frauen und Mädchen beitreten konnten, die sich nicht zur freien christlichen Gemeinde bekannten – leistete der neuen religiösen Bewegung gute Dienste, nicht zuletzt durch finanzielle Zuwendungen. Der Verein nahm sich der Ausbildung von Mädchen aus ärmeren Schichten an und förderte das Schulwesen. 1851 gründete man einen Kindergarten nach dem Muster Fröbels[2]. Die Nachfrage war darauf derart groß, daß ein zweiter Kindergarten eingerichtet werden mußte, der aber auch nur die Hälfte von etwa 80 angemeldeten Kindern aufnehmen konnte. Darüberhinaus strebte die freie christliche Gemeinde eine eigene Schule in Nürnberg an. Zu diesem Zweck kaufte sie bereits ein Haus mit Gartengrundstück[53].

Allein, dieser Plan gelangte nicht mehr zur Ausführung: So rasch sich nämlich die neue Gemeinde ausgebreitet hatte, so rasch verfiel sie auch wieder. Am 14. September 1851 waren ihre Prediger Ruf in Nürnberg und Dumhof in Fürth zur protestantischen Kirche übergetreten[54]. Der bayerische Staat ließ außerdem die Gemeindeversammlungen streng überwachen und stellte diejenigen Beamten, die sich zu der Bewegung bekannten, vor die Alternative, entweder den Staatsdienst oder die Sekte zu verlassen. Am 2. November 1851 wurde durch Ministerialentschließung den Deutsch-katholischen Gemeinden die Anerkennung als Religionsgemeinschaft abgesprochen und ihnen gleichzeitig die Ausübung religiöser Handlungen untersagt. Die Umbildung in Vereine – die dann dem Vereinsgesetz unterstehen würden – stellte man ihnen frei. Damit hatte auch die freie christliche Gemeinde mit ihren Einrichtungen in Nürnberg ihr Ende gefunden. Ihre Mitglieder mußten Hausdurchsuchungen durch die Behörde über sich ergehen lassen, außerdem wurden sie vom Magistrat aufgefordert, ihre Kinder taufen zu lassen bzw. in den Religionsunterricht zu schicken[55]. Es erscheint übrigens wahrscheinlich, daß sich später manche ehemaligen Mitglieder der Deutsch-katholischen Gemeinde der freireligiösen Gemeinde anschlossen, die am 4. August 1867 mit dem Redner Uhlich aus Magdeburg ihre erste öffentliche Versammlung in Nürnberg abhielten[56].

Die katholische Gemeinde in Nürnberg nach der „Ronge-Bewegung"

Wie hat nun die katholische Gemeinde in Nürnberg die Angriffe der „Ronge-Bewegung" überstanden? Pfarrer Dr. Goeschel schrieb am 13. Juli 1849 an das Ordinariat in Bamberg:

„Der Einfluß des Apostels Ronge auf unsere kirchlichen Verhältnisse ist gleich Null."[57]

Nach seiner Schätzung verhielten sich zu diesem Zeitpunkt die abgefallenen Katholiken gegenüber den übergelaufenen Protestanten wie 1 : 1000. Mitte Juli 1849 waren z. B. erst 7 Katholiken zur freichristlichen Gemeinde übergetreten. Später stieg dann freilich die Zahl der Apostaten noch etwas an: Insgesamt waren es 25 verheiratete und 8 ledige Personen (der Verlust war also sowohl absolut als auch relativ nur gering).

Dr. Goeschel machte dann durchaus brauchbare Vorschläge, wie man der neuen Sekte wirksam entgegentreten könnte. Der Erzbischof möge einen Hirtenbrief verfassen – schlug er dabei vor – der anschließend in einigen tausend Exemplaren verteilt werden sollte, um die Gläubigen einzuladen, dem Piusverein beizutreten. In diesem könnten die wichtigsten Zeitfragen in den monatlichen Versammlungen erörtert werden. Er selbst sei bereit, sich in einer gedruckten Ansprache belehrend und warnend an diejenigen Katholiken zu wenden, „welche das lebendige Wort von der Kanzel nicht vernehmen". (Die Vorschläge Goeschels wurden allerdings nicht in die Tat umgesetzt.)

Als am 2. November 1851 das staatliche Verbot gegen die Deutsch-katholischen

Gemeinden erging, wies das Ordinariat am 20. November die Geistlichen an, denen, die um Wiederaufnahme in die Kirche nachsuchten,

„mit Liebe und Freundlichkeit zu begegnen und alles zu vermeiden, was das Ehrgefühl dieser Verirrten und Verführten verletzen und statt dieselben auf den rechten zu ihrem ewigen Heile wieder zurückzuführen, abschrecken könnte".

Am 25. März 1852 meldete Dr. Goeschel dem Ordinariat, daß von 25 verheirateten Personen inzwischen 5 zur Kirche zurückgekehrt seien und ihre Kinder zur Taufe bzw. für die katholische Schule angemeldet hätten. Ein Mann, der sich von seiner Frau getrennt hatte und mit einer anderen zusammenlebte, war zur protestantischen Konfession übergetreten, um eine zweite Ehe eingehen zu können. Im Jahre 1854 suchten weitere 3 ehemalige Rongeaner um Wiederaufnahme in die katholische Kirche nach.

Die katholische Gemeinde in Nürnberg hatte also insgesamt nur wenige Mitglieder verloren. Dieser Verlust war aber anderweitig wieder ausgeglichen worden: Der Besuch der Gottesdienste hatte zugenommen und in den Predigten wie in der Christenlehre legte man jetzt Wert „auf gründliche Auseinandersetzung und Einschärfung der katholischen Glaubenswahrheiten". Nach meiner Ansicht ist es freilich schade, daß manche Anregungen, die von der „Ronge-Bewegung" ausgegangen waren, später nicht realisiert wurden. Es kam nämlich weder zur Gründung eines Vereins noch zu Glaubensunterweisungen außerhalb des Gotteshauses. Auch unterblieb die Errichtung eines Kindergartens. Die Gründe dafür waren wohl v. a. das Fehlen ausreichender finanzieller Mittel und die über Gebühr starke Belastung der Geistlichen.

Die Altkatholische Kirche[58] und das I. Vatikanische Konzil

Nicht völlig ohne Aderlaß überstand hingegen die Nürnberger Gemeinde die Agitation gegen das I. Vatikanische Konzil (1869/70). Auf seiner Schlußsitzung am 18. Juli 1870 wurde das Dogma von der Unfehlbarkeit des Papstes (wenn er ex cathedra spricht) verkündet. Nicht alle Bischöfe wohnten dieser Verkündigung bei, da manche bereits vorher mit Erlaubnis Papst Pius' IX. abgereist waren (– sei es, daß sie grundsätzlich gegen das Dogma eingestellt waren, sei es, daß sie seine Verkündigung für inopportun hielten). Ende August d. J. erließen die deutschen Bischöfe auf der Konferenz zu Fulda einen Hirtenbrief, der die Gläubigen aufforderte, sich dem neuen Dogma zu unterwerfen.

Der Bamberger Erzbischof Michael v. Deinlein war einer der wenigen, die diesen Brief nicht unterschrieben. Der Erzbischof weigerte sich zunächst, die Beschlüsse des Vaticanums in seiner Diözese zu promulgieren, da ihm auf sein Ersuchen hin das königliche Placet nicht erteilt wurde[59]. Doch die Hoffnung der Konzilsgegner, in Deinlein einen Bundesgenossen zu finden, wurde enttäuscht: Der Erzbischof anerkannte nachträglich noch voll und ganz die Beschlüsse des Konzils. Sein Ordinariat warnte am 25. März 1871 unter Androhung von kanonischen Strafen vor einer Agitation gegen das neue Dogma.

Die Gegner des Unfehlbarkeitsdogmas

In erster Linie zeigten sich verschiedene Theologieprofessoren gegen das neue Dogma eingestellt. Auf Einladung Professor Dr. Ignaz Döllingers[60] trafen sich elf Theologen und zwei Laien in Nürnberg. Sie richteten in der sog. „Nürnberger Erklärung" vom 26. August 1870 an jene Bischöfe, die dem Konzil nicht zugestimmt hatten, die Bitte,

„daß sie in gerechter Würdigung der Noth der Kirche und der Bedrängniss der Gewissen auf das baldige Zustandekommen eines wahren, freien und daher nicht in Italien, sondern diesseits der Alpen abzuhaltenden ökumenischen Concils mit den ihnen zu Gebote stehenden Mitteln hinwirken mögen"[61].

Zu diesem Schritt erwies sich aber kein Bischof bereit – auch nicht der Bischof von Rottenburg, Karl Josef v. Hefele, der als letzter im April 1871 die Konzilsdekrete publizierte. Freunde wie Gegner des Unfehlbarkeitsdogmas suchten in der Folgezeit ihre Anhänger zu sammeln. In einer ersten Reaktion auf das Konzil hatten in Nürnberg viele Personen, deren Namen einen durchaus guten Klang besaßen, am 14. April 1871 eine Ergebenheitsadresse an Döllinger unterschrieben[62]. Ähnliches taten Ende Mai verschiedene Katholiken Fürths – ja, selbst mehrere von Zirndorf standen nicht zurück. Am 29. September 1871 wurde dann im Kirtt'schen Saale in Fürth die Bildung einer eigenen Gemeinde beschlossen[63]. Das Ordinariat suchte die Diözesanen natürlich in ihrer Treue zur Kirche zu festigen wie auch zu den Beschlüssen des Konzils. Es ließ besonders in den Diasporastädten – in denen in der lokalen Presse eine stark antikirchlich geformte Agitation betrieben wurde[64] – zahlreiche Druckschriften verteilen[65].

In Fürth fand am 1. Mai 1871 eine Versammlung der Katholiken statt, die v. a. von den Mitgliedern des Gesellenvereins getragen wurde. Präses Sprecher, der Initiator des Treffens, verteidigte hierbei das umstrittene Dogma[66].

In München tagte vom 22. – 24. September d. J. der erste, „Altkatholiken-Kongreß" mit ca. 300 Delegierten aus Deutschland, Österreich und der Schweiz – d. h. mit Vertretern jener Katholiken, die das Unfehlbarkeitsdogma ablehnten. Auf diesem Kongreß beschloß man, eine eigene Notseelsorge einzurichten: Dieser Schritt war nichts anderes als die Gründung der „Altkatholischen Kirche"[67]. Doch betrachteten sich die Konzilsgegner auch noch weiterhin zur Katholischen Kirche gehörend („Wir nennen uns katholisch, weil wir an dem festhalten, was immer und überall geglaubt worden ist.") und suchten dort, wo sie über eine gewisse Zahl an Anhängern verfügten, Einfluß auf die für 1871 vorgesehenen Wahlen zur Kirchenverwaltung zu nehmen. Ferner beanspruchten sie sowohl Anteil am Kirchenvermögen als auch Mitbenutzungsrechte der Gotteshäuser. Sie argumentierten dabei, daß die Kirchen allen Gemeindemitgliedern (zu denen sie sich ja nach wie vor zählten) gehörten[68]. Das Innenministerium widersprach allerdings diesen Forderungen mit der Begründung, daß die Kirchenstiftungen Eigentümerinnen der Gotteshäuser seien.

Trotz aller Vorgänge wurden die „Altkatholiken" auch weiterhin als Angehörige der katholischen Konfession geführt: Sie selbst wollten die Kirche nicht verlassen, sondern lediglich reformieren. Sie schlossen sich zum „Landesverein zur Unterstützung der katholischen Reformbewegung" zusammen[69]. Staatsminister Dr. Lutz stellte sich in einer Rede am 14. Oktober 1871 vor dem Bayerischen Landtag eindeutig hinter die „Altkatholiken", die – so der Minister – nicht als „Parias" behandelt werden dürften. Daneben sah er in dem neuen Dogma die Gefahr, daß künftig der Papst in staatliche Kompetenzen eingreifen könnte:

„Wohl ist es möglich, daß unter der Regierung des jetzigen Heiligen Vaters jede Absicht fehlt, ins weltliche Gebiet überzugreifen, aber ebenso möglich ist es, daß Letzteres künftig geschieht."[70]

Entgegen der Warnung Döllingers, Altar gegen Altar zu errichten, beschloß im Jahre 1872 der „Kongreß der Altkatholiken" zu Köln die Organisation einer geordneten Seelsorge. Im folgenden Jahre wurde der Breslauer Professor Josef Hubert Reinkens[71] zum Bischof gewählt und von einem Bischof der von Rom getrennten Utrechter Kirche[72] konsekriert. Zusammenfassend betrachtet, war die Bewegung in den Anfangsjahren konservativ eingestellt. 1879 wurde jedoch die Zölibatspflicht abgeschafft und die Privatbeichte freigestellt, ein Jahr später, 1880, fand die Landessprache Eingang in die Liturgie.

Die Konstituierung der „altkatholischen Kirche" in Nürnberg

In Nürnberg kamen am 10. Dezember 1871 520 „Altkatholiken" zusammen, die sich dem „Landesverein zur Unterstützung der katholischen Reformbewegung" anschlossen. Für das Jahr 1873 wird die Zahl der in Nürnberg selbst ansässigen „Altkatholiken" mit 120 bis 130 eingeschriebenen Mitgliedern (ohne Familienangehörige) angegeben, 1890 sollen es 358 Mitglieder in der Stadt und weitere 90 im Umland gewesen sein[74]. Die Gottesdienste wurden jeweils am ersten und dritten Sonntag im Monat gehalten, und zwar in der St. Moritzkapelle. Als Seelsorger wirkten u. a. Dr. Otto Haßler – der allerdings seinen Wohnsitz in Erlangen hatte – und von 1898–1934 Josef Pribyll. Den Religionsunterricht erteilte in den ersten Jahren Lehrer Volnhals. (Erwähnenswert ist noch, daß im Jahre 1882 Ferdinand Lenz, wohnhaft in Erlangen, sein Amt als altkatholischer Geistlicher des fränkischen Pfarrverbandes niederlegte und in den Schoß der Kirche zurückkehrte.[75])

Die entscheidende Wende brachte das Jahr 1890. Zuvor, am 29. April 1889, hatte sich Papst Leo XIII. über den Münchener Erzbischof Anton v. Steichele an das bayerische Volk gewandt: Es solle sich dafür einsetzen, daß der Kirche gegenüber der Krone mehr Freiheit zuerkannt werde. Daraufhin fand noch im September d. J. der erste Bayerische Katholikentag in München statt. Er forderte die Aufhebung des königlichen Placets für alle kirchlichen Äußerungen in der Glaubens- und Sittenlehre, die Wiederzulassung des Redemptoristen-Ordens und die Deklarierung der „Altkatholiken" als eigene, von der katholischen Kirche unterschiedenen Religionsgemeinschaft. Diese Forderungen wurden danach von der Zentrums-Partei aufgenommen und nach heftigen Debatten durch Ministerialentschließung am 15. März 1890 schließlich gebilligt.

Die „Altkatholiken" wurden jetzt nicht mehr als Mitglieder der katholischen Kirche betrachtet, ihnen wurden vielmehr die Rechte einer Privatkirchengesellschaft verliehen[76]. Am 22. November d. J. wies der „Altkatholische Landesverein" auf die im Folgejahr stattfindende Volkszählung hin mit der Mahnung,

„. . . daß wir katholisch sind und bleiben im religiösen und alten Sinn des Wortes; das bezeichnen wir bei der Volkszählung mit dem Ausdruck „Altkatholisch"."

Als Privatkirchengesellschaft verfügten die „Altkatholiken" wohl über das Recht auf freie Religionsausübung, doch der Gebrauch von Kirchenglocken war ihnen ebenso verwehrt wie das Tragen bischöflicher Insignien durch ihren Bischof (– wenigstens im Königreich Bayern). Im Jahre 1920 erhielt die „Altkatholische Kirche" in

Bayern die Rechte einer Körperschaft des öffentlichen Rechts zuerkannt, aber erst dreißig Jahre später, 1950, wurde ihr das Anrecht auf staatliche Zuschüsse eingeräumt [7].

Antikirchliche Agitation: die Faschingsumzüge 1861 und 1862

Zum Abschluß dieses Kapitels sei noch eine antikirchliche Agitation wiedergegeben, die sich besonders verletzend – unter Einbeziehung der Zeitgeschichte – beim Faschingszug 1861 in Nürnberg kundtat. Der Hintergrund dieses Vorfalles war folgender: Der Kirchenstaat ging damals seinem Ende entgegen. Um seine Finanzen zu sanieren, wurden Aktien aufgelegt, zu deren Kauf man die katholischen Gläubigen mit der Aufforderung anzuregen suchte, den „Peterspfennig" als Zeichen der Verbundenheit mit dem Apostolischen Stuhle zu entrichten.

Beim Nürnberger Faschingszug im Jahre 1861 nun (er bestand aus etwa fünfzig Wagen und war vom Karnevalsverein arrangiert worden) befand sich ein mit maskierten „Ordensleuten" besetzter Wagen, der ein Plakat mit der Aufschrift „Mehr Macht" trug. Auf einem zweiten Fahrzeug, dem „Päpstlichen Wagen", stand der „Papst", der „Ablaßzettel" verteilte, und ein Junge im Ministrantengewand schüttelte eine Sammelbüchse mit der Aufschrift „Peterspfennig"[78]. Mit dieser Knabenfigur hatte es freilich eine besondere Bewandtnis: Gemeint war damit nämlich Edgar Mortara, der Sohn einer reichen jüdischen Familie in der damals zum Kirchenstaat gehörenden Stadt Bologna. Die christliche Magd dieser Familie hatte den Jungen heimlich getauft, und als er sieben Jahre alt war, wurde er gegen den Willen seiner Eltern in ein katholisches Internat gebracht. Die Eltern, die weder mit der Taufe noch mit der katholischen Erziehung ihres Sohnes einverstanden waren, erhoben Einspruch, doch Papst Pius IX. ignorierte ihren Willen und damit gleichzeitig auch den Grundsatz der Kirche, daß niemand gegen seinen Willen bzw. gegen den seiner Eltern getauft und in der katholischen Religion erzogen werden dürfe.

Das Ordinariat in Bamberg, das durch Pfarrer Burger über die Persiflage informiert wurde, legte bei der Regierung in Ansbach Beschwerde ein und ersuchte,

„der tiefgekränkten katholischen Gemeinde Satisfaktion für das Geschehene und den gesetzlichen polizeilichen Schutz für die Zukunft zu verschaffen".

Gegen die Hauptakteure der Agitation wurde daraufhin eine gerichtliche Untersuchung eingeleitet, doch scheint am Ende alles im Sande verlaufen zu sein. Beim Faschingszug des nächsten Jahres war jedenfalls wiederum ein „Päpstlicher Wagen" zu sehen, und der Vorgang des Vorjahres wurde in einem Spottlied nach der Melodie „Der Papst lebt herrlich in der Welt" besungen[79].

Aus den uns erhaltenen Quellen ist nicht ersichtlich, wie sich diese Hetze auf die Nürnberger Katholiken ausgewirkt hat. Sicherlich befanden sich nicht wenige in einem peinlichen Dilemma: Das Vorgehen des Papstes (im Falle des Sohnes der Familie Mortara) konnten sie kaum billigen und noch weniger Andersgläubigen gegenüber verteidigen – andererseits wollten sie aber der Kirche die Treue halten. Wehren konnten sie sich wahrscheinlich nur schwer, denn da sie über keine örtliche katholische Presse verfügten, waren sie in der Öffentlichkeit schlichtweg „mundtot" gemacht. Außerdem ist anzunehmen, daß der Spott, der bei den beschriebenen Faschingszügen über kirchliche Institutionen ausgegossen wurde, anschließend an den Arbeitsstätten immer wieder Auffrischung erfuhr. Es ist nicht unwahrscheinlich, daß durch eben diese Hetze verschiedene Katholiken an ihrer Kirche irre wurden und sie schließlich sogar verließen.

Wie in diesem Kapitel dargelegt, war der katholischen Gemeinde in Nürnberg im Laufe des 19. Jh. keineswegs nur ein ruhiges Wachstum beschieden. Im Gegenteil, sie fand sich widerholt in Auseinandersetzungen (von denen einige durchaus harter Natur waren) hineingestellt – und sie mußte dabei auch verschiedentlich Verluste hinnehmen.

Anmerkungen

1 Lill, Rudolf: Die Länder des Deutschen Bundes und die Schweiz 1830–1848. In: HKG Bd. VI/1, S. 392–408;
   Aubert, Roger: Altes und Neues in Seelsorge und Moraltheologie. In: HKG Bd. VI/1, S. 427–447 (bes. S. 433).
2 Veillodter, Carl Valentin: Zwei Predigten am 3. Säkularfeste der Reformation im Jahre 1817 gehalten. Nürnberg 1817. In: Stadt B Nürnberg, Theol. 3641. 8⁰.
3 Aubert: Seelsorge. In: HKG Bd. IV/1, S. 433; Der Katechismus wurde für die Erzdiözese Bamberg am 10. 3. 1853 vorgeschrieben. – Weber, Heinrich: Geschichte des Christenlehr-Unterrichtes und der Katechese im Bisthum Bamberg zur Zeit des alten Hochstifts. Regensburg 1882, S. 147.
   Gegen einige Stellen im Katechismus, die man als die evangel. Gläubigen beleidigend ansah, legte das protestant. Konsistorium 1857 Einspruch ein. Die beanstandeten Stellen wurden daraufhin anders formuliert. – LKA Nürnberg, Dekanat Nürnberg, Nr. 604.
4 Noch in den 50er Jahren unseres Jh. schlug eine polit. Gruppe Wahlplakate an mit der Forderung: „Nürnberg muß eine evangelische Stadt bleiben! Nürnberg darf nicht katholisch werden!".
5 Priem, Geschichte, S. 534.
6 Siehe ausführlicher: Kap. 9.
7 Schrötter, S. 482.
8 Schrötter, S. 483.
9 Ausführlich: Spindler. In: BG Bd. I, S. 193 ff.
10 Görres, Josef v. (1776–1848) Publizist, Vorkämpfer der deut. kath. Bewegung.
11 Zu den „Kölner Wirren": Lill: Deutscher Bund. In: HKG Bd. VI/1, S. 393 ff.
12 BStA Nürnberg, Abg. 1968 XIV Nr. 73.
13 Es handelt sich hierbei um Anton Eberhard, der in seinen Predigten in St. Michael, München, die Unterscheidungslehre behandelte u. dadurch Anstoß erregte. Bischof Franz Xaver Schwäbl von Regensburg mahnte ihn deshalb zur Milde. Eberhard verstarb 1882 als Kanonikus in Regensburg. – Lang, Berthold: Bischof Sailer und seine Zeitgenossen. Regensburg 1932, S. 82.
14 Wachter, Nr. 2512.
15 Ebenda, Nr. 1530.
16 BStA Nürnberg, Abg. 1968 XIV Nr. 73.
17 Johannes Dominikus Rungaldier wurde am 17. 3. 1812 als 7. Kind des Kaufmanns Josef Anton Rundgaldier u. seiner Ehefrau Maria Anna, geb. Insomm, geboren. Im Grödnertal kommt der Name Rungaldier heute noch vor (freundl. Mitteilung des H. Dr. Gsell). Einer der Brüder Rungaldiers trat mit 46 Jahren ebenfalls in einen Orden ein, der jedoch nicht näher genannt wird.
18 König Ludwig I. lehnte die Wiedereinführung des Jesuitenordens in Bayern entschieden ab. – Spindler. In: BG Bd. I, S. 130 und S. 211.
19 Stadt A Nürnberg, Stadtchronik 1846.

20 Minister v. Abel mißbilligte den Schritt des Gemeindekollegiums, da er außerhalb seiner Kompetenz liege. – Priem, Geschichte, S. 537; Gegen die erneute Niederlassung der Jesuiten in Bayern hatte sich bereits 1845/46 der Landtag ausgesprochen. – Siehe: Anm. 18.

21 Rungaldier wurde als „Wasserpater" bekannt. Wiederholt wurde er auch vom österreich. Kaiserhause konsultiert. Den Limburger Bischof Peter Josef Blum heilte er von seinem Kopfleiden. – Bülow, Emil: 100 Lebensbilder aus der österreichisch-ungarischen Provinz der Gesellschaft Jesu. Wien 1902, S. 164 ff.

Das Jesuitengesetz vom 4. 7. 1872 schloß den Jesuitenorden und die ihm verwandten Orden (Redemptoristen u. Lazaristen) vom gesamten Reichsgebiet aus u. löste die bestehenden Niederlassungen auf. Ihren Mitgliedern konnten Aufenthaltsbeschränkungen auferlegt werden – Lill, Rudolf: Der Kulturkampf in Preußen und im Deutschen Reich (bis 1878). In: HKG VI/2, S. 38.

Die Aufhebung dieses Gesetzes beunruhigte die Gemüter besonders in den Jahren 1890, 1892 und 1903. Im letztgenannten Jahre war die Aufhebung vom Reichstag beschlossen, jedoch vom Bundesrat (nach Einspruch evangelischer Kreise) nicht genehmigt worden. – LKA Nürnberg, Dekanat Nürnberg, Nr. 604.

Das Jesuitengesetz wurde erst 1917 vollständig aufgehoben. – Lill, Rudolf: Der deutsche Katholizismus zwischen Kulturkampf und 1. Weltkrieg. In: HKG VI/2, S. 519.

22 Spindler, Regierungszeit, S. 201 f.

23 Wachter, Nr. 1133.

24 Schreiben das protestant. Dekanats Nürnberg an das Oberkonsistorium vom 27. 12. 1838 – Stadt A Nürnberg, V^e, 4 Nr. 16.

25 Schreiben vom 27. 12. 1839 – Stadt A Nürnberg, V^e, 6 Nr. 9; Die Zurücknahme der Kniebeuge-Ordre in: LKA Nürnberg, Dekanat Nürnberg, Nr. 604.

26 So der Abgeordnete Hermann v. Rotenhan in einem Brief vom 2. 4. 1845 an den König. – Spindler, Regierungszeit, S. 206 f.; S. 210, Anm. 1 und S. 221 ff.

27 Zum „Evangelischen Bund" siehe: Heydt, Fritz v. d.: Gute Wehr. Werden, Wirken und Wollen des Evangelischen Bundes. Berlin 1936 – auch: LThK III ^{2}1959, Sp. 125 of.

28 13. Sitzung des Konzils, 5. Kap. Canon 6.

29 Hoensbroech, geboren 1852, trat 1878 in die Gesellschaft Jesu ein. 1892 verließ er den Orden und schrieb (mit persönlicher Gehässigkeit): „14 Jahre Jesuit". Er war Vorstandsmitglied des „Evangel. Bundes" u. starb 1923 in Berlin. – LThK V ^{2}1960, Sp. 413.

30 Zum „Ultramontanismus": LThK X ^{2}1965, Sp. 460.

31 Tremel, Johannes: Der Exjesuit Hoensbroech in Nürnberg. Eine Erwiderung auf seine Angriffe gegen die katholische Kirche. Neumarkt/Opf. 1898.

32 Zu Liguori, Alfons Maria di (1696–1787), Kirchenlehrer – LThK I ^{2}1957, Sp. 330 ff.; – auch Urban, S. 208.

33 Zur „Los-von-Rom-Bewegung" – LThK VI ^{2}1961, Sp. 1153 ff.

34 Prinz Max von Sachsen: Verteidigung der Moraltheologie des hl. Alfons von Liguori gegen Graßmanns Angriffe. 2. Auflage. 1900.

35 Karch, S. 53 f.

36 Lembert, Herrmann: Predigt beim 1. Landesfest des Evangelischen Bundes in Bayern zu Nürnberg am 26. 9. 1900. Nürnberg 1900, S. 4.

37 Codex iuris canonici, Canon 1094 – Weihbischof Dr. Adam Senger hielt – als einem Katholiken das kirchliche Begräbnis verweigert wurde – einen Vortrag, der dann auch als Broschüre herausgegeben wurde: Die Ehegesetzgebung der katholischen Kirche. Nürnberg 1927.

38 Rahner-Vorgrimmler: Kleines Konzilskompendium, S. 217–250.

39 Gemeinsame Synode der Bistümer in der Bundesrepublik Deutschland. Beschlüsse der Vollversammlung. Offizielle Gesamtausgabe I. 2. Auflage. Freiburg/Basel/Wien 1976 – Ökumene-Schlußsitzung am 23./24. 11. 1974, S. 775–806.

40 Einen Überblick über die religiösen Strömungen gibt: Kampe, Ferdinand: Die religiösen Bewegungen des neunzehnten Jahrhunderts. 4 Bde. Leipzig 1852–1860.

41 Zu Ronge, Johannes (1813–1887) – LThK IX ^{2}1964, Sp. 38.

212

42 Zu Czerski, Johannes (1813–1893) – LThK III ^{2}1959, Sp. 120.

43 Kampe, Religiöse Bewegungen, Bd. 1, S. 163 f.

44 Gervinus, Georg Gottfried: Die Mission der Deutschkatholiken. (Zitiert nach: Kampe: Bd. 3, S. 208 ff.).

45 Strauß, David Friedrich: Der politische und theologische Liberalismus. (Zitiert nach: Kampe. Bd. 3, S. 217 f.).

46 Erlaß der Regierung von Mittelfranken vom 4. 2. 1849 – BStA Nürnberg, Abgabe 1968 XIV Nr. 74; – auch: Kampe. Bd. 4, S. 191 f.

47 Ronge, Johannes: Erste Rede, gehalten in der Versammlung der freien christlichen Gemeinde zu Nürnberg am 21. 12. 1848 – Stadt B Nürnberg, Nor. 2453.8.

48 Kampe, Religiöse Bewegungen, Bd. 4, S. 11 f.; – Aufschluß über die Geschichte der Ronge-Bewegung in Nürnberg gibt: „Der fränkische Morgenbote", hg. vom Vorstand der freien christlichen Gemeinde. April 1850 – März 1852.

49 Stadt A Nürnberg, Stadtchronik 1849, S. 33.

50 Pfeiffer, Gerhard: Friedrich Wilhelm Ghillany. Ein Typus aus dem deutschen Bürgertum von 1848. In: MVGN Nr. 41 (1950) S. 155–255 (bes. S. 185–206); – Platner, Georg Zacharias, verpflichtete sich jährlich 100 Gulden zu zahlen. Von anderen protestant. Freunden gingen 1000 Gulden als Spenden ein. – „Morgenbote" 1850, S. 46.

51 Ebenda, S. 6.

52 Fröbel, Friedrich (1782–1852), Pädagoge, gründete den ersten Kindergarten.

53 „Morgenbote" 1850, S. 46 ff.

54 Dumhof, F. und Ruf, G.: Unser Austritt aus den freien Gemeinden. Nürnberg 1851 – Stadt B Nürnberg, Theol 4938.8⁰; – auch: Kampe. Bd. 4, S. 371 ff.

55 Stadt A Nürnberg, Stadtchronik 1852.

56 Ebenda, 1867.

57 AEB Rep. 4/3, Sekten.

58 Schulte, Johann Friedrich: Der Altkatholizismus. Gießen 1887. Neudruck Hildesheim 1965; Lill, Rudolf: Die Entstehung der altkatholischen Kirchengemeinschaft. In: HKG VI/1, S. 792–796.
Urban, Bamberger Kirche, siehe: Sachregister, S. 844.

59 Zu Deinlein siehe: Gatz, Bischöfe, S. 118 ff.

60 Döllinger, Johann Joseph Ignaz v. (1799–1890), kathol. Theologe – LThK III ^{2}1959, Sp. 475; – auch: Urban, Bamberger Kirche, S. 823.

61 Lill: Kirchengemeinschaft. In: HKG VI/1, S. 793; – Ein Abdruck der Erklärung bei: Urban, Bamberger Kirche, S. 682 f.

62 Die Adresse verfaßte der Advokat Dr. Josef Niedermaier. – Stadt A Nürnberg, Stadtchronik, 1871; – Textwiedergabe bei: Urban, Bamberger Kirche, S. 727 f.

63 Fronmüller, S. 393.

64 In Nürnberg war das der „Nürnberger Anzeiger", in Fürth die „Neuesten Fürther Nachrichten". – Urban, Bamberger Kirche, S. 533.

65 Ebenda, S. 537.

66 Ebenda, S. 533.

67 LThK I ^{2}1957, Sp. 398–402.

68 Schreiben vom 21. 7. 1872 an die Regierung von Mittelfranken. – BStA Nürnberg, Abgabe 1968 XIV Nr. 223.

69 Lill: Kirchengemeinschaft. In: HKG VI/1, S. 794.

70 Die Rede Lutz' in: BStA Nürnberg, Abgabe 1968 XIV Nr. 56; „Beantwortung der Interpellation der Mitglieder der Fortschrittspartei durch das kgl. bayer. Gesamtministerium, vorgetragen von H. Kultusminister v. Lutz in der Sitzung der Abgeordnetenkammer am 14. Okt. 1871 (gedruckt Erlangen 1871).

71 Reinkens, Josef Hubert (1821–1896), kathol. Theologe – LThK VIII ^{2}1963, Sp. 1150; – auch: Urban, Bamberger Kirche, S. 833.

72 „Utrechter Kirche" – LThK X ^{2}1965, Sp. 588.

73 Zur „Altkatholischen Gemeinde" in Bayern u. besonders in Nürnberg siehe: Haas, Karl
Eduard: Die kleinen christlichen Kirchen und freien Gemeinden in Bayern. Erlangen 1976,
S. 188–217; Altkatholische Pfarrgemeinde Nürnberg. Familie ohne Dach. (Vervielfältigter
Bericht ohne Angabe von: Verfasser, Ort u. Zeit).
74 (Im AEB konnte ich leider keinen Beleg dafür finden).
75 BStA Nürnberg, Abgabe 1968 XIV Nr. 223; Albrecht. In: BG Bd. I, S. 353.
76 Witetschek. In: BG Bd. II, S. 929.
77 Urban, Bamberger Kirche, S. 247 ff.
78 Eber da, S. 249.
79 Vgl. Urban, Bamberger Kirche, S. 249.

Vor neuen Problemen

Die Industrialisierung und ihre Folgen

Was bereits im I. Teil meiner Untersuchung im Hinblick auf Nürnberg gesagt wurde, das gilt allgemein für alle deutschen Lande: Das 19. Jh. stellte die katholische (wie auch die protestantische) Kirche vor neue, vielartige Probleme, die in der Hauptsache durch die rasch fortschreitende Industrialisierung ausgelöst wurden. Die Menschen zogen in jener Zeit dorthin, wo sie Arbeit und Brot fanden, was bewirkte, daß Katholiken in rein evangelische Gebiete kamen und umgekehrt. Auf diese Weise entstand (für Nürnberg allerdings keineswegs neu) die Diasporasituation und – damit aufs engste verbunden – die Frage der Mischehe und der konfessionellen Kindererziehung.

Die Industrialisierung ließ in sozialer Hinsicht einen neuen Stand aufkommen, den des Fabrikarbeiters. Dieser war zunächst gesellschaftlich wie politisch ohne Bedeutung, wurde aber infolge der Vergrößerung der Industrie-Unternehmen zahlenmäßig immer stärker. Er organisierte sich schließlich und meldete seine Forderungen im Kreise der anderen sozialen Schichten an.

Im Jahre 1848 verkündete Karl Marx das „Kommunistische Manifest". Die Vertreter des Marxismus suchten und – das muß leider zugegeben werden – fanden tatsächlich eher den Kontakt zum sog. „4. Stand" als die christlichen Kirchen. Die marxistische Weltanschauung wurde übrigens weitgehend von dem Atheisten Ludwig Feuerbach vorgeformt, der seine letzten Lebensjahre in Nürnberg verbrachte († 13. September 1872). Er verstand es, die Arbeiterschaft für seine politischen Ideen zu gewinnen, wie deren starke Beteiligung an seiner Beisetzung auf dem Johannisfriedhof beweist[1].

Zusammenfassend ist festzustellen: Ein Großteil des Arbeiterstandes ging durch die Wirkung sozialistischer und kommunistischer Ideologien den christlichen Kirchen verloren. Nach diesen mehr allgemeinen Vorbemerkungen nun zu den einzelnen, auf Nürnberg bezogenen Problemen.

Die Zunahme der katholischen Bevölkerung und ihre Eingliederung

Am Beginn des 19. Jh., im Jahre 1812, zählte Nürnberg bei 26 569 Einwohnern 1158 Katholiken – am Ende des Jahrhunderts, im Jahre 1900, war die Einwohnerzahl (allerdings durch Eingemeindungen mitbedingt) auf 261 081 gestiegen, wobei sich 73 711 zur katholischen Konfession bekannten. Das bedeutete prozentual: der katholische Volksteil war von 4,4% auf 28,2% angewachsen[2].

Es ergab sich daraus die Frage, wie die nach Nürnberg Zugezogenen seelsorgerlich erfaßt werden konnten. Da gerade über den seelsorgerlichen Alltag kaum Unterlagen erhalten sind, können viele Fragen wohl gestellt, aber wenige nur beantwortet werden. Heutzutage erfahren beispielsweise die Pfarrämter über das Einwohnermeldeamt die Zu- wie Wegzüge von Gemeindemitgliedern. Damals jedoch, im 19. Jh., dürfte ein entsprechender Verwaltungsvorgang kaum existiert haben. Wie haben die Neuzugezogenen überhaupt Kontakt zur Pfarrei gefunden? Die Geistlichen selbst waren von ihrem Aufgabenbereich her überfordert – Gemeindehelfer waren in dieser Zeit weder dem Namen noch der Sache nach bekannt. Es erscheint möglich, daß sowohl die Mitglieder der Bruderschaft als auch andere aktive Katholiken sich der Zugezogenen annahmen. Vermutlich leisteten außerdem auch früher eingebürgerte Landsleute (soweit sie selbst religiös eingestellt waren) gute Dienste. Denn ein Großteil derjenigen, die in die Stadt kamen, ließen sich von ihren Bekannten beraten und hielten auch später weiterhin guten Kontakt untereinander. Auf diese Weise mögen also die Zugezogenen den Anschluß an das kirchliche Leben in Nürnberg gefunden haben.

Freilich wird das Eingewöhnen den religiös eingestellten Neuankömmlingen nicht immer leicht gefallen sein. Auf viele Faktoren des ihnen altvertrauten Brauchtums mußten sie jetzt in der neuen Umgebung verzichten – wie z. B. auf die Fronleichnamsprozession, auf Flurumgänge und Stationen auf dem Friedhof. Die Gottesdienste entbehrten (wenigstens in den ersten Jahrzehnten) der Feierlichkeit und sprachen das Gemüt wenig an (ich habe bereits darüber berichtet).

Hinderlich für den regelmäßigen Besuch der Sonntagsmesse waren v. a. die langen täglichen Arbeitszeiten. Dazu kamen noch die oft weiten Kirchenwege, und zusätzlich die Tatsache, daß viele Frauen ebenfalls berufstätig sein mußten und deshalb gezwungen waren, diejenigen Arbeiten, die im Verlaufe der Woche liegengeblieben waren, am Sonntag nachzuholen.

Darüber hinaus wirkte sich das allgemeine religiöse Klima in der Stadt nachteilig aus. In der alten katholisch geprägten Heimat war der Besuch des sonntäglichen Gottesdienstes eine Selbstverständlichkeit gewesen – im evangelischen Nürnberg dagegen hatte das kirchliche Leben unter der Einwirkung der Aufklärung eine merkliche Abkühlung erfahren[3]. Manche Katholiken ließen sich davon beeinflussen und kamen entweder nicht mehr regelmäßig oder überhaupt nicht zur Kirche.

Die Gründung des Bonifatiusvereins

Die Gemeindemitglieder Nürnbergs waren in ihrer Mehrheit in finanzieller Hinsicht arm, die katholische Kirche selbst allzusehr von der Unterstützung durch den Staat abhängig. Daraus resultierten die finanziellen Schwierigkeiten, die Seelsorge hier weiter auszubauen. Es kann daher schlichtweg nur als Segen für alle Katholiken bezeichnet werden, die in der Diaspora lebten, daß auf dem Katholikentag zu Regensburg auf Anregung Professor Ignaz v. Döllingers am 4. Oktober 1849 der „Bonifatiusverein" (jetzt „Bonifatiuswerk" genannt) gegründet wurde[4].

Seine Aufgabe sollte die Unterstützung der Diasporakatholiken auf dem Gebiete der Seelsorge und der Schule sein. Die katholischen Gemeinden zu Nürnberg und Fürth unterstützten den Verein in der Folgezeit bei den jährlichen Kollekten nach Kräften, was diesen wiederum in die Lage versetzte, den Bau mancher Kirche in beiden Städten möglich zu machen. (Im Zusammenhang mit der Entwicklung der katholischen Kirche in Nürnberg wie in Fürth wurde ja bereits ausführlich davon berichtet.)

Die Mischehenfrage

Die Fluktuation der Bevölkerung hatte zwangsläufig auch ein Anwachsen der konfessionellen Mischehen zur Folge. Damit waren Spannungen zwischen der katholischen Kirche und der protestantischen ebenso unausbleiblich wie zwischen der katholischen

Kirche und dem Staat. Katholischerseits war man grundsätzlich gegen die Mischehe eingestellt und gab deshalb nur dann Dispens, wenn der katholische Charakter der Trauung sowie der Kindererziehung sichergestellt war.

Zu demselben Grundsatz – wenn auch in gemilderter Form – bekannte sich die evangelische Kirche, d. h. Kinder aus Mischehen sollten evangelisch erzogen werden. Aber auch der Staat hatte hierzu ein Wort mitzureden. Das war nicht allein im Sinne des sog. Staatskirchentums begründet, sondern auch in der Tatsache, daß es bis zum 1. Januar 1876 keine zivilen Standesämter gab. Trauungen mußten folglich einzig vom katholischen bzw. evangelischen Pfarramt vorgenommen werden. Die Geistlichen durften allerdings die Trauung erst dann vornehmen, wenn die behördliche Genehmigung vorlag. Diese wiederum wurde nur in dem Falle erteilt, wenn die „wirtschaftlichen Verhältnisse" eine Eheschließung zuließen. Da aber gerade diese Voraussetzung oftmals fehlte, verzeichnete man in Bayern eine hohe Zahl von unehelich geborenen Kindern – in Nürnberg lag die Zahl übrigens noch über dem Landesdurchschnitt[5].

Das Kölner Ereignis

Einen Mischehenstreit wie z. B. in Preußen hat es in Bayern nicht gegeben. In dem zu Preußen gehörenden Rheinland kam es nämlich im Jahre 1837 zum sog. „Kölner Ereignis"[6]. Auslösendes Moment dabei war, daß sich Erzbischof Clemens August v. Droste-Vischering an die Weisung der Römischen Kurie hielt und nicht an die des preußischen Staates – was bedeutete, daß er seinen Geistlichen verbot, Trauungen zu assistieren, bei denen die katholische Kindererziehung nicht sichergestellt war. (Wie bereits beschrieben, wurde der Kirchenfürst daraufhin zur Haft auf der Festung Minden verurteilt.)

Im Königreich Bayern verlief alles in ruhigeren Bahnen, doch ergaben sich auch hier wegen der Mischehenfrage Verstimmungen zwischen den christlichen Kirchen einerseits und dem Episkopat und dem Staat andererseits. Als Hauptursache erwies sich dabei, daß das Mischehenproblem in Bayern nicht eindeutig gelöst war. Die Katholiken beriefen sich auf das Konkordat vom Jahre 1817, das sich für die Zuständigkeit der Kirche aussprach. Für die protestantische Seite hingegen war das Religionsedikt vom 26. Mai 1818 maßgebend, das die Erziehung der Kinder in die freie Wahl der Eheleute stellte. Die Regierung Bayerns verhandelte seit September 1830 mit der Kurie, um eine Milderung der kanonischen Vorschriften zu erreichen, wie sie übrigens in den „neubayerischen Gebieten" bisweilen gehandhabt wurde.

Der Heilige Stuhl verwarf jedoch alle Vermittlungsvorschläge und verlangte vielmehr im Breve „Summo iugiter studio" vom 27. Mai 1832 die strenge Durchführung der katholischen Grundsätze. Die bayerischen Bischöfe hielten sich daraufhin zunächst an das Breve. König Ludwig I. gab sich jedoch mit dieser Entscheidung nicht zufrieden, sondern wandte sich – nunmehr auch von den Bischöfen unterstützt – in einem Handschreiben am 15. Juni 1834 unmittelbar an Papst Gregor XVI. Als Folge erließ die Kurie am 12. September d. J. eine Instruktion an den bayerischen Episkopat: Zur Vermeidung größerer Übel und Ärgernisse sollten bei fehlender Zusicherung einer katholischen Kindererziehung künftig keine kirchlichen Zensuren ausgesprochen werden. Damit war in Bayern die Mischehenfrage offiziell und grundsätzlich abgeschlossen.

Diese Entwicklung schloß aber nicht aus, daß durch das Mischehenproblem das

Verhältnis der christlichen Kirchen zueinander auch weiterhin erheblich belastet blieb. Es ging dabei v. a. um die Kinder, die aus diesen Ehen hervorgingen: Der einen Konfession gingen sie ja verloren, während die andere sie als „Gewinn" buchen konnte.

Es liegt nahe anzunehmen, daß sich wahrscheinlich nicht selten katholische bzw. evangelische Geistliche direkt einschalteten, um eine Lösung in ihrem Sinne zu erreichen. In anderen Fällen wieder dürften vermutlich nicht die Eltern selbst die Konfession der zu erwartenden Kinder bestimmt haben, sondern die Familien, in die sie hineingeheiratet hatten. Da aber dieselben meist der evangelischen Konfession angehörten, ist zu folgern, daß in Nürnberg die katholische Gemeinde im letzten Jahrhundert durch die Mischehen starke Einbußen hinnehmen mußte.

Im Jahre 1856 erließ das Oberkonsistorium eine Verordnung, wonach die kirchliche Trauung nur dann gestattet wurde, wenn wenigstens ein Teil der Kinder evangelisch getauft werde. Soweit heute Statistiken vorliegen, seien hier die Zahlen über konfessionelle Kindererziehung aus Mischehen wiedergegeben[8]:

Jahr	Mischehen	Kindererziehung		
		katholisch	evangelisch	gemischt
1848–1858	816	330	308	178
1861 in Nürnberg	174	70	76	28
1861 in Fürth	30	18	7	5

Das Verhältnis zur Arbeiterschaft

Am Ende des 19. Jh. bot Nürnberg das Bild einer ausgesprochenen Arbeiterstadt. Die hervorstechenden negativen Faktoren des Arbeiterstandes waren: Die in den Fabriken Arbeitenden sowie diejenigen Meister und Gesellen, die in Handwerksbetrieben beschäftigt waren, hatten einen langen Arbeitstag, keinen Anspruch auf bezahlten Urlaub und erhielten einen nur geringen Lohn. Bei einer wirtschaftlichen Flaute konnten sie leicht ihren Arbeitsplatz verlieren, und wer von ihnen für längere Zeit erkrankte, war – da ja eine Krankengeldzahlung nicht existierte – dem Elend preisgegeben. Trotz reger Bautätigkeit in Nürnberg konnte bei dem permanent starken Zuzug die Wohnungsnot nicht behoben werden. Die meisten Arbeiterwohnungen wiesen keinerlei Komfort auf (häufig gab es für mehrere Parteien nur einen einziger Wasseranschluß und eine einzige Toilette) und waren durchweg überbelegt.

Die Lebenshaltung der sozial niederen Bevölkerungsschichten war denkbar einfach. Wie bitter mitunter die Not bei ihnen war, kann man daraus ersehen, daß – nach Aussage der Quellen – die Hortkinder dankbar waren, wenn sie als Mittagessen ein Stück trockenes Brot mit Salz erhielten[9] – und daß sich die bereits beschriebenen Wärmestuben (in denen gegen geringes Entgelt Essen ausgegeben wurde) eines regen Zuspruchs erfreuten[10].

Wenn auch die wirtschaftlichen Verhältnisse nicht in allen Arbeiterfamilien in gleichem Maße trostlos waren, so dürfte doch insgesamt gesehen die Sorge um das tägliche Brot so drückend und existenzbeherrschend gewesen sein, daß das Religiöse in ihrem Leben notgedrungen zu kurz kommen mußte.

Das „Ärgernis des 19. Jahrhunderts"

Kein Geringerer als Papst Pius XI. bezeichnete es als den „großen Skandal des 19. Jahrhunderts", daß die Kirche die Arbeiter verloren habe[11]. Ohne an dieser Stelle diesbezüglich ein „Schuldkonto" aufmachen zu wollen, sei aber ein Versuch unternommen, die Entfremdung der Arbeiter gegenüber der Kirche zu erklären.

In völlig unpolemischer Weise möchte ich hierzu folgende klärende Fragen stellen: Waren damals die Studenten der Theologie auf der Hochschule und im Seminar auf die „Arbeiterfrage" überhaupt aufmerksam gemacht worden? Haben sie anschließend als Seelsorger in einer Industriestadt versucht (falls sie überhaupt Zeit dazu fanden), die Arbeiter anzusprechen – oder haben sie sich mit der Schar der zuverlässigen Kirchgänger abgefunden? Standen die Geistlichen, die bei der damaligen engen Verbindung von Thron und Altar vermutlich durchweg monarchistisch eingestellt waren, den Arbeitern in politischer Hinsicht nicht etwa mißtrauisch gegenüber – schon deshalb, weil diese zur Sozialdemokratischen Partei und deren politischen Ideen tendierten?

Wir müssen heute fragen: Haben im 19. Jh. nicht allzu kritiklose Ordinariate und Geistliche – zumal in ihren Gesuchen um staatliche Unterstützung – ohne detaillierte Prüfung die Sozialdemokraten für die „sittliche Verwilderung" verantwortlich gemacht[12]? Konnten sich die Priester (die ja ein wenn auch bescheidenes, so doch sicheres Einkommen bezogen) in die wirtschaftlich vollkommen ungesicherte Lage einer Arbeiterfamilie gedanklich versetzen?

Freilich, ganz untätig ist man von kirchlicher Seite nicht geblieben. Das „Bamberger Pastoralblatt" brachte 1870 den Entwurf zu einem „Arbeiterkatechismus" und forderte die Geistlichen zum Studium der „sozialen Frage" auf. 1874 war diese dann auch Gegenstand der Pastoralkonferenzen[13]. Doch noch immer galt, was die „Würzburger Neuesten Nachrichten" schon 1864 geschrieben hatten:

„Die Arbeiterfrage ist das Geständnis unserer Ratlosigkeit."[14]

Allerdings besaßen auch viele Arbeiter ihrerseits ein gebrochenes Verhältnis zur Kirche. Einige Gründe dafür seien hier angeführt: Schon die Tatsache, daß es bei Trauungen wie Beerdigungen verschiedene Klassen gab (die allerdings nicht von der Kirche, sondern von der Kommunalbehörde fixiert waren), mag sie abgestoßen haben. Wenn Familien in Notsituationen im Pfarramt hilfesuchend vorsprachen, dürften sie zwar unterstützt worden sein – der klassenbewußte Arbeiter mag jedoch diesen Vorgang als Demütigung aufgefaßt haben. Was er wollte, das waren nicht Almosen, sondern Gerechtigkeit[15]! Soweit die Arbeiter überzeugte Marxisten waren, die sich dem Atheismus und dem Klassenkampf verschrieben hatten, standen sie von selbst außerhalb der christlichen Kirchen.

Erwähnt muß noch werden, daß viele Arbeiter trotz christlicher Einstellung bei Wahlen der Sozialdemokratischen Partei ihre Stimme gaben, weil diese nach ihrer Erfahrung am ehesten ihre Interessen vertrat. Wen hätten sie in den Jahrzehnten nach der Reichsgründung auch sonst wählen können? Als Alternative bot sich ihnen zwar die Zentrums-Partei an, die sich nachdrücklich für soziale Reformen einsetzte – allerdings wurde in Nürnberg erst bei den Reichstagswahlen im Jahre 1893 ein Zentrumskandidat in der Person des Bamberger Domvikars Johann Wenzel aufgestellt[16]. Aber das geschah erst quasi in letzter Stunde, und so erhielt er dann auch nur bescheidene 378 Stimmen, während Karl Grillenberger, der Kandidat der Sozialdemokraten, stolze 18 015 Stimmen für sich buchen konnte[17].

Wir wissen heutzutage nicht, was die Geistlichen im einzelnen versuchten, um Kontakte zu den Arbeiterfamilien zu erhalten. Doch dürften sie weitgehend überfordert gewesen sein, mit zwei parallelen Problemen fertig zu werden: mit dem der Diaspora und dem der Industriearbeiter. In Städten mit einer katholischen Einwohnermehrheit war es gewiß anders als in Nürnberg, in ihnen mögen die zugezogenen Arbeiter leichter die Verbindung zur Kirche gefunden haben. Hierzu ist freilich noch ergänzend anzumerken, daß ein Gutteil gerade des bürgerlichen Mittelstandes bei seiner liberalen Einstellung ebenfalls keine innere Bindung an die Kirche besaß.

Der „Arbeiterbischof" W. E. v. Ketteler

Der Mainzer Bischof Wilhelm Emanuel v. Ketteler war es, der sich mit allem Nachdruck der Arbeiterfrage annahm[18]. In den sechziger Jahren des vorigen Jahrhunderts sprach er klar aus, daß man mit der herkömmlichen Caritas dem Arbeiterproblem nicht beikommen könne. Er forderte aus diesem Grunde eine staatliche Sozialpolitik und deren Unterstützung durch die Kirche. Diese verwies er zugleich auf ihre neuen Aufgaben, wie z. B. den Aufbau einer eigenen Arbeiterseelsorge und diözesaner Arbeitervereine unter der direkten Leitung des jeweiligen Bischofs. Außerdem sollten die Theologiestudenten künftig eine sozial-pastorale Unterweisung erhalten.

Auf der Fuldaer Bischofskonferenz 1869 konfrontierte Ketteler den gesamten deutschen Episkopat mit der Arbeiterfrage. Zu Beschlüssen im Sinne seiner Vorschläge kam es freilich damals leider nicht. Das angekündigte I. Vatikanische Konzil und die anschließende Kontroverse um das Unfehlbarkeitsdogma ließen bei den Bischöfen die Sorge um die Arbeiter zurücktreten. Was man zu diesem Zeitpunkt versäumte, konnte später nicht mehr gutgemacht werden.

Die Enzyklika „Rerum novarum" und die Arbeitervereine

Im Jahre 1891 erließ Papst Leo XIII. die Sozialenzyklika „Rerum novarum". Damit war endlich von höchster kirchlicher Stelle der Anstoß gegeben, allenthalben katholische Arbeitervereine zu gründen. In Nürnberg geschah dies – wie bereits dargelegt – reichlich spät, nämlich erst im Jahre 1897[19] – Fürth folgte zwei Jahre später. Aber dennoch war man damit ein gutes Stück vorangekommen. Durch die Arbeiter kam die Kirche mit ihrer Lehre und ihrer Weltsicht in den Fabriken und Werkstätten zur Geltung: Am besten wurden ja Arbeiter durch Arbeiter für eine religiöse Lebenshaltung gewonnen. Ganz in diesem Sinne schrieb auch Papst Pius XI. in seiner Enzyklika „Quadragesimo anno": „Die ersten und nächsten Apostel unter der Arbeiterschaft müssen Arbeiter sein."

In diesem Zusammenhang sei noch daran erinnert, daß die Niederbronner Schwestern bei der Ausübung der ambulanten Krankenpflege v. a. in die finanziell schlechtgestellten Familien gerufen wurden, so daß auch hierdurch ein Kontakt zwischen Kirche und arbeitender Bevölkerungsschicht angebahnt wurde. Die Synode von Würzburg anerkannte dann auch das Wirken der Schwestern im sozialen Bereich:

„Unvergessen bleibt . . . der Beitrag zur Lösung vieler Probleme des Arbeiters und seiner Familie, den katholischen Frauen, besonders Ordensschwestern, im Aufbau des Wohlfahrtswesens geleistet haben."[20]

Sicherlich sind im 19. Jh. viele Angehörige der katholischen Konfession (und nicht nur Arbeiter) der Kirche entfremdet worden. Wir dürfen aber dabei gerade diejenigen Arbeiter nicht übersehen, die trotz aller Anfechtungen treu zu ihrer Kirche standen. Sie waren es v. a., die für ihre Glaubensüberzeugung Opfer brachten. An ihren Arbeitsplätzen haben sie z. B. von ihren Kollegen so manches Mal Spott und Hohn erfahren müssen, sie haben bereitwillig persönliche und spürbare finanzielle Opfer gebracht. Und sie stellten sich für Aufgaben zur Verfügung, die weniger spektakulär waren – dafür aber dringend notwendig. Es ist meine Überzeugung: Die katholische Kirche konnte damals und kann heute noch Arbeiter zu ihren treuesten Söhnen zählen.

Ich hoffe, bei der vorliegenden Arbeit den Erwartungen, die an den Historiker gestellt werden, in der Hauptsache gerecht geworden zu sein. Darüber hinaus wollte ich das Interesse an der Geschichte der katholischen Kirche in Nürnberg und Fürth für den Zeitraum von 1800 bis 1945 – wie für die Kirche allgemein – wecken und auch die Bereitschaft und Liebe zum Einsatz für sie.

Anmerkungen

1 Lehnert, Walter: Ludwig Feuerbach. Der Philosoph und die Arbeiter. In: Industriekultur, S. 350 f.
2 Pfeiffer: Nürnberg, S. 419.
3 Ebenda, S. 324–329.
4 Lill: Deutscher Bund. In: HKG VI/1, S. 544; Ende 1851 wurde der Zweigverein in der Erzdiözese Bamberg gegründet. Dem „Bonifatius-Verein" entsprach auf protestant. Seite der 1832 gegründete „Gustav-Adolf-Verein".
5 Die unehelichen Geburten betrugen in Deutschland von 1872–79 etwa 8,8%, in Bayern 15%, Nürnberg lag in den Jahren 1826/27 und 1862/63 mit 25 bzw. 30% weit über dem Durchschnitt – Pfeiffer, Nürnberg, S. 374.
6 Lill, Deutscher Bund. In: HKG VI/1, S. 397 ff.
7 BStA Nürnberg, Abgabe 1968 XIV Nr. 72; Spindler. In: BG Bd. I, S. 193 ff.; Hirschmann. In: BG Bd. II, S. 890.
8 Simon, Matthäus: Die Evangelisch-lutherische Kirche in Bayern im 19. und 20. Jahrhundert. In: Theologie und Gemeinde. (Hg. Ernst Fikenscher) Heft 5 (1961); – Ähnlich sah auch das Preußische Landrecht die gemischte Kindererziehung vor. – Lill: Deutscher Bund. In: HKG VI/1, S. 395; – Die gemischte Kindererziehung dürfte keiner der beiden Kirchen genützt, wohl aber dem religiösen Indifferentismus Vorschub geleistet haben. – Die Statistiken für 1848–1858 bei: Schrötter, S. 439; für 1861 im PBlB 1862.
9 Siehe hierzu: Arbeiterleben. In: Industriekultur, S. 113–131; Nach Feierabend. In: Ebenda, S. 195–227; Krankwerden – gesund bleiben. In: Ebenda, S. 229–253;
auch: Nürnberg. Festschrift, dargeboten den Mitgliedern und Teilnehmern der 65. Versammlung der Gesellschaft deutscher Naturforscher und Ärzte vom Stadtmagistrate Nürnberg. Nürnberg 1892, S. 384.
10 Siehe ausführlich: Kap. 11.
11 Synode, S. 327.
12 So bei Eingaben um Zuschuß für Kirchenbauten.
13 Diese Hinweise verdanke ich Herrn Dr. Urban. – Urban, Bamberger Kirche, S. 360 und S. 362; PBlB vom 26. 3. 1870 und vom 20. 6. 1874.

14 „Würzburger Neueste Nachrichten" – Beilage zu Nr. 254.
15 So Papst Pius XI. in seiner Enzyklika „Divini Redemptoris": „Der Arbeiter hat es nicht nötig, als Almosen zu empfangen, was ihm von Rechts wegen zusteht." – Synode, S. 337.
16 Wachter, Nr. 10938.
17 StadtA Nürnberg, Stadtchronik 1893, S. 118 ff.
18 Lill: Deutscher Bund. In: HKG VI/1, S. 544.
19 Siehe dazu ausführlich: Kap. 12.
20 Synode, S. 324.

Die katholische Kirche in Nürnberg nach 1945

Der Weg zur Katholischen Stadtkirche Nürnberg

Von Theo Kellerer

In groben Strichen soll abschließend der weitere Weg vom furchtbaren Ende und vom Neuanfang 1945 bis in die Zeit der Katholischen Stadtkirche Nürnberg von heute nachgezeichnet werden.

Neues Leben aus Trümmern (1945–1960)

Die 1. Phase nach dem Zusammenbruch 1945 kann man am besten mit den Worten beschreiben: „Neues Leben aus Trümmern!" Fast alle Kirchen und Pfarrhäuser waren zerstört oder zumindest schwer beschädigt. Es ist die Zeit, in der von den Kriegsheimkehrern und den aus dem Umland allmählich in die zerstörte Stadt zurückkehrenden Gemeindemitgliedern „die Backsteine abgeklopft werden". So werden Keller bewohnbar gemacht. Es entsteht da und dort in mancher Pfarrei der erste Notunterschlupf für Gottesdienste und Zusammenkünfte von Gruppen. Die Pfarrer gehen aufs Land und halten ihre berühmten Kartoffelpredigten. Mit diesen Naturalspenden leistet die Caritas in vielen Pfarreien ihren Gemeindemitgliedern Überlebenshilfe. Ein Pfarrer der ersten Stunde in Nürnberg, der spätere Weihbischof Martin Wiesend, berichtet:

„Unsere Seelsorge bestand damals darin, mit den Leuten den Glauben zu teilen und – ganz wörtlich genommen – das Brot. Wenn wieder ein Transport vom Land kam, dann wurde auf dem Kirchplatz abgeladen und jeder bekam etwas – ganz gleich, ob Christ oder Kommunist."

Bereits 1948 waren St. Martin und St. Theresia dank der Findigkeit ihrer Pfarrer im Organisieren und Tauschen von Baumaterialien so weit hergestellt, daß sie vom Bischof wieder eingeweiht werden konnten. Es folgen Herz Jesu, Unsere Liebe Frau, St. Georg in den 50er Jahren. Dann schließt sich eine lange Reihe von Neubauten an, z. T. auch für neu errichtete Pfarreien. Sie findet, um in unsere Zeit auszugreifen, ihren vorläufigen Abschluß in zwei „Gemeindezentren in ökumenischer Nachbarschaft": Maximilian Kolbe in Nürnberg-Langwasser und St. Clemens am Nordrand der Stadt in Nürnberg-Thon.

In den Nachkriegsjahren wächst im Süden Nürnbergs der Diözese Eichstätt eine große pastorale Aufgabe zu. Auf einem Teil des ehemaligen Reichsparteitagsgeländes entsteht gegen Kriegsende ein riesiges Ausländerlager. Zeitweise stehen auf diesem Gebiet nicht weniger als 23 Notkapellen verschiedenster Nationen. Schließlich löst sich dieses Lager auf und es werden großzügig die Trabantenstadt Langwasser und eine Reihe weiterer Siedlungen im Süden Nürnbergs gebaut. Die Diözese Eichstätt reagiert auf diese seelsorgliche Herausforderung mit der Gründung von 17 Pfarreien und Seelsorgestellen im Laufe der Jahre. 1957 wird das Bischöfliche Dekanat Nürnberg-Süd gegründet und so die organisatorische Voraussetzung für eine geregelte Seelsorge im Nürnberger Süden geschaffen.

Doch zurück zu den allerersten Nachkriegsjahren. Der äußere Aufbau hatte sein Fundament inneren, religiösen Engagement derer, die die Katastrophe überlebt hatten, aus der Gefangenschaft oder Evakuierung zurückkehrten oder als Flüchtlinge in die Stadt geschwemmt wurden. So lebten 1946 im berühmt-berüchtigten Schafhof-Lager 1 000 Menschen.

Die Seelsorge war getragen von engagierten Pfarrern und Kaplänen sowie von profilierten Laien. Die Pfarrer erzählen von manchen echten Bekehrungen und Neuanfängen der Heimkehrer nach den Jahren der Verwirrung des Dritten Reiches gerade in Nürnberg. Vereine wie das Werkvolk, das Männerwerk, der Frauenbund oder vor allem die Katholische Jugend mit den Bünden Neudeutschland und der Marianischen Kongregation blühten in vielen Pfarreien auf. Die zugegeben viel zu kleinen Gottesdiensträume waren Sonntag für Sonntag von einer betenden und feiernden Gemeinde überfüllt. Ein sprechendes Beispiel für den Aufbruch in dieser Zeit mag die Sebaldus-Wallfahrt der Jugend sein. Heimkehrer hatten eine jährliche Wallfahrt zum ältesten Heiligtum im Raum Nürnberg gelobt, zur Altenfurter Kapelle. In den folgenden Jahren wurden die Wallfahrer vom Valznerweiher durch den Lorenzer Reichswald nach Tausenden gezählt. Die Wallfahrt hat ihr Gesicht in über 40 Jahren zwar verändert, aber bis auf den heutigen Tag pilgern Jugendliche der Stadt am letzten September-Sonntag auf ihrer Wallfahrt nach Altenfurt.

Als Abschluß dieser ersten Phase der katholischen Kirche nach dem Krieg in Nürnberg kann wohl die Gebietsmission im Großraum Nürnberg/Fürth/Erlangen/Schwabach im Jahre 1960 betrachtet werden. Noch einmal wurde unter großem Einsatz aller beteiligten Seelsorger und Gemeinden der Versuch unternommen, flächendeckend alle Menschen in diesem Großraum mit dem Evangelium zu erreichen und einer geschlossenen kirchlichen Gemeinschaft zu integrieren. Es wurden sicher damals viele Menschen angesprochen und religiös aktiviert. Die Gebietsmission hat Positives geschaffen, was bis heute weiterwirkt, wie z. B. das Wohnviertelapostolat in vielen Pfarreien. Aber im ganzen war die Zeit weitergegangen. Eine erste Nachkriegsepoche war zu Ende. Neue Fragen und Herausforderungen kamen auf die Menschen zu. Eine geschlossene katholische Gesellschaft konnte nicht mehr die Antwort sein. So hielt sich die Wirkung dieser Gebietsmission doch sehr in Grenzen. Das II. Vatikanische Konzil kündigte sich mit seinen neuen Akzenten im Verständnis von Kirche und Welt an. In einer säkularisierten Großstadt wie Nürnberg standen auch die Katholiken mitten in dieser pluralistischen Welt mit all ihren Herausforderungen.

Umbruch und Aufbruch in den Jahren des 2. Vatikanischen Konzils und der Würzburger Synode (1960–1975)

So zeichnet sich ein zweiter Abschnitt für die katholische Kirche in Nürnberg in den Jahren nach 1960 bis etwa 1975 ab. Die veränderten Zeitverhältnisse und die Anstöße des 2. Vatikanischen Konzils zusammen mit der Würzburger Synode prägen nachdrücklich das katholische Leben in Nürnberg. Das Kirchenbild des Konzils mit seiner Grundidee von der Kirche als dem „wandernden Volk Gottes in unserer Welt" schlägt sich rein äußerlich darin nieder, daß in diesen Jahren in allen Pfarreien Gemeindezentren neu gebaut oder vergrößert werden. Von den 43 Pfarreien und Seelsorgezentren in Nürnberg bleibt keine übrig, die nicht bis heute neue Räume für Jugend- und Seniorenarbeit, für Bildungsarbeit und gesellschaftliche Veranstaltun-

Festgottesdienst in Altenfurt 1977

gen, für Familiengruppen und eben alle Aktivitäten erhalten hätte, von denen eine lebendige Gemeinde lebt. Eine wahrhaft respektable Leistung auch in finanzieller Hinsicht, die ohne die großzügige Hilfe beider Diözesen nicht möglich gewesen wäre.

Als überpfarrliche Einrichtung für die ganze Stadt wurde 1961 das Caritas-Pirckheimer-Haus (CPH) im Herzen Nürnbergs an der Klarakirche auf dem geschichtsträchtigen Grund des mittelalterlichen Klarissenklosters eröffnet. Die Arbeit der Jesuiten im CPH ist zu einem Qualitätsbegriff kirchlicher Arbeit in der Großstadt geworden. Die Jugend fand hier einen Mittelpunkt, sowohl was die Gruppenarbeit der Verbände als auch was eine offene Jugendarbeit betrifft. Allerdings ist gerade Jugendarbeit ein sehr sensibler Bereich, der auf gesellschaftliche Strömungen sehr fein reagiert. Das hat sicher auch das CPH in diesen Jahren zu spüren bekommen. Echte Pionierarbeit wurde mit ausländischen Jugendlichen geleistet.

Außerdem wurde das CPH der Sitz der Diözesanakademie der Erzdiözese Bamberg und so zu einem Mittelpunkt der kirchlichen Erwachsenenbildung. Seit der Eröffnung wird in diesem Haus vorbildliche religiöse Erwachsenenbildung betrieben und eine lebendige Auseinandersetzung mit den Fragen der Zeit geführt.

Angestoßen durch das Konzil hat die organisierte Mitarbeit der Laien im kirchlichen Leben Nürnbergs bald einen festen Platz erhalten. In allen Pfarreien wurden Pfarrgemeinderäte gebildet, auf Stadtebene die beiden Dekanatsräte, die aber bald nur noch gemeinsam tagten. Man begriff, daß in einer Stadt wie Nürnberg die Kirche über Diözesangrenzen hinweg ein gemeinsames Forum braucht, um sich den Herausforderungen zu stellen. Profilierte Gestalten wie Oberlandesgerichtspräsident Theodor Hauth, Rechtsanwalt Dr. Karl-Heinz Thume oder Studiendirektor Wolfgang

Dreykorn waren oder sind berufene Sprecher der Laien, die zusammen mit den Dekanen das Erscheinungsbild der katholischen Kirche in Nürnberg prägen.

Heute sind die zwei Dekanatsräte auch offiziell von den beiden Diözesanbischöfen als „Katholikenrat in Nürnberg" zu einem Gremium vereinigt worden. 1962 wurde durch die Erzdiözese Bamberg das Dekanat Fürth gebildet und aus dem Nürnberger Dekanat gelöst. Das Erzbischöfliche Dekanat Nürnberg war viel zu groß geworden.

Von 1962 bis 1975 war Prälat Paul Holzmann Dekan auf Bamberger Seite. Er hat in diesen Jahren nachhaltig das kirchliche Leben bestimmt. In seiner Amtszeit wurde ein völlig neues ökumenisches Klima in unserer Stadt lebendig. Seine persönliche Freundschaft mit dem evangelischen Dekan baute jahrhundertealte Vorbehalte ab und schuf die Voraussetzung für einen entkrampften, brüderlichen Umgang der Kirchen in der alten Hochburg der Reformation. Sein zweites großes Verdienst war, daß er in einer sehr bewegten Zeit durch seine hohe theologische Bildung und seine pastorale Einstellung den Nürnberger Klerus zusammengehalten und geführt hat. Zwar haben auch in diesen Jahren des Umbruchs in Nürnberg Priester ihr Amt niedergelegt, die Gottesdienstgemeinden sind geschwunden, aber nie gab es Zerwürfnisse. Auch in kritischen Fragen wie Seelsorge an den Geschiedenen, Mischehenpastoral oder Fragen der Ehemoral fand der Nürnberger Klerus immer einheitlich zu mutigen und verantwortbaren Wegen. Auch bei den Laien und über die Grenzen der eigenen Kirche hinaus stand Prälat Holzmann in hohem Ansehen. Die Stadt Nürnberg hat ihm die Bürgermedaille verliehen.

Die 60er Jahre waren auch geprägt von wirtschaftlichem Aufschwung und vom Zuzug vieler ausländischer Arbeitnehmer in den Nürnberger Raum. Es kam zu einer 2. industriellen Revolution in unserer Stadt. Die Erzdiözese Bamberg hat daraufhin bald 6 ausländische Missionen gegründet und diese mit Personal (Seelsorger und Sozialbetreuer) sowie mit Gemeindezentren ausgestattet. So haben in Nürnberg heute die Italiener, Kroaten, Spanier, Portugiesen, Polen und Tschechen eine kirchliche Heimat.

Die Jahre seit der Gründung der Katholischen Stadtkirche Nürnberg (1976–1987)

Ein neues Kapitel für die katholische Kirche der Nachkriegszeit in Nürnberg wird mit der Gründung der Katholischen Stadtkirche im Jahre 1976 aufgeschlagen. Nach vielen Überlegungen und langen Diskussionen in beiden Ordinariaten und den Gremien hier in Nürnberg kann am 15. Februar 1977 das Haus der Kath. Stadtkirche am Obstmarkt durch den Bamberger Kapitularvikar und Weihbischof Martin Wiesend im Beisein von Bischof Alois Brems, Eichstätt, eingeweiht werden. Im Dezember zuvor war der Dekan des Erzbischöflichen Dekanats Nürnberg, Theo Kellerer, von beiden Bischöfen zum Stadtdekan ernannt worden. Er wurde inzwischen von der eigens aus Priestern und Laien paritätisch zusammengesetzten Wahlversammlung auf 6 Jahre wiedergewählt. Im Statut für dieses Amt heißt es: „Der Stadtdekan von Nürnberg hat die Aufgabe, die pastorale Tätigkeit... Dekanats- und Diözesangrenzen übergreifend zu fördern und zu koordinieren. Er vertritt die Katholische Stadtkirche gegenüber der Stadtverwaltung und den Behörden." Damit war eine Struktur geschaffen, mit der die katholische Kirche sich den pastoralen Herausforderungen der 80er Jahre stellen und sich im öffentlichen Leben dieser Stadt in rechter Weise einbringen kann.

Prälat Paul Holzmann
(1907–1985)

Einweihung des Gebäudes der Katholischen Stadtkirche Nürnberg im Februar 1977

227

Statio Urbis am Fronleichnamstag auf dem Hauptmarkt

Die Herausforderungen für den Glauben in einer säkularisierten Umwelt sind in
diesen Jahren eher größer als kleiner geworden. Die verhältnismäßig hohen Kirchen-
austrit szahlen in Nürnberg zeigen dies an. Der Kreis der „Kerngemeinden" ist
kleiner, aber oft lebendiger geworden. Der Einsatz der Laien z. B. in der Firmvorbe-
reitung oder der Zustrom zu religiösen Gemeinschaftstagen in vielen Pfarreien oder
die regelmäßige Jugendvesper in St. Klara – überhaupt das große Engagement der
hauptamtlichen und ehrenamtlichen Laienmitarbeiter in den Gemeinden zusammen
mit den immer weniger werdenden Priestern – sind ermutigende Zeichen.

Lebensmitteltransport nach Polen im Dezember 1981

Die Statio Urbis der Stadtkirche am Fronleichnamstag auf dem Hauptmarkt vor der Frauenkirche ist seit Jahren ein eindrucksvolles Glaubenszeugnis der Nürnberger Katholiken. Seit 1970 wird dabei auf eine große Prozession durch die Stadt verzichtet zugunsten einer festlichen Eucharistiefeier, der in den vergangenen Jahren immer wieder Bischöfe aus der Mission oder der Partnerstadt Krakau als Hauptzelebranten und Prediger einen Hauch von Weltkirche gegeben haben. Das anschließende Fest im Rathaushof ist inzwischen zu einem beliebten Treffen der „Insider" aus den Nürnberger Pfarreien in Nord und Süd geworden.

Die Partnerschaft der Stadt Nürnberg mit Krakau hat auch zu kirchlichen Querverbindungen geführt. Die Unterstützung einer Armenküche in Krakau mit Lebensmitteltransporten im Wert von mehr als 1 Million DM – alles allein aus Spenden der Nürnberger Pfarreien – darf sicher als ein Ruhmesblatt der Nürnberger Katholiken gelten. 1988 wird die Orgel in der Marienkirche Krakau durch Hilfe aus Nürnberg restauriert und vor dem Verfall gerettet werden können. Wichtiger sind aber die persönlichen Verbindungen, die in den Jahren nach dem Kriegsrecht mit Krakau entstanden sind. Als äußeres Zeichen für diese Verbundenheit gerade auch auf der Ebene des Glaubens kann gelten, daß in Langwasser eine Pfarrei den Namen „Maximilian Kolbe" trägt oder daß ein Krakauer Künstler für die St.-Josefs-Kirche eine beeindruckende Kreuzigungsgruppe mit dem Thema „Versöhnung" geschaffen hat.

Die Notkirche St. Maximilian Kolbe in Langwasser (Aufnahme 1982)

Besorgniserregende Entwicklungen in unserer Gesellschaft haben in den vergangenen Jahren in verschiedener Weise die Kath. Stadtkirche herausgefordert. Auch Nürnberg hat mit Arbeitslosigkeit zu kämpfen. Gerade die Metallindustrie, die seit den Zeiten der Industrialisierung in Nürnberg auf eine große Tradition zurückblicken kann, ist in erhebliche Schwierigkeiten geraten. Zusammen mit der evangelischen Kirche wurde ein kirchliches Arbeitslosenzentrum gegründet, das Arbeitslose betreut und berät.

Schließlich haben sich die Katholiken Nürnbergs in der Asylantenfrage stark engagiert – zum einen durch eindeutige Erklärungen gegen aufkommende Asylantenfeindlichkeit unter der Bevölkerung und unmenschliche Verordnungen des Staates, zum anderen durch die Betreuung von Asylanten aus aller Herren Länder in den Lagern und durch karitative Hilfsmaßnahmen.

Überhaupt ist die Arbeit der christlichen Caritas zu einem entscheidenden Feld kirchlichen Wirkens geworden. Das läßt sich schon daran ablesen, daß die jährliche Bilanzsumme des Caritasverbandes Nürnberg die Grenze von 35 Millionen längst überschritten hat. Beratungsstellen in den verschiedensten Bereichen, offene Fürsorge oder Heimfürsorge gehören zum weiten Bereich der Caritas. In der Sorge um die ältere Generation vor allem auf dem Feld der pflegebedürftigen alten Menschen nimmt die katholische Kirche in Nürnberg sicherlich eine Spitzenstellung ein. Auf den Pflegestationen unserer Altersheime wirken neuerdings zahlreiche Ordensfrauen aus Indien in großartiger Weise: Entwicklungshilfe in umgekehrter Richtung!

Zu den traurigen Kapiteln der 80er Jahre in Nürnberg zählt die Auseinandersetzung um den Schutz des ungeborenen Lebens. Als bestimmte politische Kreise auf die Städtische Frauenklinik Druck ausüben wollten, die Zahl der Abtreibungen zu erhöhen, haben die Dekane energisch protestiert. Als schließlich 1986 bei der Ausschreibung für neue Chefärzte die Frage nach der Bereitschaft, Abtreibungen vorzunehmen, eingefügt wurde, kam es bundesweit zu heftigen Auseinandersetzungen. Eine Plakataktion der Stadtkirche hat in der Öffentlichkeit großes Aufsehen erregt. Wochenlang waren die Leserbriefspalten der Tageszeitungen vom Für und Wider erfüllt. So wurde zumindest eine Sensibilisierung gegenüber der großen Problematik der gegenwärtigen Praxis mit dem § 218 StGB erreicht.

Ein Anliegen der Stadtkirche und des gegenwärtigen Stadtdekans ist es, daß Kirche sich nicht nur in Verwaltung erschöpft oder erstarrt, sondern daß „der Geist in der Kirche lebendig bleibt". Auf dieses Ziel sollen alle Bemühungen ausgerichtet und alle Strukturen abgestellt sein.

Die äußere Entwicklung der katholischen Kirche in Nürnberg seit dem Beginn des 19. Jahrhunderts ist atemberaubend. Waren es damals ein paar hundert Katholiken ohne feste Pfarrei, so sind es heute über 180 000 katholische Christen und 43 Pfarreien und Seelsorgestellen im Stadtgebiet. Dazu kommen noch die 6 ausländischen Missionen. Die Katholiken sind in der ursprünglich evangelischen Stadt Nürnberg ein selbstverständlich anerkannter und geachteter Teil der Bevölkerung. Mit unseren evangelischen Mitchristen verbindet uns ein brüderliches und offenes Verhältnis. Regelmäßig finden zwischen den evangelischen und katholischen Dekanen Besprechungen über alle anstehenden Fragen statt. Das alles bedeutet seit dem Beginn des

Weihbischof Martin Wiesend, Bamberg, und Caritasdirektor P. Holzbauer SJ, Nürnberg, im Durchgangslager für Aussiedler in Nürnberg 1977

19. Jahrhunderts bis heute einen weiten Bogen und einen großen Fortschritt. Aber wichtiger als alle Zahlen und alle organisatorischen Strukturen ist ein lebendiger Glaube und eine vom Geist Jesu geprägte Kirche. Die Zukunft des Glaubens ist allen Verantwortlichen in der Kirche unserer Stadt – Priestern wie Laien – zusammen mit unseren Bischöfen und Bistumsleitungen ein großes Anliegen. Deshalb wollen wir uns in den nächsten Jahren in einer Art synodalen Prozeß unter dem Leitwort „Gemeinsam in der Kirche unterwegs in das Jahr 2000" um eine Verlebendigung der Stadtkirche und die Weitergabe des Glaubens an die kommende Generation bemühen.

Die katholischen Pfarreien in Nürnberg und Fürth
Ein Überblick

Von Brun Appel, Renate Sendlbeck und Josef Urban

Im folgenden werden die katholischen Pfarreien der heutigen Dekanate Nürnberg und Fürth und die Pfarreien des zum Bistum Eichstätt gehörigen Dekanats Nürnberg-Süd nach ihrer zeitlichen Entstehung aufgelistet.
Nicht berücksichtigt sind die Kapellen in den Ordensniederlassungen, Heimen, Krankenhäusern, in den Gefängnissen und in Lagern, ebenso nicht die Missionen der katholischen Ausländer.
Die Literaturangaben sollen dem Leser eine Anregung zu weiterer Lektüre geben. Vollständigkeit wurde nicht angestrebt. Artikel im „Christlichen Beobachter" (1949–1969), „Katholischen Gemeindeblatt" (1970–1977), in „Blickpunkt Kirche" (seit 1978), in den Kirchenzeitungen der beiden Diözesen und in den Pfarrbriefen konnten nur in Einzelfällen aufgenommen werden.

1. Katholische Stadtkirche Nürnberg

„Aufgrund einer Vereinbarung zwischen den Bischöfen von Bamberg und Eichstätt wurden das Erzbischöfliche Dekanat Nürnberg und das Bischöfliche Dekanat Nürnberg-Süd für die Erfüllung bestimmter gemeinsamer Aufgaben zur ‚Katholischen Stadtkirche Nürnberg' zusammengefaßt. Die bestehenden Bistumsgrenzen werden

---

Verwendete Abkürzungen

Amtsblatt	Amtsblatt für die Erzdiözese Bamberg.
Kunstdenkmale Fürth	Gebessler, August: Stadt und Landkreis Fürth. Kurzinventar (Bayerische Kunstdenkmale XVIII), München 1963.
Kunstdenkmale Nürnberg	Fehringer, Günther P. – Ress, Anton: Die Stadt Nürnberg. Kurzinventar. 2. Aufl. bearbeitet von Wilhelm Schwemmer (Bayerische Kunstdenkmale X), München 1977.
Neue Kirchen	Neue Kirchen in der Erzdiözese Bamberg. 1948–1968. München 1970.
Pfeiffer	Fränkische Bibliographie. Schrifttumsnachweis zur historischen Landeskunde Frankens bis zum Jahre 1945. (Veröffentlichungen der Gesellschaft für Fränkische Geschichte, Reihe XI, Abt. III. Fränkische Bibliographie). Hg. von Gerhard Pfeiffer, 4 Bde., Würzburg bzw. Neustadt/Aisch 1965–1978.
Willibalds-Bote	St. Willibalds-Bote, Kirchenblatt der Diözese Eichstätt, 1, 1934 – 30, 1967.
Kirchenzeitung	Kirchenzeitung für das Bistum Eichstätt, 31, 1968 ff.

durch diese Regelung nicht verändert." (Amtsblatt 1976, S. 767 f.; Pastoralblatt des Bistums Eichstätt 124 (1977), S. 33) Der erste Stadtdekan wurde mit Wirkung vom 23. November 1976 von den beiden Bischöfen ernannt.

Stadtdekan
Theo Kellerer seit 1976

2. Dekanat Nürnberg (Erzdiözese Bamberg)

Bei der unter Fürstbischof Christoph Franz Freiherr von Buseck (1795/1805) am 17. November 1795 vollzogenen Neueinteilung des Bistums Bamberg in acht Landkapitel wurden dem neugebildeten Landkapitel Neunkirchen am Brand elf Pfarreien (Bühl, Kersbach, Kirchröttenbach, Langensendelbach, Leutenbach, Neunkirchen am Brand Neunkirchen am Sand, Rothenberg, Schnaittach, Stöckach, Weißenohe) zugete lt. Das „Katholische Religionsexerzitium" zu Nürnberg, eine katholische Gemeinde ohne den Rechtsstatus einer Pfarrei, stand unmittelbar unter bambergischer Diözesanaufsicht. Kuratien gab es in Ansbach (1777) und Erlangen (1785). In Bayreuth bestand seit 1722 ein Religionsexerzitium.

Der Reichsdeputationshauptschluß vom 15. Februar 1803 hatte das Kaiserliche Hochstift Bamberg aufgelöst. Nach dem Tod des Fürstbischofs am 28. September 1805 übernahm der Würzburger Fürstbischof Georg Karl Ignaz Freiherr von Fecherbach zu Laudenbach (1805/1808) die Leitung des Bistums. Bereits im Jahr 1800 war er zum Koadjutor Busecks und am 25. Juni 1805 zum Administrator bestellt worden. Nach seinem Tod am 9. April 1808 wurden die geistlichen Angelegenheiten des Bistums Bamberg bis zur Ernennung des ersten Erzbischofs Joseph Graf von Stubenberg (1821/1824) am 13. September 1821 durch ein Kollegium geführt, das unter dem Vorsitz eines Präsidenten das Generalvikariat des Bistums Bamberg bildete. Das Bistum Bamberg erfuhr organisatorische und gebietsmäßige Veränderungen. Die Stadt Bamberg war in vier Pfarreien aufgeteilt worden. Die schon vor der Säkularisation bestandenen katholischen Religionsexerzitien in den neuerworbenen evangelischen Landesteilen wurden von der kgl. bayerischen Regierung in Pfarreien umgewandelt, so Ansbach und Bayreuth 1807, Nürnberg 1810 und Erlangen 1813. In Kulmbach gab es seit 1803 eine Kuratie.

Die Dekanatsstruktur des Bistums Bamberg war von der Säkularisation bis etwa 1817 mehrfach geändert worden. Abtretung und Zuwachs von Pfarreien und Grenzberichtigungen machten dies notwendig. Die Pfarreien Ansbach, Bamberg, Bayreuth, Erlangen, Forchheim und Nürnberg gehörten keinem Dekanat an. Sie unterstanden unmittelbar der kirchlichen Oberbehörde.

Am 24. Oktober 1817 war das Konkordat zwischen dem Heiligen Stuhl und dem Königreich Bayern vom König ratifiziert worden. Bayern wurde in die Kirchenprovinzen Bamberg (mit den Suffraganbistümern Würzburg, Eichstätt und Speyer) und München und Freising (mit den Suffraganbistümern Augsburg, Passau und Regensburg) aufgeteilt. Die Zirkumskriptionsbulle vom 1. April 1818 legte die Diözesangrenzen fest.

Zu einer Neuorganisation der Dekanatseinteilung kam es während des Episkopates des zweiten Erzbischofs Joseph Maria Freiherr von Fraunberg (1824/1842) im Jahr 1826. 137 Seelsorgestellen wurden auf 20 Dekanate verteilt.

Der bayerische König genehmigte am 5. April 1826 folgende vom Erzbischof bestimmte Einteilung: 1. Amlingstadt, 2. Auerbach, 3. Bamberg, 4. Burgebrach,

5. Forchheim, 6. Gößweinstein, 7. Höchstadt/A., 8. Hollfeld, 9. Kronach, 10. Lichtenfels, 11. Neunkirchen a. B., 12. Scheßlitz, 13. Stadtsteinach, 14. Teuschnitz, 15. Weismain, 16. Gebsattel, 17. Herzogenaurach, 18. Iphofen, 19. Marktscheinfeld, 20. Neunkirchen am Sand. Die 15 ersten lagen im Obermain-, die 5 letzteren im Rezat-Kreis.

Das Dekanat Neunkirchen am Sand war vom Dekanat Neunkirchen am Brand abgezweigt worden und zählte sieben Pfarreien (Bühl, Fürth, Kirchröttenbach, Neunkirchen am Sand, Nürnberg, Rothenberg und Schnaittach).

Mit Entschließung des Bayerischen Staatsministeriums des Innern für Kirchen- und Schulangelegenheiten vom 29. Januar 1913 wurde die von Erzbischof Jacobus von Hauck (1912/1943) aus pastoralen Erwägungen beantragte Abtrennung der katholischen Stadtpfarreien zu Nürnberg und Fürth vom Verband des katholischen Dekanats Neunkirchen am Sand und die Vereinigung zu einem Erzbischöflichen Stadtkommissariat Nürnberg-Fürth genehmigt. Bereits seit 1911 gab es ein Erzbischöfliches Kommissariat der Stadt Bamberg. Die Pfarreien unterstanden einem vom Oberhirten ernannten Erzbischöflichen Kommissär, der die Rechte und Obliegenheiten eines Stadtdekans hatte. Am 17. Dezember 1920 wurden ihm vom Erzbischof von Bamberg Titel und Rang eines Ehrendomherren des Metropolitankapitels Bamberg verliehen (Amtsblatt 1920, S. 251 f.). Das Dekanat Neunkirchen am Sand bestand noch aus sechs Pfarreien.

Bei der Neueinteilung der Erzdiözese in 23 Dekanate im Jahr 1937 wurde das Erzbischöfliche Stadtkommissariat in das Dekanat Nürnberg mit den Pfarreien der Städte Nürnberg und Fürth, Zirndorf und Wilhermsdorf umgebildet. Mit Wirkung vom 1. Mai 1963 wurde das Erzbischöfliche Dekanat Fürth errichtet. Zu seinem Gebiet gehörten die Pfarreien Fürth, Unsere Liebe Frau, mit den Kuratien St. Christophorus und Herz Jesu, Mannhof, die Pfarrei Fürth, St. Heinrich, die Pfarrei Fürth, Christkönig, die Pfarrei Zirndorf mit der Seelsorgestelle Cadolzburg, die Pfarrei Wilhermsdorf mit der Seelsorgestelle Langenzenn. Das Dekanat Nürnberg-Fürth, aus welchem genannte Pfarreien ausgegliedert wurden, führt künftig den Namen „Dekanat Nürnberg" und umfaßt das Gebiet der sämtlichen Nürnberger Pfarreien, unabhängig von den jeweiligen Grenzen der Stadt Nürnberg. (Amtsblatt 1963, 67 f.)

Im Anschluß an die staatliche Gebietsreform von 1972 kam es zu einer Neuordnung der Dekanate, die zum 1. Januar 1974 in Kraft trat. Aus den bisher 25 Dekanaten wurden 21 neu gebildet. Es sind dies Ansbach, Auerbach, Bamberg, Bayreuth, Burgebrach, Coburg, Ebermannstadt, Erlangen, Forchheim, Fürth, Hallstadt-Scheßlitz, Hirschaid, Höchstadt, Hof, Kronach, Kulmbach, Lichtenfels, Neunkirchen am Sand, Neustadt an der Aisch, Nürnberg, Teuschnitz. Die Dekanate Fürth und Nürnberg blieben unverändert. (Vgl. Amtsblatt 1974, S. 413–444).

Mit Wirkung vom 1. Januar 1914 wurden sämtliche katholischen Kirchengemeinden Nürnbergs „unbeschadet ihres gesonderten Fortbestandes zu einer Gesamtkirchengemeinde vereinigt" (Amtsblatt 1913, S. 197 f.). Sämtliche innerhalb des Gesamtkirchensprengels sich ergebenden Bedürfnisse, für die Kirchenumlagen erforderlich waren, wurden zu gemeinsam zu deckenden Ortskirchenbedürfnissen erklärt.

Literatur: Schematismus 1820, S. 50–59, hier S. 52–57; Schematismus 1827, S. 73 f.; Verordnungen-Sammlung für den Clerus der Erzdiözese Bamberg vom Jahre 1821–1856, Bamberg 1857, S. 59–61; Bastgen, Beda: Bayern und der Heilige Stuhl in der ersten Hälfte des 19. Jahrhunderts (Beiträge zur altbayerischen Kirchengeschichte, III. Folge, Bd. 17/I+II), München 1940, hier I, S. 263–267; Kist, Johannes: Fürst- und Erzbistum Bamberg. Leitfaden durch ihre Geschichte von 1007 bis 1960, Bamberg ³1962, S. 130–134.

Dekane

Karl Kinle (1774–1853), 1826/1853
Andreas Heinz (1798–1874), 1854/1871
Adam Oltenburger (1828–1895), 1871/1874
Georg Heinrich Leicht (1816–1895), 1874
Leonhard Gruner (1834–1891)
Johann Beer (1832–1897)
Friedrich Sprecher (1847–1926)
Jakob Hauck (1861–1943)
Konrad Stahl (1862–1943), 1913/1924
Johann Egenhöfer (1867–1942), 1925/1942
Christoph Schürr (1885–1976), 1942/1944
Franz Rathgeber (1891–1958), 1944/1946
Michael Drummer (1886–1958), 1946/1951
Franz Xaver Eichhorn (1900–1974), 1951/1958
Martin Wiesend, 1958/1962
Paul Holzmann (1907–1985), 1962/1975
Theo Kellerer, seit 1975

1. Pfarrei Unsere Liebe Frau

Kirche

Unsere Liebe Frau am Hauptmarkt, den Katholiken zugewiesen mit kgl. Reskripten vom 1. Oktober 1809 zu München und vom 25. Februar 1810 zu Paris. Zerstörung der Kirche 1945

Weihe: 7. Juli 1816 durch Pfarrer Johann Ulrich Kugel. Nach dem Wiederaufbau durch Architekt Josef Fritz, Nürnberg, Weihe 14. Mai 1953 durch Erzbischof Joseph Otto Kolb

Pfarrei: 1. Mai 1810

Pfarrer

Johann Ulrich Kugel (1769–1831), 1810/1831
Julius Friedrich Grohe (1799–1845), 1832/1839
Dr. Jakob Marian Göschel (1798–1852), 1839/1852
Christoph Burger (1809–1875), 1853/1875
Franz Xaver Kreppel (1831–1901), 1875/1891
Johann Baptist Starklauf (1851–1903), 1892/1899
Johann Baptist Höfner (1859–1946), 1900/1913
Johann Egenhöfer (1867–1942), 1913/1942
Franz Rathgeber (1891–1958), 1942/1946
Georg Gewinner 1946/1979
Veit Höfner seit 1979

Literatur: Pfeiffer, Nr. 31213–31228; Kunstdenkmale Nürnberg, S. 44–52; Bräutigam, Günther: Gmünd-Prag-Nürnberg. Die Nürnberger Frauenkirche und der Prager Parlerstil vor 1360. In: Jahrbuch der Berliner Museen Bd. 3, 1961, S. 38–75; Ders.: Die Nürnberger Frauenkirche. Idee und Herkunft ihrer Architektur. In: Festschrift für Peter Merz. (Hg. von Ursula Schlegel, Claus Zoege von Manteuffel). Berlin 1965, S. 170–197; Rymdjonok, Rita: Die Frauenkirche in Nürnberg und die Parlergotik (Magisterarbeit bei Prof. Karl A. Knappe,

Universität Erlangen-Nürnberg 1983); Schleicher, Fritz: Kleine Schwester zwischen großen Brüdern. Die Frauenkirche und ihre Geschichte. In: Nürnberg heute 1984, Heft 36, S. 46–50; Neue Kirchen, S. 15.

Nebenkirchen

St.-Klara-Kirche

Am 29. August 1854 durch König Max II. der katholischen Gemeinde Nürnberg überlassen. 18. September 1905 bis 1936 Studienkirche für die katholischen Gymnasiasten in Nürnberg. 1925 nach Plänen Max Heilmaiers umgebaut; 10. April 1942 Überlassung vom Land Bayern an die Pfarrkirchenstiftung Unsere Liebe Frau, Nürnberg. 1945 zerstört; vom 30. 6. 1951 an wieder Gottesdienst. Seit 1960 den katholischen italienischen und spanischen Gemeinden offen. Seit 1. Dezember 1979 Betreuung durch die Jesuiten.

Literatur: Pfeiffer, Nr. 31171–31174; Kunstdenkmale Nürnberg, S. 62–64; Stolz, Georg: Der Kreuzaltar in der St.-Klara-Kirche und seine Vervollständigung im Jahr 1984. In: Nürnberger Altstadtberichte 1984, Heft 9, S. 71–84; Dettenthaler, Josef: St. Klara, Nürnberg (Schnell-Kunstführer Nr. 1518), München 1985.

Burgkapelle St. Walburgis

1858 für den katholischen Militärgottesdienst eingerichtet und am 23. November 1859 geweiht. Am 5. Juli 1887 wurde die Kapelle der katholischen Gemeinde überlassen.

Literatur: Pfeiffer, Nr. 29944 f.; Kunstdenkmale Nürnberg, S. 163; Holzbauer, Hermann: Mittelalterliche Heiligenverehrung – Heilige Walpurgis – (Eichstätter Studien. Neue Folge 5). Kevelaer 1972, S. 325–331, hier S. 325–327.

Filialen

St. Elisabeth (2)
Pfarrei 1895

Herz Jesu (3)
Pfarrei 1910

St. Josef (7)
Pfarrei 1922

St. Karl Borromäus (8)
Pfarrei 1922

St. Martin (10)
Pfarrei 1922

St. Michael (11)
Pfarrei 1922

2. Pfarrei St. Elisabeth

Kirche

St.-Elisabeth-Kirche (ehemalige Deutschordenskirche). Am 27. Januar 1885 durch die Erzdiözese Bamberg vom Bayerischen Staat erworben. 1945 Zerstörung der Kirche. Architekt des Aufbaus vor 1905: Prof. Franz Brochier, Nürnberg. Architekt des Wiederaufbaus nach 1945: Rudo Göschel, Nürnberg.

Weihe: 25. Juni 1905 durch Erzbischof Friedrich Philipp von Abert

Pfarrei: 25. Oktober 1895. Abgetrennt von der Pfarrei Unsere Liebe Frau, Nürnberg

Pfarrer

Jakob Hauck (1861–1943), 1898/1912
Georg Thomann (1863–1923), 1912/1923
Joseph Kolb (1881–1955), 1924/1935
Michael Drummer (1886–1958), 1935/1958
Paul Holzmann (1907–1985), 1958/1978
Peter Ditterich seit 1978

Literatur: Amtsblatt 1895, S. 145 f.; Pfeiffer, Nr. 31200–31208; Kunstdenkmale Nürnberg, S. 40–44; Ritz, Joseph Maria: Die Wiederherstellung der St.-Elisabeth-Kirche in Nürnberg. Nürnberg 1950; Ders.: Wiederaufbau der St.-Elisabeth-Kirche in Nürnberg. In: Deutsche Kunst und Denkmalpflege 10 (1952), S. 83–88; 75-Jahr-Feier der Weihe der Kirche St. Elisabeth in Nürnberg, 9.–11. Juni 1978, o.O., o.J. [Nürnberg 1978]. Baier, Helmut: Keimzelle kathol. Glaubens. Das Deutschordenhaus in Nürnberg und seine Verbindungen mit St. Jakob und St. Elisabeth. In: Nürnberger Gemeindeblatt 1981, Nr. 14, S. 11: Die Deutschordens-Ballei Franken (Schriftenreihe der Historischen Deutschorden-Compagnie Bad Mergentheim, Heft 5), Bad Mergentheim 1988, S. 6 f.

Filialen

St. Antonius (4)
Pfarrei 1916

St. Bonifaz (6)
Pfarrei 1922

3. Pfarrei Herz Jesu

Kirche

Architekt: Franz Xaver Ruepp, Nürnberg

Grundsteinlegung: 23. April 1899 durch Erzbischof Joseph von Schork

Weihe: 26. Juli 1905 durch Erzbischof Friedrich Philipp von Abert

Zerstörung der Kirche 1945. Wiederaufbau nach Plänen von Architekt Albert Pietz Nürnberg

Weihe: 10. Dezember 1950 durch Erzbischof Joseph Otto Kolb

Kuratie 1. Juni 1906

Pfarrei: 5. Juni 1910. Abgetrennt von der Pfarrei Unsere Liebe Frau, Nürnberg

Pfarrer

Konrad Stahl (1862–1943), 1910/1924
Dr. Karl Wolkenau (1875–1967), 1924/1927
Michael Moster (1875–1939), 1927/1937
Wilhelm Bald (1883–1952), 1938/1952
Johann Müller (1909–1969), 1952/1969
Klemens Fink 1969/1984
Karl Wuchterl seit 1984

Literatur: Pfeiffer, Nr. 32145; Kunstdenkmale Nürnberg, S. 291; Neue Kirchen, S. 14, 35; Pfarrführer der Pfarrei Herz Jesu, Nürnberg, o.O., o.J. [Nürnberg 1964]; Festschrift zur Feier des Jubiläums „25 Jahre wiedererbaute Herz-Jesu-Kirche", Nürnberg, o.O., o.J. [Nürnberg 1975].

Filialen

St. Willibald (12)
Pfarrei 1922

St. Kunigund (9)
Pfarrei 1922

St. Theresia vom Kinde Jesu (14)
Pfarrei 1937

4. Pfarrei St. Anton

Kirche

Als Notkirche in Gostenhof errichtet und am 29. Mai 1900 durch Dompropst Dr. Maximilian von Lingg geweiht. 1908–1910 Bau der eigentlichen Kirche. Die Notkirche wurde eingelegt und in Gibitzenhof wieder errichtet. Weihe am 9. Dezember 1910 durch Erzbischof Friedrich Philipp von Abert.

Architekt: Josef Schmitz, Nürnberg

Kuratie: 27. September 1904 provisorische, 3. Februar 1905 kanonische Errichtung des Seelsorgebezirks St. Anton.

Pfarrei: 27. September 1916. Abgetrennt von der Pfarrei St. Elisabeth, Nürnberg

Pfarrer

Hermann Madlener (1880–1936), 1905/1916 Kurat
Adolf Lurz (1870–1936), 1917/36
Karl Hammerschmidt (1886–1965), 1937/1959
Josef Karch 1959/1975
Alois Huber seit 1975.

Literatur: Kunstdenkmale Nürnberg, S. 309.

Filialen

Zu den Hl. Schutzengeln, Muggenhof (17)
Pfarrei 1962

St. Anna, Steinbühl/Gibitzenhof

5. Pfarrei St. Ludwig

Im Seelsorgebezirk St. Anna, der zur Pfarrei St. Anton gehörte, wurde die Notkirche von Gostenhof aufgestellt. Diese war durch den Neubau der Antoniuskirche 1910 freigeworden.
Nach dem Bau der Ludwigskirche besteht die Notkirche bis zur Zerstörung 1945 weiter. Danach wurde sie nicht mehr aufgebaut.

Weihe: 30. Oktober 1910

Nach der Pfarreierhebung wird eine neue Kirche als Krieger-Gedächtnis-Kirche geplant, aber dann als eine dem hl. Ludwig geweihte Pfarrkirche ausgeführt.

Architekt: Otto Schulz, Nürnberg

Grundsteinlegung: September 1923

Weihe: 19. September 1926 durch Erzbischof Jacobus von Hauck

2. Januar 1945 Zerstörung von Kirche und Kloster nach Bombenangriffen. Danach Wiederaufbau. Neueinweihung am 15. Oktober 1950 durch Erzbischof Joseph Otto Kolb.

Architekt: Fritz Mayer, Nürnberg

Kuratie: 9. Dezember 1910 Errichtung des Seelsorgebezirks, 12. Juni 1913 der Kuratie St. Anna. 14. Juni 1913 klosteraufsichtliche Genehmigung der Übersiedlung von Franziskanern nach Nürnberg. Sie werden am 17. August 1913 in die Seelsorge eingeführt. 4. Oktober 1916 Einweihung des Franziskanerklosters.

Pfarrei: 26. August 1917. Aus der Kuratie St. Anna wird die Klosterpfarrei St. Ludwig. Seit 1971 gehört der Stadtteil Werderau zur Kuratie St. Gabriel. (Dekanat Nürnberg-Süd, 17).

Pfarrer
Georg Köhler (1879–1947), 1911 Kurat bei St. Anna
P. Gamelbert Maier OFM (1877–1960), 1911/1917 Kurat bei St. Anna, 1917/1957 Pfarrer
P. Aemilian Alberter OFM 1957/1986
P. Johannes Thum OFM seit 1986

Literatur: Pfeiffer, Nr. 31234, 31380–31383; Kunstdenkmale Nürnberg, S. 300; 50 Jahre Franziskanerkloster und Pfarrei St. Ludwig, Nürnberg, o.O., o.J. [Nürnberg 1963]; Pfarrei St. Ludwig. 25 Jahre unterwegs mit der Gemeinde, o.O., o.J. [Nürnberg 1982]; Neue Kirchen, S. 13.

Filialen

St. Franziskus (15)
Pfarrei 1953

Verklärung Christi

Architekt: Peter Leonhardt, Nürnberg

Weihe: 24. Oktober 1971

6. Pfarrei St. Bonifaz

Kirche
Erwerb des Wörrlein-Saales im Jahr 1920 und Ausbau zur Not-Stadtpfarrkirche
Weihe am 31. Oktober 1920

Grundsteinlegung der neuen Kirche: 14. Oktober 1962

Architekt: Peter Leonhardt, Nürnberg

Weihe: 10. Mai 1964 durch Erzbischof Josef Schneider

Kuratie: 28. Januar 1920

Pfarrei: 5. März 1922. Abgetrennt von der Pfarrei St. Elisabeth, Nürnberg

Pfarrer
Josef Wolf (1875–1958), 1919/1922 Kurat, 1922/1950 Pfarrer
Anton Müller (1911–1989), 1950/1967
Alex Bucher 1967 Pfarrverweser
Richard Förster seit 1967

Literatur: St. Bonifatius, Nürnberg, o.O., o.J. [Nürnberg 1964]; Neue Kirchen, S. 25, 54.

Filialen

Hl. Kreuz, Gebersdorf (16)
Pfarrei 1956

St. Wolfgang (19)
Pfarrei 1967

7. Pfarrei St. Josef

Kirche
Für den Seelsorgebezirk St. Josef, der die östlichen Vororte Nürnbergs, Schoppers-hof, Erlenstegen und Mögeldorf umfaßte, wurde ein Konzertsaal zur Kirche umgestaltet und dem hl. Josef geweiht.

Weihe: 11. September 1898 durch Pfarrer Johann Starklauf, Nürnberg. 10. August 1943 Zerstörung der Kirche durch Brandbomben.

1927 Bau einer Notkirche am Rechenberg. Etwa 1933 Umbenennung in St. Anna. 1943–1967 Pfarrkirche. Nach 1967 St. Benedikt; Pfarrei Allerheiligen.

Architekt der neuen St.-Josefs-Kirche: Peter Leonhardt, Nürnberg

Grundsteinlegung: 30. Oktober 1965

Weihe: 24. September 1967 durch Weihbischof Martin Wiesend

Kuratie: 1908

Pfarrei: 5. März 1922. Abtrennung von der Pfarrei Unsere Liebe Frau, Nürnberg. Mit Wirkung vom 1. Januar 1969 wurde das Gebiet der bisherigen Pfarrei St. Josef in Nürnberg neu geordnet. Von der bisherigen Gesamtpfarrei St. Josef wird die neue Pfarrei St. Josef abgetrennt. Die weiterhin bestehende alte Pfarrei St. Josef erhielt als neuen Titel entsprechend dem Patrozinium ihrer Pfarrkirche den Namen „Katholische Pfarrei Allerheiligen in Nürnberg" (Vgl. Amtsblatt 1968, S. 444–446).

Pfarrer
Johann Obenauf (1875–1952), 1908/1913 Kurat
Valentin Gründel (1878–1932), 1913/1922 Kurat, 1922/1932 Pfarrer
Wilhelm Madlener (1888–1942), 1932/1942
Johann Freitag (1901–1978), 1942/1966
Johannes Kreutzer 1966/1968
Theo Kellerer seit 1969

St. Josef

Literatur: Amtsblatt 1922, S. 92 f.; St. Josef, Nürnberg-Wöhrd, o.O., o.J. [Nürnberg 1968] (Festschrift zur Weihe der neuerbauten Kirche 1967); Pfarrei St. Josef-Allerheiligen, Nürnberg 50 Jahre, 1922–1972, o.O., o.J. [Nürnberg 1972]; 50 Jahre St. Josef-Allerheiligen. Festvortrag von Amtsgerichtsrat Werner Hergenröder, Eichstätt, am 14. Oktober 1972 (Hektographiertes Schreibmaschinenmanuskript); Neue Kirchen, S. 28, 67.

Filiale

Allerheiligen (20)
Pfarre 1969

8. Pfarrei St. Karl Borromäus

Kirche

1904 als Notkirche in Mögeldorf errichtet

Weihe: 26. Februar 1905 durch Pfarrer Johann Baptist Höfner, Nürnberg

Architekt: Hans Saueressig, Nürnberg

Die Notkirche wurde nach dem Bau einer neuen Kirche in Agneskirche umbenannt, im 2. Weltkrieg zerstört und nicht wieder aufgebaut.
8. August 1926 Grundsteinlegung für eine neue Kirche. Nach deren Konsekration am 15. Mai 1927 durch Erzbischof Jacobus von Hauck wurde das Patrozinium St. Karl Borromäus auf diese übertragen.

Architekt: Fritz Fuchsenberger, München

242

St. Karl Borromäus

243

Kuratie: 14. August 1913

Pfarrei: 5. März 1922. Abgetrennt von der Pfarrei Unsere Liebe Frau, Nürnberg

Pfarrer

Christoph Schürr (1885–1976), 1913/1917 Kurat
Anton Rieth (1886–1952), 1917/1918 Kurat
Johann Roth (1881–1957), 1919/1922 Kurat, 1922/1948 Pfarrer
Joseph Wagner (1902–1974), 1948/1955
Josef Spörlein seit 1955

Literatur: Amtsblatt 1922, S. 94; Kunstdenkmale Nürnberg, S. 382; Jubiläum der St.-Karl-Kirche. In: Alt-Mögeldorf 25 (1977), Heft 6, S. 75–78; St. Karl Borromäus 1584–1984, Nürnberg 1984.

Filialen

St. Otto, Laufamholz

Weihe der Notkirche: 19. November 1922 durch Erzbischof Jacobus von Hauck

Architekt der heutigen Kirche: Peter Leonhardt, Nürnberg

Grundsteinlegung: 23. Mai 1965

Weihe: 6. Juni 1967 durch Erzbischof Josef Schneider

Literatur: Neue Kirchen, S. 28, 66.

9. Pfarrei St. Kunigund

Kirche

Weihe einer Notkirche am 30. Januar 1921

1934–1935 Bau der jetzigen Kirche.

Architekt: Michael Kurz, Augsburg

Weihe: 6. Juni 1935

Kuratie: 21. April 1921

Pfarrei: 5. März 1922. Abgetrennt von der Pfarrei Herz Jesu, Nürnberg.

Pfarrer

P. Hugo Schelk SJ, 1921/22 Kurat
P. Hugo Aman SJ (1877–1941), 1922/1930
P. Ludwig Weikl SJ (1888–1979), 1930/1943
P. Anton Stricker SJ (1903–1962), 1943/1951
P. Georg Deichstetter SJ 1951/1963
P. Karl Hofer SJ 1963/1985
P. Hans Wisgickl SJ seit 1986

Literatur: Amtsblatt 1922, S. 94; Wegweiser für Kirche und Pfarrei St. Kunigund, Nürnberg, Nürnberg 1959; Burkart, Albert – Munz, Franz: Kath. Stadtpfarrkirche St. Kunigund, Nürnberg (Schnell, Kunstführer Nr. 1549). München, Zürich 1985.

St. Kunigund

10. Pfarrei St. Martin

Kirche
1917 als Notkirche „hinter der Burg" durch die Fa. Popp & Weisheit errichtet.

Weihe: 15. September 1917 durch Domkapitular Johann Höfner.

Architekt der neuen Kirche: Prof. Clemens Holzmeister, Wien

Weihe: 22. September 1935 durch Erzbischof Jacobus von Hauck.
1945 Zerstörung und Wiederaufbau

Architekt: Prof. Clemens Holzmeister, Wien

Weihe: 29. August 1948 durch Erzbischof Joseph Otto Kolb

Kuratie: 1. Juli 1917 durch Verlegung der 5. Kaplanei von Unserer Lieben Frau an die Kirche St. Martin

Tochterkirchenstiftung: 6. Januar 1921

Pfarrei: 5. März 1922. Abgetrennt von der Pfarrei Unsere Liebe Frau, Nürnberg.

Pfarrer
Georg Meixner (1887–1960), 1917/1919 Kurat
Friedrich Koegel (1883–1931), 1919/1922 Kurat, 1922/1931 Pfarrer
Christoph Schürr (1885–1976), 1931/1944
Johann Krauss (1909–1976), 1944/1956
Dr. Karl Ulrich 1956/1974
Dr. Ernst Schmitt 1974/1982
Richard Staudigel seit 1982

Literatur: Amtsblatt 1922; Pfeiffer, Nr. 31385; Kunstdenkmale Nürnberg, S. 353; Neue Kirchen, S. 11, 33; Lill, Georg: Zu den Kirchenkonkurrenzen für Frankfurt a. M. und Nürnberg. In: Die Christliche Kunst 22 (1925/26), S. 249–275; S. 94 f.; Festschrift zum 50jährigen Jubiläum der Kirche St. Martin in Nürnberg. Nürnberg 1985.

Filialen

St. Georg, Ziegelstein (13)
Pfarrei 1937

St. Marien, Buch
Notkirche, ehemals Baracke des Reichsarbeitsdienstes. Nach Baufälligkeit eingelegt.
Weihe: 7. Dezember 1947

St. Thomas, Boxdorf
Anstelle der baufälligen Notkirche St. Marien, Buch, wurde in geringer Entfernung eine neue Kirche und Pfarrzentrum errichtet.

Architekt: Richard Riedl, Nürnberg

Grundsteinlegung: 18. Mai 1969

Weihe: 18. Juli 1970 durch Weihbischof Martin Wiesend

Tochterkirchenstiftung: 7. Dezember 1967

St. Clemens I., Thon
1978 wird der Bau eines ökumenischen Kirchenzentrums („Kirchliches Zentrum in ökumenischer Nachbarschaft") entschieden.

Architekten: Grellmann und Schilling, Würzburg

Grundsteinlegung: 25. Mai 1984 durch Dekan von Loewenich, Nürnberg und Domkapitular Hans Wich

Weihe: 1. Bauabschnitt am 21. Juli 1987 durch Domkapitular Dr. Valentin Doering; Kirche: 25. Oktober 1987 durch Erzbischof Dr. Elmar Maria Kredel

Tochterkirchenstiftung: 23. Oktober 1979

11. Pfarrei St. Michael

Kirche

Architekt: Otto Schulz, Nürnberg

Grundsteinlegung: 25. Oktober 1908 durch Domdekan Franz Xaver Schädler

Konsekration: 25. Oktober 1910 durch Erzbischof Friedrich Philipp von Abert

Am 20. Februar 1945 wurde der Chor der Kirche zerstört und später wieder aufgebaut.

Weihe: 15. Oktober 1950

Kuratie 1. Januar 1916

Pfarrei 5. März 1922. Abgetrennt von der Pfarrei Unsere Liebe Frau, Nürnberg

Pfarrer

Johann Hart (1882–1967), 1916/1917 Kurat

Georg Köhler (1879–1947), 1917/1918 Kurat

Johann Buchfelder (1884–1948), 1918/1922 Kurat

Georg Köhler (1879–1947), Mai 1923/1938

Franz Xaver Eichhorn (1900–1974), 1938/1958

Peter Wachter 1958/1968

Werner Herold seit 1968

Literatur: Amtsblatt 1922, S. 95 f.; Unsere Pfarrkirche im Silberkranz. St.-Michaels-Bote. Gemeindeblatt der katholischen Pfarrei St. Michael in Nürnberg (September 1935), Nr. 9; Kunstdenkmale Nürnberg, S. 469; St. Michael, Nürnberg 27./28. September 1975, Festschrift zur Pfarrsaaleinweihung, o.O., o.J. [Nürnberg 1975].

Filialen

Hl. Bruder Konrad in Schniegling

Die Notkirche wurde am 26. April 1936 durch Ehrendomherr Johann Egenhöfer, Nürnberg, geweiht und am 20. Februar 1945 zerstört. Die Kirche hat bereits von 1917–1935 (Bau der Martinskirche) als Not- und Pfarrkirche für den Seelsorgebezirk St. Martin gedient. 1935 wurde sie wieder errichtet und unter Verwendung von Teilen der alten Notkirche St. Martin umgestaltet.

Architekt: Fritz Mayer, Nürnberg

Tochterkirchenstiftung: 19. Dezember 1968. 14. September 1971 Eingliederung der Filialgemeinde „St. Konrad" in die Pfarrei „Zu den Hl. Schutzengeln".

St. Ulrich (Kath. Seelsorgestelle).

Im Pfarrzentrum gibt es zwei Möglichkeiten, Gottesdienste zu halten.

Architekt: H. P. Haid, Simmelsdorf

Weihe: 15. Juli 1989

10. Januar 1974 Verleihung des Titels „St. Ulrich" für die Kirchengemeinde am Vogelherd.

Tochterkirchenstiftung: 1. Dezember 1985

12. Pfarrei St. Willibald

Kirche

Architekt: Hans Saueressig, Nürnberg

Grundsteinlegung: 12. September 1912 durch Erzbischof Jacobus von Hauck

In der Zeit der Planung lag das Kirchengrundstück noch auf dem Gebiet der Diözese Eichstätt. Bei den Grenzbereinigungen zwischen den Bistümern Eichstätt und Bamberg kam das Gebiet zur Erzdiözese Bamberg.

Weihe: 6. Juli 1913 durch Weihbischof Adam Senger

Kuratie: 1912

Tochterkirchenstiftung: 26. Januar 1914

Pfarrei: 13. Juli 1922. Abgetrennt von der Pfarrei Herz Jesu, Nürnberg

Pfarrer
August Seither (1868–1947), 1912/16 Kurat
Christoph Schürr (1885–1976), 1917/1922 Kurat, 1922/1931 Pfarrer
Christian Brand (1887–1940), 1931/1940
Dr. Karl Ulrich 1941/1956
Philipp Schaduz 1956/1978
Hans Gerber seit 1979

Literatur: Amtsblatt 1922, S. 186 f.; Kunstdenkmale Nürnberg, S. 397; Die Weiche. Rundbrief der Kath. Pfarrgemeinde St. Willibald, Nürnberg.

13. Pfarrei St. Georg

Kirche
Notkirche St. Georg in Ziegelstein

Weihe: 19. November 1922 durch Erzbischof Jacobus von Hauck

1954 Abbruch der Notkirche; 3. April 1955 Grundsteinlegung der neuen Kirche

Architekten: Fritz und Walter Mayer, Nürnberg

Weihe: 22. April 1956 durch Erzbischof Josef Schneider

Kuratie 18. August 1927

Pfarrei 1. Juli 1937. Abgetrennt von der Pfarrei St. Martin, Nürnberg

Pfarrer
Otto Grasmüller (1898–1981), 1925/28 Kurat
Franz Häffner (1897–1963), 1928/31 Kurat
Karl Röckelein (1898–1988), 1931/1937 Kurat, 1938/1972 Pfarrer
Ferdnand Rieger seit 1972

Literatur: Kunstdenkmale Nürnberg, S. 490; Chronik der Pfarrei St. Georg, o.O., o.J.; 50 Jahre Katholischer Deutscher Frauenbund Nürnberg, St. Georg, o.O., o.J. [Nürnberg 1979]; Neue Kirchen, S. 17, 40.

Filialen
St. Margaretha, Heroldsberg (21)
Pfarrei 1970

Maria Auxilium Christianorum, Buchenbühl

Kirche
Erwerb einer ehemaligen Militärbaracke 1946 und Einrichtung als Notkirche „Maria Hilf" und Kindergarten.

Weihe: November 1947 durch Ehrendomherr Michael Drummer, Nürnberg

Tochterkirchenstiftung: 18. Juli 1963

14. Pfarrei St. Theresia vom Kinde Jesu

Kirche
Notkirche St. Theresia mit Kindergarten unter einem Dach.

Weihe: 11. Oktober 1931 durch Domkapitular Karl Wolkenau

Nach Zerstörung der Kirche am 19. Oktober 1944 Wiederaufbau und am 4. Mai 1948 Grundsteinlegung.

Architekten: Albert Pietz und Müssig, Nürnberg

Weihe: 10. Oktober 1948 durch Erzbischof Joseph Otto Kolb

Tochterkirchengemeinde: 3. November 1933

Pfarrei: 1. Juli 1937. Abgetrennt von der Pfarrei Herz Jesu, Nürnberg

Pfarrer
Heinrich Beinhölzl (1890–1975), 1933/1938 Kurat, 1938/1944 Pfarrer
Martin Wiesend 1944/1962
Leo Oefelein 1962/1972
Ludwig Hoffmann seit 1972

Literatur: Neue Kirchen, S. 11.

15. Pfarrei St. Franziskus

Kirche
Weihe der Notkirche am 22. Dezember 1929

Grundsteinlegung der jetzigen Kirche: 14. Dezember 1952

Weihe: 20. März 1960 durch Erzbischof Josef Schneider

Architekt: Robert Gruber, Nürnberg

Kuratie: 3. Februar 1936. Der bayerischen Franziskanerprovinz wird die Seelsorge in Nürnberg-Gartenstadt anvertraut und die Genehmigung zur Errichtung einer Ordensniederlassung erteilt.

Tochterkirchenstiftung: 7. April 1937

Pfarrei: 1. April 1953. Abgetrennt von der Pfarrei St. Ludwig, Nürnberg

Kirche und Pfarrzentrum St. Franziskus

Pfarrer

  P. Parthenius Forschner OFM (1907–1970), 1949/1953 Kurat, 1953/1970 Pfarrer
  P. Hugo Götz OFM 1970–1975
  P. Luitpold Dirauf OFM 1975–1986
  P. Camillus Konietzny OFM 1986–1988
  P. Lukas Schwietz OFM seit November 1988

Literatur: Neue Kirchen, S. 21, 47.

16. Pfarrei Hl. Kreuz

Kirche

  Erweiterungsbau der Pfarrkirche

Architekten: Fritz und Walter Mayer, Nürnberg

Weihe: 21. März 1965 durch Dekan Paul Holzmann, Nürnberg

Tochterkirchenstiftung: 22. September 1955

Pfarrei: 11. Oktober 1956. Abgetrennt von der Pfarrei St. Bonifaz, Nürnberg

Pfarrer

  Heinrich Schmittinger 1957/1985
  Dr. Ernst Schmitt seit 1986

Literatur: Neue Kirchen, S. 25.

17. Pfarrei Zu den Hl. Schutzengeln

Kirche

  Als Notkirche errichtet.

Architekt: Hans Bogner

Weihe: 2. Oktober 1932 durch Erzbischof Jacobus von Hauck

Architekt der heutigen Kirche: Benno Semmer, Nürnberg

Tochterkirchenstiftung: 2. April 1936

Kuratie: 1952

Pfarrei: 1. September 1962. Abgetrennt von der Pfarrei St. Anton, Nürnberg

Kuraten

  P. Eberhard Krzewitza O.Cist. (1913–1976), 1952
  P. Ildefons Winter O.Cist.
  P. Maurus Luitz O.Cist.
  P. Wilhelm Disch O.Cist.

Pfarrer

  P. Johann Bundschuh SDB 1962/1972
  P. Hans Lindenberger SDB 1972/1982
  P. Otto Söhnlein SDB seit 1982

Literatur: Kunstdenkmale Nürnberg, S. 377; 50 Jahre Kirche zu den hl. Schutzengeln.
Festschrift, o.O., o.J. [Nürnberg 1982].

Filiale

Hl. Bruder Konrad in Schniegling (siehe Pfarrei St. Michael)

St.-Stephans-Kirche, 1952 geweiht

18. Pfarrei St. Stefan

Kirche
Notkirche St. Stefan, eine ehemalige Reithalle, die massiv ausgebaut wurde.

Weihe: 28. September 1952 durch Erzbischof Josef Otto Kolb

28. März 1976 Grundsteinlegung der neuen St.-Stefans-Kirche. Die Notkirche wurde zum Pfarrzentrum umgestaltet.

Architekt: Hans K. Frieser, Nürnberg

Konsekration: 16. Oktober 1977 durch Weihbischof Martin Wiesend

Pfarrzentrum (links, ehemalige Kirche) und Kirche St. Stephan heute

Tochterkirchenstiftung: 18. März 1955

Kuratie: 28. Februar 1962

Pfarrei 1. Mai 1964. Abgetrennt von der Pfarrei St. Kunigund, Nürnberg

Pfarrer

Lorenz Gäßlein 1962/1964 Kurat, seit 1964 Pfarrer

Literatur: Pfarrführer der Pfarrei St. Stefan, Nürnberg. Herausgegeben aus Anlaß der Orgelweihe, Nürnberg 1978; St. Heinrichsblatt 84 (30. Oktober 1977) Nr. 44, S. 10.

19. Pfarrei St. Wolfgang

Kirche

Architekten: Winfried und Peter Leonhardt, Nürnberg

Grundsteinlegung: 15. September 1957 durch Domkapitular Franz Eichhorn

Weihe: 18. Mai 1958 durch Erzbischof Josef Schneider

Tochterkirchenstiftung: 31. Juli 1958

Kuratie: 1. Oktober 1965

Pfarrei 1. November 1967. Abgetrennt von der Pfarrei St. Bonifaz, Nürnberg

Pfarrer

Edwin Fiedler 1965/1967 Kurat, seit 1967 Pfarrer

Literatur: Neue Kirchen, S. 19, 44.

20. Pfarrei Allerheiligen

Kirche

Architekten: Winfried und Peter Leonhardt, Nürnberg

Grundsteinlegung: 5. Juni 1955

Weihe: 14. Oktober 1956 durch Erzbischof Josef Schneider

Allerheiligenkirche

Tochterkirchenstiftung: 18. Juli 1968

Pfarrei: Bei der Neuordnung des Gebietes der Pfarrei St. Josef in Nürnberg mit Wirkung vom 1. Januar 1969 wurde nach Abtrennung der neuen Pfarrei St. Josef auf dem Gebiet der alten Pfarrei St. Josef die „Katholische Pfarrei Allerheiligen in Nürnberg" errichtet. Sie ist Rechtsnachfolgerin der alten Pfarrei St. Josef, Nürnberg.

Pfarrer
Johannes Kreutzer 1969/1989
Dr. Michael Hofmann, seit 1989

Literatur: Siehe 7. Pfarrei St. Josef; Neue Kirchen, S. 18, 41; Königer, Ernst: Die Allerheiligenkirche in Nürnberg. Ein Werk zeitgenössischer sakraler Kunst. In: St. Heinrichsblatt 65 (17. Februar 1957), Nr. 7, S. 12 f.; Freitag, Johann – Schnell, Hugo: Allerheiligenkirche Nürnberg (Kunstführer Nr. 687). München und Zürich 1959.

Filiale
St. Benedikt (7)

21. Pfarrei St. Margaretha, Heroldsberg

Kirche

Architekt: Fritz Mayer, Nürnberg

Weihe: 12. Mai 1935 durch Erzbischof Jacobus von Hauck

Nach dem Bau der neuen Kirche wurde sie zur Altentagesstätte umgebaut.

253

Architekt der neuen Kirche: Walter Mayer, Nürnberg

Grundsteinlegung: 4. Oktober 1970 durch Domkapitular Franz Mizera

Weihe: 1. Oktober 1972 durch Erzbischof Josef Schneider

Tochterkirchenstiftung: 1934

Kuratie: 1. August 1967

Pfarrei: 1. Januar 1970. Abgetrennt von der Pfarrei St. Georg, Nürnberg

Pfarrer:
Johannes Mainusch 1970/1976
Leonhard M. Maier 1976 hauptamtlicher Pfarrverweser
Wilhelm Pape seit 1977.

Nebenkirche
Kapelle des Byzantinisch-Slawischen Ritus zum hl. Großmärtyrer Georgios, untergebracht im Pfarrhaus.

Weihe: 23. April 1986

Kuratie St. Gabriel

Kuratie innerhalb der Pfarrei St. Walburga, Eibach (Dekanat Nürnberg-Süd, 1). Regelung der Seelsorge aufgrund eines besonderen Vertrages zwischen der Erzdiözese Bamberg und der Diözese Eichstätt mit Wirkung vom 1. Juni 1971.

(Siehe Dekanat Nürnberg-Süd, 17)

DIE PFARREIEN, KURATIEN UND SEELSORGESTELLEN
IN NÜRNBERG SOWIE STEIN UND HEROLDSBERG

ST. MARGARETA
HEROLDSBERG

ST. HEDWIG
DEK. FÜRTH

ST. THOMAS

FÜRTH

ST. CLEMENS

ST. GEORG

ST. MICHAEL

ST. MARTIN

ALLERHEILIGEN

ST. OTTO

SCHUTZENGEL

ST. ANTON

U.L.FRAU

ST.JOSEF

ST. KARL

ST.ELISABETH

ST.
KUNIGUND

ST. STEFAN

HEILIG KREUZ

ST. BONIFAZ

HERZ JESU

ST. LUDWIG

ST. WOLFGANG

VERKL.
CHRISTI

ST.
THERESIA

MARIA AM HAUCH

GABRIEL

ST. WILLIBALD

HEILIG GEIST

MAXIM.
KOLBE

ST. SEBALD

ALBERTUS MAGNUS, STEIN

ST.
FRANZISKUS

MENSCHW.
CHRISTI

ST. WALBURGA

ST.
WUNIBALD

HL.
DREIFALTIGK.

MUTTER
VOM GUTEN RAT

ST. RUPERT

ZUM
GUTEN HIRTEN

HL. FAMILIE

CORPUS CHRISTI

MARIA KÖNIGIN

ST. MARIEN

DIÖZESANGRENZE: •••••••••••
NÖRDLICH: ERZDIÖZESE BAMBERG
SÜDLICH : DIÖZESE EICHSTÄTT
STADTGRENZE :
PFARRGRENZE :

VORLAGE: SEKR. FÜR KIRCHLICHE RAUMORDNUNG
UND SEELSORGEPLANUNG BAMBERG
GEZ. : O. NIKOL BAMBERG

255

3. Dekanat Nürnberg-Süd (Diözese Eichstätt)

Die Orte im Bereich des heutigen Dekanats Nürnberg-Süd gehörten in vorreformatorischer Zeit zu den würzburgischen Pfarreien Roßtal und Zirndorf (Landkapitel Zenn) und zu den eichstättischen Pfarreien Schwabach (Landkapitel [Ober-]Eschenbach), Katzwang, Kornburg, Feucht und Mögeldorf (Landkapitel Altdorf). Nach der Reformation lebten in diesem Gebiet, das größtenteils vom Lorenzer Reichswald bedeckt war, über 2 Jahrhunderte lang nur vereinzelte Katholiken. 1806 fielen die Reichsstadt Nürnberg und das 1792 preußisch gewordene Fürstentum Ansbach an das Königreich Bayern. Die Religionsedikte vom 10. Januar 1803 und 24. März 1809 beseitigten die bisherigen Zuzugsbeschränkungen: Angehörige der bestehenden 3 christlichen Konfessionen waren nunmehr im ganzen Staat bürgerlich gleichberechtigt.

In der Folgezeit stieg auch im Süden Nürnbergs die Zahl der Katholiken ständig an. Eine seelsorgliche Betreuung war anfangs kaum möglich. Die nächstgelegenen katholischen Pfarrorte Abenberg und Gnadenberg lagen stundenweit entfernt. Von diesen beiden Orten aus entwickelten sich die heute bestehenden Seelsorgebezirke. Der Bau des Ludwigskanals (vollendet 1846), der Eisenbahnstrecken nach Donauwörth (eröffnet 1849), Amberg (1859), Neumarkt (1871), Ansbach (1875) usw., vor allem aber die ab 1871 rasch fortschreitende Industrialisierung zogen weitere Arbeiter an.

Für die von Abenberg betreuten Katholiken in Schwabach und Umgebung wurde 1839 eine Kuratie errichtet, die 1857 zur Pfarrei erhoben wurde. Eine der Tochtergründungen der Pfarrei Schwabach, Eibach (1), wurde 1910 zur ersten neuen Seelsorgestelle im Gebiet des heutigen Dekanats.

Von Gnadenberg aus wurden die Katholiken in Altdorf pastoriert; 1868 erhielten sie eine Expositur, die 1876 Pfarrei wurde. Von Altdorf wurde 1902 die Expositur Feucht abgetrennt, die seit 1921 Pfarrei ist. Wendelstein (bis 1900 zur Pfarrei Schwabach), eine Filiale von Feucht, wurde 1922 Expositur und 1954 Pfarrei; eine weitere Filiale von Feucht war seit 1935 Altenfurt (3).

Der Zustrom von Flüchtlingen und Vertriebenen 1945–1946 hat die Seelsorge auch im Nürnberger Raum vor schwere Aufgaben gestellt. Wie sie äußerlich gemeistert wurden, belegt die folgende Übersicht über Kirchenbauten und die Errichtung neuer Seelsorgestellen; aus 3 im Jahr 1945 sind inzwischen 17 geworden.

In der päpstlichen Bulle „Dei ac Domini nostri" vom 1. April 1818, in der die Diözesen Bayerns neu „umschrieben" wurden, waren statt genauer Grenzen nur die in den jeweiligen Bistümern gelegenen Pfarrorte angegeben (bei Bamberg alphabetisch, bei allen anderen dekanatsweise). So kam es, daß sich zwischen den neu errichteten Pfarreien Ansbach, Erlangen und Nürnberg und den nächstgelegenen alten Pfarrsprengeln – Abenberg und Gnadenberg entsprachen im Norden die Pfarreien Büchenbach bei Erlangen (bis 1808 würzburgisch) und Neunkirchen am Sand – ein weites „Niemandsland" ausbreitete, das von der kirchlichen Organisation zunächst nicht erfaßt war. Teilweise wurden die Katholiken von einer benachbarten Pfarrei „karitativ" pastoriert.

Beim Ausbau des Pfarrnetzes seit der Jahrhundertwende konnte auf die vorreformatorischen Diözesangrenzen nicht immer Rücksicht genommen werden. So wurde 1905 in Röthenbach an der Pegnitz eine Kuratie errichtet, ohne das Ordinariat Eichstätt einzuschalten. Bald darauf begann die Planung für den Bau von St. Willibald am Rangierbahnhof (Dekanat Nürnberg, 12). Dies gab 1908 den Anstoß zu schriftlichen Verhandlungen zwischen den beiden Ordinariaten. Dem Ergebnis stimmte am 21. Mai 1913 das Kultusministerium zu. Die Diözese Eichstätt verzichtete auf die seit 1899 in die Stadt Nürnberg eingemeindeten Gebiete und auf ihre südlich der Pegnitz gelegenen Orte zwischen Nürnberg und Hersbruck und erhielt dafür ein Gebiet zwischen Ansbach und Nürnberg, das – bis auf Stein b. Nbg. (6) – zur 1913 errichteten Expositur Heilsbronn kam. Die seit 1914 wiederholt erbetene päpstliche Zustimmung erfolgte erst am 4. Februar 1939 und zwar nur hinsichtlich der Grenzen im Stadtbereich von Nürnberg.

Die Vereinbarung von 1913 war von der damaligen Stadtgrenze ausgegangen. Durch neue Eingemeindungen und neu entstehende Wohngebiete war sie bald überholt. Deswegen kam es am 4. Mai 1936 zu einer Besprechung von Vertretern der Ordinariate im Nürnberger Franziskanerkloster, denen bis Juli 1936 weitere schriftliche Verhandlungen folgten. Am 23./29. Oktober 1938 richteten die beiden Ordinarien eine gemeinsame Eingabe an den Nuntius in Berlin. Schon am 4. Februar 1939 erging ein entsprechendes Dekret der Konsistorial-Kongregation. Die Diözesangrenze im Süden von Nürnberg wurde darin wie folgt festgelegt: die Ringbahn vom Dutzendteich bis zur Allersberger Straße, die Allersberger Straße bis zur Trierer Straße, die Trierer Straße bis zum Kanal, der Kanal bis zur Ringbahn und dann die Ringbahn bis zur Eisenbahnlinie Nürnberg–Ansbach. (Die Ringbahn war 1934 um 2 km weiter nach Süden – um das „Märzfeld" herum – verlegt worden; die Vereinbarung meinte indes den ehemaligen Verlauf.)

Die Problematik einer derartigen Grenzziehung ist den Seelsorgern seit 1937 wiederholt bewußt geworden, weil die Siedlungstätigkeit auf diese Grenze verständlicherweise keine Rücksicht nahm. So beauftragte der Eichstätter Bischof die Franziskaner der Kuratie St. Franziskus (Dekanat Nürnberg, 15) 1937–1951 mit der Seelsorge im Gebiet südlich der Trierer Straße, weil dieses von Eibach zu weit entfernt lag. Als nach dem 2. Weltkrieg die Erzdiözese Bamberg auf Eichstätter Diözesanboden die Ketteler-Siedlung errichtete, wo später die Kuratie St. Rupert (5) entstand, wurde zwar 1951 erneut über eine genauere Grenzziehung verhandelt, eine Gebietsabtretung von seiten Eichstätts aber entschieden abgelehnt. Die weitere Entwicklung, nicht zuletzt die Einrichtung der Katholischen Stadtkirche Nürnberg, hat die Frage nach Seelenzahlen und Abgrenzungen zurücktreten lassen.

Die Kuratie Schwabach war 1839 dem Landkapitel Hilpoltstein zugewiesen worden (die Mutterpfarrei Abenberg blieb beim Landkapitel Ornbau). 1841 erfolgte eine neue Einteilung der Diözese; anstelle der bisherigen 8 Kapitel wurden 17 neue Dekanate errichtet (die Stadt Eichstätt war nicht einbezogen). Abenberg und Schwabach kamen zum Dekanat Spalt, Gnadenberg und mit ihm Altdorf zum Dekanat Kastl. 1922 wurden aus diesen beiden Dekanaten 5 bzw. 2 Pfarreien ausgeschieden, und aus ihnen wurde ein neues Dekanat Schwabach errichtet.

Mit Wirkung vom 1. Juli 1957 wurde am 22. Juni 1957 das Dekanat Schwabach, das ca. 60 000 Katholiken zählte (1922 waren es etwas mehr als 8000 gewesen), geteilt. Die Pfarreien und Kuratien im Osten bilden seitdem das Dekanat Altdorf, die im Stadtgebiet bzw. im Einzugsbereich von Nürnberg gelegenen das Dekanat Nürnberg-Süd, die im Westen und Süden das Dekanat Schwabach.

Aus dem verkleinerten Dekanat Schwabach wurde am 15. Dezember 1972 mit Wirkung vom 1. Januar 1973 die Pfarrei Katzwang (4), aus dem Dekanat Altdorf am 1. Juli 1974 mit Wirkung vom 1. Oktober 1974 die Pfarrei Kornburg (9) ins Dekanat Nürnberg-Süd umgegliedert. Im übrigen ließ die neue Dekanatseinteilung von 1974 (statt 23 gibt es seitdem nur mehr 15 Dekanate) das nördlichste Dekanat der Diözese Eichstätt unberührt. Die Zahl der Katholiken beträgt derzeit knapp 50 000, bei einer Gesamteinwohnerzahl von ca. 125 000.

Quellen:

Diözesanarchiv Eichstätt: Ordinariat, Diözesangrenzen; Pfarrerrichtungsakten; Schematismus der Geistlichkeit des Bistums Eichstätt 1840–1962; Schematismus der Diözese Eichstätt 1964 ff.; Pastoralblatt des Bistums Eichstätt 1, 1854 ff.; Matrikel des Bistums Eichstätt nach dem Stande des Jahres 1875, Eichstätt 1882, passim.

Literatur:

Krenzer, Oskar: Die Errichtung des Hochstifts Bamberg und ihre Folgen für das Bistum Eichstätt. In: Sammelblatt des Historischen Vereins Eichstätt 40/41, 1925/1926, S. 1–45, hier S. 42–45; Buchner, Franz Xaver: Das Bistum Eichstätt 1–2, Eichstätt 1937–1938, passim; Uebler, Johann Georg: Die katholische Kirche in Schwabach. In: 600 Jahre Schwabach 1371–1971. Festschrift zur 600-Jahr-Feier, herausgegeben von Heinrich Schlüpfinger, Schwabach 1971, S. 217–240 passim; Übler, Leonhard: Abenberg und Gnadenberg. Die Entwicklung der Eichstätter Diaspora im Nürnberger Raum. In: Klerusblatt 52, 1972, S. 106–107.

Dekane:

Alois Wagner (1905–1969) 1957/1969
Ernst Rupprecht 1970/1984
Heinz Schweiger seit 1984

St. Willibald, Eibach, um 1910

1. Pfarrei St. Walburga (bis 1953 St. Willibald), Eibach

Kirche St. Willibald
Architekt: Otto Schulz, Nürnberg
Benediktion: 12. Juni 1910 durch Bischof Leo von Mergel OSB
Seit 1967 Pfarrheim

Kirche St. Walburga
Architekt: Fritz Mayer, Nürnberg
Konsekration: 20. Dezember 1953 durch Bischof Joseph Schröffer

Seelsorgestelle: 6. Juni 1910
Expositur: 10. Februar 1914
Pfarrei: 14. Juli 1921. Abgetrennt von der Pfarrei Schwabach
Pfarrer
  Georg Meier jun. (1881–1937), 1910/1916 Expositus
  Anton Geitner (1888–1972), 1916/1917 Expositus
  Dionys Mayer (1886–1959), 1917/1921 Expositus, 1921/1959 Pfarrer
  Joseph Mayer sen. 1959/1977
  Leo Pröll 1977/1989
  Josef Fersch seit 1989

Literatur: Kunstdenkmale Nürnberg, S. 277; Regnath, Willibald: Diasporaverhältnisse der
  Pfarrei Schwabach. In: Pastoralblatt des Bistums Eichstätt 55, 1908, S. 80–81; Ders.:
  Kirchenbau in Eibach. In: ebd. 56, 1909, S. 63; Ders.: Die Expositur Eibach. In: ebd. 57,
  1910, S. 76–77; Buchner, Franz Xaver: Das Bistum Eichstätt 2, 1938, S. 269–272; Nürnberg-
  Eibach: Eine unserer Walburga-Pfarreien. In: Kirchenzeitung 42, 1979, Nr. 9, S. 8.

Filialen
St. Joseph (seit 1968 Hl. Familie) (2)
Pfarrei 1949

St. Rupert (5)
Pfarrei 1956

Albertus Magnus (6)
Pfarrei 1957

St. Gabriel (17)
Kuratie 1962

Maria am Hauch (11)
Pfarrei 1972

2. Pfarrei Heilige Familie (bis 1968 St. Joseph), Reichelsdorf

Kirche St. Joseph
Architekt: Rolf Behringer, Nürnberg
Grundsteinlegung: 29. September 1929 durch Domkapitular Franz Xaver Rindfleisch

St. Josef, Reichelsdorf, um 1930

Konsekration: 28. September 1930 durch Bischof Leo von Mergel OSB

Erweiterungsbau *Heilige Familie* (Patroziniumswechsel)

Architekt: Peter Leonhardt, Nürnberg

Konsekration: 24. März 1968 durch Abt Paulus Heinz OSB von Plankstetten

Expositur: 1. September 1932

Pfarrei: 15. Oktober 1949. Abgetrennt von der Pfarrei Eibach (1)

Pfarrer

Alois Wagner (1905–1969), 1932/1949 Expositus, 1949/1969 Pfarrer
Franz Starringer 1969/1980
Georg Schmid seit 1980

Literatur: Kunstdenkmale Nürnberg, S. 398; Steinlein, G.: Die katholische Kirche St. Joseph in Nürnberg-Reichelsdorf. In: „Die Bauzeitung", Stuttgart, Nr. 10, 5. April 1932; Buchner, Franz Xaver: Das Bistum Eichstätt 2, 1938, S. 269–272; „Wo einst Schafe weideten . . ." In: Kirchenzeitung 31, 1968, Nr. 14, S. 14 und 16; Einweihung der katholischen Kirche „Heilige Familie", Nürnberg-Reichelsdorf, 24. März 1968, Nürnberg 1968; Wagner, Sturmius J.: 50 Jahre Katholische Kirche Nürnberg-Reichelsdorf. In: Pfarrbote Heilige Familie Nürnberg-Reichelsdorf 35, 1980, Nr. 9/10; Puchner, Otto: Die katholische Kirche in Nürnberg-Reichelsdorf. Festvortrag zum 50jährigen Jubiläum, Nürnberg 1980.

Filialen

St. Hedwig, Dietersdorf (bis 1948 zur Pfarrei St. Sebald, Schwabach)

Kirche

Architekt: Peter Leonhardt, Nürnberg

260

Grundsteinlegung: durch Domkapitular Dr. Alois Brems

Benediktion: 1. August 1954 durch Domkapitular Bernhard Mader

Literatur: Kerschensteiner, Joseph: Kirchenbenediktion in Dietersdorf. In: Willibalds-Bote 17, 1954, S. 290.

Verklärung Christi, Wolkersdorf (bis 1948 zur Pfarrei St. Sebald, Schwabach)

Kirche

Architekt: Robert Gruber, Nürnberg

Grundsteinlegung: 19. Mai 1966 durch Domkapitular Bernhard Mader

Konsekration: 19. Mai 1968 durch Abt Paulus Heinz OSB von Plankstetten

Literatur: Die „Verklärung Christi"-Kirche. In: Kirchenzeitung 31, 1968, Nr. 22, S. 14.

3. Pfarrei St. Sebald, Altenfurt

Kirche

Architekt: Fritz Mayer, Nürnberg

Grundsteinlegung: Sommer 1934

Konsekration: 23. Juni 1935 durch Bischof Konrad Graf von Preysing

Erweiterungsbau

Architekt: Fritz Mayer, Nürnberg

Konsekration: 29. September 1957 durch Bischof Joseph Schröffer

Expositur: 1. Oktober 1936 (bis 1937 Siedlung „Eigene Scholle")

Tochterkirchengemeinde: 18. Dezember 1948 mit Wirkung vom 1. Januar 1949

Pfarrei: 8. Dezember 1951. Abgetrennt von der Pfarrei Feucht

Pfarrer

    P. Benedikt Zeller O.Cist. (1896–1979), 1935/1936 Aushilfspriester
    Leonhard Übler 1936/1951 Expositus, seit 1951 Pfarrer

Literatur: Weihe der St.-Sebaldus-Kirche . . . In: Willibalds-Bote 2, 1935, S. 355; Neue Seelsorgestelle im Diaspora-Filialbezirk „Eigene Scholle" In: ebd. 3, 1936, S. 621; Buchner, Franz Xaver: Das Bistum Eichstätt 1, 1937, S. 320–326.

Nebenkirche

Altenfurter Kapelle St. Johannes der Täufer und St. Katharina

Mittelalterlicher Bau, nach Einführung der Reformation in Nürnberg profaniert, 1950 von der Katholischen Kirchenstiftung Altenfurt erworben.

Weihe: 11. Mai 1952 durch Bischof Joseph Schröffer

Literatur: Pfeiffer, Nr. 465–469; Kunstdenkmale Nürnberg, S. 270–272; 700 Jahre Altenfurter Kapelle. In: Willibalds-Bote 27, 1964, Nr. 37, S. 16; Übler, Leonhard: Nürnbergs ältestes Heiligtum. Die Altenfurter Kapelle, Nürnberg, 1975; Ders.: Vor 30 Jahren: Nürnbergs ältestes Heiligtum „kehrte zurück". In: Kirchenzeitung 43, 1980, Nr. 11, S. 6; Sanden, Erika: Die romanische Rundkapelle in Altenfurt als Zeugnis der Zeit des Zweiten Kreuzzuges, In: Mitteilungen des Vereins für Geschichte der Stadt Nürnberg 71, 1984, S. 1–22.

St. Sebald, Altenfurt, um 1936

Filialen
St. Klemens Maria (seit 1959 zum Guten Hirten) (7)
Pfarrei 1964

Heiligste Dreifaltigkeit (8)
Pfarrei 1964

Hl. Geist (13)
Pfarrei 1977

Mutter vom Guten Rat (14)
Pfarrei 1977

4. St. Marien, Katzwang

Kirche Mariä Himmelfahrt
Architekt: Hans Albert Wilhelm, Nürnberg
Benediktion: 9. August 1936 durch Domkapitular Prälat Willibald Regnath
1953 erweitert; abgebrochen 1972

Kirche Mariä Aufnahme in den Himmel
Architekt: Friedrich Haindl, München

St. Marien, Katzwang

Grundsteinlegung: 1. Oktober 1967 durch Domkapitular Bernhard Mader

Konsekration: 8. Juni 1969 durch Bischof Alois Brems

Tochterkirchengemeinde: 1. Dezember 1951

Expositur: 1. November 1954

Pfarrei: 7. Juli 1956. Abgetrennt von der Pfarrei Schwabach

Pfarrer

Wilhelm Theodorich Heinrich O.Praem. (1878–1961), 1946/1947 Aushilfspriester
Heinrich Barde (1905–1982), 1947/1954 Aushilfspriester, 1954/1956 Expositus,
1956/1976 Pfarrprovisor
Johannes Schmidt 1967/1986
Helmut Hummel 1986/1989
Hans Peter Miehling seit 1989

Literatur: Richtfest des Kirchenneubaues in Katzwang bei Schwabach. In: St. Willibaldsblatt,
Nürnberg 1936, Nr. 19; Kirchweihe in Neukatzwang. In: Willibalds-Bote 3, 1936, S. 428;
St. Marien zu Katzwang konsekriert. In: Kirchenzeitung 32, 1969, Nr. 25, S. 14–15;
Festschrift anläßlich der Einweihung der neuen katholischen Pfarrkirche St. Marien zu
Katzwang, 8. Juni 1969; 25 Jahre Pfarrei St. Marien, Katzwang, 1981; Schneider, Paul:
Seelsorge in der Stadtrandgemeinde Katzwang. In: Kirchenzeitung 51, 1988, Nr. 25,
S. 16–17.

5. Pfarrei St. Rupert

Notkirche

Benediktion: 7. März 1951 durch Erzbischof Joseph Otto Kolb, Bamberg

Kirche St. Rupert

Architekten: Architekturbüro Vogel, Nürnberg

Grundsteinlegung: 23. August 1953 durch Domkapitular Bernhard Mader

Konsekration: 22. August 1954 durch Bischof Joseph Schröffer

Bis 1951 von der Kuratie St. Franziskus (Dekanat Nürnberg, 15) betreut

Kuratie: 16. Juli 1951, Ketteler-Siedlung

Pfarrei: 8. Dezember 1956. Abgetrennt von der Pfarrei Eibach (1)

Pfarrer

Hubert Perlitius (1914–1979), 1951/1956 Kurat, 1956/1957 Pfarrprovisor, 1957/1974
Pfarrer
Karl Fischer seit 1974

Literatur: „Edelfrucht schönen Gemeinschaftsgeistes". Weihe der neuen Kirche St. Rupert. In:
Christlicher Beobachter 6, 1954, Nr. 35, S. 3; Eine junge Pfarrei wird jünger (St. Rupert). In:
Kirchenzeitung 42, 1979, Nr. 37, S. 8.

Filiale

St. Wunibald (12)
Pfarrei: 1972

St. Rupert, um 1979

6. Pfarrei Albertus Magnus, Stein

Notkirche

Architekt: Peter Leonhardt, Nürnberg

Grundsteinlegung: 10. Dezember 1950

Benediktion: 28. Oktober 1951 durch Bischof Joseph Schröffer

Im Juli 1988 abgebrochen

Kirche

Architekten: Ferdinand Reubel und Heinz Seipel, Nürnberg

Grundsteinlegung: 30. Oktober 1988 durch Generalvikar Dompropst Josef Pfeiffer

Konsekration: 16. Juli 1989 durch Bischof Karl Braun

Seelsorgestelle: 1. August 1952

Tochterkirchengemeinde: 1. Dezember 1955

Pfarrei: 25. Dezember 1957. Abgetrennt von der Pfarrei Eibach (1)

Pfarrer

Otto Obergruber (1914–1977), 1952/1953 Kurat
Michael Seitz 1953/1956 Kurat
Josef Pfeiffer jun. 1956/1957 Kurat, 1957/1968 Pfarrer
Veit Funk seit 1968

Literatur: Hirschmann, Gerhard: Stein bei Nürnberg. (Schriftenreihe der Altnürnberger Landschaft 9), Nürnberg 1962, S. 166; Altenheim und Pfarrzentrum Albertus Magnus in Stein/Nbg. Festschrift zur Einweihung am 17. Juli 1983; Festschrift zur Kirchenweihe und kleiner Kirchenführer durch St. Albertus Magnus Stein, 1989.

7. Pfarrei Zum Guten Hirten, Langwasser

Notkirche

Weihe: 24. Dezember 1945

1961 abgebrochen und in Großgründlach, Kuratie Mannhof (Dekanat Fürth, 5), wieder aufgestellt

Kirche Zum Guten Hirten

Architekten: Winfried und Peter Leonhardt, Nürnberg

Grundsteinlegung: 10. April 1960 durch Domkapitular Bernhard Mader

Konsekration: 1./2. Juli 1961 durch Bischof Joseph Schröffer

Kuratie: 15. Januar 1952, St. Klemens Maria, Märzfeld

Tochterkirchengemeinde: 25. Februar 1959, Zum Guten Hirten, Märzfeld (Patroziniumswechsel)

Pfarrei: 28. August 1964 mit Wirkung vom 1. September 1964. Abgetrennt von der Pfarrei Altenfurt (3)

Zum Guten Hirten, Langwasser

Pfarrer
Wilhelm Wirsam 1952/1964 Kurat, 1964/1967 Pfarrprovisor
Stephan Deichsel 1967/1974
Joseph Kreuzer seit 1974

Literatur: Grundsteinlegung für Kirche in Langwasser. In: Willibalds-Bote 23, 1960, Nr. 15, S. 12; Neues Gotteshaus auf dem „Paradegelände". In: ebd. Nr. 18, S. 12; Weihe der Kirche Zum Guten Hirten, Nürnberg-Langwasser. In: ebd. 24, 1961, Nr. 29, S. 14–15; Festschrift zur Weihe der katholischen Kirche Zum Guten Hirten, Nürnberg-Langwasser, 1961.

Filiale
Verklärung (seit 1971 Menschwerdung) Christi (10)
Pfarrei: 1972

Hl. Dreifaltigkeit, Langwasser

8. Pfarrei Heiligste Dreifaltigkeit, Langwasser

Notkirche
ehemalige Baracke des Internierungslagers
1949/1964 als Gottesdienstraum verwendet, dann abgebrochen

Kirche Hl. Dreifaltigkeit

Architekt: Alexander Freiherr von Branca, München

Grundsteinlegung: 28. April 1963 durch Domkapitular Bernhard Mader

Konsekration: 6. September 1964 durch Bischof Joseph Schröffer

Seelsorgestelle: 1. Juli 1946, Langwasser

Tochterkirchengemeinde: 11. November 1961

Pfarrei: 6. September 1964. Abgetrennt von der Pfarrei Altenfurt (3)

Pfarrer
Hubert Perlitius (1914–1979), 1946/1951 Aushilfspriester
Martin Pauli 1950/1953 Aushilfspriester
Walter Tschöpe 1953/1954 Aushilfspriester
Ernst Rupprecht 1960/1964 Kurat, 1964/1984 Pfarrer
Markus Harrer seit 1984

Literatur: Grundsteinlegung in Nürnberg-Langwasser. In: Willibalds-Bote 26, 1963, Nr. 19, S. 12; Freudentag in Langwasser. In: ebd. 27, 1964, Nr. 38, S. 14–15; Dreifaltigkeitskirche Nürnberg-Langwasser. [Festschrift] 1964; Seelsorgs-Sorgenkind Großstadt (Hl. Dreifaltigkeit). In: Kirchenzeitung 47, 1984, Nr. 13, S. 16–17; Marx, Werner: Pfarrei Heiligste Dreifaltigkeit Nürnberg-Langwasser. Aus der Geschichte der Gemeinde 1964 – 1989, Nürnberg 1989.

Filiale

St. Maximilian Kolbe (16)

Pfarrei: 1988

9. Pfarrei Maria Königin, Kornburg

Notkirche St. Achahildis

Weihe: 30. September 1945 durch Dekan Franz Xaver Schuster, Schwabach

Kirche Maria Königin

Architekten: Winfried und Paul Leonhardt, Nürnberg

Grundsteinlegung: 8. Juni 1958 durch Dekan Markus Harrer, Feucht

Konsekration: 31. Mai 1959 durch Bischof Joseph Schröffer

Seelsorgestelle: 16. November 1962

Tochterkirchengemeinde: 15. Dezember 1963

Pfarrei: 25. Mai 1969 mit Wirkung vom 31. Mai 1969. Abgetrennt von der Pfarrei
Wendelstein

Pfarrer

Johann Zinner 1962/1969 Kurat, seit 1969 Pfarrer

Literatur: Kunstdenkmale Nürnberg, S. 364; Konsekration der Filialkirche in Kornburg. In:
Willibalds-Bote 22, 1959, S. 549; Festschrift 25 Jahre Katholische Kirche Maria Königin,
Kornburg 1984; Schneider, Paul: Aus der Nürnberger Stadtrandgemeinde Kornburg. In:
Kirchenzeitung 51, 1988, Nr. 24, S. 16–17.

Filiale

Corpus Christi (15)

Pfarrei: 1983

Maria Königin, Kornburg

Maria Königin, Kornburg, Blick in den Altarraum

10. Pfarrei Menschwerdung Christi

Notkirche
Weihe: 1. Dezember 1968

Kirche Menschwerdung Christi
Grundsteinlegung: 28. Juni 1970
Konsekration: 7. Mai 1972 durch Bischof Joseph Schröffer

Tochterkirchengemeinde: 16. April 1966, Verklärung Christi, Nürnberg-Neuselsbrunn
Patroziniumswechsel 1. Juli 1971

Pfarrei: 25. April 1972 mit Wirkung vom 1. Mai 1972. Abgetrennt von der Pfarrei Zum Guten Hirten (7)

Pfarrer
Stephan Dierig 1968/1972 Kurat, seit 1972 Pfarrprovisor

Literatur: Einweihung des katholischen Gemeindezentrums Menschwerdung Christi, Nürnberg 1972; Pfarrzentrum Menschwerdung Christi in Nürnberg eingeweiht. In: Kirchenzeitung 35, 1972, Nr. 22, S. 20–21.

11. Pfarrei Maria am Hauch

Kirche Mutterschaft Mariens

Architekt: Jakob Semmler, München

Grundsteinlegung: 3. September 1967 durch Domkapitular Bernhard Mader

Konsekration: 12. Mai 1968 durch Weihbischof Martin Wiesend, Bamberg

Kuratie: 1. September 1968

Tochterkirchengemeinde: 20. März 1969 mit Wirkung vom 25. März 1969

Pfarrei: 25. April 1972 mit Wirkung vom 1. Mai 1972. Abgetrennt von der Pfarrei Eibach (1)

Pfarrer
Franz Schmid 1968/1972 Kurat, 1972/1983 Pfarrer
Alois Ehrl seit 1983

Literatur: Maria am Hauch, Nürnberg 1968; Maria am Hauch. In: Kirchenzeitung 31, 1968, Nr. 21, S. 8; Maria am Hauch . . . Zehn Jahre im Leben einer Pfarrei. In: ebd. 41, 1978, Nr. 23, S. 8; Zwanzig Jahre Pfarrei Maria am Hauch. In: ebd. 51, 1988, Nr. 19, S. 20–21.

12. Pfarrei St. Wunibald

Kirche

Architekten: Karlheinz Grün und Ferdinand Reubel, Nürnberg

Grundsteinlegung: 8. Dezember 1957 durch Domkapitular Bernhard Mader

Konsekration: 23. November 1958 durch Bischof Joseph Schröffer

St. Wunibald, Altarbereich

271

St. Wunibald, Werktagskirche

Seelsorgestelle: 1. Juli 1966

Tochterkirchengemeinde: 27. Oktober 1968 mit Wirkung vom 1. November 1968

Pfarrei: 25. April 1972 mit Wirkung vom 1. Mai 1972. Abgetrennt von der Pfarrei St. Rupert (5)

Pfarrer
Heinz Schweiger 1966/1972 Kurat, seit 1972 Pfarrer

Literatur: Grundstein für St. Wunibald gelegt. In: Willibalds-Bote 20, 1957, S. 1007; „Wir brauchen Kirchen und Wohnungen!" Bischof Joseph weihte die neue St. Wunibaldskirche. In: ebd. 21, 1958, S. 1094; Neues Pfarrzentrum für St. Wunibald in Nürnberg. In: Kirchenzeitung 41, 1978, Nr. 22, S. 23.

13. Pfarrei Heilig Geist, Fischbach

Notkirche
Benediktion: 29. Oktober 1950 durch Domdekan Prälat Dr. Ludwig Bruggaier

Kirche Heilig Geist
Architekt: Fritz Pühlhofer, Fischbach

Grundsteinlegung: 6. Oktober 1963 durch Domkapitular Bernhard Mader

Konsekration: 14. März 1965 durch Bischof Joseph Schröffer

Seelsorgestelle: 16. Oktober 1966

Tochterkirchengemeinde: 8. Dezember 1967

Pfarrei: 1. Mai 1977. Abgetrennt von der Pfarrei Altenfurt (3)

Pfarrer
Ludwig Vögele 1966/1967 Kooperator, 1967/1977 Kurat, seit 1977 Pfarrer

Literatur: Kunstdenkmale Nürnberg, S. 283–284; Buchner, Franz Xaver: Das Bistum Eichstätt 1, 1937, S. 320–326; Heilig-Geist-Kirche in Fischbach konsekriert. In: Willibalds-Bote 28, 1965, Nr. 13, S. 14–15.

14. Pfarrei Mutter vom Guten Rat, Moorenbrunn

Kirche
Architekt: Ferdinand Reubel, Nürnberg

Grundsteinlegung: 16. Juli 1967 durch Domkapitular Bernhard Mader

Konsekration: 29. September 1968 durch Bischof Alois Brems

Tochterkirchengemeinde: 11. Oktober 1969

Pfarrei: 1. Mai 1977. Abgetrennt von der Pfarrei Altenfurt (3)

Pfarrer
Karl Feigel 1969/1974 Kurat
Anton Hirschbeck 1974/1977 Kurat, seit 1977 Pfarrer

Literatur: Konsekration der Kirche in Moorenbrunn. In: Kirchenzeitung 31, 1968, Nr. 41, S. 14–15; Schneider, Paul: Pfarrgemeinde „Maria vom Guten Rat" in Moorenbrunn. In: ebd. 51, 1988, Nr. 27, S. 16–17.

15. Corpus Christi, Herpersdorf

Behelfskirche

Architekt: Ferdinand Reubel, Nürnberg

Weihe: 16. September 1973 durch Generalvikar Domkapitular Josef Pfeiffer

Im Oktober 1982 abgebrochen und in der Kuratie Maximilian Kolbe (16) aufgestellt

Kirche Corpus Christi

Architekt: Robert Maria Jandl, Regensburg

Grundsteinlegung: 25. Oktober 1981 durch Domkapitular Alois Brandl

Konsekration: 17. April 1983 durch Bischof Alois Brems

Seelsorgestelle: 16. September 1979

Tochterkirchengemeinde: 7. Februar 1980 mit Wirkung vom 2. Februar 1980

Pfarrei: 27. März 1983 mit Wirkung vom 3. April 1983. Abgetrennt von der Pfarrei
  Kornburg (9)

Pfarrer
  Karl Schiele 1979/1983 Kurat, seit 1983 Pfarrer

Literatur: Behelfskirche Corpus Christi in Herpersdorf. In: Kirchenzeitung 36, 1973, Nr. 41,
  S. 14; Corpus Christi, Nürnberg-Herpersdorf, Festschrift, 1983; Corpus Christi in Nürnberg-
  Herpersdorf. In: Kirchenzeitung 46, 1983, Nr. 19, S. 18–19.

16. St. Maximilian Kolbe

Behelfskirche

Im Oktober 1982 von der Kuratie Corpus Christi (15) übernommen

Weihe: 28. November 1982 durch Dekan Ernst Rupprecht

Kirche St. Maximilian Kolbe

Architekt: Eberhard Schunck, München

Grundsteinlegung: 20. Juli 1985 gemeinsam mit der evangelischen Martin-Niemöller-
  Kirche durch Pfarrerin Karola Glenk und Kurat Alfred Hausner

Konsekration: 7. Dezember 1986 durch Bischof Karl Braun
  Gleichzeitig Weihe der evangelischen Martin-Niemöller-Kirche durch Kreisdekan
  Hermann von Loewenich

Seelsorgestelle: 5. Juni 1981 mit Wirkung vom 16. September 1981, Langwasser IV

Tochterkirchengemeinde: 10. Oktober 1982, St. Maximilian Kolbe

Pfarrei: 5. Juni 1988 mit Wirkung vom 1. Juli 1988. Abgetrennt von der Pfarrei
  Hl. Dreifaltigkeit (8)

Pfarrer
  Alfred Hausner 1981/1988 Kurat, seit 1988 Pfarrer

Literatur: Die St. Maximilian Kolbe-Gemeinde wird Teil eines ökumenischen Kirchenzentrums in Nürnberg-Langwasser. In: Kirchenzeitung 47, 1984, Nr. 38, S. 20–22; Evangelisches

Grundsteinlegung der Maximilian-Kolbe-Kirche und der
Martin-Niemöller-Kirche, Langwasser, 1985

Kirchenzentrum Martin Niemöller, Katholisches Kirchenzentrum St. Maximilian Kolbe in ökumenischer Nachbarschaft. Festschrift zur Weihe und Übergabe am 7. Dezember 1986, Nürnberg 1986; Ökumenischer Kirchenmittelpunkt in Langwasser. In: Blickpunkt Kirche 14. Dezember 1986, S. 1–2; Neues Kirchenzentrum in ökumenischer Nachbarschaft. In: Kirchenzeitung 50, 1987, Nr. 2, S. 19–20.

17. Kuratie St. Gabriel, Marterlachsiedlung
zur Pfarrei St. Walburga, Eibach (1)

1957/1961 konnte die evangelische Notkirche in Werderau für die Gottesdienste mitbenützt werden.

Kirche

Architekt: Robert Gruber, Nürnberg

Grundsteinlegung: 22. Mai 1960 durch Domkapitular Bernhard Mader

Konsekration: 15./16. April 1961 durch Bischof Joseph Schröffer

Seelsorgestelle: 1. September 1957

Tochterkirchengemeinde: 1. Februar 1962

Durch Vertrag zwischen dem Erzbistum Bamberg und dem Bistum Eichstätt vom 6./17. Mai 1971 mit Wirkung vom 1. Juni 1971 wird das Gebiet der Kuratie St. Gabriel mit dem Stadtteil Werderau im Bereich der Pfarrei St. Ludwig (Dekanat Nürnberg, 5) zur Seelsorgestelle Marterlachsiedlung-Werderau zusammengefaßt. Die Seelsorgestelle wird einem Priester der Erzdiözese Bamberg übertragen; die Kirchenstiftung untersteht weiterhin der Diözese Eichstätt.

Kurater

Alois Brandl 1957/1967
Veit Funk 1967/1968
Franz Gollan 1968/1971
Hansjürg Neundorfer 1971/1975
Josef Hanus 1975/1977
Hans Gerber 1977/1981
Erich Prokosch 1981/1987
Franz Sabo seit 1987

Literatur: St. Gabriel – Bote der Wahrheit. In: Willibalds-Bote 24, 1961, Nr. 19, S. 13; Festschrift zum 25jährigen Jubiläum der Kirche St. Gabriel, Nürnberg 1986.

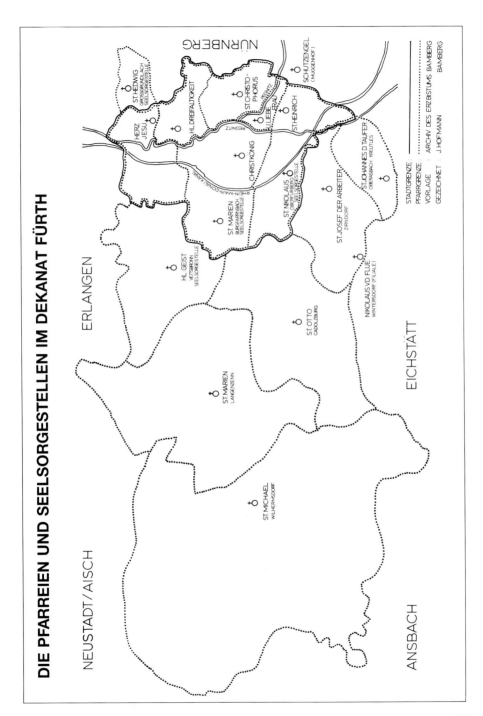

DIE PFARREIEN UND SEELSORGESTELLEN IM DEKANAT FÜRTH

NÜRNBERG

ERLANGEN

NEUSTADT/AISCH

EICHSTÄTT

ANSBACH

ST. HEDWIG
GROSSGRÜNDLACH
SEELSORGESTELLE

HILDREIFALTIGKEIT

HERZ
JESU

ST. CHRISTO-
PHORUS

U. LIEBE
FRAU

ST. HEINRICH

SCHUTZENGEL
(MUGGENHOF)

PEGNITZ

CHRISTKÖNIG

RHEIN-MAIN-DONAU-KANAL

ST. MARIEN
BURGFARRNBACH
SEELSORGESTELLE

ST. NIKOLAUS
OBERFÜRBERG
SEELSORGESTELLE

ST. JOSEF DER ARBEITER
ZIRNDORF

ST. JOHANNES D. TÄUFER
OBERASBACH KREUTLES

HL. GEIST
KETBRUNN
SEELSORGESTELLE

NIKOLAUS V.D. FLÜE
WINTERSDORF (FILIALE)

ST. OTTO
CADOLZBURG

ST. MARIEN
LANGENZENN

ST. MICHAEL
WILHERMSDORF

STADTGRENZE:
PFARRGRENZE:
VORLAGE : ARCHIV DES ERZBISTUMS BAMBERG
GEZEICHNET : J. HOFMANN   BAMBERG

277

4. Die Entstehung der katholischen Pfarreien in Fürth

Die Pfarrei Unsere Liebe Frau, Fürth, bis zur Erhebung ihrer Filiale St. Heinrich im Jahre 1922 zur Pfarrei die einzige in Fürth, gehörte zum Dekanat Neunkirchen am Sand. Am 29. Januar 1913 wurde das Erzbischöfliche Stadtkommissariat Nürnberg-Fürth gebildet, dem alle zum Erzbistum Bamberg gehörenden Pfarreien von Nürnberg und Fürth angehören. Sitz der neugebildeten Verwaltungseinheit war Nürnberg. Nicht betroffen von dieser Regelung war die Kuratie Wilhermsdorf, die über die Pfarrei Sondernohe bis 1937 zum Dekanat Gebsattel gehörte, danach zum neugebildeten Dekanat Nürnberg.

Durch Dekret des Bamberger Erzbischofs Dr. Josef Schneider vom 7. März 1963 wurde mit Wirkung vom 1. Mai 1963 das Erzbischöfliche Dekanat Fürth errichtet.

Literatur: Zum 25jährigen Jubiläum des Erzbischöflichen Dekanats Fürth. 1. Mai 1963 – 30. April 1988. (Hg. vom Erzbischöflichen Dekanat Fürth unter Mitwirkung von Helmut Mahr.) O.O., o.J. [Fürth 1988]. Diese Broschüre vermittelt auch einen Einblick in die Geschichte der Pfarreien und Filialen. Dort ist sie als „Jubiläumsschrift des Dekanates Fürth" in den jeweiligen Literaturangaben genannt; Amtsblatt 1963, S. 67 f.

Dekane
Nikolaus Pieger (1900–1983), 1963/1969
P. Remigius Hümmer OCarm. (1925–1988), 1971/1984
Herbert Hautmann seit 1984

1. Pfarrei Unsere Liebe Frau

Kirche

Architekt: Bauinspektor Conrad Joseph Brüger

Grundsteinlegung: 25. August 1825 durch Erzbischof Joseph Maria von Fraunberg

Benediktion: 16. Oktober 1828 durch Pfarrer Johann Ulrich Kugel, Nürnberg

Konsekration: 6. Oktober 1829 durch Erzbischof Joseph Maria von Fraunberg

Kuratie 8. Juli 1828

Pfarrei: 23. Mai 1837. Abgetrennt von der Pfarrei Unsere Liebe Frau, Nürnberg

Pfarrer
Adam Friedrich Urban, Pfarrkurat (1795–1848), Kurat 1828/1834
Theobald Zahnleiter (1802–1868), Kurat 1834/1837, Pfarrer 1837/1868
Franz Müller (1829–1907), 1869/1886
Friedrich Sprecher (1847–1926), 1886/1900
Edmund Stenger (1861–1915), 1900/1914
Moritz Abel (1876–1945), 1914/1916
Philipp Knapp (1876–1938), 1916/1938
Raimund Trauner (1884–1958), 1939/1956
Adolf Schlereth (1909–1963), 1956/1963
Josef Beyer (1916–1984), 1964/1984
Günter Leis seit 1984

Literatur: Pfeiffer, Nr. 17237, 17240–17243; Kunstdenkmale Fürth, S. 21 f.; 150 Jahre Unsere Liebe Frau in Fürth, o.O., o.J. [Fürth 1979]; Leyh, Robert: Kath. Stadtpfarrkirche Unsere Liebe Frau/Fürth (Schnell, Kunstführer Nr. 1632), München 1987; Jubiläumsschrift des Dekanates Fürth, S. 36 f.

Filialen

St. Josef, Zirndorf (3)
Pfarrei 1922

St. Heinrich (2)
Pfarrei 1922

Herz Jesu in Mannhof (5)
Pfarrei 1965

Christkönig (4)
Pfarrei 1956

St. Christophorus (6)
Pfarrei 1965

2. Pfarrei St. Heinrich

Kirche

Architekt: Hans Schurr, München

Grundsteinlegung: 15. Oktober 1908

Weihe: 23. Oktober 1910 durch Erzbischof Friedrich Philipp von Abert

Kuratie: 1. August 1922

Pfarrei: 14. August 1922. Abgetrennt von der Pfarrei Unsere Liebe Frau, Fürth

Pfarrer

Georg Schmitt (1883–1973), 1911/1922 I. Kaplan
Franz Schwarzmann (1885–1948), Pfarrer 1922/1947
Msgr. Nikolaus Pieger (1900–1983), 1947/1977
Herbert Hautmann seit 1977

Literatur: Amtsblatt 1922, S. 218–220; Festschrift zur Erinnerung an das 50jährige Jubiläum von St. Heinrich, Fürth/Bay., o.O., o.J. [Fürth 1960]; 60 Jahre St. Heinrich, Fürth/Bay., o.O., o.J. [Fürth 1970]; Pfarrzentrum St. Heinrich, Fürth. Zur Einweihung am 5. 12. 1982, o.O., o.J. [Fürth 1982]. St. Heinrich, Fürth, 1910–1985. Festschrift zum 75jährigen Weihejubiläum unserer Kirche, o.O., o.J. [Fürth 1985]; Leyh, Robert: Kath. Pfarrkirche St. Heinrich, Fürth (Schnell, Kunstführer Nr 1651). München 1987; Jubiläumsschrift des Dekanates Fürth, S. 38–40.

Filiale

St. Nikolaus, Oberfürberg

Kirche

1945–1948 als Notkirche errichtet und am 5. Dezember 1948 durch Stadtpfarrer Nikolaus Pieger geweiht.

Architekt: Bruckschlögel

Tochterkirchenstiftung: 29. Mai 1979

Literatur: Jubiläumsschrift des Dekanates Fürth, S. 41 f.

St. Nikolaus, Oberfürberg

3. Pfarrei St. Josef der Arbeiter, Zirndorf

Kirche

Architekt: Prof. Josef Schmitz, Nürnberg

Benediktion: 20. November 1904 durch Pfarrer Edmund Stenger, Fürth
   1964–1966 Bau der neuen St. Josefs-Kirche. Die alte Kirche wurde abgerissen.

Architekt: Robert Gruber, Nürnberg

Grundsteinlegung: 30. Juni 1964

Weihe: 18. September 1966 durch Erzbischof Josef Schneider

Kuratie 1. Oktober 1906

Pfarrei: 4. September 1922. Abgetrennt von der Pfarrei Unsere Liebe Frau, Fürth

Pfarrer
   Johann Georg Oppel (1878–1957), 1909/1913
   Friedrich Dörfler (1883–1966), Kuratus 1913/1914, Pfarrer 1922
   Alfons Webert seit 1964

Literatur: Kunstdenkmale Fürth, S. 176; St. Josef, Zirndorf, o.O., o.J. [1966]; Neue Kirchen,
   S. 27; Jubiläumsschrift des Dekanates Fürth, S. 44–46.

St.-Josephs-Kirche zu Zirndorf, 1964 abgerissen

Filialen

St. Johannes der Täufer, Oberasbach (8)
Pfarrei 1965

St. Otto, Cadolzburg (9)
Pfarrei 1965

St. Nikolaus von der Flüe, Wintersdorf

1973 wurde hier die Notkirche von St. Christophorus in Fürth aufgestellt.

Weihe: 13. Juli 1975

4. Pfarrei Christkönig

Kirche

Architekten: Friedrich Richter, Langenzenn, Friedrich Feuerlein, Schwabach

Grundsteinlegung: 3. April 1960

Christkönigskirche, Notkirche in der West-Vorstadt von Fürth

Weihe: 27. August 1961 durch Erzbischof Josef Schneider

Tochterkirchenstiftung: 27. September 1951

Kuratie 1952

Pfarrei: 1. November 1956. Abgetrennt von der Pfarrei Unsere Liebe Frau, Fürth

Pfarrer
  P. Gundekar Hatzold OCarm. (1913–1973), 1952/1956 Kurat, 1956/1958 Pfarrer
  P. Remigius Hümmer OCarm. (1925–1988), 1958/1985
  P. Rainer Maria Hörl OCarm., 1985/1988
  P. Rainer Fielenbach OCarm., seit 1988

Literatur: Neue Kirchen, S. 22, 49; Jubiläumsschrift des Dekanates Fürth, S. 47–49.

Filialen

St. Marien, Burgfarrnbach

Kirche

Architekt: Friedrich Richter, Langenzenn

Grundsteinlegung: 16. Mai 1954

Weihe: 18. September 1955 durch Erzbischof Josef Schneider

Heutige Christkönigskirche in Fürth

Tochterkirchenstiftung: 7. Februar 1978
Literatur: Neue Kirchen, S. 17; Jubiläumsschrift des Dekanates Fürth, S. 50–52.

Heilig Geist, Veitsbronn
Kirche
Architekten: Gregor Neundorfer und Peter Seemüller, Bamberg
Grundsteinlegung: 21. Oktober 1962
Weihe: 7. Mai 1964 durch Erzbischof Josef Schneider

Tochterkirchenstiftung: 14. Februar 1974
Literatur: Neue Kirchen, S. 24, 53; Jubiläumsschrift des Dekanates Fürth, S. 53–57.

5. Pfarrei Herz Jesu, Mannhof

Kirche
1. März 1925 Gründung des Kirchenbauvereins. 1930–1932 Erbauung der Kirche
Architekt: Georg Holzbauer, München
Weihe: 3. Juli 1932 durch Erzbischof Jacobus von Hauck

Tochterkirchenstiftung: 8. November 1925
Kuratie: 1. September 1962
Pfarrei: 1. April 1965. Abgetrennt von der Pfarrei Unsere Liebe Frau, Fürth
Pfarrer
   Georg Dobeneck, Kuratus 1962/1965, Pfarrer seit 1965
Literatur: 1932–1957. 25 Jahre Herz-Jesu-Kirche Vach-Mannhof, o.O., o.J. [1957]; Jubiläums-
   schrift des Dekanates Fürth, S. 62 f.

Filialen

St. Hedwig, Großgründlach (Kath. Seelsorgestelle)

Kirche
   Notkirche aus der Pfarrei zum Guten Hirten, Langwasser (Dekanat Nürnberg-Süd,
   7), am 29. Oktober 1961 durch Dekan Martin Wiesend, Nürnberg, geweiht.
   28. November 1965 Gründung des Kirchenbauvereins „St. Hedwig, Großgründ-
   lach".
Architekt der heutigen Kirche: Konrad Sichert, Nürnberg
Grundsteinlegung: 11. April 1976
Weihe: 23. Oktober 1977 durch Weihbischof Martin Wiesend

Tochterkirchenstiftung: 2. August 1977
Literatur: Jubiläumsschrift des Dekanates Fürth, S. 64 f.

Hl. Familie, Sack
Kirche
Architekt: Paul J. Eck, Nürnberg
Grundsteinlegung: 30. August 1970
Weihe: 1. Adventssonntag 1971 durch Erzbischof Josef Schneider
Tochterkirchenstiftung: 5. Juli 1977. 1. August 1981 Zuweisung an die an diesem Tag
   errichtete Pfarrei Heiligste Dreifaltigkeit, Stadeln.

Heiligste Dreifaltigkeit, Stadeln (7)
Pfarrei 1981

6. Pfarrei St. Christophorus

Kirche
   23. März 1953 Gründung eines Kirchenbauvereins, Errichtung einer Notkirche
Weihe: 15. November 1959 durch Weihbischof Johannes Lenhardt

Architekt der jetzigen Kirche: Ernst Netter, Fürth

Weihe: 7. Oktober 1973 durch Erzbischof Josef Schneider

Tochterkirchenstiftung: 4. Dezember 1959

Kuratie: 1. September 1962

Pfarrei: 1. April 1965. Abgetrennt von der Pfarrei Unsere Liebe Frau, Fürth

Pfarrer
   Theodor Sitzmann, Kuratus 1962/1965, Pfarrer seit 1965

Literatur: Jubiläumsschrift des Dekanates Fürth, S. 66–68.

7. Pfarrei Heiligste Dreifaltigkeit, Stadeln

Kirche
   10. Januar 1971 Gründung eines Kirchenbauvereins

Architekt: Walter Zischka, Fürth

Grundsteinlegung: 17. Juni 1973

Weihe: 27. Oktober 1974 durch Erzbischof Josef Schneider

Heiligste Dreifaltigkeit, Fürth-Stadeln

285

Tochterkirchenstiftung: 19. Oktober 1972

Kuratie: 1. April 1974

Pfarrei: 1. August 1981. Abgetrennt von der Pfarrei Herz Jesu, Mannhof

Pfarrer
   P. Dr. Prosper Hartmann SCJ, seit 1981

Literatur: Hl. Dreifaltigkeit Fürth-Stadeln. Festschrift zur Weihe der katholischen Kirche 27. Oktober 1974, o.O., o.J. [Fürth 1974]; Eine Pfarrei stellt sich vor. Hl. Dreifaltigkeit Fürth, o.O. [Fürth], o.J.; Amtsblatt 1981, S. 161 f.; Jubiläumsschrift des Dekanates Fürth, S. 79–81.

Filialen

Hl. Familie in Sack (Siehe 5. Pfarrei Herz Jesu, Mannhof)

8. Pfarrei St. Johannes der Täufer, Oberasbach

Kirche
   Bis 1906 von der Pfarrei Unsere Liebe Frau, Fürth, dann von der Kuratie St. Josef, Zirndorf, betreut. Kirche 1952 als Notkirche errichtet

Architekt: Gerhard Günther Dittrich, Nürnberg

Grundsteinlegung: 31. August 1952

Weihe: 17. Mai 1953 durch Erzbischof Joseph Otto Kolb

Architekt der heutigen Kirche: Ferdinand Reubel, Nürnberg

Weihe: Oktober 1975 durch Erzbischof Josef Schneider

Tochterkirchenstiftung: 12. Mai 1961

Pfarrei: 1. April 1965. Abgetrennt von der Pfarrei St. Josef, Zirndorf

Pfarrer
   Hermann Spies seit 1965

Literatur: Jubiläumsschrift des Dekanates Fürth, S. 69–71.

9. Pfarrei St. Otto, Cadolzburg

Zunächst von der Pfarrei Unsere Liebe Frau, Fürth, betreut. 1. Juni 1913 der Kuratie St. Josef, Zirndorf, zugewiesen.

Kirche

Architekt: Peter Feldner, Cadolzburg

Grundsteinlegung: 4. November 1956 durch Weihbischof Artur Michael Landgraf

Weihe: 29. September 1957 durch Erzbischof Josef Schneider

Tochterkirchenstiftung: 26. April 1963

Pfarrei: 1. April 1965

St. Michael, Wilhermsdorf

Pfarrer
 Joseph Beck, 1965/70
 Ernst-Jürgen Heymann seit 1970

Literatur: St. Otto, Cadolzburg, o.O., o.J.; Neue Kirchen, S. 19; Jubiläumsschrift des Dekanates Fürth, S. 76–78.

10. Pfarrei St. Michael, Wilhermsdorf

Kirche

Architekt: Dipl.-Ing. Walter Mayer, Nürnberg

Grundsteinlegung: 8. Oktober 1961

Weihe: 22. September 1963 durch Weihbischof Johannes Lenhardt

Kuratie: 1847

Pfarrei: 1. November 1956. Abgetrennt von der Pfarrei Sondernohe

Pfarrer
Josef Reck (1905–1979), 1948/1956 Kurat, 1957/1975 Pfarrer
Rudolf Dorbert, 1975/1976
P. Nikola Okiź SDB, 1976/1983
Friedrich Braun, 1983/1985 Pfarradministrator, seit 1985 Pfarrer
Literatur: Neue Kirchen, S. 24, 52; Jubiläumsschrift des Dekanates Fürth, S. 58–61.

Filialen

St. Marien, Langenzenn (11)
Pfarrei 1965

Maria Namen, Markt Erlbach
Kirche
Architekt: F. W. Mayer, BDA, Nürnberg
Grundsteinlegung: 18. Juli 1954
Weihe: 25. September 1955 durch Weihbischof Artur Michael Landgraf
Literatur: Neue Kirchen, S. 17; Jubiläumsschrift des Dekanates Fürth, S. 61.

11. Pfarrei St. Marien, Langenzenn

Kirche
Ausbau einer Ruine zur Pfarrkirche, die um 1970 wieder abgerissen wurde.
Architekt: Gerhard Günther Dittrich, Nürnberg
Weihe: 31. Juli 1949 durch Erzbischof Joseph Otto Kolb
Architekten der heutigen Kirche: Richter und Möhr, Langenzenn
Weihe: 18. März 1973 durch Erzbischof Josef Schneider

Tochterkirchenstiftung: 1. August 1946
Pfarrei: 1. April 1965. Abgetrennt von der Pfarrei St. Michael, Wilhermsdorf
Pfarrer
Sebastian Butterhof, 1958/1965 Kaplan, 1965/1968 Pfarrer
Alfred Bayer, 1968/1973
Werner Malcherczyk seit 1973
Literatur: Neue Kirchen, S. 12, 34; Jubiläumsschrift des Dekanates Fürth, S. 72–75.

Quellen- und Literaturverzeichnis

I. Staatliche, Städtische und Kirchliche Archive

1. Bayerisches Hauptstaatsarchiv München (BHStA)
- MK 20003, 26837, 26838, 26840 Akten des Kultusministeriums.
- MF 24320 Akten des Finanzministeriums.

2. Bayerisches Staatsarchiv Nürnberg (BStA)
- Rep. 270/II Regierung von Mittelfranken, Kammer des Innern, Abg. 1932, Titel XIV Religions- und Kirchensachen.
  Nr. 31; 102; 142/I–III; 658.
- Rep. 270/III Regierung, Kammer des Innern, Abg. 1952, Titel XIV Kirchen- und Pfarrsachen.
  Nr. 230; 6129; 6185; 6199; 6268; 6269.
- Rep. 270/IV Regierung, Kammer des Innern, Abg. 1968, Titel XIV Kirchen- und Pfarrsachen.
  Nr. 56; 73; 74; 152; 211; 223; 491; 492; 683; 684; 685.
- Rep. 499 Manuskripte Nr. 252. Georg Schrötter: Die Frauenkirche in Nürnberg (zugleich eine Geschichte der kath. Gemeinde Nürnberg im 19. Jahrhundert).

3. Stadtarchiv Nürnberg (StadtA)
- Rep. F Nr. 2 N. Nürnberger Stadtchronik. Begonnen 1623 von Johannes Müllner und bis zur Gegenwart fortgesetzt.
- Rep. C 2, Verzeichnis der Akten der Polizeidirektion Nürnberg. Nr. 40 c; 308.
- Rep. C 6, Ältere Magistrats-Registratur. ÄMA Nr. 1813.
- V d 15, Vereinspolizeiakten der Hauptregistratur.
- V d 197, Personenkartei.
- Korrespondenz protestant. Dekanat. V^e 4 Nr. 16; V^e 6 Nr. 9.
- QNG Nr. 289. Georg Wolfgang Christian v. Schuh: Der Nürnberger Kirchenstreit 1906–1916.

4. Stadt-Bibliothek Nürnberg (Stadt B)
- Dumhof, F. und Ruf, G.: Unser Austritt aus den freien Gemeinden. Nürnberg 1851 – Theol. 4938.8⁰.
- Küffner, Karl: Wie unsere Herz-Jesu-Kirche entstanden ist. Nürnberg 1902 – Nor. 1340.8⁰.
- Veillodter, Carl Valentin: Zwei Predigten am 3. Säkularfeste der Reformation im Jahre 1817 gehalten, Nürnberg 1817.
  - Theol. 3641.8⁰.

5. Stadtarchiv Fürth (StadtA)
- Fach 170, Nr. 1–19 Kath. Religions- und Kirchensachen. Akt Bürgermeister Franz v. Bäumen.

6. Landeskirchliches Archiv Nürnberg (LKA)
- Dekanat Nürnberg, Nr. 604.

7. Archiv des Erzbistums Bamberg (AEB)
- Rep. 4/1, Pfarrakten Unserer Lieben Frau Nürnberg, 19. Jh.
- Rep. 4/1, Pfarrakten Unserer Lieben Frau Fürth, 19. Jh.
- Rep. 4/1, Pfarrakten Unserer Lieben Frau Fürth, Stiftungen.
- Rep. 4/1, Pfarrakten St. Elisabeth Nürnberg.
- Rep. 4/3, Akt Diözesangrenzen.
- Rep. 4/3, Akt Sekten.
- Rep. 4/2, 4211/4; 4310/14 und 15.
  Nr. 288; Nr. 356; Nr. 387.
- Korrespondenz.

8. Pfarrarchivalien
- Unsere Liebe Frau Nürnberg, Pfarrakten.
- Unsere Liebe Frau Nürnberg, Pfarrer Kugel: Sammlung Oberhirtlich Bamberg'scher Verordnungen. Bd. I, XIII 2 b.
- St. Anton Nürnberg, Pfarrchronik.
- St. Kunigund Nürnberg, Pfarrchronik.
- St. Ludwig, Nürnberg, Pfarrchronik.

II. Zeitschriften und Zeitungen

Amtsblatt für die Erzdiözese Bamberg. Bamberg 1878 ff.
Bayerische Volkszeitung. Nürnberg 1919 ff.
Beiträge zur bayerischen Kirchengeschichte. Erlangen 1895 ff.
Der Fränkische Morgenbote. (Hg. vom Vorstand der freien christlichen Gemeinde Nürnbergs) Nürnberg April 1850 – März 1852.
Erlanger Zeitung.
Historisch-politische Blätter für das katholische Deutschland. München 1838 ff.
Intelligenzblatt der Stadt Nürnberg. 1748 ff.
Korrespondent von und für Deutschland.
Pastoralblatt für die Erzdiözese Bamberg. 1858 ff.
Pastoralblatt des Bistums Eichstätt. 1854 ff.
Würzburger Neueste Nachrichten.

III. Handbücher und Sammelbände

Bayerische Geschichte im 19. und 20. Jahrhundert. (Hg. Max Spindler). 2 Teil-Bde. Sonderausgabe. München 1978.
Handbuch der Kirchengeschichte. (Hg. Hubert Jedin). 7 Bde. Freiburg/Basel/Wien 1962–1979.
Industriekultur in Nürnberg. Eine deutsche Stadt im Maschinenzeitalter. (Hg. Hermann Glaser, Wolfgang Ruppert u. Norbert Neudecker). München 1980.
Katholikentag Nürnberg 1921. Festbericht nebst einer Geschichte der katholischen Gemeinden Nürnberg und Fürth. Nürnberg 1921.
Lebensläufe aus Franken. (Hg. Anton Chroust. Veröffentlichungen der Gesellschaft für Fränkische Geschichte). Würzburg 1919 ff.
Lexikon für Theologie und Kirche. 10 Bde. 2. Auflage. Freiburg/Br. 1957–1968.
Mitteilungen des Vereins für Geschichte der Stadt Nürnberg. Nürnberg 1879 ff.
Nürnberger Werkstücke zur Stadt- und Landesgeschichte. (Hg. Gerhard Hirschmann, Hanns Hubert Hoffmann u. Gerhard Pfeiffer). Nürnberg 1970 ff. (Schriftenreihe des Stadtarchivs Nürnberg).
Quellen zur Geschichte und Kultur der Stadt Nürnberg. (Hg. im Auftrag des Stadtrates zu Nürnberg vom Stadtarchiv). Nürnberg 1959 ff.
Rahner Karl und Vorgrimmler, Herbert: Kleines Konzilskompendium. Sämtliche Texte des Zweiten Vatikanums mit Einführungen und ausführlichem Sachregister. (Herderbücherei 270). 13. Auflage. Freiburg/Br. 1979.
Schematismen des Erzbistums Bamberg. 1811 ff.
Schematismen der Diözese Eichstätt.
Schwammberger, Adolf: Fürth von A bis Z. Geschichtslexikon. Fürth 1967.
Synode. Gemeinsame Synode der Bistümer in der Bundesrepublik Deutschland. Beschlüsse der Vollversammlung. Offizielle Gesamtausgabe I. 2. Auflage. Freiburg/Basel/Wien 1976.
Wachter, Friedrich: General-Personal-Schematismus der Erzdiözese Bamberg, 1007–1907. Bamberg 1908.

IV. Sonstige Literatur

Albrecht, Dieter: Von der Reichsgründung bis zum Ende des Ersten Weltkrieges (1871–1918). In: BG Bd. I S. 283–386.

Altkatholische Pfarrgemeinde Nürnberg. Familie ohne Dach. (Vervielfältigter Bericht ohne Angabe von Verfasser, Ort u. Zeit).

Aubert, Roger: Die katholische Kirche und die Revolution. In: HKG Bd. VI/1 S. 3–104.

Ders.: Die Wiedergeburt der alten Orden und das Aufblühen neuer Kongregationen. In: HKG Bd. VI/1 S. 247–259.

Ders.: Altes und Neues in Seelsorge und Moraltheologie. In: HKG Bd. VI/1 S. 427–447.

Aufklärung. Die Zeit der Aufklärung in Nürnberg 1780–1810. (Ausstellungskatalog mit Dokumenten, bearbeitet von Stadtarchiv und Stadtbibliothek Nürnberg) QGKN Bd. 6 (1966).

Baier, Helmut: Kirchenkampf in Nürnberg 1933–1945. Nürnberg 1973.

Baier, Helmut: Chronologie des bayerischen Kirchenkampfes 1933–45. Nürnberg 1969.

Ders.: 600 Jahre Ostchor St. Sebald-Nürnberg 1379–1979. Neustadt/Aisch 1979.

Ders.: Kirche in Not. Die bayerische Landeskirche im Zweiten Weltkrieg. Neustadt/Aisch 1979.

Barthel, Otto: Die Schulen in Nürnberg 1905–1960. Nürnberg oh. J.

Bauerreiß, Romuald: Kirchengeschichte Bayerns. Bd. VII (1600–1803). Augsburg 1970.

Bigelmaier, Andreas: Dinkel, Pankraz v., Bischof von Augsburg (1811–1894). In: Lebensläufe. Bd. VI (1960) S. 109–127.

Boehm, Laetitia: Das akademische Bildungswesen in seiner organisatorischen Entwicklung (1800–1920). In: BG Bd. II S. 995–1033.

Borgmann, Karl (Hg): Lorenz Werthmann. Reden und Schriften. Freiburg/Br. 1958.

Brandmüller, Walter: Das Wiedererstehen katholischer Gemeinden in den Fürstentümern Ansbach und Bayreuth. (Münchener Theologische Studien 15). München 1964.

Braun, Oskar: Abert, Friedrich Philipp v. In: Lebensläufe. Bd. II (1922) S. 1–11.

Buckreiß, Adam: Chronik der Pfarrei St. Martin zu Nürnberg. Nürnberg 1953.

Bülow, Emil: 100 Lebensbilder aus der österreichisch-ungarischen Provinz der Gesellschaft Jesu. Wien 1902.

Busch, Ludwig: Christliche Religionsgesänge zur Beförderung wahrer Tugend- und Gottesverehrung zum Gebrauch bey dem öffentlichen Gottesdienst für Katholiken. Erlangen 1798.

Demel, Bernhard: Das Priesterseminar des Deutschen Ordens zu Mergentheim. Bonn 1972.

Denk, Hans Friedrich: Die christliche Arbeiterbewegung in Bayern bis zum ersten Weltkrieg. Mainz 1980.

Die Congregation der Schwestern vom Allerheiligsten Heiland 1849–1949. Ein bebilderter Bericht über ihr 100jähriges Werk. (Deutsche Ausgabe der Festschrift) Neumarkt/Opf. 1949

Die deutschen Christen Bayerns im Rahmen des bayerischen Kirchenkampfes. Einzelarbeiten aus der Kirchengeschichte Bayerns. Bd. 46 (1968).

Die Geschichte eines kleinen Hauses. In: Illustrierte Beilage der „Bayerischen Volkszeitung" vom 22. November 1924.

Die katholische Kirche in Nürnberg. Ihre Entstehung und ihre Baugeschichte. Nürnberg o. J.

Witetschek: Die kirchliche Lage in Bayern nach den Regierungspräsidentenberichten 1933–1943. Bd. II. Regierungsbezirk Ober- und Mittelfranken. Bearbeitet von Helmut Witetschek. (Veröffentlichungen der Kommission für Zeitgeschichte Reihe Mainz 1967).

Eichhorn, E.: Frauenkirche Nürnberg. München 1955.

100 Jahre Kongregation der Dienerinnen der hl. Kindheit Jesu. Hg. von der Kongregation. Würzburg-Oberzell 1953.

Engelhardt, Adolf: Die Reformation in Nürnberg. Bd. I. Nürnberg 1936.

Erdmann, Karl Dietrich: Deutschland unter der Herrschaft des Nationalsozialismus 1933–1939. In: HdG Bd. 20 (dtv-Wissenschaft).

Essenwein, August: Der Bildschmuck der Frauenkirche zu Nürnberg. Nürnberg 1881.

Festing, Heinrich: Adolph Kolping und sein Werk. Freiburg/Br. 1982.

Festschrift. 100 Jahre Kolpingsfamilie Nürnberg (1860–1960). Nürnberg 1960.

Festschrift. 50 Jahre Theresienkrankenhaus Nürnberg. (Hg. Verwaltung des Theresienkrankenhauses Nürnberg) Nürnberg 1978.

Festschrift. (Hg. Deutscher Nationalverband der katholischen Mädchenschutzvereine) Heft 2. Freiburg/Br. 1955.

Fischer, Hermann und Wohnhaas, Theodor: Der Nürnberger Orgelbau im 19. Jahrhundert. In: MVGN Bd. 59 (1972) S. 227–236.

Flierl, Hans: Freie und öffentliche Wohlfahrtspflege. Aufbau, Finanzierung, Geschichte, Verbände. München 1982.

Fried, Pankraz: Die Sozialentwicklung im Bauerntum und Landvolk. In: BG Bd. II S. 751–780.

Fritzsch, Robert: Nürnberg unter dem Hakenkreuz. Im Dritten Reich 1933–1939. Düsseldorf 1983.

Fronmüller, Georg Tobias Chr.: Chronik der Stadt Fürth. 2. Auflage. Fürth 1887.

65 Jahre Baugenossenschaft Selbsthilfe 1912–1977. (Hg. vom Vorstand und Aufsichtsrat der Baugenossenschaft „Selbsthilfe" E. G.) Nürnberg 1978.

75 Jahre Caritas-Verband Nürnberg e. V. Nürnberg 1980.

25 Jahre Karmeliten in Fürth. Eine Chronik. Zusammenstellung der Aufzeichnungen zu einer Jubiläumsausgabe von P. Dr. Adalbert Deckert O.Carm. O. O., o. J.

50 Jahre St. Allerheiligen. Festvortrag von Werner Hergenröder, Eichstätt (gehalten am 14. Oktober 1972).

Gatz, Erwin: Die Bischöfe der deutschsprachigen Länder 1785/1803–1945. Ein biographisches Lexikon. Berlin 1983.

Geyer, Chr.: Das kirchliche Leben in Nürnberg vor und nach dem Übergang der Reichsstadt an Bayern. In: BbKG Bd. 12 (1906).

Glockner, Hermann: Bilderbuch meiner Jugend. 2 Bde. Bonn 1970.

Gotto, Klaus und Repgen, Konrad (Hg.): Kirche, Katholiken und Nationalsozialismus. (Topos-Taschenbuch Bd. 96) Mainz 1980.

Grieser, Utho: Himmlers Mann in Nürnberg. Der Fall Benno Martin: Eine Studie zur Struktur des Dritten Reiches in der „Stadt der Reichsparteitage". NWSt Bd. 13. Nürnberg 1974.

Haas, Karl Eduard: Die kleinen christlichen Kirchen und freien Gemeinden in Bayern. Erlangen 1976.

Haas, Wilhelm: Geschichte der Entstehung der katholischen Kirchengemeinde in der ehemaligen freien Reichsstadt Nürnberg. (Diss.) Würzburg 1934.

Hampe, Theodor: Essenwein, August Ottmar von, Architekt, Direktor des Germanischen Museums, 1831–1892. In: Lebensläufe. Bd. III (1927) S. 146–165.

Heßlein Hans: Die Baugeschichte der Deutschordenskirche St. Elisabeth in Nürnberg. (Diss.) Würzburg 1925.

Heydt, Fritz v. d.: Gute Wehr. Werden, Wirken und Wollen des Evangelischen Bundes. Berlin 1936.

Hirschmann, Gerhard: Die evangelische Kirche seit 1800. In: BG Bd. II S. 883–913.

Ders.: Die Ära Wurm in Nürnberg 1806–1818. In: MVGN Bd. 48 (1958) S. 277–305.

Höfner, Johann Baptist: Festschrift anläßlich des fünfzigjährigen Bestehens des Institutes der Englischen Fräulein zu Nürnberg. Nürnberg 1904.

Hotzelt, Wilhelm: Das Pfarrhaus zu „Unserer Lieben Frau" zu Nürnberg (1519–1919). In: MVGN Bd. 23 (1919) S. 100–114.

Industriekultur in Nürnberg. Eine deutsche Stadt im Maschinenzeitalter. (Hg. von Hermann Glaser, Wolfgang Ruppert und Norbert Neudecker) München 1980.

Kampe, Ferdinand: Die religiösen Bewegungen des neunzehnten Jahrhunderts. 4 Bde. Leipzig 1852–1860.

Karch, Michael: Geschichte der katholischen Gemeinden Nürnberg und Fürth. In: Katholikentag Nürnberg 1921. Festbericht nebst einer Geschichte der katholischen Gemeinden Nürnberg und Fürth. (Hg. von Georg Meixner.) Nürnberg o. J. [1921] S. 5–113.

Kist, Johannes: Hauck, Johannes Jakobus v., Erzbischof von Bamberg. In: Lebensläufe Bd. VI. (1960) S. 229–240.

Köhler, Oskar: Die Aufklärung. In: HKG Bd. V S. 368–376.

Kraus, Josef: Die Stadt Nürnberg in ihren Beziehungen zur Römischen Kurie während des Mittelalters. In: MVGN, 1954, Bd. 41, S. 1–154.

Kuppelmayer, Lothar: Die Tageszeitungen in Bayern (1849–1972). In: BG Bd. II S. 1146–1173.

Lang, Berthold: Bischof Sailer und seine Zeitgenossen. Regensburg 1932.

Lehnert, Walter: Ludwig Feuerbach. Der Philosoph und die Arbeiter. In: Industriekultur. München 1980.

Lembert, Hermann: Predigt beim 1. Landesfest des Evangelischen Bundes in Bayern zu Nürnberg am 26. 9. 1900. Nürnberg 1900.

Leo, Günther: Johann Gottfried Eisenmann. In: Lebensläufe Bd. IV (1930) S.116–132.

Lill, Rudolf: Kirchliche Reorganisation und Staatskirchentum in den Ländern des Deutschen Bundes und in der Schweiz. In: HKG Bd. VI/1 S. 160–173.

Ders.: Die Länder des Deutschen Bundes und die Schweiz 1830–1848. In: HKG Bd. VI/1 S. 392–408.

Ders.: Die Auswirkungen der Revolution von 1848 in den Ländern des Deutschen Bundes und den Niederlanden. In: HKG Bd. VI/1 S. 493–504.

Ders.: Die Länder des Deutschen Bundes und die Schweiz 1848–1870. In: HKG Bd. VI/1 S. 533–550.

Ders.: Die Entstehung der altkatholischen Kirchengemeinschaft. In: HKG Bd. VI/1 S. 792–796.

Lill, Rudolf: Der Kulturkampf in Preußen und im Deutschen Reich (bis 1878). In: HKG Bd. VI/2 S. 28–48.

Ders.: Der deutsche Katholizismus zwischen Kulturkampf und 1. Weltkrieg. In: HKG Bd. VI/2 S. 515–527.

Mai, Paul: St. Michael in Bayern. München/Zürich 1978.

Max, Prinz von Sachsen: Verteidigung der Moraltheologie des hl. Alfons von Liguori gegen Graßmanns Angriffe. Nürnberg ²1900.

Mayer, Friedrich: Nürnberg im 19. Jahrhundert mit stetem Rückblick auf seine Vorzeit. Nürnberg 1842.

Münster, Franz Karl Frhr. v.: Frankenthal oder Vierzehnheiligen. Nürnberg 1819.

Mutter Alfons-Maria Elisabeth Eppinger 1814–1867. (Aus dem Französischen) Colmar 1950.

Nach, Carl: Die Firmung. Zum Unterricht und zur Erbauung für Kinder und Erwachsene. In: Verordnungen Bd. I S. 110–113.

Neuhäusler, Johannes: Kreuz und Hakenkreuz. Bd. II. München 1946.

Neumayr, Maximilian: P. Ingbert Naab. Lehrer, Kämpfer, Beter. München 1947.

Neundorfer, Bruno: Die Anfänge der katholischen Seelsorge in Fürth. In: Festschrift 150 Jahre Unsere Liebe Frau in Fürth. Fürth 1979 S. 29–65.

90 Jahre Verein für Krankenpflege durch Niederbronner Schwestern. St. Josefshaus Nürnberg. 1890–1980. Nürnberg 1980.

Nigg, Walter: Maria Ward. Eine Frau gibt nicht auf. München 1983.

Nürnberg im Dritten Reich. Bilder, Bücher, Dokumente. (Ausstellungskatalog Nr. 90) Stadtbibliothek Nürnberg 1979.

Nürnberg. Festschrift, dargeboten den Mitgliedern und Teilnehmern der 65. Versammlung der Gesellschaft deutscher Naturforscher und Ärzte vom Stadtmagistrate Nürnberg (hg. von W. Beckh, F. Goldschmidt und E. Hecht). Nürnberg 1892.

Pfeiffer, Gerhard: Friedrich Wilhelm Ghillany. Ein Typus aus dem deutschen Bürgertum von 1848. In: MVGN Bd. 41 (1950) S. 155–255.

Ders. (Hg.): Nürnberg – Geschichte einer europäischen Stadt. München 1971.

Ders.: Nürnbergs christliche Gemeinde. Beobachtungen zum Verhältnis von kirchlicher und politischer Gemeinde. In: Evangelium und Geist der Zeit. 450 Jahre Reformation in Nürnberg. Festschrift zum 450jährigen Reformationsjubiläum. Nürnberg 1975 S. 45–115.

Pölnitz, Sigmund v.: Werden und Wirken der Englischen Fräulein Bamberg 1717–1967. In: 250 Jahre Institut der Englischen Fräulein Bamberg 1717–1967. Bamberg 1967 S. 14–25.

Priem, Paul: Geschichte der Stadt Nürnberg von dem ersten urkundlichen Nachweis ihres Bestehens bis auf die neueste Zeit. Nürnberg 1875.

Raab, Heribert: Staatskirchentum und Aufklärung in den weltlichen Territorien. In: HKG Bd. V S. 508–514.

Ders.: Der Untergang der Reichskirche in der großen Säkularisation. In: HKG Bd. V S. 533–554.

Rall, Hans: Die politische Entwicklung von 1848 bis zur Reichsgründung 1871. In: BG Bd. I S. 228–282.

Rathgeber, Franz: Senger, Adam, Weihbischof von Bamberg 1860–1935. In: Lebensläufe. Bd. VI (1960) S. 501–507.

Reinwald, Georg: Joseph Otto Kolb, Erzbischof von Bamberg 1881–1955. In: Lebensläufe Bd. VI (1960) S. 303–317.

Ritz, Joseph Max: Wiederaufbau der St.-Elisabeth-Kirche in Nürnberg. Sonderdruck aus der Zeitschrift „Deutsche Kunst- und Denkmalpflege". Heft 1. München/Berlin 1952.

Scherg, Theodor: Dalbergs Hochschulstadt Aschaffenburg. 3 Bde. Aschaffenburg 1951–1954.

Schreyer, M. Lioba, O.S.F.: Geschichte der Dillinger Franziskanerinnen. 2 Bde. Dillingen 1979.

Schrötter, Georg: Die Emanzipation der Katholiken in Nürnberg. In: HPbl Bd. 136, S. 637–656.

Ders.: Festschrift zum 50jährigen Jubiläum des katholischen Gesellenvereins Nürnberg. Nürnberg 1911.

Schrötter, Georg und Hauck, Jakob: Die Kirche der hl. Elisabeth in Nürnberg. Nürnberg 1903.

Schuchert, August: Kirchengeschichte. Bd. II. Vom Hochmittelalter bis zur Gegenwart. Bonn 1956.

Schulte, Johann Friedrich: Der Altkatholizismus. Gießen 1887. Neudruck Hildesheim 1965.

Schultheiß, W. K.: Geschichte der Schulen in Nürnberg. 5. Heft (1857).

Schuster, Josef: P. Josef Schleinkofer, Redemptorist, 29. Januar 1853 – 8. Januar 1928. Regensburg 1932.

Schwarz, Albert: Die Zeit von 1918 bis 1933. Erster Teil: Der Sturz der Monarchie. Revolution und Rätezeit. Die Einrichtung des Freistaates (1918–1920). In: BG Bd. I S. 387–453.

Ders.: Die Zeit von 1918–1933. Zweiter Teil: Der vom Bürgertum geführte Freistaat in der Weimarer Republik (1920–1933). In: BG Bd. I S. 454–494.

Sebastian, Ludwig: Alexander Fürst v. Hohenlohe-Schillingsfürst 1794–1849 und seine Gebetsheilungen. (Diss.) Kempten/München 1918.

Senger, Adam: Die Ehegesetzgebung der katholischen Kirche. Nürnberg 1927.

70. Katholikentag Nürnberg 1931. Bericht über die 70. Generalversammlung der Katholiken Deutschlands in Nürnberg vom 26. – 30. August 1931. (Hg. von der Geschäftsstelle des Lokalkomitees) Nürnberg 1931.

Simon, Matthias: Die Evangelisch-lutherische Kirche in Bayern im 19. und 20. Jahrhundert. In: Theologie und Gemeinde. Heft 5 (1961).

Spindler, Max: Die Regierungszeit Ludwigs I. (1825–1848). In: BG Bd. I S. 89–223.

Stasiewski, Bernhard: Akten deutscher Bischöfe über die Lage der Kirche 1933–1945. 3 Bde. (Veröffentlichung der Kommission für Zeitgeschichte Reihe A Quellen Bde 5, 20, 25). Mainz 1968, 1976, 1979.

Stein, Edith: Ein neues Lebensbild in Zeugnissen und Selbstzeugnissen. (Herderbücherei Bd. 1035).

Tremel, Johannes: Der Exjesuit Hoensbroech in Nürnberg. Eine Erwiderung auf seine Angriffe gegen die katholische Kirche. Neumarkt/OPf. 1898.

Troßmann, Karl, Josef: Hitler und Rom. Nürnberg o. J.

Ulrich, Karl: Die Nürnberger Deutschordenskommende in ihrer Bedeutung für den Katholizismus seit der Glaubensspaltung. Nürnberg 1935.

Ders.: Jakobus v. Hauck. Erzbischof von Bamberg. In: Christoph v. Imhoff (Hg.): Berühmte Nürnberger aus neun Jahrhunderten. Nürnberg 1984. S. 340 ff.

Urban, Josef: Die Bamberger Kirche in Auseinandersetzung mit dem Ersten Vatikanischen Konzil. (Bericht des Historischen Vereins Bamberg. Beiheft 15/I.II.). Bamberg 1982.

Volk, Ludwig: Der Bayerische Episkopat und der Nationalsozialismus 1930–1934. (Veröffentlichungen der Kommission für Zeitgeschichte. Reihe B: Forschungen Bd. I). Mainz 1965.

Ders.: Bayern im NS-Staat 1933–1945. In: BG Bd. I S. 518–537.

Weber, Heinrich: Geschichte des Christenlehr-Unterrichtes und der Katechese im Bisthum Bamberg zur Zeit des alten Hochstifts. Regensburg 1882.

Weis, Eberhard: Die Begründung des modernen bayerischen Staates unter König Max I. (1799–1825). In: BG Bd. I, S. 3–86.

Wetz, Heinrich: Kurze Geschichte der katholischen Gemeinde Fürth. In: Katholikentag Nürnberg 1921. S. 115–124.

Witetschek, Helmut: Die katholische Kirche seit 1800. In: BG Bd. II S. 914–945.

Zorn, Wolfgang: Die Sozialentwicklung der nichtagrarischen Welt (1806–1970). In: BG Bd. II S. 846–882.

Zur Erinnerung an die Grundsteinlegungsfeier der Herz-Jesu-Kirche in Nürnberg am 23. April 1899. Nürnberg 1899.

Abkürzungs- und Siglenverzeichnis

ABB	Amtsblatt für die Erzdiözese Bamberg. Bamberg 1878 ff.
BbKG	Beiträge zur bayerischen Kirchengeschichte. Erlangen 1895 ff.
BG	Bayerische Geschichte im 19. und 20. Jahrhundert (Hg. Max Spindler). 2 Teil-Bände. Sonderausgabe. München 1978.
BHStA	Bayerisches Hauptstaatsarchiv.
BStA	Bayerisches Staatsarchiv.
Generalversammlung	Bericht über die 70. Generalversammlung der Katholiken Deutschlands in Nürnberg vom 26. – 30. August 1931. (Hg. von der Geschäftsstelle des Lokalkomitees). Nürnberg oh. J.
HdG	Gebhardt: Handbuch der deutschen Geschichte. 9., neu bearbeitete Auflage, hg. von Herbert Grundmann. (dtv-Wissenschaft). München 1980.
HKG	Handbuch der Kirchengeschichte (Hg. Hubert Jedin). 7 Bde. Freiburg/Basel/Wien 1962–1979.
HPbl	Historisch-politische Blätter für das katholische Deutschland. München 1838 ff.
Industriekultur	Industriekultur in Nürnberg. Eine deutsche Stadt im Maschinenzeitalter. (Hg. Hermann Glaser, Wolfgang Ruppert u. Norbert Neudekker). München 1980.
Katholikentag	Katholikentag Nürnberg 1921. Festbericht nebst einer Geschichte der katholischen Gemeinden Nürnberg und Fürth. Nürnberg 1921.
Lebensläufe	Lebensläufe aus Franken. (Hg. Anton Chroust. Veröffentlichungen und Gesellschaft für Fränkische Geschichte). Würzburg 1919 ff.
LKA	Landeskirchliches Archiv.
LThK	Lexikon für Theologie und Kirche. 10 Bde. 2. Auflage. Freiburg/Br. 1957–1968.

MVGN	Mitteilungen des Vereins für Geschichte der Stadt Nürnberg. Nürnberg 1879 ff.
NWSt	Nürnberger Werkstücke zur Stadt- und Landesgeschichte. (Hg. Gerhard Hirschmann, Hanns Hubert Hoffmann u. Gerhard Pfeiffer). Nürnberg 1970 ff. (Schriftenreihe des Stadtarchivs Nürnberg).
PBlB	Pastoralblatt für die Erzdiözese Bamberg. 1858 ff.
PBlE	Pastoralblatt des Bistums Eichstätt. 1854 ff.
QGKN	Quellen zur Geschichte und Kultur der Stadt Nürnberg. (Hg. im Auftrag des Stadtrats zu Nürnberg vom Stadtarchiv). Nürnberg 1959 ff.
SchemB	Schematismus des Erzbistums Bamberg.
SchemE	Schematismus der Diözese Eichstätt.
Schrötter	Schrötter, Georg: Die Frauenkirche in Nürnberg (zugleich eine Geschichte der katholischen Gemeinde in Nürnberg im 19. Jahrhundert). Handschrift.
Schwammberger	Schwammberger, Adolf: Fürth von A bis Z. Geschichtslexikon. Fürth 1967.
Stadt A	Stadtarchiv.
Stadt B	Stadtbibliothek.
Stadtchronik	Nürnberger Stadtchronik, begonnen 1623 von Johannes Müllner und bis zur Gegenwart fortgesetzt. (Stadtarchiv Nürnberg)
Verordnungen	Verordnungen-Sammlung für den Clerus der Erzdiözese Bamberg vom Jahre 1821–1856. Bamberg 1857.
Wachter	Wachter, Friedrich: General-Personal-Schematismus der Erzdiözese Bamberg, 1007–1907. Bamberg. 1908.

Bildnachweis

Ortsverzeichnis

Namensverzeichnis

310

311

315